_____ 님께 드립니다

어떻게든 굴러가는 88일간의
자전거 유럽여행

어떻게든 굴러가는 88일간의 자전거 유럽여행

초판 1쇄 발행 2013년 11월 2일
초판 3쇄 발행 2014년 12월 2일

지은이 김정희
발행인 송현옥
편집인 옥기종
펴낸곳 도서출판 더블:엔
출판등록 2011년 3월 16일 제2011-000014호

주소 서울시 강서구 마곡서1로 132, 301-901
전화 070_4306_9802
팩스 0505_137_7474
이메일 double_en@naver.com

ISBN 978-89-98294-00-7 (13980)

※ 이 책은 저작권법에 따라 보호받는 저작물이므로 무단전재와 무단복제를 금지하며, 이 책 내용의 전부 또는 일부를 이용하려면 반드시 저작권자와 더블:엔의 서면동의를 받아야 합니다.
※ 이 도서의 국립중앙도서관 출판시도서목록(CIP)은 서지정보유통지원시스템 홈페이지(http://seoji.nl.go.kr)와 국가자료공동목록시스템(http://www.nl.go.kr/kolisnet)에서 이용하실 수 있습니다. (CIP제어번호: CIP2013019653)
※ 잘못된 책은 바꾸어 드립니다.
※ 책값은 뒤표지에 있습니다.

도서출판 더블:엔은 독자 여러분의 원고 투고를 환영합니다. '열정과 즐거움이 넘치는 책'으로 엮고자 하는 아이디어 또는 원고가 있으신 분은 이메일 double_en@naver.com으로 출간의도와 원고 일부, 연락처 등을 보내주세요. 즐거운 마음으로 기다리고 있겠습니다.

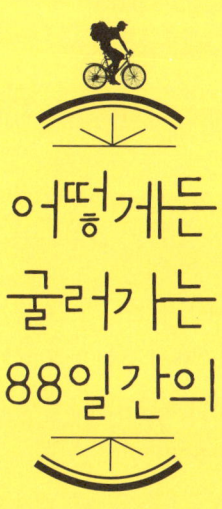

어떻게든
굴러가는
88일간의

★ 글·사진 김정희 ★

자전거 유럽여행

더블:엔

Editor's note

세상에는... 내가 해봤기 때문에 관심 가는 일들이 있고, 해본 적이 없어서 두 눈 반짝이며 동경하는 일들이 있습니다. '여행'에 관한 건 둘 다 해당되는 거 같습니다~. 특히 유럽여행, 게다가 자전거 유럽여행은 더더욱이요...

여행 카페와 블로그를 자주 탐색하곤 합니다. 내가 다녀온 나라를 다른 사람들은 어떻게 느끼고 어떤 사진과 글로 풀어내고 있는지도 궁금하고, 내 버킷리스트의 여행지 정보와 감성도 궁금합니다. '여행기'에서 가장 중요한 건 공감 코드와 멋진 풍경 사진인 것 같습니다.

'어떻게든 굴러가는 88일간의 자전거 유럽여행'이라는 타이틀로 포스팅하고 있는 블로그를 발견했을 때, 가슴이 콩닥콩닥 뛰었습니다. 다음 내용이 궁금해졌고, 급기야 처음으로 돌아가 여행 시작 전의 글부터 차근차근 읽기 시작했습니다. 형, 형수와 함께 여행을 떠난 이슈군은 자신을 소심하고 우유부단하고 숫기 없고 내성적인 키만 훌쩍 큰 남자라고 표현하고 있는데, 그래서인지 더 글을 읽는 내내 그의 모습이 그려지면서 책으로 꼭 엮고 싶었습니다.

글을 읽으며 '아무 일이 일어나지 않아도 그 상황을 전혀 지루하지 않게 이런저런 비유를 해가며 묘사하는 능력'을 가진 빌 브라이슨이 떠올랐습니다. 어찌 보면 '먹고 달리고, 자고 달리고, 비 맞으며 달리고,

잘 곳 찾아 헤매며 달리기만 했던 날…'에도 그는 형네 부부와 오순도순 재미지게 혹은 조금 서운한 일이 생기면 소심하게 복수하는 것으로 유쾌하게 풀어냅니다.

사진 위주의 블로그 글을 텍스트 위주의 원고로 다시 정리하며 다듬는 일은 저자에게 많이 고생스러우면서도 즐거운 작업이었을 겁니다. 여행하며 찍은 사진이 12,000장이 넘었다네요. 저는 편집하며 한 장이라도 사진을 더 넣기 위해 애를 썼지만 그럼에도 불구하고 빠진 글과 사진들이 많습니다. 책에 담지 못한 아까운 사진들과 동영상(일명 '짤방')이 저자 홈페이지(http://www.iamissue.com)에 가득합니다. 독자 여러분도 홈페이지를 방문해보시면 아마 (책에서와는 또 다른) 그의 매력에 푹 빠지시게 될 겁니다. 물론, 자라옹 형님과 수야 형수님의 매력에도 푸욱~!!
이 여행 멤버의 조합, 은근히 참 잘 어울립니다~.

이 책은 '한국출판문화산업진흥원'이 지원하는 우수저작에도 선정되어 출간되기 전부터 그 탁월한 글솜씨를 인정받았습니다.
 유럽 8개국, 88일간의 여정을 줄이고 줄여 한 권으로 편집했지만, 이제 시작입니다. 앞으로 국내와 동양, 남미 등 이슈와 함께하는 여행이 기대되는 건 저뿐만이 아닐 겁니다.
이 책 출간을 기념으로 이쁜 여자친구도 생기고 더 즐거운 여행을 할 기회가 많이많이 생겼으면 하는 간절한 바람입니다~^^

C*o*n*t*e*n*t*s

프롤로그 ◆ 12

스페인 **유럽 땅에 첫발을 내딛으며... 올라~ 바르셀로나** ◆ 23
바르셀로나의 밥줄! 가우디 ◆ 32
톱니산 몬세라트와 몬주익의 매직 분수쇼 ◆ 44
여유와 낭만이 넘치는 해변의 풍경 ◆ 53

굿바이 바르셀로나~ ◆ 58
스페인의 피렌체라 불리는 지로나 ◆ 62
달리의 고향을 지나 국경으로! ◆ 68

프랑스 **국경 너머 프랑스, 국경보다 높은 언어의 장벽** ◆ 77
하늘은 높고 말은 살찌고 우리는 달리고... ◆ 81
야간 열차를 타고 페르피냥에서 파리로... ◆ 88

그냥 페달만 굴려도 좋은 파리 ◆ 94
명불허전! 베르사유의 위엄 ◆ 111
형이랑 형수랑 파리 유랑 ◆ 117
기다림의 미학! 황금 에펠탑을 만나다 ◆ 124
비내리는 파리를 서럽게 거닐다 ◆ 133
회색의 몽마르트르 ◆ 138

프랑스의 두 얼굴, 풍경은 환상 날씨는 환장 ◆ 142
- 안전한 도로따라 수아송으로 ◆ 152
- 최악의 날씨속에 숙소찾아 삼만리 ◆ 158
- 난 파파라치가 아닌데... ◆ 163
- 최악의 날씨 시즌2. 독립을 결심하다 ◆ 167
- 릴에서 홀로서기를 준비하다 ◆ 172

벨기에

혼자서도 잘해요! 벨기에 ◆ 179
- 트램 전선 가득한 겐트 시내 ◆ 189

벨기에인들은 친절종결자! ◆ 192
- 네로와 파트라슈가 노닐던 그곳, 안트베르펜 ◆ 198

네덜란드

자전거의 왕국 네덜란드, 시작부터 꼬임~꼬임~꼬임~ ◆ 205

로테르담, 파격적인 디자인의 도시 ◆ 212
- 아껴야 잘 산다 ◆ 216

풍차마을을 지나 암스테르담을 뒤덮은 오렌지 물결 ◆ 218
- 아! 네덜란드 참 힘들다... ◆ 225

멘탈붕괴! 네덜란드를 탈출하라 ◆ 234
- 국경같지 않은 국경을 넘어 독일로! ◆ 238

독일

독일에서의 수상한 첫날밤 ◆ 245
- 은밀하게 소심하게... 대망의 첫 노숙! ◆ 247
- 세상에 이런 맛이! 흑맥주 알트비어! ◆ 251

첫 펑크와 함께 찾아온 뜻밖의 행운 ◆ 258
- 재회 ◆ 263
- ※ 자라옹의 이야기 ◆ 269

코블렌츠를 지나 프랑크푸르트로 ◆ 276
- 산넘고 물건너 힘겹게 도착한 비스바덴 ◆ 280
- 유럽의 관문, 프랑크푸르트 ◆ 285
- 신구의 조화인가, 언밸런스인가? ◆ 289

다름슈타트에서 하얗게 불태우다 ◆ 296
- 대학도시 하이델베르크에서 사색에 잠기다 ◆ 300
- 또다시 홀로서기 ◆ 306

재도전! 다시 찾은 프랑스 ◆ 308
- 스트라스부르에서도 허슐리스트의 삽질은 계속된다 ◆ 311
- 삽질의 극에 달한 자... ◆ 315

독일에서 아침을, 프랑스에서 점심을... ◆ 316

지브리의 만화속 세상같은 알자스의 마을들 ◆ 322
- 미스터리한 마을 뇌프브리작 ◆ 325
- 프라이부르크에서 각성하다 ◆ 331
- 반가운 재회 ◆ 337

맑고 투명한 빙하호수 티티제 ◆ 342
- 7번째 만난 라인강에서 독일을 마무리하다 ◆ 347

스위스

청정무구한 스위스 속으로... ◆ 353
- 살인적 물가에 떨며 루체른 시내관광 ◆ 358

용의 전설이 깃든 필라투스산을 정복 ◆ 364
- 피로를 잊게 만드는 아름다운 루체른 호수 ◆ 368
- 빌헬름 텔의 고장, 알트도르프 ◆ 371

알프스가 높다 하되 하늘 아래 뫼이로다 ◆ 376
- 알프스를 가득 품고 에스프레소 한 잔 ◆ 380
- 스위스 속의 이탈리아, 벨린초나와 루가노 ◆ 385

이탈리아

쉽지 않아 보이는 이탈리아, 좋아! 가는 거야! ◆ 393
- 패션, 명품, 쇼핑의 도시 밀라노 ◆ 396
- 은밀하게 소심하게... 두 번째 노숙 ◆ 403
- 뜻밖의 횡재! 생생한 대회 현장을 경험하다 ◆ 407

지중해를 달린다! 제노바에서 피사로... ♦ 414
그린아티스트 피에트로 아저씨 ♦ 419
돈 싫어~ 명예 싫어~ 따분한 포즈 우린 정말 싫어~ ♦ 425
아이스크림 먹으며 피렌체로 페달페달~ ♦ 428

냉정과 열정 사이, 그림같은 피렌체 ♦ 432
일상이 화보이자 영화같은 피렌체의 모습들 ♦ 433
〈인생은 아름다워〉를 촬영했던 아레초 ♦ 438

바위산 위의 슬로우시티 오르비에토 ♦ 444
주사위는 던져졌다. 로마로 진격! ♦ 450

로마에선 로마법을, 숙소에선 한국밥을! ♦ 456
대표유적지 콜로세오와 포로로마노 ♦ 458
또 하나의 나라, 바티칸 ♦ 463
고급휴양지 티볼리의 화려한 분수정원 빌라 데스테 ♦ 470

나폴리에서 피자를 ♦ 474
누구에겐 역사적 유적, 나에겐 돌무더기들... ♦ 479
죽기 전에 꼭 가봐야 할 곳 1위, 아말피해안 ♦ 485
살레르노 나들이 ♦ 494

연착의 대명사! 악명높은 트랜이탈리아 ♦ 498
브린디시 항구를 떠나며... 굿바이 이탈리아 ♦ 502

그리스

신화의 나라 그리스의 뜨거운 여름속으로 ♦ 509
위태로운 그리스, 불안한 아테네 ♦ 514
관광하며 쇼핑하며 ♦ 520

살아생전 꼭 한번은 산토리니 ♦ 526
라라라라라라 라라~ ♦ 531
다시 아테네로 ♦ 538

형과의 이별, Bye 유럽! ♦ 544

에필로그 ♦ 548

등/장/인/물

사진 왼쪽부터
이슈, 자라웅, 형수님(수야)

이슈(김정희) "우리 애가 머리는 좋은데 노력을 안 해서..." 라는 어머니 말씀을 믿고 살다가 뒤늦게 현실을 깨닫고 이것저것 경험해보며 살고 있는 사회늦둥이. '이런 사람이 어떻게 혼자 여행을 다녀?' 하는 생각이 들 만큼 숫기가 없고 내성적이며 우유부단하기까지 한 평범한 대한민국 남자. 1999년 친구들과 2주간의 제주도 자전거 일주를 한 이후부터 형과 함께 동호회 활동을 하며 자전거에 푹 빠져 살다가 2006년 친구들과 일본여행을 가게 되었다. 당시 친구가 빌려온 꽤 좋은 카메라를 맡아 촬영을 전담했으나 거지같은 결과물에 충격을 받고 그때부터 사진에 관심을 갖기 시작했다. 쇼핑몰, 광고스튜디오 등에서 일하다가 2009년부터는 커피에 심취해 하나둘 배워나가던 중 얼떨결에 유럽여행을 다녀오게 되면서 이제 여행의 맛을 깨닫고 조금씩 발을 들여놓고 있다. '이슈'는 그가 타던 자전거들의 공통된 모델명에서 따온 이름이다.
블로그와 각종 커뮤니티에 '어떻게든 굴러가는 88일간의 자전거 유럽여행' 포스팅을 하며 방문자들의 뜨거운 호응과 격려를 받았다.

- 2008 듀라셀 포토컨테스트 입상
- 2008 소니 레이싱모델 포토컨테스트 2위
- 2008 내셔널지오그래픽채널 UCC 공모전 사진부문 입상
- 2009 미스 대구 촬영대회 3위
- 2009 내셔널지오그래픽채널 UCC 공모전 사진부문 대상
- 2011 미스 경북 촬영대회 1위

자라옹 글쓴이의 친형으로 3형제 중 차남이다. 장남이라 대접받고 막내라 귀염받는 아동정글의 틈바구니에서 고독하게 자라 소싯적부터 독립심이 강하고 생활력이 뛰어났다. 학창시절 워낙 잠이 많기로 유명했는데 늘 졸고 있는 모습을 보며 선생님들마저도 포기하고 "넌 그냥 자라"라고 하신 말씀에서 유래한 별명이 25년째 불리고 있다. 계명대 서양화과 석사과정을 졸업, 자전거에 푹 빠지다 보니 환경문제를 본인의 예술세계에 접목시켜 활동하기도 했다. 이후 동호회 활동을 하며 자전거타기운동연합 대구본부 교육팀장으로 일하며 자전거타기 전파에 힘써왔다.

1년간의 유라시아 횡단을 마치고 현재 자신의 바이크샵을 오픈, 자전거 여행자를 위한 상담도 해주고 있다.

- 2001년 72일간 미국 자전거여행
- 2005년 뉴질랜드 자전거여행
- 제주도, 대마도 자전거투어 진행 다수
- 개인 및 팀 프로젝트의 미술 전시회 다수
- 2012~2013년 1년간 유라시아 자전거여행
- 현재 대구에서 '그린자전거'라는 바이크샵 운영중
- 2003.8. 자전거이용 활성화 유공자로 행자부장관 표창 수여

형수님(수야) 처음엔 자전거를 탈 줄도 몰랐다. 자라 형제와 같은 동호회에서 활동하던 친오빠의 소개로 자전거타기운동연합에서 자라옹에게 자전거를 배우기 시작했고 과정 수료 후 동호회 활동을 시작, 수년간 커플로 활동하다가 2006년 급기야 결혼에 이르게 된다. 동호회에서 줄곧 "이슈야~", "네! 누나"로 지냈기 때문에 아직까지도 형수님, 도련님이라는 호칭이 어색한 사이. 언어 따위는 아무 문제되지 않는 탁월한 바디랭귀지와 아줌마 특유의 친화력으로 지구상 어느 곳에 던져놔도 잘 먹고 잘 살 수 있는 캐릭터다. 대구의 지방의제21추진기구에서 지속 가능한 사회를 만들기 위해 열심히 활동하고 있다.

- 2013.4. 자전거타기 활성화 유공자로 대구시장 표창 수여

Prologue

　　　　　2011년 9월, 추석을 맞아 온 가족이 모여 앉아 오순도순 식사를 하고 있었다. 각자 사는 이야기를 하며 밥그릇을 비우다 화살표가 나에게로 향했다. 보통 내 나이에 명절날이면 결혼 언제 하냐? 사귀는 사람은 있냐? 이런 인사를 듣는 게 일반적일 텐데, 나에게 그런 기대가 없는 우리 가족은 그저 "요즘 어때?" 하고 한마디 던진다.

나 : "그저 그래…"
자라웅 : "할일 없으면 내년에 우리 유럽여행 갈 건데 같이 갈래?"
나 : (약 1.3초 흐른 후) "그러지 뭐…"
자라웅 : "회사는?"
나 : "회사? 그만두지 뭐…"
자라웅 : "음… 밥 먹자…"

생각 없이 툭 내뱉은 그 한마디가 이 여행의 시작이었으니…
2001년 미국, 2005년 뉴질랜드를 다녀온 자라웅에게 유럽여행은 오래전부터 꿈꿔왔던 일이었을 것이다. "여행은 혼자서 하는 게 제 맛!"이라고 입버릇처럼 말해 왔으나 뉴질랜드를 다녀온 후 2006년 돌연 결혼!! 이후로는 형수님과 늘 함께 여행을 다녔다. 하지만 자라웅에게 이번 여행은 한두 달이 아닌 1년짜리 장기 프로젝트! 서유럽을 돌고난 후 터키를 통해 유라시아 일대를 횡단하고 중국을 통해 들어오는 힘난한 여정이다. 그래서 형수님과 같이 하기엔 여러 가지 문제가 있었다. 자라옹도 그동안 일해왔던 바이크 샵을 그만뒀기 때문에 형수님마저 직장을 그만둘 수는 없었다. 형수님이 최대한 휴가를 뺄 수 있는 시간이 3개월가량이었는데 어차피 솅겐조약* 때문에 유럽에서는 90일 이상 체류할 수가 없다.

자라옹의 생각 : '3개월 후 우리 여보 혼자 자전거 들고 귀국하기 힘들 테니 이슈
  저놈을 데려다 짐꾼으로 써야겠구나! 후후후'
형수님의 생각 : '우리 여보 혼자 여행 다니다 무슨 일이라도 생기면 큰일이니 도
  련님보고 같이 가자고 해서 내가 중간에 빠지더라도 계속 함께 여행하도록
  해야겠다.'
나의 생각 : '와~ 유럽이다 유럽~~~'

난 그냥 아무 생각 없었다...

어느덧 시간은 흐르고 흘러... 눈 깜짝할 사이에 D-Day가 와버렸다... 여행 준비 한답시고 4개월 전에 회사를 그만뒀지만 정작 4개월간 뭘 했는지 제대로 준비된 것이 없었다. 이틀 전부터 준비물들을 마룻바닥에 퍼질러 놓고 이걸 가져갈까 저걸 가져갈까 넣었다 뺐다를 반복했다. 그리고 그 우유부단함의 중심에는 카메라가 있었다.

---

* 솅겐조약(Schengen agreement)은 유럽의 여러 나라들이 공통된 출입국관리 정책을 사용하여 국가 간의 통행이 자유롭도록 제한을 없앤다는 내용을 담은 조약이다. 아일랜드와 영국을 제외한 25개국이 이 솅겐조약에 서명하였다. 그래서 솅겐 비가입국의 국민은 솅겐 지역 내에서의 체류기간이 제한되어 있는데, 입국일로부터 180일 이내 90일 동안만 체류가 가능하다. 즉 솅겐 가입국에서 90일간 체류했다면 나갔다가 90일 후에야 다시 들어올 수 있다.

다른 건 제대로 준비 못 했지만 카메라 쪽은 확실히 준비하기 위해 여행용 광범위 줌렌즈도 구매하고 여행용 콤팩트 카메라(흔히 말하는 똑딱이)도 구매했다. 최근 각광받는 미러리스를 생각해봤으나 어쩐지 어정쩡한 것 같았다. 퀄리티! 아니면 휴대성! 둘 중 하나를 선택해야 했다. 중급기인 DSLR은 렌즈 2개만 해도 2kg이 넘는데 반해 똑딱이는 250g. 좋은 사진을 건질 수 있다면 무겁고 힘든 것은 감수할 수 있지만 내가 그것들을 들고 다님으로써 소매치기나 강도들의 표적이 될 수도 있었다. 이번 여행은 나 혼자만의 여행이 아니기 때문에 형과 형수님께 폐를 끼칠 수야 없지... 결국 출발 몇 시간 전! DSLR을 포기하고 새로 산 캐논 파워샷 S100 하나만 들고 가기로 최종 결정을 내리고 짐정리를 마무리했다.

먼저 카메라와 주변기기들. 전자제품은 한 가지라도 빠지면 나머지가 모두 무용지물이 되어버리니 케이블 하나까지 꼼꼼하게 챙겨야 한다. 메모리카드는 무게가 많이 나가지 않으니 많으면 많을수록 좋다. 장기간 충전이 힘든 상황이 생길 수도 있으므로 배터리도 넉넉하게 준비하는 것이 좋다. 나는 정품 2개와 저렴한 호환용 배터리 2개를 준비했는데 호환용이 금세 방전되는 바람에 거의 도움이 안 되었다.

많기도 하다!!

그리고 나의 발이 되어줄 자전거! 정비에 필요한 공구는 자라웅이 알아서 챙긴다고 했기 때문에 나는 기본 육각렌치만 챙겼다. 야간에는 이동을 하지 않을 테고, 혹 그런 상황이 생기더라도 자라웅과 형수님만 천천히 따라가면 된다는 생각에 라이트는 따로 준비하지 않았다. 하지만 야간에 라이트 없이 자전거를 타는 것이 불법인 나라도 있으므로 되도록 라이트를 준비하는 것이 좋다.

카메라 만큼이나 고민한 것이 또 하나 있다면 바로 옷이었다. 유럽의 기후가 한국과 비슷하다지만 스위스 고지대에서는 추울 수도 있으니 얇은 옷부터 패딩재킷까지 골고루 챙겼다. 난 소중하니까 자외선을 차단해줄 팔 토시, 반팔 저지 2장, 긴팔 저지 1장, 자전거용 패딩바지 2장, 트레이닝복 긴 거 짧은 거 각 1장씩, 레인재킷, 얇은 패딩재킷, 장갑, 팬티 4장, 양말 5족 등. 기능성 제품을 제외한 일반 의류는 최소한으로 준비해서 부지런히 빨아 쓰다가 낡으면 현지에서 새로 사는 것이 좋다. 무조건 짐은 최소화해야 한다. 그리고 석 달 동안 고생할 내 피부를 위해 선크림을 비롯하여 각종 스킨, 로션 등을 3개월치 챙겨 넣었다. 특정 제품을 고집하지 않는다면 하나만 준비해 갔다가 현지에서 그때그때 사서 쓰는 게 좋다. 숙박을 위한 도구에는 1인용 침낭, 텐트, 텐트 바닥 습기차단용 비닐, 여행용 돗자리, 세면도구, 공기주입 목 베개 등을 챙겼다. 그외 중요한 것들은 자라옹이 챙겼는데 일단 우리 자전거의 안전을 책임질 자물쇠! 다른 것 다 지켜내도 자전거를 도둑맞으면 모든 게 끝이기 때문에 자물쇠는 무조건 튼튼한 녀석으로 준비했다. 그리고 고화질로 사진을 많이 찍을 때는 부지런히 백업을 해줘야 하기 때문에 휴대용 PC와 외장하드도 필요했다(실제 3개월간 내가 찍어온 사진은 약 300GB였다). 유럽은 우리나라처럼 220V이기 때문에 어지간하면 쓰던 그대로 사용할 수 있지만 사이즈가 맞지 않는 경우도 종종 발생한다. 장기간 여행할 예정이라면 멀티플러그도 하나쯤 준비하는 것이 좋다.

우리는 3개월 유럽여행이지만 자라옹은 1년짜리 유라시아 여행이기 때문에 겨울의류까지 챙겨야 했다. 그래서인지 준비기간 내내 짐의 무게에 굉장히 예민하게 반응했다. 형수님이 뭔가를 가져가겠다고 넣으면 자기 짐에서 양말 하나 꺼내고... 또 뭔가를 가져가겠다고 넣으면 "휴... 당신이 더 가져가는 만큼 내 짐이라도 줄여야지…" 하며 자기 수건을 반으로 찢어서 빼내곤 했다. 소인배…

모든 준비를 마치니 어느덧 자정이 되어간다. 대구에서 인천공항으로 가는 새벽 3시 40분 고속버스를 타야 하기 때문에 약 2시간, 잠깐 눈을 붙였다 뗀 후 곧장 차에 짐을 실었다. 내가 먼저 고속터미널에 도착하고 10분정도 지나 자라옹과 형수님이 자전거를 타고 나타났다. 추가로 넣을 건 넣고 뺄 건 빼며 최종 점검을 했다. 평일 새벽이라 별 문제 없을 줄 알았는데 막상 버스가 도착하고 보니 의외로 사람이 많아 짐칸에 여유가 없었다. 서둘러 자전거를 분해한 후 비좁은 짐칸 안으로 꾸역꾸역 밀어 넣고 문을 닫으려고 하는 순간 뭔가 허전하다. 얼래? 내 자전거에 안장이 없네? 역시나 모두를 실망시키지 않는 허술리스트 1급의 위엄… 서둘러 타고 온 차로 달려가 트렁크 한구석에 숨어 있던 안장을 가지고 왔다. 앞으로 3개월간 내 물건들을 얼마나 잘 지킬 수 있으려나… 근심 걱정이 가득한 눈으로 날 쳐다보시는 어머니께 걱정 말라고 손을 흔들어드렸다.

두 시간 정도 달린 버스가 잠시 쉬어가기 위해 휴게소로 진입했다. 화장실에서 볼일을 보고 나오는데 자라옹이 휴게소 앞 계단에 앉아 담배를 피우고 있었다. 별 생각 없이 예의상 물어본 말이었을 텐데 내가 정말로 따라올 줄은 몰랐겠지… 쓰나미처럼 밀려오는 근심 걱정으로 후회막급… 축 처진 형의 어깨가 오늘따라 좁아 보인다. ㅎㅎ

버스 안에서 모자란 잠을 자다가 눈을 떠 보니 어느새 7시. 한국에서 맞이하는 마지막 일출을 보면서 인천공항에

도착했다. 도착하자마자 공항 한구석에 자리를 잡고 짐을 풀었다. 1인 수하물 제한무게를 초과하면 추가요금이 엄청나기 때문에 기준을 초과하지 않도록 세 명의 짐을 골고루 잘 분배해야 했다. 인터넷에서 자료를 검색해 보니 제한무게를 초과하는 바람에 추가요금만 4,50만 원가량 냈다는 사람도 있었다. 기준은 항공사마다 다른데 우리가 이용할 러시아 국영항공사인 아에로플로트 Aeroflot는 화물로 보낼 수 있는 1인 수하물 제한이 23kg이다.

자전거를 분해해서 전용가방에 넣고 포장하는 것이 초보자에게 쉬운 일은 아니지만 옛날 자전거타기운동연합에서 일하며 해외에서 행사가 있을 때마다 수도 없이 해봤고 여행 직전까지 바이크샵에서 유능한 미케닉으로 일했던 자라옹 덕분에 큰 무리 없이 미션을 해결할 수 있었다. 뭐... 무..물론 나라고 마냥 놀았던 것은 아니다.

대충 짐 분배를 마치고 제대로 나누어졌는지 확인하기 위해 공항 내에 있는 택배사를 찾아가서 저울을 통해 각자의 짐을 체크했다. 셋 다 23kg을 넘지 않는 것을 확인한 후 화물로 짐을 부치고 보딩패스를 발권받았다. 그리고는 노동후의 허기진 배를 달래기 위해 한 달 전 여행을 위해 급히 만든 시티 프리미어마일카드를 꺼내들었다. 원래는 전 세계 600여 개 공항의 라운지를 무료로 이용할 수 있는 PP카드 Priority Pass Card를 발급받기 위해 만들었지

만 PP카드 이외에도 몇 가지 혜택이 있었다. 그 중 하나가 공항 내 워커힐 레스토랑에서 동반 2인까지 무료 식사를 할 수 있는 것이었다. 내 카드를 이용해서 셋이서 맛있게 냠냠냠... 한 끼 13,000원짜리 밥이지만 공짜라 더 맛있게 냠냠냠... 식사를 마치고 뿌듯한 마음으로 나오는데 직원이 따라 나와 나를 불렀다. 카드에 무슨 문제라도 있는 것은 아닌가 싶어 불안한 마음으로 돌아가 보니 아가씨가 웃으며 내 휴대폰을 건네주었다. 식사 후 테이블에 폰을 고이 놓아두고 온 것이다. 공항에서도 어김없이 빛을 발하는 허술함... 또 다시 근심 100g이 추가되었다.

출국 수속을 마치고 미리 인터넷 면세점을 통해 주문해놓은 고글을 찾으러 갔다. 사실 예전에 자전거를 탈 때 쓰던 오클리 M프레임 고글이 있긴 했지만 자전거 탈 때는 괜찮아도 그냥 돌아다닐 때 쓰기에는 스타일이 별로인 것 같아서 큰맘 먹고 새 고글을 마련했다. 시간에 쫓겨 다른 쇼핑은 해 보지도 못하고 고글만 찾아 허겁지겁 비행기에 탑승했다.

약 9시간의 비행 후 러시아 모스크바 공항에 도착했다. 이곳에서 4시간가량 기다렸다가 바르셀로나로 가는 비행기로 갈아타야 한다. 쇼핑을 하든 뭘 하든 여기서 4시간을 보내야 한다. 그러나 우리에게는 PP카드가 있다!!! 라운지마다 서비스가 조금씩 달랐지만 공통적으로 편안한 좌석과 다양한 먹거리들이 제공된다. 기내식을 먹었기 때문에 배가 고픈 건 아니었는데 공짜라는 점이 거부할 수 없는 유혹이었다. 각종 음식들과 냉장고에 들어있는 맥주들을 종류별로 꺼내 맛보면서 휴식을 즐겼다. 생각 같아서는 잔뜩 먹고 싶었으나 또다시 기내식도 먹어야 하

흔한 공항 풍경. 우리나라 사람들은 대부분 좀비처럼 고개 푹 숙이고 스마트폰 삼매경인데 서양 사람들은 어른 아이 할 것 없이 책을 읽는 사람이 참 많다.

고 너무 과한 음주는 이후의 비행에서 신체에 무리를 줄 수 있어 적당히 조절해야 했다.

화장실을 다녀온 자라웅은 이곳 사람들의 몸집이 워낙 커서 그런지 소변기의 높이가 무진장 높다며 투덜거린다. 키 작은 사람들은 까치발을 하지 않으면 소변기에 그 녀석이 닿을지도 모른다고… 키와 관련된 이야기가 나올 때마다 3형제 중에서 나만 길게 디자인해주신 부모님께 감사를 드린다.

모스크바 시간으로 PM 8:30. 다시 비행기에 올라 바르셀로나로 출발했다. 기내식이 나올 때 나눠준 초코바와 물티슈는 나중에 유용하게 써먹기 위해서 나오는 족족 따로 챙겼다. 모스크바로 올 때는 창가자리를 구하지 못하는 바람에 좋아하던 하늘 구경을 못해서 아쉬웠는데 바르셀로나로 갈 때는 창가자리를 배정받았다. 잠시 기뻤으나 비행기가 출발할 때쯤 이미 해가 져버려서 눈물을 삼키며 잠을 청했다.

Spain

스페인

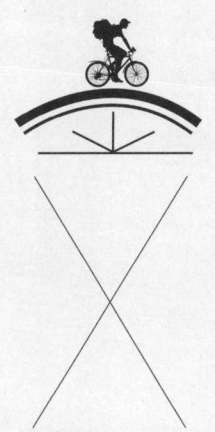
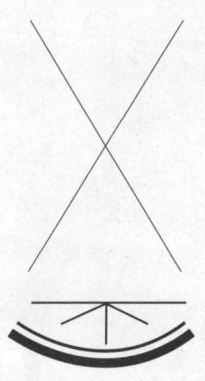

유럽 땅에 첫발을 내딛으며…
올라~ 바르셀로나

　　　　　　밤 11시, 드디어 바르셀로나 공항에 도착! 유럽 땅에 첫발을 내디뎠다. 원래 처음 자라옹이 세웠던 계획은 영국 런던에서 시작하는 것이었는데 나중에 알고 보니 영국은 출국티켓이 없으면 입국 자체가 안 된다고 했다. 나와 형수님은 기간을 정해놓고 하는 여행이지만 자라옹은 언제 끝날지 모르기 때문에 비행기 티켓을 편도로 끊었었다. 할 수 없이 계획을 수정하여 시작점을 바르셀로나로 변경한 것인데 바르셀로나도 왕복항공권이 있어야 입국 가능하다는 사실을 뒤늦게 알았다. 그래서 자라옹 혼자 쫓겨나는 것은 아닌지 내심 불안해하며 입국심사대 앞에 섰다. 밤늦은 시간이라 심사는 빠르게 진행되고 있었는데 다행히 자라옹과 형수님은 아무런 질문도 받지 않고 무사통과했고 곧바로 내 차례가 왔다.
"올라~"
미리 익혀둔 스페인 인사말을 방긋^^ 웃으며 날려줬더니 내가 스페인어를 할 줄 안다고 생각했는지 정신이 혼미해질 만큼 빠른 속도로 스페인어를 쏼라쏼라 쏘아대기 시작했다. 반사적으로 "No… No Spanish~!"를 연발… 그도 당황하고 나도 당황했다.

여권에 또 하나의 도장을 추가한 후 아래층으로 내려오니 온통 외국인들만 눈에 들어온다. 그제야 한국을 떠나오긴 했구나... 실감이 나기 시작한다. 잠시 후 다른 사람들은 모두 각자의 짐을 찾아가는데 우리 짐이 보이지 않는다. 대형 화물이라 그런지 사람들이 모두 빠져나가고 한참 만에야 겨우 나타났다. 바로 자전거를 조립하면 밤새 도난걱정을 해야 하니 공항에서 적당히 노숙을 하고 아침에 바로 조립해서 나가기로 했다.
유럽에서의 첫날밤을 노숙으로 시작하다니...
주위를 둘러보니 여기저기 우리와 비슷한 처지의 사람들이 공항에서의 하룻밤을 보내고 있었다. 휴대폰 충전을 위해 바르셀로나 공항을 한 바퀴 빙 둘러봤지만 좀처럼 콘센트 구멍을 찾을 수 없었다. 역시 어딜 가도 인천공항 만큼 편의시설이 잘 되어 있는 곳이 없는 것 같다.
자리도 불편하고 짐 도난 걱정에 밤새 자다깨기를 반복하다가 6시 반쯤 일어나 공항 한구석에 가서 자전거를 조립하기 시작했다. 그런데 자전거 가방을 열고 내 자전거를 꺼내는 순간 뭔가가 후두둑 떨어진다. 보통 핸들은 그냥 돌려서 포장하기 때문에 헤드셋(핸들이 원활하게 움직일 수 있도록 해주는 부품)이 풀릴 일이 없는데 내 자전거는 사이즈가 좀 커서 핸들부분을 통째로 분리해서 넣었더니 헤드셋이 벌어지면서 그 안에 들어있던 베어링 구슬들이 모두 탈출해버린 것이었다. 자라웅이 유능한 미케닉이라는 말 지금 바로 취소!! 요즘은 볼베어링을 사용하는 헤드셋이 많이 없다고 하지만 내 자전거는 거의 10년 전에 타던 것이다. 차체도 무려 1999년형 모델이고, 변속기나 브레이크 등 부품들도 하나같이 10년정도 되는 오래된 부품들이었다. 급한 대로 여기저기 굴러다니는 작은 쇠구슬들을 모아서 어떻게든 조립을 마치긴 했지만 조향성이 영 좋지 않았다. 부드럽게 움직여줘야 할 핸들이 자기 마음대로 막 흐느적흐느적...
"이럴 수가!! 내 자전거가 고자...아니 고장이라니!! ㅜㅇㅜ"

Spain

그렇게 나머지 조립을 마친 후 각자의 짐을 챙기고, 공항 내에서 여행의 시작을 기념하는 단체사진을 한 장 찍고 나서 출발했다. 공항을 빠져나가기 위해 주차장 출구를 따라 내려가는데, 자라웅이 코너를 돌아 먼저 내려가고 나와 형수님이 곧바로 따라가려는 순간 어디선가 나타난 관리인이 여긴 차가 다니는 길이니 돌아가라며 제지를 했다. 공항도 벗어나지 못하고 시작부터 흩어진 형제... ㅎㅎ 공항 밖 큰길까지 나와서야 다시 합류한 뒤 (미리 예약해둔) 한국인이 운영하는 민박집을 찾아 바르셀로나 중심지로 이동했다.

구글맵과 여행가이드 책자에 의지해가며 아직은 낯설기만 한 스페인의 이정표를 보며 가다서다를 반복했다. 중간중간 사람들에게 길을 물어가며 페달을 밟는데 우리 옆으로 쌩쌩 바람을 일으키며 지나가는 차들을 보니 고속도로를 달리고 있는 것은 아닌가 걱정이 앞선다. ㅜㅜ

12.3km정도 달렸을까? 길 건너편에 분위기 있는 풍경이 펼쳐진다. 민박집에 예약해놓은 체크인 시간까지 여유가 있어서 잠시 들러 구경해보기로 했다. 가까이 가서 보니 공동묘지같은 분위기다. 1992년 25회 바르셀로나 올림픽에서 황영조 선수가 금메달을 따고 '몬주익의 영웅'으로 불렸었는데 이곳이 바로 그 몬주익 언덕이었다. 다만 그 코스는 우리가 있는 곳의 반대편이고 이곳은 언덕의 남쪽 몬주익 묘지 Montjuic Cemetery였다.

몬주익 묘지 풍경

이곳저곳 두리번거리며 돌아다니는데 형수님이 2층으로 된 건물 위에 뭐가 있는지 궁금한데 혼자 가기 무섭다고 해서서 함께 가보기로 했다. 하지만 나는 그곳에 가면 안 되는 거였다. 계단을 올라가려는 찰나, 티셔츠 목 부분에 걸어둔 고글이… 인천공항 면세점에서 새 제품을 수령한 지 정확히 22시간 30분밖에 안 되는 나의 새 고글이… 뭐가 그리 섭섭했는지 갑자기 뛰어내린 것이다. 차가운 시멘트 바닥에 떨어지자마자 둔탁한 소리를 내며 튕겨나간 고글은 때마침 걸음을 내딛는 형수님의 왼발 밑으로 미끄러지듯 들어갔고 "고긁!!" 하는 외마디 비명을 지르며 비명횡사했다. 렌즈가 긁힌 건 AS도 안 되는데… 우울한 마음으로 2층에 올라갔지만 묘지 외에 특별한 것은 없었다.

지켜주지 못해 미안해!

고글의 묘지가 되어버린 몬주익 묘지의 구경을 마치고 다시 내려와서 자전거에 올라탔다.

바르셀로나 거리 풍경, 엔틱한 건물들.. 내가 정말 유럽에 오긴 왔구나..

몇 키로 남지 않은 민박집을 찾아 부지런히 페달링을 하다 보니 큰 도로가 끝이 나고 드디어 유럽의 도시 분위기가 나타나기 시작했다. 엔틱한 느낌의 건물들을 보고 있자니 정말 유럽에 오긴 왔구나 하는 실감이 났다.
하지만 갑자기 늘어난 사람들을 보니 유럽여행을 결정한 그날부터 항상 우리를 압박했던 악명 높은 유럽의 소매치기 이야기들이 새록새록 떠오르기 시작했다. 급기야는 길거리에서 마주치는 모든 사람들이 소매치기로 보이기 시작했다. 특히 허술리스트 1급인 나는 더욱더 눈빛을 번득이며 조금의 틈도 허용하지 않기 위해 주의에 또 주의를 기울였다. 안내 약도를 보며 골목골목을 헤매다가 겨우 민박집을 찾았다. 간판도 없는 개인 민박집이다 보니 찾기가 쉽지 않았다. 들어서자마자 젊은 주인아가씨가 환한 웃음으로 반갑게 맞아주었다. 우리는 공항에서 쉬다 나와서 몰랐는데 이곳에는 어제 밤새 미친 듯 폭우가 쏟아졌다고 한다. 민박집에서는 우리가 어젯밤 공항에서 바로 오는 줄 알고 퍼붓는 비 때문에 계속 가슴 졸이며 기다렸다고 했다. 예약을 하신 형수님과의 커뮤니케이션에 착오가 있었는데, 주고받은 메일을 확인해본 결과 민박집 측의 잘못으로 밝혀졌다. 민박집의 착오로 날짜가 하루씩 당겨지다 보니 우리가 떠나고 나서 들어와야 하는 팀이 우리가 떠나기 전날 들어오게 되었다. 방 배분은 그때 다시 하기로 하고 우리는 짐을 풀고 점심을 먹으러 나섰다. 들어올 때는 괜찮았는데 밥을 먹기 위해 숙소를 나오자 빗방울이 떨어지기 시작했다. 숙소에서 알려준 근처의 식당을 찾아가서 가이드북의 간단한 스페인어를 참고삼아 이것저것 주문을 했다. 차례차례 나오는 음식들로 배를 채우며 한참 식사를 하다 보니 컬러풀한 등산복을 입은 중년의 한국인부부가 들어

성공적인 여행을 위해 와인으로 건배~

와서 우리 뒤쪽 테이블에 앉았다. 그 모습을 보니 식사하러 오기 전 민박집 주인아가씨와 잠깐 수다 떨었던 내용이 생각났다. 그녀의 말에 따르면 자신의 스페인 친구들이 아시아인 중에서 한국인을 구별하는 방법 중 하나가 바로 등산복이라고 했다. ㅎㅎ

식사를 마치고 나오니 입장을 기다리는 사람들이 저 멀리까지 길게 줄을 서 있었다. 우리가 들어갈 때는 조금 이른 시간이라 곧바로 입장할 수 있었는데 꽤나 이름 있는 맛집이었나 보다. 다시 숙소로 돌아가 본격적인 거리구경을 하기 위해 카메라 배터리를 갈아 끼운 후 바르셀로나의 구시가지 람블라스 거리로 나왔다.

관광객들이 많은 도시에서 쉽게 볼 수 있는 거리의 화가들부터 하루 종일 꼼짝하지 않고 서 있는 마네킹 분장을 한 사람들까지, 각종 아이디어로 관

Spain

람블라스 거리 곳곳에서 다양한 모습으로 관광객을 상대하는 사람들

광객들의 이목을 끌면서 함께 사진을 찍어주고 돈을 받는 등 거리 곳곳에서 다양한 아티스트들을 만나볼 수 있었다. 디테일한 부분까지 꼼꼼하게 신경써가며 한참 동안 준비하는 것을 보면 그들은 나름대로 프로였다.

길을 걷다보니 까르푸가 보였다. 오늘 저녁식사 준비를 위해 장도 볼 겸 매장 안으로 들어갔다. 막연하게 유럽은 물가가 비쌀 것이라 생각했는데 의외로 저렴했다. 이것저것 구경을 하던 중 고약한 냄새와 함께 눈길을 끄는 것이 있었다. 거대한 돼지 다리가 매장 내에 대롱대롱 매달려 있었다. '하몽'이라는 스페인의 전통음식인데 자세히 보려고 가까이 다가갔지만 멘탈을 붕괴시키는 냄새를 참아내지 못하고 사진만 한 장 찍고 서둘러 자리를 떴다.

스페인의 전통음식인 하몽은 돼지 다리를 건조시킨 후 소금에 절여 만든 햄이다.

그리고 신발을 하나 샀다. 여행 내내 신고 다녀야 하는 자전거 전용 신발에는 발바닥 부분에 클릿이라는 쇠뭉치가 달려 있는데, 이것이

자전거를 탈 때는 아주 편하지만 걸어 다닐 때는 은근히 다리에 무리가 갔다. 그래서 자전거를 타지 않을 때 신을 저렴한 신발을 하나 골랐는데 여행 때만 신고 버릴 생각에 무조건 싼 제품을 찾다가 실내화같은 걸 사버렸다. (하지만 막상 신고 다녀보니 바닥밑창이 얇아 그다지 편하지도 않았다)
생각 없이 주워담다 보니 양이 많아져서 숙소에 들러 장본 것들을 내려놓고 다시 나왔다. 각자 알아서 돌아다니다가 저녁식사 시간에 맞춰서 숙소에서 만나기로 하고 흩어졌다. 골목골목을 따라 처음 보는 유럽의 멋진 풍경은 마냥 신기하기만 했다. 특히 여기저기 널려있는 빨래 풍경은 혼이 빠져나갈 만큼 이국의 멋이 느껴졌다. DSLR을 놓고 온 것을 아쉬워하면서 똑딱이를 들고 분주하게 돌아다녔다.
어디가 어딘지도 모르면서 눈앞에 펼쳐지는 이국적인 풍경에 빠져 무작정 돌아다니다가 저녁식사 시간에 맞춰 숙소로 돌아가려는데 골목골목이 다 똑같아 보였다. 여기인가? 하며 가보니 못 보던 길이 나오고, 다시 기억을 더듬어가며 저기인가? 들어가보면 또 다른 길이 나왔다. 어둑어둑해진 골목에는 불량스러워 보이는 현지인들이 하나둘 어슬렁거리기 시작했다. 내가 계속 헤매며 왔다갔다 하고 있으니 뭔가 알아들을 수 없는 언어로 말을 걸어오는데, 괜히 못 들은 척 후다닥 그 자리를 벗어났다. 분명 근처에 온 것 같은데 간판이 없으니 헷갈렸다. 할 수 없이 자라웅에게 잠깐 나와 달라고 SOS 문자를 보내자 바로 옆에서 문이 덜컹 열리며 고개를 빼꼼 내민 자라웅과 눈이 마주친다. '멍청한 녀석 같으니…' 입은 움직이지 않았지만 자라웅은 눈빛으로 대신 말을 하고 있었다.
안으로 들어가니 자라웅이 만들어놓은 브로콜리 베이컨 계란 볶음이 기다리고 있었다. 식사를 마치고 나서 설거지는 나의 몫이었다. 싱크대에서 따뜻한 물도 잘나오겠다 힘들지 않게 설거지를 마쳤다. 방으로 올라가 씻으려고 하니 자라웅이 먼저 씻는다면서 화장실로 들어갔다. 그럼 난 나중에

씻어야지~ 하며 오늘 찍은 사진들을 하드로 옮기며 SNS에 안부를 남기고 있는데 화장실에서 자라웅의 처절한 울부짖음이 들려온다.
무슨 일인지 들어가 보니 따뜻한 물이 잘 나오다가 갑자기 찬물로 바뀌었다고 한다. 주인아가씨에게 이야기하니 미리 말해주는 것을 깜빡했다며 보일러 용량이 작아서 온수 사용 후에는 30분정도 기다렸다가 쓰라고 했다. 자라웅은 이미 젖은 몸이라 어쩔 수 없이 찬물에 덜덜 떨며 샤워를 마쳤다. 아마도 내가 설거지하면서 온수를 너무 많이 써서 그런 것 같았다. 자라웅을 바라보며 미안하다고 말을 했다. 물론 나도 눈으로 말해줬다.
다시 온수가 채워진 후 나도 샤워를 마치고 잠자리에 누웠다. 비록 고글의 비극이 있긴 했지만 내일부터는 더 새롭고 신나는 여행이 시작되길 기대하며 유럽에서의 첫 날이 그렇게 끝났다.

바르셀로나의 밥줄! 가우디

바르셀로나에서 맞는 두 번째 아침. 일어나자마자 1층으로 내려가 식사를 했다. 현지식으로 차려놓은 아침식사를 먹고 맛있는 커피 한잔을 마신 후 외출준비를 했다. 짐은 되도록 가볍게 핸들에 장착하는 가방 하나만 가지고 문밖으로 나서니 골목 사이로 눈부신 햇살이 우리를 반긴다.
어디로 가는지도 모르고 자라웅과 형수님을 뒤따라 페달을 밟았다. 힌참 달리다가 어쩐지 이상한 느낌에 주위를 살펴보니 도로 중앙선을 따라 자전거 전용도로가 나 있었다. 다들 그쪽으로 달리고 있는데 우리만 갓길주행중이었다. 얼른 중앙으로 들어가 촌놈이 아닌 척 자연스럽게 달렸다. 유럽의 교통 환경은 자전거를 잘 배려해준다고 하더니 여러 가지 사소한 부분에서 쉽게 느낄 수 있었다. 그 중 특히 인상적이었던 부분은 자전거용 신호등이 따로 만들어져 있는 것과 인도에서 차도로 내려가는 턱 부분이 지면과 일치해

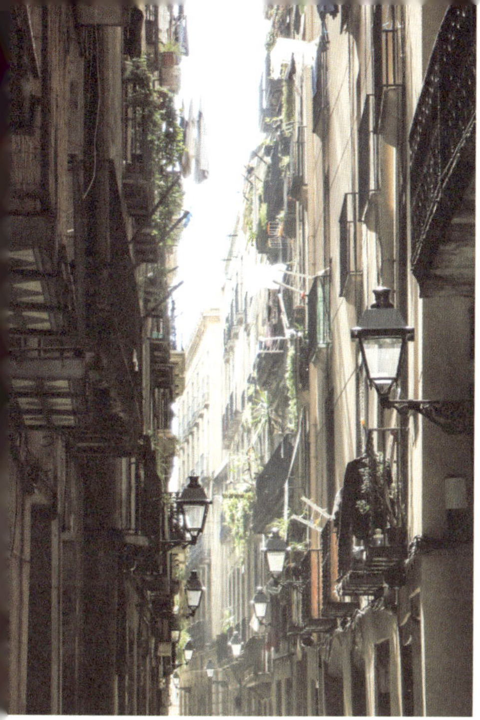

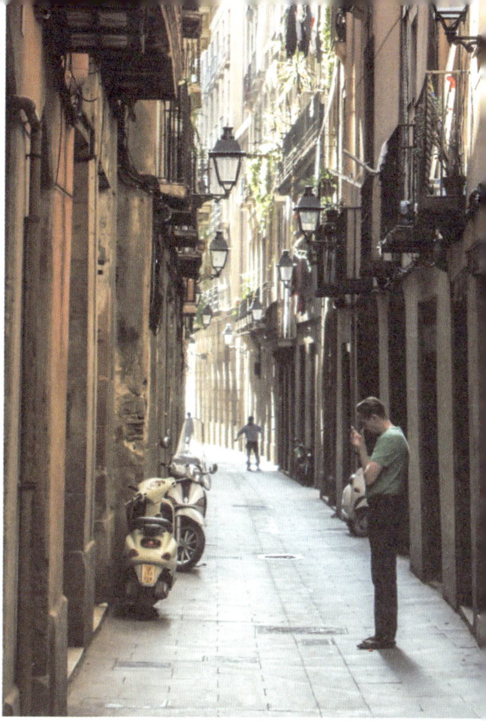

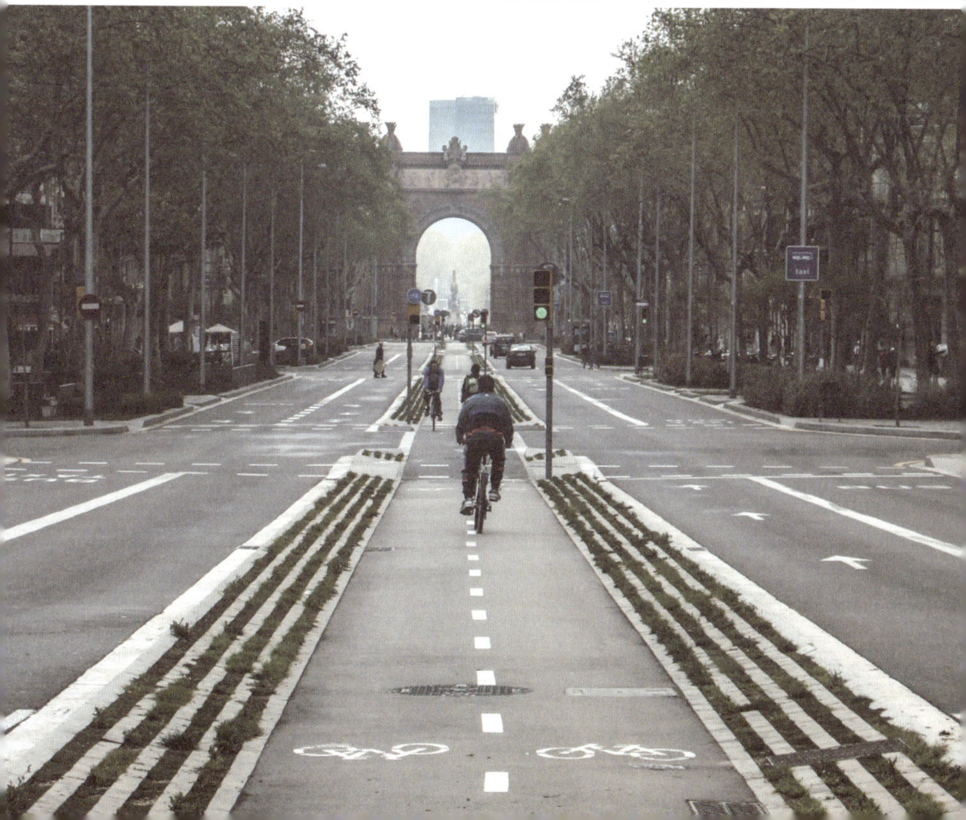
taxi

서 덜컹거림 없이 아주 부드럽게 인도와 차도를 오갈 수 있다는 것이었다. 한참 달리다 보니 저 멀리 기괴한 모습의 낯익은 건물이 나타났다. 스페인을 대표하는 세계적인 천재 건축가 안토니오 가우디 Antoni Gaudi Cornet가 심혈을 기울여 설계한 역작 '사그라다 파밀리아 대성당 Templo Expiatorio de la Sagrada Familia'이다. 가우디는 이 공사를 마무리하지 못하고 마차에 치여 숨졌는데, 평소에 워낙 검소하게 살았기 때문에 쓰러진 그를 보고도 사람들은 동네 부랑자겠거니 하며 지나쳤다고 한다.

가까이 다가갈수록 점점 커져가는 그 웅장함에 감탄하며 성당 앞으로 가보니 큰 건물 주위를 한 바퀴 돌 만큼 입장객 줄이 길었다. 우리나라 기준으로 생각해서 4월이면 비수기니까 사람도 별로 없으리라 생각했는데 제대로 뒤통수를 맞은 기분이다. 알고 보니 4월 첫째 주는 '세마나산타 Semana Santa'라고 하는 부활절 주간으로 스페인에서 가장 큰 명절 중 하나라고 한다. -_-
이제 여행을 시작하는 마당에 황금같은 시간을 줄 서서 기다리는데 소비하려니 어쩐지 억울한 생각이 들었다. 그래서 다음에 오기로 하고 주변을 돌

사그라다 파밀리아 대성당은 1883년 3월 19일, 성 요셉 축일에 공사를 시작해서 아직까지 짓고 있다. 후원자들의 기부금만으로 지어지고 있어서 작업이 더디게 진행되고 있다.

Spain

구엘공원 위로 올라가는 길에는 수공예제품을 비롯해 다양한 기념품들을 파는 사람들도 많았고 신기한 악기들을 연주하며 감상료? 기부금?을 받거나 자기 앨범을 파는 악사들도 많았다. 별 생각 없이 사진을 찍고 다녔는데 나중에 들으니 사진을 찍으려면 얼마라도 돈을 내는 게 예의라고 한다.

며 사진만 몇 장 찍고는 자전거에 올라타고 이동했다.

자라웅의 뒤를 따라 산트파우병원 옆으로 이어진 오르막길을 오르기 시작했다. 숨을 헐떡이며 한참을 따라 올라갔는데 자라웅이 "이 길이 아닌가벼…"하면서 씽~ 내려가 버렸다. 투덜대며 뒤쫓아가 보니 길을 못 찾고 이쪽인가 저쪽인가 헤매고 있었다. 하늘에서는 갑자기 빗방울이 뚝뚝 떨어지기 시작하고 때마침 길 아래쪽으로 지하도가 보였다. 자라웅은 "이 지하도를 지나가면 반대쪽으로 길이 나온다!"라고 자신 있게 말하며 앞서나갔다. 하지만 10m도 못가서 갓길이 사라지고 차들이 빵빵거리며 우릴 향해 튀어나왔다. "이 길이 아닌가벼…"하고 다시 되돌아 나오는 자라웅… 되돌아 나오자마자 기다렸다는 듯이 비가 쏟아진다. 하마터면 쫄딱 다 맞을 뻔 했는데 지하도를 빠져나오기 전에 쏟아져서 다행이었다. 15분정도 지나 비가 그치고 거리에는 다시 생기가 돌았다. 힘들게 찾아간 우리의 두 번째 목적지는 역시나 가우디의 작품으로 유명한 구엘공원이다. 대부분의 가우디 건축물들이 유료입장이지만 이곳은 공원이니 만큼 무료입장이 가능했다. 그래서인지 성당과는 비교도 안 될 만큼 많은 인파들이 몰려 있었다.

셋이서 자전거를 어떻게 할 것인가를 놓고 의논했다. "유모차도 들어간다. 우리도 자전거 갖고 가자!"는 자라웅의 의견과는 달리 사람이 많으니 괜히 가지고 가면 불편하기만 할 테고 재수 없으면 쫓겨날 수도 있다는 게 나와 형수님의 공통된 생각. 결국 살짝 불안하긴 했지만 공원 입구 철문에 자전거 3대를 나란히 묶어놓고 3시에 입구에서 다시 만나기로 하고 각자 내부 관람을 시작했다.

나는 산책로를 따라 위로 계속 올라갔다. 끝까지 올라가니 전망대 비슷한 작은 공원과 함께 바르셀로나 전경이 한눈에 들어왔다. 멀리 솟아 있는 몬주익 언덕을 보니 어제 고글을 떨어뜨렸던 악몽이 떠올라 눈시울이 붉어졌다.

위쪽으로 올라왔더니 의외로 사람들이 별로 없었다. 그리고 공원이라 그런지 관광객보다는 애완견을 데리고 산책을 하거나 조깅을 하는 마을 주민들이 더 눈에 띄었다. 생각보다 별로 볼 것이 없다는 생각을 하며 만나기로 한 시간에 맞춰 약속장소로 내려갔다.

형수님 : "다 봤나? 어디어디 봤노?"

나 : "제일 위로 올라갔다가 산책로 따라 내려왔는데 별거 없던데요?"

형수님 : "그럼 건물 안이랑 도마뱀은 하나도 안 봤나?"

나 : "그런 것도 있었어요?"

형수님 : "구엘공원을 대표하는 것들만 빼놓고 보면 우야노~"

나 : "...... 딱! 5분만 기다려주세요."

본 건물로 허겁지겁 달려가 보니 사람들로 북적였다. 어쩐지 위쪽에는 사람들이 없더라니... 건물로 올라가는 계단에는 가우디 특유의 모자이크 형식으로 만들어진 도마뱀 분수가 있었고 어른 아이 할 것 없이 모두들 이놈이랑 같이 사진을 찍기 위해 야단이었다. 기다리는 사람이 너무 많아 건물 내부에 먼저 들어가서 구경을 하고 나왔다. 나도 도마뱀이랑 같이 사진 한 장 찍어보겠다고 가만히 기회를 엿보다가 사람들이 잠시 머뭇거리는 찰나의 순간 재빨리 뛰어 들어가 셀카를 찍고 나왔는데 조금 전 건물 안에서 독특한 천정구조를 찍는다고 카메라 줌을 당겨놓은 것도 모르고 그대로 셀카를 찍는 바람에 화면 가득 도마뱀과 내 얼굴만 나와 버렸다. 도마뱀도 울고 나도 울었다.

구엘공원 구경을 마치고 내려온 후 가우디의 또 다른 작품들을 구경하기 위해 시가지 쪽으로 자리를 옮겼다. 길을 가다가 뭔가 있어 보이는 건물이 나와서 지도를 확인해보면 어김없이 가우디의 작품이었다.

달리다 보니 배가 출출해서 간단하게나마 요기를 하기 위해 근처에 있던 라바짜LAVAZZA 카페에 들어가 샌드위치와 커피를 주문했다. 호기심으로 어제 봤던 하몽이 들어가는 녀석으로 골라보았다. 냄새는 고약했지만 맛은 과연 어떨까 싶어 한입 베어 무는 순간, 고향의 정취를 느끼게 해주는 썩은 된장냄새가 입 안 가득 퍼져나간다. 아마도 죽기 전에 다시 하몽을 먹는 일은 없을 것 같다. 카페에서 주린 배를 채우고 다시 이동한 곳은 역시나 가우디의 유명한 작품 중 하나인 카사 밀라 Casa Mila다. 우스갯소리로 스페인은 가우디와 메시가 먹여 살린다더니 카사 밀라 주위로 늘어선 관광객들의 줄을 보면 영 허튼 소리는 아닌 것 같다. 역시나 줄서기가 싫었던 우리는 수박 겉핥기식으로 외관만 구경했다. 카사 밀라의 1층에 기념품가게가 있었는데 그럭저럭 잘 만들어진 카사 밀라 미니어처의 천정을 보면서 아쉬움을 대신했다.

카사 밀라에서 도로를 따라 약 300m 내려가면 가우디의 걸작 중 하나로 손꼽히는 카사 바트요Casa Batlló가 있다. 바다를 주제로 만들었다고 하는데 직접 보니 바다느낌은 그다지 나지 않고 오히려 스타워즈에서 하얀색 전투복을 입고 나오는 클론병사가 떠오른다. 어쨌든 직선을 최대한 피해가며 구불구불하게 흐르는 듯한 디자인은 감탄사가 절로 나왔다.

돌고돌다 어느새 숙소 근처 카탈루냐 광장까지 와버렸는데 광장답게 사람도 많고 비둘기도 많았다. 그리고 허름한 차림에 깡통을 가지고 앉아 있는 거지들도 많았다. 특이한 점은 대부분의 거지들이 개를 한 마리씩 데리고

• 가우디의 첫 작품 카사 비센스(Casa Vicens). 주택가에 덩그러니 자리잡고 있지만 확실히 튀는 디자인이다.
•• 카사 밀라는 바르셀로나 중심가에 있는 고품격 맨션으로, 가우디는 산을 주제로 하여 석회암을 연마하지 않은 상태로 쌓아올려 더욱 독특한 이미지를 추구했다.

가우디의 걸작 카사 바트요. 바다를 주제로 한 디자인에 저절로 감탄사가 나온다.

있다는 것이다. 노숙자들에게 반려동물을 지원해주면 동물을 위해서라도 열심히 일을 하는 효과가 있다고 한다. 똑같은 거지라도 동물을 데리고 있는 거지가 더 많은 동냥을 얻는다. 다시 구시가 쪽으로 내려와 다음은 어디로 갈지 의논했다. 지

개 팔자가 상팔자라지만 일단은 주인을 잘 만나고 볼 일이다.

도를 보니 구시가를 기준으로 도시 위쪽으로는 어느 정도 돌아본 듯하다. 세계적인 도시인 만큼 꽤 클 것 같지만 바르셀로나는 사실 서울 면적의 1/6 정도밖에 되지 않는다. 게다가 자전거를 타고 이동하니 시간도 많이 절약되었다. (물론 길을 헤매지 않는다면...) 두 분 모두 딱히 보고 싶은 것이 없었는지 나에게 결정권을 넘겼다.

바르셀로나 하면 뭐가 있을까? 무적함대 스페인의 대표적인 축구팀 FC 바르셀로나가 떠올랐다. 축구광은 아니지만 세계 최고의 명문 클럽팀의 홈구장을 보고 싶었다. 천천히 가도 30분이면 충분할 듯해서 저녁식사 시간 전에 얼른 보고 오기로 했다.

하지만 막상 경기장에 도착해보니 경기가 없는 날이어서 그런지 무척이나 썰렁했다. 우리나라는 지방에 있는 월드컵경기장들도 하나같이 으리으리한데... 무려 FC 바르셀로나의 홈구장인데!! 무려 메시가 뛰는 곳인데!! 내부는 어떤지 모르겠지만 외관

FC 바르셀로나의 홈구장 누캄프(Camp Nou)

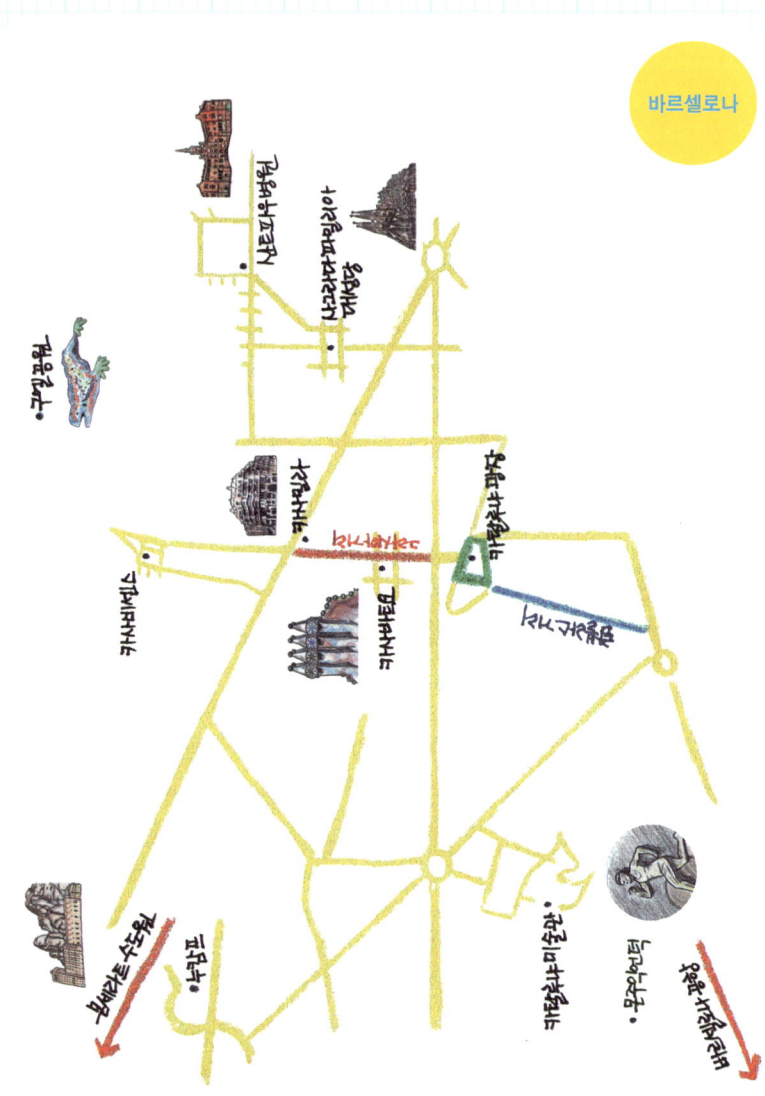

Spain

골목길을 완전히 막아버린 인파

은 예상 밖의 수수한 모습에 조금 실망했다.

발길을 돌려 숙소로 돌아가는데 길거리에 사람들이 부쩍 많아진 것 같았다. 숙소에 도착해서 물어보니 세마나산타 기념행사가 곧 시작된다고 한다. 그래서 저녁식사는 잠시 뒤로 미루고 다시 거리로 나섰다. 골목 중에서도 특히 복잡한 골목이 있어 사람들을 따라가보니 한 성당 앞에서 뭔가를 기다리는 듯 사람들이 몰려 있었다.

7시가 조금 지나자 성당 안에서 어떤 아저씨가 단상위에 올라탄 채 피에타상과 함께 나타났다. 사람들의 호응 속에 성모마리아상의 머리에 관을 씌워주고는 반대편으로 천천히 이동했다. 계속 행진을 하는 것 같았는데 따라갈까 잠시 고민하다가 사람들에 치이는 것도 싫고 괜히 소매치기로 인한 불안감에 떨어야 할 것 같아 그대로 발길을 돌렸다.

숙소로 돌아와서 저녁을 먹고 하루를 정리하던 중 어제 산 하얀 신발이 너무 밋밋한 것 같아 살짝 포인트를 주기로 했다. 무슨 디자인으로 할까 생각하다가 외국인들의 눈에 한글이 매우 예쁘게 보인다는 사실을 떠올리며 정성껏 그려 넣었다. 내가 그의 이름을 불러주기 전에는 그는 다만 하나의 신발에 지나지 않았다. 오늘부터 이 신발을 "왼발이"와 "오른발이"라고 부르기로 했다.

톱니산 몬세라트와 몬주익의 매직 분수쇼

오늘의 목적지는 바르셀로나 북서쪽에 위치한 몬세라트 수도원Visit Montserrat Monastery이다. 몬세라트산 위에 있기 때문에 산을 한참 올라야 하는 힘든 코스다. 물론 대중교통을 이용해서 갈 수도 있지만 자라옹은 되도록 자전거로만 이동하기를 고집했다. 생활 자체가 자전거와 함께였던 사람인지라 아무 문제없이 오를 수 있겠지만 나는 페달을 안 밟은 지 어언 7,8년이 지난 관계로 선뜻 OK하기가 망설여졌다. 몇 년 쉬었다고 해서 못 올라갈 만큼 힘든 코스는 아니었지만 여행 초반부터 무리하다가 무릎에 이상이라도 생기면 남은 여행을 망칠지도 모른다는 생각에 무리하지 않기로 했다. 내 다리는 소중하니까~.

논의 끝에 자라옹은 숙소에서부터 정상까지 자전거를 타고 바로 이동하고 나와 형수님은 지하철을 이용해 산 아래까지 간 후, 나는 자전거를 타고, 형수님은 케이블카를 타고 올라가기로 했다. 그래서 자라옹은 아침식사를 마치자마자 일찌감치 출발하고 나와 형수님은 커피도 한잔 마신 후 느긋하게 지하철역으로 이동했다. 지하철역까지 가는 동안 이것저것 사진 찍고 구경하면서 시간에 맞게 이동했는데, 티켓을 어디서 어떻게 끊는지도 모르면서 한국에서 지하철 타던 것만 생각하고 너무 여유를 부렸다는 걸 뒤늦게 깨달았다. 그제서야 허겁지겁 서두르다가 직원으로 보이는 아저씨에게 물어보니 입구를 잘못 들어왔다고 한다. 다시 되돌아 나가서 길 반대편 입구로 들어갔다. 티켓 무인판매기가 보이기에 찬찬히 읽어보며 돈을 넣고 티켓을 구입했다. 나는 몬세라트산 아래에 있는 역까지 가는 지하철 티켓만 끊으면 되었다. 그런데 뭘 잘못한 것인지 돈을 넣고 이것저것 눌러봐도 지하철+산악열차, 지하철+케이블카 통합권만 선택되고 지하철 단독티켓이 선택되지 않았다. 놓치면 다음 열차까지 한 시간을 기다려야 한다는 조급한 마음

카탈루냐어로 '톱니 모양의 산'이라는 뜻의 몬세라트산. 가우디가 사그라다 파밀리아 대성당을 지을 때 이곳 몬세라트산의 기암괴석들을 보고 영감을 얻었다고 한다.

에 그냥 지하철+산악열차 통합권으로 사버렸다. 이로써 나도 당당히 산악열차를 타고 편안하게 올라갈 명분이 생겨버렸다. 후후후...

종점에서 출발해 약 1시간 10분을 가서야 몬세라트산 아래에 도착했다. 차창 밖으로는 '톱니 모양의 산'이라는 이름에 걸맞은 멋진 풍경들이 펼쳐졌다. 형수님은 케이블카를 타기 위해 먼저 내리셨고, 나는 다음 역에 내려서 산악열차로 환승했다. 산악열차를 타고 15분가량 올라가니 몬세라트 수도원 역이다. 이곳이 끝인줄 알았더니 산악열차 역에서 한층 더 올라가 '푸니쿨라'를 타면 산꼭대기까지 올라갈 수도 있었다. 수도원 내부는 자라웅이 도착하면 함께 들어가 구경하기로 하고 우선은 주변 풍경들을 감상하며 기다리기로 했다.

이 사진은 네이버 포토갤러리 2012.8.23일자 인상깊은 포토에 선정되기도 했다.

꼭대기까지 가려면 '푸니쿨라'라는 케이블카를 타고 올라가야 한다.

그런데 한참이 지나도 자라옹은 올 생각을 하지 않는다. 분명 형수님이 케이블카 타고 올라올 때 근처를 달리고 있던 자라옹을 봤기 때문에 금방 도착할 거라 생각했는데 소식이 없어 문자를 보냈다. 우리가 올라오면서 본 길은 잘 포장된 아스팔트 길이었는데 이 양반 어디를 헤매고 있는지 오프로드를 달리고 있다고 답장이 왔다. 기다리고 또 기다리고... 계속해서 문자를 주고받으며 위치정보를 교환한 끝에 결국 자라옹이 도착한 곳은 내가 산악열차를 탔던 바로 그 역이었다. 몬세라트산을 자전거로 정복하겠다는 일념으로 아침 일찍부터 그 난리를 치더니 고생은 고생대로 하고 결국 역에서 산악열차를 타고 올라오는 자라옹이었다. 정말 오르고 싶었던 산이었는지 내내 시무룩한 표정이었다.

자라옹과 함께 성당 내부 구경을 마치고 형수님은 다시 케이블카를 타고 왔던 곳으로 되돌아가셨다. 나와 자라옹은 자전거를 타고 신나는 다운힐을 시작했다. 마음 같아선 시원한 바람을 만끽하며 끝까지 논스톱으로 내려가고 싶었지만 눈앞에 펼쳐지는 풍경들을 보고도 그냥 지나친다면 카메라에 대한 예의가 아닌 것 같아서 계속 가다 서다 찍다를 반복했다.

→ 말 그대로 대자연이다. • 자라옹은 어디쯤 오고 있을까... •• 미술관. 1층은 식당가, 뒤쪽에는 성당이 있다. ••• 성당입구 •••• 성당 내부는 알록달록 형형색색 으리으리 번쩍번쩍 ••••• 기다리는 동안 사진도 찍고... 저 뒤로 떨어지면 아마 사망... 안전장치도 없고, 저렇게 올라가서 사진 찍어도 아무도 뭐라 하는 사람도 없다.

마음같아서는 몬세라트산의 내리막을 시원하게 내달리고 싶었지만... 저 풍경들을 보면서 그냥 내려가려니 카메라가 분노할 것 같아 멈추지 않을 수 없었다.

약 30분을 달려서 형수님과 만나 열차를 타고 바르셀로나 시내로 돌아왔다. 아침에 출발했던 지하철역으로 돌아오니 오후 7시가 훌쩍 넘었다. 역에서 얼마 떨어지지 않은 곳에는 국립 카탈루냐 미술관이 있고 그 앞에는 거대한 원형 분수대가 있다. 이곳에서는 저녁이 되면 몬주익 매직 분수쇼가 열린다. 계절에 따라 분수쇼를 하는 요일이 다르지만 마침 오늘이 쇼를 하는 날이라 이미 많은 사람들이 좋은 자리를 차지하고 있었다. 현란한 물의 향연을 담기 위해 카메라를 꺼내들었는데 물기둥이 치솟을 때마다 바람에 날린 물보라가 덮치는 바람에 카메라 숨기는데 급급해져 멀리 미술관 쪽으로 자리를 피했다. 바람을 등지고 서면 되는 거였는데... 바보...
8시가 지나자 분수대 광장에 음악이 흘러나오면서 하나둘 조명이 바뀌기

물기둥이 꽤나 높이 올라가기 때문에... 바람 한번 불면 곧바로 물보라에 당하게 되니 카메라를 잘 지켜야 한다! 자전거를 묶어놓고 구경다녔으면 좋으련만... 자물쇠를 담당한 자라옹이 혼자 사라지는 바람에 내내 자전거를 샤워시켰다.

시작했다. 형형색색의 다양한 조명들이 곳곳에서 불을 밝히자 여기저기서 사람들의 감탄사와 환호성이 터져 나왔다. 말은 거창하게 매직 분수쇼 라고 하는데 매직 따위는 없고 그냥 좀 화려한 분수쇼였다. 여자들이나 연인이 함께 와서 본다면 꽤나 로맨틱한 장관이었겠지만 로맨틱함과 거리가 먼

라이딩 후에는 역시 시원한 맥주가 갑이다! (사실 아직 날이 추워서 많이 안 홀렸다...-_- 패딩 입고 다녔음)

나로서는 분수를 구경하는 사람들의 모습이 오히려 더 흥미로웠다. 해가 지고 나니 급격히 추워졌고 배도 고픈 데다 계속 있어봤자 더 새로울 것도 없어 보여서 곧장 숙소로 돌아왔다.

숙소 인근 식당으로 가서 스파게티에 시원한 맥주 한잔씩 곁들이며 저녁을 해결했다. 식사를 마치고 나서 거리를 다니며 기념품가게를 구경했다. 두 분은 해외여행을 할 때마다 그 나라를 상징하는 장식품을 모아오셨다. 그럼 이참에 나도 한번 테마를 잡고 시도해볼까 싶어 이것저것 둘러보지만 딱히 마음에 드는 것이 없어 다음 기회로 미뤘다.

첫날 민박집과 커뮤니케이션에 착오가 있었는데, 숙소로 돌아오니 그때 말했던 새로운 팀이 들어와 있었다. 원래 방 두 개를 예약해서 형 부부와 방을 따로 쓰고 있었지만 새 팀이 들어오는 바람에 우리 셋이 한 방을 쓰게 되었다. 두 분이 쓰던 방을 그 팀에 내준 것이다. 내 방에도 침대는 두 개였기 때문에 딱히 자리로 인한 불편함은 없었으나 문제는 자라웅의 과격한 코골이였다. 평수에 코를 곤다는 것은 알고 있었지만 이 정도의 파괴력을 가진 줄 몰랐던 나는 적잖이 당황했고 그런 자라웅 옆에 바짝 붙어 주무시는 형수님에게서 미륵을 볼 수 있었다. 나는 이어폰을 꽂고 음악을 틀고 나서야 겨우 잠자리에 들 수 있었다.

Spain

여유와 낭만이 넘치는 해변의 풍경

자라옹의 시끄러운 코골이 때문인지 아니면 이제 바르셀로나를 떠난다는 생각 때문인지 아침 일찍부터 눈이 떠졌다. 이제 가면 언제 또 이곳에 와 볼 수 있을까? 하는 생각에 문득 따스한 아침햇살 가득한 거리풍경이 보고 싶어졌다. 주섬주섬 카메라를 챙겨 문을 열고 숙소를 나섰는데 "철컹!" 문이 닫히는 소리와 함께 발가락 끝에서부터 알 수 없는 찝찝함이 대뇌로 전해져왔다.

아... 숙소 내에서 신고 다니던 슬리퍼를 그대로 신고 나와버린 것이다. 게다가 하고 많은 색 중에 하필 핫핑크를!!

도착 첫날 간판이 없어 숙소를 찾는데 애를 먹었다. 이런 소규모 민박집들은 대부분 허가받지 않은 사설 숙박업소라 단속을 피하기 위해서 숙박객들에게 현관 열쇠를 나눠주고 문단속을 철저히 시키는 편이다. 우리도 열쇠를 받았는데 열쇠는 자라옹이 가지고 있었다.

이 망할 센스좀 보소!!

다시 들어가려면 안에서 누군가가 문을 열어줘야 하는데 나 때문에 사람들 단잠을 깨울 수도 없는 노릇이었다.

할 수 없이 본의 아니게 오빤 거지스타일~이 되어 거리로 나섰다.

이른 아침이라 그런지 밤새 술을 마시고 정신없는 사람들, 잠자리를 정리하는 노숙자들, 물건정리를 하며 하루 장사를 준비하는 노점상들 등 한국에서의 아침 거리풍경과 크게 다르지 않아 보였다. 사람냄새 나는 그런 일

상의 풍경을 담고 싶었지만 여기서는 허락받지 않고 함부로 사람을 찍으면 화낸다는 소리를 들었던 게 생각났다. 사진가에게 아주 중요한 항목 중 하나인 배짱이라는 것이 나에게는 많이 결여되어 있었기 때문에 섣불리 카메라를 들이대지 못했다.

숙소로 돌아와 아침식사를 하고 우리가 묵었던 방을 비워 주었다. 바로 체크아웃하지 않고 짐을 입구 한쪽에 쌓아놓은 뒤 바다구경을 다녀와 오후에 출발하기로 했다.

바르셀로나 해변에 도착하니 아주 그냥 여유가 철철 흘러넘치는 느낌이었다. 또한 우리나라 해변에서 무차별적이고 상업적인 파라솔만 보다가 이곳의 풍경을 보니 마치 한 편의 광고같은 느낌마저 들었다.

일광욕을 즐기며 음악을 듣는 남자, 각종 운동기구로 힘자랑을 하는 근육질의 흑형들, 넘치는 건강미에 섹시미를 곁들여 인라인을 타는 멋쟁이 아

그렇지...
이런 그림이
바로
해변의 낭만이지!

가씨들, 멋진 비키니패션으로 '올~~' 하는 감탄사를 불러일으키며 시선을 끌었다가 자세히 보면 이내 실망감을 안겨주시는 할머니들 등등 다양한 사람들이 바닷가에서 각자 나름대로의 여유를 즐기고 있었다.

우리도 그냥 있을 수는 없지. 강한 햇볕을 피해 나무그늘 아래에서 아침에 삶아뒀던 계란을 까먹으며 유로스타일 여유부리기에 동참했다. 그런데... 주위를 찬찬히 둘러보니 모두들 햇볕을 쬐며 광합성을 하고 있었고 태양을 피해 그늘에 앉아 있는 것은 우리와 이름 모를 개 한 마리뿐이었다. 설마 저 사람들 우리를 개와 동급으로 생각하는 건 아니겠지?

충분히 여유를 즐긴 후 돌아가는 길에 커다란 빌딩이 나타났다. 타워 아그바 Torre AGBAR라고 하는 이 건물은 프랑스 건축가 장 누벨의 작품이며, 이 역시 어제 다녀온 몬세라트산의 바위들을 보고 디자인을 했다고 한다. 밤이 되면 건물 전체에 불이 들어와 형형색색으로 변하는 바르셀로나의 대표적

- 우리와 개 한 마리를 빼고는 모두 햇빛을 즐기고 있었다.
- 타워 아그바. 일명 좌약빌딩

랜드마크 중 하나다. 하지만 정작 이곳 사람들은 좌약이라고 부른다는 슬픈 전설이...

숙소로 돌아가기 전에 그저께 못 본 사그라다 파밀리아 대성당을 다시 한 번 들렀다. 근처의 작은 베이커리에서 간단하게 먹을 간식들을 산 후 성당 앞으로 가보니 역시나... 지난번과 마찬가지로 줄이 길게 늘어서 있었다. 기다렸다가 내부를 다 보고 나면 오늘 중으로 바르셀로나를 떠나기는 힘들 것 같아 내부관람은 과감하게 포기했다(훗날 다른 나라의 수많은 성당들의 하나같이 비슷비슷한 내부를 보면서 이 결정이 이번 여행에서 얼마나 아쉬운 선택이었는지 알게 되었다)

성당 앞 연못에 있는 벤치에 앉아 아쉬움을 달래며 간식을 먹고 있는데 갑자기 여자 셋이 접근해오더니 정신없이 말을 건네기 시작했다. "어디서 왔냐... 관광 왔냐... 아! 한국 아주 좋아 굿!굿! 바르셀로나 어떠냐..." 등등 짧은 시간에 많은 말을 내뱉으며 뭔가를 내밀었다. 무슨 서명운동을 하는 듯한 용지였다. 이런 서명같은 것이 문제될 것이 있을까 싶어 이름을 적고 메일주소를 적어나가는데 뒤쪽에 금액을 적는 칸이 있었다. 기입을 멈추고 이게 뭐냐고 물어봤지만 알 수 없는 소리를 하며 빨리 적을 것을 강요했다. 그제야 정신이 들며 아하... 이건 아니구나... 종이를 다시 돌려주었다.
"나 돈 없어. 내 지갑 호텔에 있어~ 미안~."
그랬더니 조금 전까지 살갑게 웃으며 말을 건네던 여자의 인상이 구겨지면서 종이를 가로채듯 빼앗아 가버린다. 그녀들이 떠나자마자 정신이 번쩍 들며 주머니를 뒤져보았다. 다행히 카메라도 지갑도 그대로 있었다. 정신 없이 말을 거는 동안 나도 같이 정신이 빠져나가는 듯했는데 만약 소매치기와 팀을 이뤘다면 꼼짝없이 당했을 것이다. 그녀들이 자리를 뜬 후 근처에 있던 할머니 한 분이 오시더니 절대 돈 주면 안 된다고 검지를 좌우로 흔들며 "노 머니! 노 머니!" 하셨다. 감사하긴 한데 좀 일찍 말씀해주시지 그러셨어요... 당할 땐 구경만 하시다가... -_-

그렇게 미련 가득 남은 성당을 뒤로한 채 숙소로 돌아왔다. 성공적인 여행을 기원해주는 주인아가씨의 배웅을 받으며 프랑스를 향해 북쪽으로 힘껏 페달을 밟았다.
바르셀로나 안녕~

굿바이
바르셀로나~

다음 목적지인 지로나Girona까지의 거리는 약 100km. 출발이 늦어져서 오늘 안에 도착하는 것은 불가능할 것 같아 가는 길에 적당한 곳에서 캠핑하기로 했다.

해안도로를 따라 달리면서 난생 처음 보는 유럽의 풍경들을 차마 그냥 두고 갈 수가 없어 수시로 자전거를 세우고 사진을 찍었다. 그러다 점점 두 분과의 거리차가 생기면서 결국 완전히 자라옹을 놓쳐버렸다. 여행 출발 전에는 만리타향에서 길을 잃거나 일행을 놓치면 어쩌나 걱정도 했었는데 막상 놓치고 나니 의외로 덤덤했다. 가다 보면 언젠가는 만나겠지... 하며 무작정 해변을 따라 달렸다.

해변과 기찻길 사이의 산책로를 따라 한참 달리다 보니 기찻길 건너편으로 자라옹이 보인다. 여태껏 기찻길을 사이에 두고 서로 나란히 달리고 있었던 것이었다. 다시 자라옹과 합류해서 이번엔 열심히 따라가야지 하며 달리는데 작은 사고가 발생했다. 가는 도중 길이 매우 좁아지는 곳에서 어떤 아줌마가 내 옆을 지나갔는데, 부딪칠 것 같아서 자전거를 세우고 옆으로 기울였음에도 불구하고 아줌마는 기어이 내 패니어(pannier: 자전거에 좌우로 한 쌍이 되게 매다는 짐 바구니)를 치고 지나갔다. '탁!' 하고 치니 '억!' 하고 떨어져버리는 가방... 뭐가 부러졌는지 아님 떨어졌는지 가방이 통째로 떨어져버렸다. 급한 마음에 고개를 들어 자라옹을 찾아봤으나 내 상황을 아는지 모르는지 저만치 앞서 달려가고 없었다. 당장 수리할 공구도 없어서 하는 수 없이 가방을 한 손에 들고 자라옹을 쫓아갔다.

다행히 멀지 않은 곳에서 자라옹이 나를 기다리고 있었다. 여행 첫날 고글을 갈아먹더니 며칠도 안 돼 주요장비를 망가트리는 동생을 한심하게 바

• 계속된 해안가 도로를 따라서 즐겁게 라이딩~~
•• 해변과 기찻길 사이의 산책로, 알고 보니 기찻길을 사이에 두고 자라용과 나란히 달리고 있었다.

라보는 자라옹...
패니어를 이리저리 살펴보지만 당장 고칠 수 있는 환경이 아니었다.
우선 숙소부터 정하고 나서 제대로 점검하기로 하고 짐 분배를 다시 했다. 내가 가지고 있던 텐트를 자라옹의 자전거에 올리고 떨어진 가방을 내 자전거에 묶었다. 여행 초반부터 다른 것도 아니고 장비에 문제가 생기니 앞날이 심히 걱정된다... 게다가 내 자전거는 워낙 구형모델이라 부품 구하기도 어렵다. 특히 휠셋의 경우 일반 휠셋들과 호환이 되지 않는 특이 모델인 데다 오래 전에 단종되었기 때문에 만에 하나라도 스포크(spoke: 바퀴의 축과 테두리의 림을 연결하는 바퀴살)가 부러지는 날에는 휠셋을 통째로 갈아야 한다.
6시가 조금 넘어 'Camping Masnou'라고 적힌 캠핑장이 하나 나타났다. 며칠 지내보니 아직 4월인데도 불구하고 유럽의 낮은 몹시도 길었다. 나는 해가 지려면 아직 멀었으니 좀 더 달리자고 했지만 자라옹은 어두워지는 것은 한순간이라면서 첫 캠핑이니까 미리미리 텐트를 쳐봐야 한다며 오늘의 주행을 마무리했다. 유럽에 가면 무조건 경험 많은 형이 시키는 대로만 하라는 어머니의 말씀이 떠올라서 순순히 응해주었다.
업소마다 시설수준에 차이는 있겠지만 유럽은 전반적으로 캠핑장 문화가 아주 잘 정착되어 있다. 우리가 처음 이용하게 된 이 캠핑장은 대도시 근처라 그런지 사람 3명, 텐트 2개 요금이 약 37유로였다. 처음이라 시세를 잘 몰라 달라는 대로 줬지만 나중에 알고 보니 꽤 비싼 가격이었다. 어쨌거나! 유럽에서 처음 하는 야영이다. 저녁 준비를 위해 장도 봐야 하고 텐트도 쳐야 한다.

Spain

내 집 마련의 꿈...

자라웅 : (미심쩍은 눈빛으로) "텐트는 칠 줄 아나?"
나 : "이 양반이 자기 동생을 무슨 바보등신으로 아나... 걱정 말고 형수님이랑 장이나 보고 오소."

자신만만하게 두 분을 보낸 후 텐트를 쳤다. 친구들은 벌써 본인명의로 된 서른 평 아파트도 하나씩 장만하던데 이제야 갖게 된 내 첫 집이 고작 1인용 텐트라니 눈물이 앞을 가렸다. 집이 초라하면 넓기라도 해야 할 텐데 그마저도 나에겐 사치였다. 187cm인 나의 키 덕분에 대각선으로 누워도 목이 살짝 꺾이는 슬픈 텐트였다.
이번엔 자라웅의 텐트를 꺼내들었다. 내 것과 같은 방법으로 폴대를 교차시켜 텐트를 세우고 보니 내 텐트에는 없던 50cm 길이의 폴대가 하나 더 있었다. 이건 뭐지? 이 텐트는 내 텐트와 다른 방법으로 쳐야 하나? 머리를 굴러보다가 서 있는 텐트를 다시 해체해서 이번엔 H자 형태로 조립을 해본다. 그때 막 장을 보고 돌아온 자라웅의 일갈!
"야! 이!!.. 그걸 왜!!!..... 빙시 아이가?"
처음에 한 게 맞았는데 괜히 손댔다가 바보등신 취급을 받아버렸다. 결국

장도 보고 텐트도 치고 저녁준비까지 하게 된 자라옹. 어느덧 익숙해져버린 계란과 베이컨 볶음을 식빵에 올리고 양파 슬라이스를 곁들여 샌드위치를 만들어 저녁식사로 해결했다.

자라옹이 부러진 내 패니어를 수리하는 동안 나는 샤워를 하러 갔다. 민박집에서는 수압도 좀 낮고 보일러 용량 문제도 있고 해서 마음껏 샤워를 할 수 없었는데 이곳의 샤워장은 강력하고 뜨거운 물줄기가 펑펑 나왔다. 며칠간 누적되었던 피로가 싹 풀리는 듯 만족스러운 샤워를 하고 나니 텐트 안에 가득 쌓인 짐 사이에서 불편한 자세로도 순식간에 잠이 들어버렸다.

스페인의 피렌체라 불리는 지로나

다음날 아침. 유럽에서의 첫 야영에서 마음껏 숙면을 취하지 못한 나는 몸이 찌뿌드드했다. 전날 먹고 남은 것들로 대충 아침을 해결한 후 계산을 하고 여권을 회수했다. 캠핑장에서 무료 와이파이를 지원한다고 했는데 리셉션 앞에서만 신호가 잡혔다. 잠시 앉아서 자라옹은 지로나까지 가는 길을 재차 확인하고 나와 형수님은 새로운 소식들을 SNS에 업데이트 한 후 구름 사이로 쏟아지는 아침햇살과 해변의 바다바람을 맞으며 달리기 시작했다. 우리는 길을 모르니 그저 자라옹이 가는 대로 열심히 페달만 밟았다. 아무

것도 묻지도 않고 따지지도 않고 자라웅을 따라가다 보니 경찰차 한 대가 따라붙으면서 우리의 주행을 제지했다. 우리가 달리던 C-32 도로는 자동차 전용도로라 매우 위험하므로 다음 갈림길에서 우측으로 빠져 시내로 들어가라고 한다. 지로나로 가는 줄 알았더니 저승길을 가고 있었구나...

경찰의 안내에 따라 마타로 라는 작은 도시에 진입한 후 N-II 도로를 타고 다시 외곽으로 빠져 이동을 계속했다. 3시쯤 도로가에 낯익은 간판과 함께 맥도날드가 나타났다. 자유여행을 하는 우리같은 여행자들에게 무료 와이파이존은 없어서는 안 될 소중한 존재다.

난간에 주차를 해두고 처음 이용해보는 유럽의 패스트푸드점은 뭐가 다를지 신기한 듯 구경하며 늦은 점심으로 이것저것 주문을 했다. 유럽에서는 메뉴판에 적힌 커피를 그냥 시키면 종이컵에 1/3정도 담긴 에스프레소를 내준다. 우리에게 익숙한 아메리카노를 원한다면 Grand Coffee를 주문해야 하는데 가격이 조금 더 비싸다. 맥도날드의 장점을 마음껏 누리기 위해

• 여행자의 친구 맥도날드~ •• 앙증맞은 컵 사이즈 ••• 하나은행이 요기 있네~

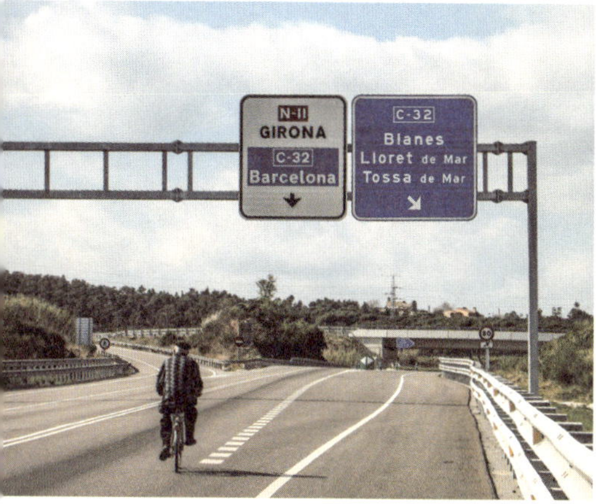
N-II
GIRONA
C-32
Barcelona
C-32
Blanes
Lloret de Mar
Tossa de Mar
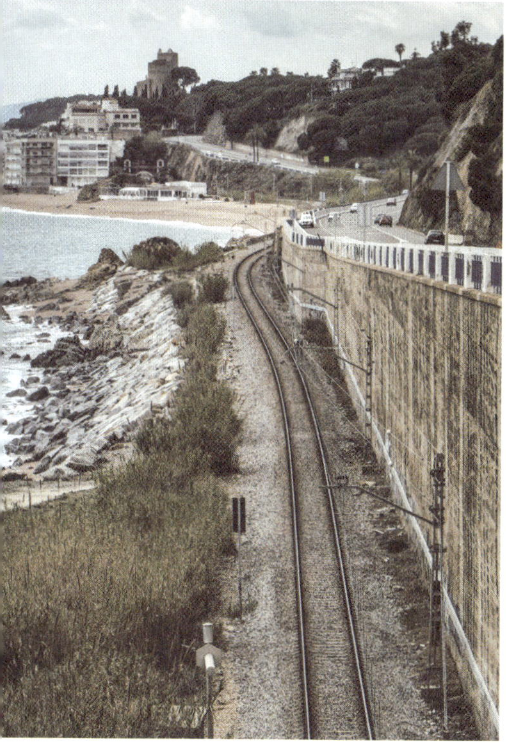

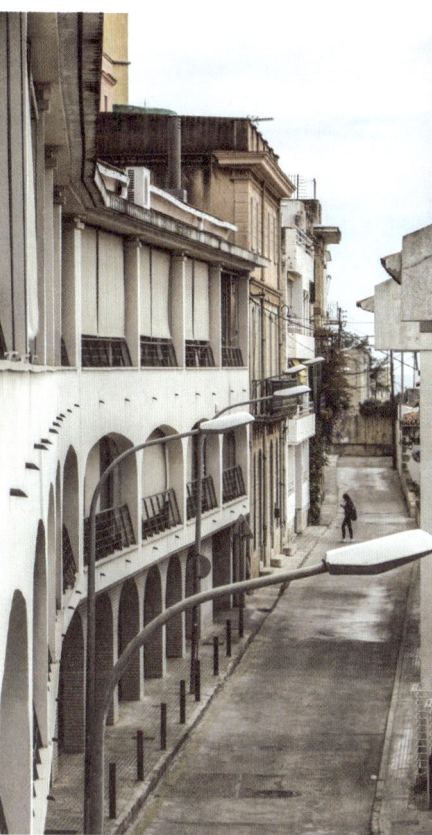

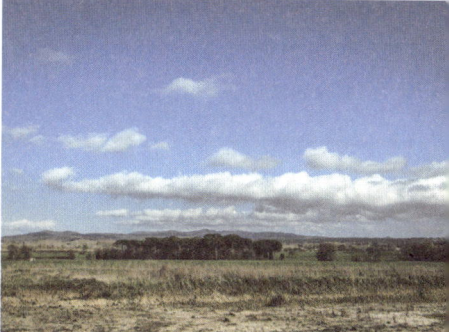

지로나 가는 길

와이파이, 충전, 화장실까지 이용가능한 것은 다 이용한 후 다시 지로나를 향해 달렸다.
며칠간 바르셀로나의 시내 풍경에 익숙해져 있다가 도시 외곽을 달리니 숨통이 탁 트이는 듯했다. 우뚝 솟은 빌딩들로 인해 하늘의 반만 보며 살았던 것 같은데 간만에 뻥 뚫린 시원한 하늘을 보며 달리니 콧노래가 절로 나왔다.
한참을 달려 드디어 지로나에 도착했다. 도시 입구에서 자라웅이 잠시 지도를 보는 사이, 길 건너편 버스정류장에 앉아 계신 노부부를 발견했다. 오후의 노란 노을빛이 함께하는 그 그림이 너무 보기 좋아 "오~ 그림 좋은데~" 하며 뻥을 뜬... 아니 사진을 찍었다. 사진을 찍는 순간 할머니가 살짝 째려보시는 것 같았다. 이 나라에서는 함부로 사진 찍으면 안 된다더니... 할머니가 무섭다...

해가 거의 사라져갈 무렵 지로나 중심가로 들어섰다. 이곳에는 캠핑장이 없는 것 같아서 호스텔을 찾기로 했다. 15분정도 각자 흩어져서 찾아보고 다시 모이기로 했다. 마을을 돌아보던 중 호스텔을 찾았다는 자라옹의 문자를 받고 중심가로 돌아오니 애초 흩어진 곳에서 얼마 떨어지지 않은 곳에 호스텔이 떡하니 있었다. 도미토리룸(Dormitory는 기숙사를 말하는데, 여행할 때 도미토리란 주로 게스트 하우스나 유스호스텔 등 여럿이서 공동으로 사용하는 공동숙소를 말한다)은 1인당 19유로였으나 아직 여행 초기인데다 형수님도 계시니 69유로를 지불하고 3인실로 방을 얻었다.

오늘의 주행거리는 대략 100km. 은근히 오르막이 많았지만 다행히도 달리는 내내 등 뒤에서 바람이 불어줘서 쉽게 올 수 있었다. 하지만 여행 후 처음으로 장거리를 달렸더니 컨디션이 많이 떨어진 것 같았다. 생각 같아서는 그대로 호스텔에서 푹 쉬고 싶었으나 함께 나가 거리구경을 조금 한 후 식사를 했다. 컨디션도 그렇고 딱히 맥주를 마시고 싶지는 않았지만 공금이니까… 안 먹으면 손해일 것 같아 맥주 한잔 곁들여 식사를 하고 돌아와 하루를 마무리했다.

달리의 고향을 지나 국경으로!

타지에서의 숙박이 늘 그렇듯 지로나에서도 아침 일찍 눈이 떠졌다. 식사 시간까지 여유가 있어 카메라를 들고 호스텔 옥상으로 올라갔다.
아침햇살을 담은 지로나의 풍경은 한 폭의 그림과도 같았다.
지로나는 '헤로나'라고도 하고 영화〈향수〉의 촬영지이자, 스페인의 피렌체라고 불릴 만큼 빼어난 경관을 자랑하는 도시다. 하지만 우리에게는 단순히 프랑스로 가기 위해 거쳐 가는 관문일 뿐 둘러볼 예정에 없던 곳이었다. 유럽은 어딜 가더라도 이 정도는 예쁘겠거니 하는 기대를 잔뜩 갖고 있었기에 아침식사를 마치자마자 바로 프랑스를 향해 떠났다.
다음 목적지는 프랑스 페르피냥 Perpignan이다. 먼 옛날 마조르카 왕국의 수도였던, 나름 역사가 있는 도시다. 이곳에서부터의 거리는 100여km 이상인데 하루 만에 가지는 못할 것 같고 상황 봐서 중간에 적당한 곳이 있으면 그곳에서 하루 묵기로 했다.
호스텔을 출발해 북쪽으로 약 40km를 달려가니 피게라스 Figueres 라는 마을이 나타났다. 이곳은 살바도르 달리가 태어난 곳으로, 마을 입구 쪽에 서 있는 조형물에 '살바도르 달리 Salvador Dali'라는 이름이 붙어 있다. 10여 분을 더

・호스텔 옥상에서 바라본 지로나 풍경. 이때까지만 해도 앞으로도 계속 예쁜 것만 보게 될 거란 생각에 이곳이 그렇게 아름다운 곳이란 걸 못 느꼈다. 여행이 끝난 지금 돌이켜보면 여길 좀더 돌아보지 않고 아침 일찍 떠난 게 가장 아쉽다.

살바도르 달리는 교과서에서건 어디에서건 누구나 한번쯤은 봤을 법한, 시계가 녹아내리는 것 같은 그림 '기억의 지속'을 그렸던 스페인의 천재화가다. 왼쪽 위 사진이 달리미술관이다.

가니 달리미술관이 나타났다. 달리미술관은 달리가 생전에 직접 디자인했다고 한다.

자라웅과 나는 같은 대학 같은 미대를 다녔지만 아이러니하게도 우리 형제는 딱히 미술관이나 박물관 같은 것에 별로 흥미가 없었다. 그래서 달리미술관도 대충 주위만 둘러본 후 미술관 옆 기념품가게로 향했다. 한 시간만 더 가면 국경이므로 스페인을 기념할 만한 물건을 사려면 지금 사야 할 것 같았다. 앞으로 여행할 나라들마다 같은 컨셉으로 모을 생각에 신중하게 선택했다. 첫째! 내가 관심이 있는 분야일 것! 둘째! 너무 비싸지 않을 것! 셋째! 여행에 부담되지 않게 작고 가벼울 것! 결국 이 3가지를 모두 만족시

Spain

다시 N-IIa 도로를 따라 달리기 시작~

킨 물건은 숟가락이었다. 평소 커피에 관심이 많아 원래는 예쁜 데미타스 잔(demitasse: 보통 커피잔의 반 정도 크기의 작은 잔)을 모으고 싶었으나 깨지기 쉽고 무거워 여행에 부담이 되는 관계로 차선책으로 고른 것이 티스푼이었다. 티스푼도 나름 괜찮은 컬렉션이 될 것 같아서 투우를 연상시키는 황소모양으로 하나 골랐다.

다시 국경을 향해 달려가다가 길가에 마련된 나무 테이블과 벤치에서 잠시 간식타임을 갖기로 했다. 이 나라에서는 이러한 테이블을 거리 곳곳에서 쉽게 볼 수 있었다. 좀 출출하다 싶을 때면 언제든 편하게 앉아 먹을 수 있었다. 간식을 먹는 동안 입고 있던 노란색 레인재킷을 자전거

71

위에 올려놓았는데... 이 녀석은 뭐가 또 섭섭했는지 가만있는 자전거 위에서 뛰어내린다. 그런데 하필 떨어져도 시커먼 기름때가 가득 묻은 크랭크 위로 떨어졌다. 비명을 지르며 급히 물티슈로 닦아보지만 시커먼 기름때는 더 크게 번져갔다. 새로 사서 한 번도 입지 않은, 이번 여행에 처음 입은 완전 새 옷이었는데... 고글에 이어 재킷까지... 꺼이꺼이꺼이~~

자라옹 : "여행은 헌 옷을 입고 와서 버린 후 새 옷을 사서 돌아가는 것이니라~!"
나 : "그 입 다물라! 언젠가는 나처럼 눈물 흘릴 날이 있을게야!"

분했지만 막상 테러를 당하고 나니 반박할 수가 없었다. 그렇다... 관광이 아닌 이상 그것이 진리였다. 눈물을 흘리며 다시 국경으로 향했다.
이후의 길은 경사가 심하지는 않았지만 은근한 오르막이 계속 되었다. 삐질삐질 땀을 흘리며 인적이 드문 도로를 달리고 있었는데 길가에 한 여자가 서 있었다. 사람이 다닐 만한 곳이 아닌데 뭐 하는 거지? 드라마에서 흔히 보는 '애인이랑 차타고 가다가 성질내며 내려서 집까지 걸어가기' 같은 걸 하고 있나? 혼자서 상상의 나래를 펼치며 달리는데 또 한 여자가 길가에 혼자 서 있었다. 이건 또 뭐지? 조금 더 달리다 보니 어떤 여자는 아예 의자에 앉아 담배를 피우고 있었다. 그 후 약 2,3km마다 한 명씩 길가에 서 있는 여자들을 볼 수 있었는데 이들의 공통점은 하나같이 섹시함을 강조하는 복장이었다. 자라옹의 목격에 따르면 지나가던 차가 여자 앞에 차를 세우고 가격흥정을 하더니 함께 산속으로 들어갔다고 한다. 아하! 그런 것이었군... 알고 나니 그냥 스쳐가는 덤불도 허투루 볼 수가 없었다. 므흐훗... 이후로도 국경에 도착할 때까지 그런 모습은 계속해서 볼 수 있었다.

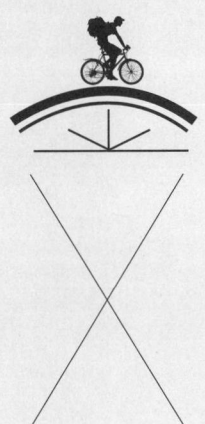

France

프랑스

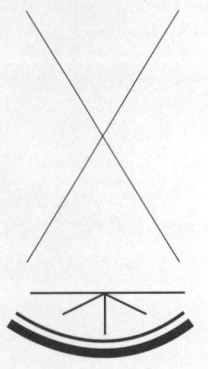

프랑스에서 만난 첫 마을 르블루. 스페인과는 또 다른 느낌을 선사해준다.

국경 너머 프랑스,
국경보다 높은 언어의 장벽

피게라스에서 약 25km를 달려왔더니 드디어 스페인과 프랑스의 국경이 나타났다. 여행 초짜에게 첫 국경은 감동이었다. 기념사진을 한 장씩 찍은 후 프랑스에서의 첫 바퀴를 굴렸다.
국경 주변에는 크고 작은 상가들이 굉장히 많이 들어서 있었다. 형수님이 잠시 화장실을 다녀오신다며 큰 쇼핑센터로 들어가시는 바람에 우리는 바로 출발하지 않고 길가에서 잠시 대기했다. 국경을 넘자마자 파란 눈과 금발의 매력적인 아가씨들이 지친 내 안구를 정화시켜 주었다. 스페인 여자가 약간 매부리코의 남미스타일이었다면 프랑스 여자는 오똑하게 선 콧대하며 신비스런 파란 눈동자까지... 딱 내 스타일~ 그 중 한 아이는 앳된 얼굴이 고등학생 정도 되어 보이는데 담배를 입에 물고 인상을 찡그린 상태로 나와 눈이 마주쳤다. 카메라를 꺼내던 손이 자연스럽게 원위치로 돌아갔다. 문득 지로나의 버스정류장에서 본 할머니가 오버랩 된다. 할머니도 무섭고 고등학생도 무섭고 사진 찍기도 무섭다. ㅜㅜ
그때 갑자기 하늘이 컴컴해지면서 굵은 빗방울이 뚝뚝 떨어지는가 싶더니 순식간에 폭우가 쏟아졌다. 형수님! 나이스 타이밍!! 형수님이 화장실에 가

여행 초짜에게 첫 국경은 감동이다.　　　　　　　　　얼래? 비가 따끔따끔하네?

지 않으셨더라면 그대로 길 위에서 대책 없이 당했을지도 모르는 일이었다. 바로 옆에 있던 상가의 처마 밑으로 급히 대피한 후 쏟아지는 빗줄기를 감상했다. "빗방울이 참 굵기도 하군... 이런 날이 뛰기엔 더 좋아..." 하면서 떨어지는 빗방울을 느껴보려 손을 내밀었다. 예상과 달리 피부에 느껴지는 감촉은 따끔따끔했다. 자세히 보니 쌀알 만한 크기의 우박이 섞여 내리고 있었다. 이야... 역시 큰 나라들은 스케일부터 다르구만... 시작부터 폭우에 우박이라니... 걱정보다는 신기함이 앞서 카메라에 담는다.

다행히 비는 짧고 굵게 몰아쳤고 금세 파란 하늘이 모습을 드러냈다. 아스팔트 위의 지표열이 채 식지 않은 듯 도로 표면에서 모락모락 김이 피어오르고 있었다. 바닥의 물이 튀지 않게 조심조심 페달을 밟아 나가며 프랑스의 첫 마을 르불루 Le boulou 에 도착했다. 건물들 하나하나가 매우 아기자기한 것이 스페인과는 또 다른 느낌을 주었다.

마을 입구에 있는 다리를 건너 버스정류장에 마련된 마을 지도를 살펴보니 이미 캠핑장을 지나쳐 와버렸다. 왔던 길을 다시 돌아가 캠핑장을 찾아가서

France

체크인을 하기 위해 리셉션으로 들어갔다. 자라옹은 지로나에서 숙박비 지출이 좀 많았으니 오늘은 힘들어도 야영을 하자고 했다. 그런데 주인아주머니께서 모빌홈 Mobile Home 을 이용하는 것은 어떠냐고 물어오셨다. 꽤 비쌀 것 같아서 생각도 안 하고 있었는데 텐트 치는 비용에서 10유로만 더 내면 이용이 가능하다고 하신다. 크게 비싸지만 않으

모빌홈은 컨테이너를 개조하여 만든, 침실 부엌 화장실 등이 모두 갖추어진 주거 공간이다.

면 모빌홈을 이용하는 것도 괜찮지 않을까 싶어 자라옹의 눈치를 살폈다. 잠시 고민을 하던 자라옹은 이내 고개를 가로저으며 한푼이라도 아끼기 위해 기어이 텐트를 고집했다. 아쉽지만 그 마음을 충분히 이해하기 때문에 별다른 불만 없이 텐트를 치려고 자리물색에 나섰다. 적당한 자리를 찾아 짐을 내린 후 텐트를 치기 위해 바닥에 비닐을 촤악~ 펼치는 순간 하늘은 우리에게 비를 내려주셨다.

후훗... 여행중에 내리는 비가 이렇게 반가울 수도 있구나... 이미 텐트를 친 후 비가 오는 것과 비가 오는데 텐트를 치는 것은 차원이 다르다. 결국 다시 리셉션으로 가서 추가금을 내고 모빌홈으로 교환했다.

대충 짐 정리를 마치고 자라옹과 함께 식량을 구하기 위해 나섰다. 비가 온다고 해서 모빌홈으로 들어왔는데 정리를 마치고 나오니 그새 비가 그쳤다. 자라옹 속이 좀 쓰릴 듯...

해가 지면서 슬슬 어두워지기 시작했다. 서둘러 시내 중심으로 달려갔지만 인적도 드물고 영업중인 상점도 보이지 않았다. 겨우 발견한 한 아가씨에게 마트 위치를 물어봤지만 벌써 영업이 끝났다고 한다. 이제 8시인데 벌써? 나중에 알게 된 사실이지만 대도시가 아닌 이런 시골마을은 6시만 되

어도 어지간한 상점은 문을 닫는다고 한다. 대형마트는 없지만 조금만 올라가면 작은 식료품 가게가 있는데 그곳으로 한번 가보라고 하기에 혹시나 하는 마음으로 한걸음에 달려갔다. 굶어죽으란 법은 없는지 천만다행으로 아직 불이 켜져 있었다. 가게에 들어서자 할아버지 세 분이 술잔을 기울이며 대화를 나누고 계시다가 낯선 이방인의 등장에 흠칫 놀라 빤히 쳐다보신다. 고기와 쌀을 찾는다고 했더니 서로 눈치를 보다가 한 분이 대표로 나서신다. 국적불문! 어르신들 특유의 허풍이랄까... 옆에 있던 친구들에게 "나 영어 좀 해~" 하는 듯한 뉘앙스를 풍기며 우리와 대화를 시도하셨다. 프랑스인은 모국어가 세상에서 가장 아름답다는 자부심이 강해 영어로 물어도 프랑스어로 대답한다는 이야기를 들었기 때문에 많이 긴장했는데 지금 이 분들은 아예 영어를 모르시는 듯했다... Meat, Pork, Rice 등 간단한 단어들도 알아듣지 못하셨다. 휴대폰에 미리 다운받아 둔 회화 어플도 동원해보고 다른 제품들의 포장지에 그려진 재료들을 가리켜 가면서 열심히 설명했다. 원래는 고기를 구워먹으려고 했으나 결국 소시지로 만족해야 했다. 게다가 달콤한 와인 한 병을 사기 위해서는 혓바닥을 날름거리며 달콤한 표정을 지어보여야 했다. 그런데 이 할아버지가 갑자기 시음을 해보라며 와인 한 병을 따버리신다. '헉! 설마 우리 때문에 땄다고 저것까지 사라고 하지는 않겠지?' 살짝 긴장하며 할아버지가 주는 와인을 받아마셨다. 저

렴한 가격에 달콤하니 꽤 맛이 좋았다. 자꾸 더 먹이려고 하시는 걸 자전거 운전해야 한다고 극구 사양했다. 할아버지는 다른 두 분 앞에서 과시라도 하듯 계속 대화를 시도하셨고 자라웅도 눈치껏 맞장구치며 계속 이야기를 한다. 옆에서 지켜보고 있자니 아저씨와 자라웅 사이에 보이지 않는 큰 벽이 있

France

고 서로 다른 공간에서 자기만의 이야기를 하는 것 같았다.

그렇게 힘들게 얻어낸 재료들을 가지고 무사히 캠핑장으로 복귀했다. 그냥 텐트를 쳤다면 취사가 금지되어 있어 또 빵을 먹었겠지만 모빌홈에는 가스 버너가 있기 때문에 성대한 저녁식사 시간을 가질 수 있었다. 모빌홈은 작지만 있을 건 다 있는 효율적인 공간배치가 인상적이었는데 방도 두 개에 침대도 있고, 빵빵하게 나오지는 않았지만 히터도 가동되는 덕분에 나름 호화스런 잠자리에 들 수 있었다.

하늘은 높고 말은 살찌고 우리는 달리고...

다음날... 창가로 새어 들어오는 따뜻한 아침햇살과 함께 프랑스에서의 첫 아침을 맞이했다. 여느 때처럼 취침중인 두 분을 뒤로한 채 카메라를 들고 나섰다. 언제 봐도 기분이 좋아지는 이른 아침의 노란햇살을 맞으며 캠핑장 주변을 산책했다.
두 분을 깨워 식사를 하고 다음 코스를 정했다. 이곳 르불루에서 페르피냥

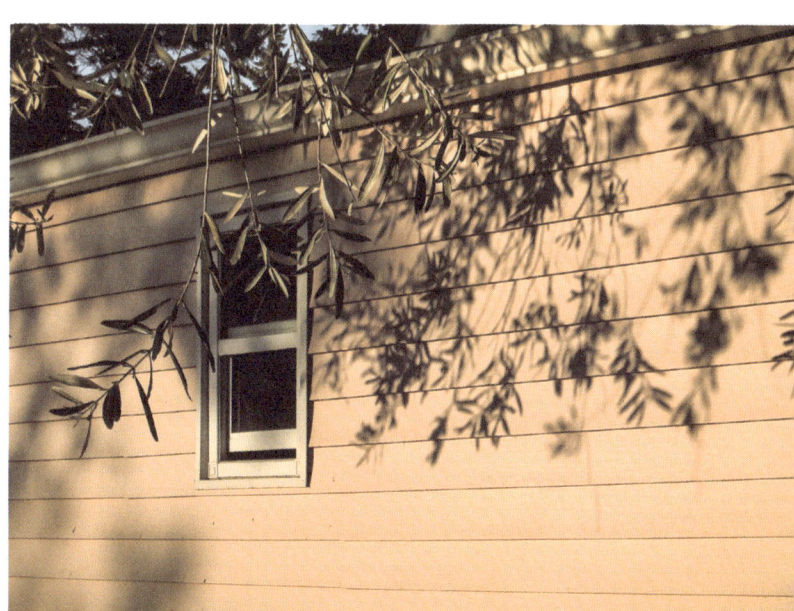

4월이지만 하늘은 높고 말이 살쪘다.

까지는 직선거리로는 그리 멀지 않아 두 시간 정도면 충분히 도착할 수 있었지만 지금 아니면 프랑스에서 바다를 볼 기회가 없을 것 같아서 좀 돌아가더라도 동쪽으로 약 20km 떨어진 바다를 들렀다 가기로 했다.
며칠간 달려왔던 자동차가 쌩쌩 지나다니는 길이 아니라 꼬불꼬불한 트래킹코스다 보니 예상보다 거리가 멀게 느껴졌다. 하지만 울창한 가로수들 사이로 달리니 기분은 한층 상쾌했다. 이따금씩 맞은편에서 달려오는 자전거는 대부분 할아버지들이 타고 계셨다. 얼핏 봐도 환갑이 훌쩍 지나 보이시는 분들이 저지에 쫄바지를 멋지게 차려 입으시고 힘차게 페달링을 하면서 손을 흔들며 "봉주르~" 인사를 건네신다.
바다로 가는 길은 이정표가 아주 잘 만들어져 있어서 자전거 표시만 따라 한길로 꾸준히 달리면 되었다. 캠핑장 주인아주머니께서 오늘은 날씨가 좋을 거라고 하시더니 정말 대박 푸르고 높은 하늘이 펼쳐졌다.

바다까지 한길로 이어진 자전거도로

• 바닷가에 도착하기 전에 통과한 마을 •• 해안도로를 따라 달리고 달리고
••• 탁트인 하늘을 바라보며 계속 달린다.

페르피냥을 향해 달리는 중

한참을 달려 바닷가에 도착했지만 바르셀로나에서 봤던 것처럼 근사한 해수욕장 풍경은 찾아볼 수 없었다. 비수기에 쌀쌀한 날씨 탓인지 파라솔 하나 없는 모래사장과 세상모르고 누워 일광욕을 즐기는 한 소년만이 우리를 기다리고 있었다.

여기까지 왔지만 추운 날씨 탓에 바다에 발가락 담글 생각도 못해보고 해변 한쪽에 자리를 잡아 캠핑장에서 미리 만들어온 볶음밥 도시락을 꺼내 깨끗이 먹어치우고 다시 페르피냥으로 출발했다. 배부르게 밥을 먹었으니 호랑이 기운이 솟아나도 모자랄 판에 페달을 밟을수록 점점 힘이 들었다. 올 때와는 달리 맞바람이 불어서인지 다리에 힘도 안 실리고 두 배로 힘이 들었다.

힘든 주행을 마치고 드디어 페르피냥에 도착했다. 운이 좋게도 우리가 들어선 방향에서 멀지 않은 곳에 여행자를 위한 안내소 Tourist Information가 있었다. 유명한 관광지의 경우 시내 지도를 유료로 판매하기도 하지만 여기서는 그냥 달라고 하니까 아무 말 없이 웃으며 내어준다.

우리가 페르피냥에 온 가장 큰 이유는 기차를 타기 위해서인데 처음 스페인으로 입국할 때 자라웅이 편도티켓이라 문제가 생길까봐 스페인을 떠난다는 증거제출용으로 보험을 들기 위해서 기차표를 예매해둔 것이었다. 또한 페르피냥에서 파리까지 900km 가량 되는데 매일 강행군을 해도 열흘은 넘게 벌판만 보고 달려야 할 것 같아서 페르피냥에서 파리까지는 야간 열차를 타고 이동하기로 했다.

페르피냥에는 캠핑장이 없어서 페르피냥 공식 유스호스텔을 찾아갔다. 이 호스텔은 국제 유스호스텔 연맹에 가입되어 있어서 국제 유스호스텔 카드가 없으면 이용할 수 없었다. 자라웅은 기다렸다는 듯 비장한 웃음을 지으며 지갑에서 카드를 꺼내들었다. 이런 날이 올 것을 대비해 여행 전 한국에서 미리 만들어놓은 것이다. 국내에서는 성인의 경우 3만 원으로 카드를 발급받을 수 있다. 그런데 카드는 본인만 사용할 수 있다고 한다.

자라웅 : "그러게 미리미리 준비를 했었어야지! 쯧쯧…"

난감해하고 있으니 리셉션 총각이 해맑게 웃으며 말한다.

총각 : "없으면 하나 만들어줄까?"
나 : "지금 바로 만들 수 있는거야?"
총각 : "물론! 바로 만들 수 있어~."

그 자리에서 신청서를 써내고 카드를 발급받았다. 게다가 발급비용도 겨우

페르피냥. 벌써 어둑어둑해졌다.

조촐해 보이지만 우리에겐 나름 럭셔리한 저녁식사

7.25유로! 한국에서 만드는 것보다 3배정도 저렴했다. "그렇구나... 미리미리 알아보고 비싸게 준비했구나..." 자라옹을 놀리며 방에 올라가 짐을 풀고 호스텔 시설점검에 나섰다. 취사장이 따로 마련되어 있는 것을 확인하자마자 서둘러 장을 보러 갔다. 열심히 달려 마트에 도착하니 시간은 8시! 직원들이 슬슬 마감준비를 하면서 빨리 고르라는 독촉을 하기 시작했다. 자라옹이 두툼한 고기를 집어 들었다. 어제 고기를 구워 먹으려다가 소시지밖에 못 먹었으니 오늘은 제대로 고기 맛을 보여주겠다고 한다. 12년 자취경력으로 고소한 브로콜리 스프와 잘 구워진 스테이크에 담백한 샐러드까지 뚝딱 만들어 내왔다. 어제도 나름 잘 먹었는데 이러다 여행 반도 못하고 먹는 데다 경비를 탕진하는 것은 아닌지 모르겠다.

야간 열차를 타고 페르피냥에서 파리로...

간만에 늦게까지 푹 잠을 자고 일어나 곧바로 식당으로 내려가 아침식사를 했다. 유스호스텔의 아침메뉴는 대부분 비슷비슷한데 빵 몇 종류와 슬라이스 햄, 치즈, 다양한 잼과 버터, 그리고 시리얼에 우유, 커피, 요플레 정도다. 서양인들은 그 덩치에 비해 의외로 조금밖에 먹지 않는 것 같았다. 하지만 체력소모가 심한 우리같은 여행자들은 점심때까지 잘 버티기 위해서 배부를 때까지 잔뜩 먹어둬야 한다. 잼과 버터의 경우 대부분 휴대용 낱개 포장으로 통에 가득 담겨 있는데 업소 측에는 미안한 일이지만 식사를 마치고 나올 때는 나중에 식빵만 사서 발라 먹을 수 있도록 늘 2,3개씩 챙겨서 나왔

• 페르피냥 생 장 밥티스트 대성당(Cathédrale Saint-Jean-Baptiste de Perpignan). 남프랑스 고딕 양식의 영향을 받은 중세 건축물로, 아치형 무늬의 붉은 벽돌이 유명하다. •• 대성당 뒤쪽에 붙어있는 회랑으로, 예전에 공동 묘지(Campo Santo)로 쓰였던 곳이다. ••• 카스티에 문(Le Castillet), 예전에 감옥으로 쓰다가 지금은 카탈루냐 문화박물관으로 사용하고 있다. •••• 창살 사이로 Campo Santo가 보인다. 대성당도 공사중이다. 좁은 골목골목까지 청소차가 열심히 쓸고 다닌다.

다. 다 먹고 살자고 하는 짓이니 애교로 봐 주시길...^_<

식사중에 나이가 지긋하게 들어 보이시는 라이더 한 분과 눈이 마주쳤다. 먼저 인사를 건넨 아저씨는 자전거로 한국여행도 했었다고 한다. 엄지손가락을 치켜들며 한국에서 가장 좋았던 것을 말해주시는데 그것은 숭례문이나 경복궁 같은 문화유산이 아니라 바로 찜질방이었다!! 찜질방은 어느새 대한민국의 자랑이 되어버린 것 같다.

식사를 마친 후 짐을 챙겨서 오후에 찾아갈 거라고 말해두고 리셉션에 보관을 부탁했다. 밤 10시 반 기차를 예매하긴 했지만 혹시 모를 비상사태에 대비해서 7시쯤 미리 역에 가서 기다리기로 하고 각자 알아서 페르피냥 구경을 하기로 했다. 어제 여행자 안내소에서 받은 페르피냥 마을 지도 한 장만 들고 호스텔을 나섰다. 먼저 지도에 표시된 관광명소들을 한 줄로 연결시켜 루트를 정한 후 차례차례 구경하기로 했다. 사실 구경보다는 지도를 보고 길을 찾아다니는 스킬 습득을 최우선으로 하며 약 4시간 동안 페르피냥 시내 곳곳을 돌아다녔다.

믿고 먹는 케밥

배가 고파서 밥을 먹어야겠는데 자물쇠는 자라옹에게 있고 나에게는 임시보관용 소형 자물쇠밖에 없다보니 주차해놓고 어디 들어가서 먹기가 불안해 길가의 만만해 보이는 케밥집으로 들어갔다. 잘 모르는 음식을 먹을 때는 간혹 돈이 아까울 경우가 있다. 케밥은 어지간해서는 비싸든 싸든 제 값은 하는 메뉴다. 주문한 음식을 받아 야외 테이블에서 먹는데 곳곳에 비둘기가 엄청 많았다. 비둘기의 날갯짓에서 백만 마리 이상의 세균들이 쏟아져 나온다고 하는데 이곳 사람들은 비둘기와 겸상까지 한다. 비위도 좋지...
시내는 얼추 다 돌아봤지만 아직 지도를 보는 스킬이 한참 모자라다는 생각에 조금 멀리 가보려고 하는데 마침 지도 하단에서 대학교를 발견했다. 대학이라... 저 곳으로 가면 상큼발랄 어여쁜 프랑스 여대생들을 마음껏 볼 수 있겠구나!! 싶어서 한걸음에 아니 한바퀴에 달려갔다. 하지만 막상 찾아가보니 여대생은 눈에 띄지 않았다. 치마만 두르면 할머니도 예뻐 보인다는 군인의 심정으로 그 일대를 돌아다녔지만 무슨 일인지 사람구경 자체가 힘들 정도로 인적이 드물었다. 어쨌든 여기까지 온 김에 좀 더 돌아보려고 주위를 살피니 언덕배기에 높은 탑 같은 것이 있었다. 혹시나 저기에 올

France

라가면 도시전경이 보이지 않을까 싶어 달려가 보았으나 문이 잠겨 있어 건물 안으로는 들어가지 못했다. 게다가 언덕에서 마을을 내려다보니 높이가 어중간해서 좋은 그림이 나오지 않았다. 할 수 없이 그냥 내려가려는데 갑자기 경광등을 번쩍이며 경찰차 한 대가 부리나케 올라왔다. 차가 멈추자마자 경찰관 두 명이 총을 들고 나와 탑 옆에 주차되어 있는 차를 덮쳤다.

좌측 하단에 출동한 경찰차가 보인다.

차에 타고 있던 청년 둘을 제압한 후 차를 뒤지기 시작했다. 영화에서나 보던 장면을 실제로 보게 되다니... 사진이라도 찍어 놓고 싶었지만 괜히 옆에 있다가 오해받고 귀찮은 일 생길까봐 자리를 피했다. 아마도 마약거래 현장이 아닐까 싶다. 그리고 보니 점심때쯤에도 유모차를 끌고 가던 한 남자가 두리번두리번 하다가 갑자기 유모차를 내버려둔 채 무단횡단을 하더니 도로 건너편의 한 흑인남자와 재빠르게 무엇인가를 주고받는 장면을 봤는데 그것도 아마 마약이었을 듯! 프랑스의 마약인구가 상당하다더니 사실인가 보다. 이러니 국회에서 마약복용실을 만들자는 법안까지 제기되는구나...

다시 호스텔로 돌아와 짐을 찾은 후 기차를 타러 페르피냥역으로 갔다. 형수님이 미리 예매하면서 출력해오신 티켓을 들고 매표소로 가서 파리까지 가는 것에 문제가 없는지 확인을 했다. 역무원들도 영어를 잘 못해서 의사소통이 원활하지는 않았지만 제일 먼저 돌아온 대답은 Not possible! 자전거를 가지고 갈 수 없다고 한다. 분명 형수님이 자전거 실을 수 있는 것을 확인하고 예매, 결제까지 했는데 Not possible! 만 외치며 안 된다고 했다.

되네, 안 되네 한참 동안 실랑이를 하던 중 그나마 영어를 좀 할 수 있는 다른 직원이 왔다. 자초지종을 늘어놓자면 우리가 탈 이 열차가 자전거를 실을 수 있는 차량은 맞지만 사람이 예매한다고 해서 자전거도 포함되는 것이 아니라 별도로 자전거 운임 비용을 추가해야 함께 실을 수 있다고 한다. FM대로 하면 복잡해지니 그냥 기차 탈 때 역무원에게 바로 돈을 지불하라고 한다. 그제야 겨우 한숨 돌리고 대합실 한쪽 휴게실에 자리를 잡았다. 휴게실 안에는 노숙자로 보이는 아저씨 한 분이 계셨는데 그 아저씨에게서 엄청난 악취가 뿜어져 나왔다. 휴게실 안이 냄새로 가득했지만 자라옹은 피곤하다며 별로 신경 쓰지 않고 앉아버렸다. 나는 다른 감각보다 후각이 조금 예민한 편이라 도저히 같은 공간에 있을 수가 없어 역 주변 구경이나 할 겸 밖으로 나왔다.

하지만 내가 나오자마자 기다렸다는 듯 빗방울이 떨어지기 시작했다. 할 수 없이 다시 역 안으로 들어왔으나 와이파이도 되지 않고 딱히 할 것이 없어서 벤치에서 일기를 쓰다가 꾸벅꾸벅 졸기도 하면서 시간을 보내다 어느덧 10시가 되었다. 플랫폼으로 기차가 들어왔는데 우리가 타야 할 칸은 제일 끝부분에 있는 차량이었다. 비는 추적추적 내리는데 우리가 타야 할 곳엔 처마가 없어 계속 비를 맞아야 했다. 서둘러 탑승을 하고 싶었으나 우리 바로 앞에 있던 휠체어를 탄 중년의 아주머니가 먼저였다. 역무원이 세 명이나 달려와서 아주머니를 에스코트 해주는데도 아주머니는 휠체어에 앉은 채 담배를 피우며 뭐가 불만인지 투덜투덜하신다. 빨리빨리 좀 올라탔으면 좋겠는데 무슨 문제가 있는지 입구를 열어놓고 계속 자기네들끼리 실랑이를 하고 있었다. 계속 비를 맞고 있기 뭐해서 우리 먼저 들어가도 되냐고 했더니 단호하게 거절하며 휠체어 아주머니 먼저 타야 되니 기다리라고 한다. 도로에서 자전거를 타는 우리가 많은 배려를 받았던 것처럼 항상 사회적 약자를 우선으로 배려해주는 것 같았다.

페르피냥역 풍경

한참 만에야 겨우 기차에 올랐는데 입구가 좁아서 짐을 통째로 실을 수가 없었다. 급하게 짐을 하나하나 풀어 자전거 따로 짐 따로 실을 수밖에 없었다. 우리 때문에 열차가 출발을 못 하는 것 같아 무리해서 허겁지겁 짐을 실었다. 자전거는 묶어두고 중요 짐들만 가지고 우리가 예매한 자리로 갔다. 밤새 달려야 하는 관계로 쿠셋 Couchette이라고 하는 침대가 딸린 6인실로 예매를 했었다. 방에 들어가 보니 3층짜리 간이침대가 양 옆으로 놓여 있었고 각각의 자리에는 베개, 이불, 생수 한 병, 귀마개, 물티슈, 비닐봉투 등이 있었다. 객실에 사람이 많았다면 도난 문제도 있고 괜히 신경이 쓰였을 텐데 다행히 우리 외에는 먼저 자고 있던 여자승객 한 명이 전부였다. 그런데 그 여자의 가방에 붙어 있던 네임택을 보니 익숙한 우리나라 여행브랜드가 적혀 있었다. 이렇게 의외의 장소에서 한국 사람을 만나니 급 반가운 마음이 들었다. 괜히 우리 때문에 잠이 깰까 봐 미안한 마음에 서둘러 정리하고 우리도 흔들리는 열차에 몸을 맡기고 꿈나라로 향했다.

그냥 페달만 굴려도
좋은 파리

밤새 덜컹거리는 열차소리와 싸늘한 밤 기온도 모자라 자라옹의 블록버스터급 코골이에 밤잠을 설쳤다. 자라옹의 윗침대에서 자고 있던 한국아가씨에게 괜스레 미안해졌다. 열차 창밖으로 해가 떠오르기 시작했고 얼마 지나지 않아 우리는 무사히 파리에 진입할 수 있었다. 짐이 많은 관계로 이것저것 챙기느라 부산을 떨자 한국아가씨도 부스스한 얼굴로 일어났다. 오랜만에 한국사람을 만나 반가운 마음에 인사를 하는데 헉! 자다 깬 얼굴인데도 언뜻 배우 한예슬씨가 연상되는 상당한 미모의 소유자였다. 가녀려 보이는 여자가 일행도 없이 혼자서 여행을 다니는 것을 보니 참 대단하단 생각이 들었다. 이런저런 여행이야기를 나누다가 잠시 후 기차는 파리 오스테를리츠역에 도착했다! 한국 사람만 성급한 줄 알았는데 여기도 상황은 마찬가지였다. 기차가 멈추기 한참 전부터 복도는 먼저 내리려는 사람들로 북새통을 이뤘다. 우리는 전용 칸에 따로 보관해둔 자전거를 꺼내기 위해 사람들 사이를 겨우겨우 빠져나가 하차준비를 했다. 사람들이 먼저 빠지고 나서 서둘러서 정신없이 짐을 내리고 있는데 옆에서 자라옹이 소리를 질렀다. "이 아무짝에도 쓸모없는 녀석!!" 정신을 차리고 보니 우리 짐도 덜 내린 상태에서 나는 한예슬 닮은 그 아가씨의 짐을 들어주고 있었다. 힘든 일은 가족끼리도 돕지 않는 나는 차가운 도시의 남자... 하지만 예쁜 여자에겐 따뜻하지...
행여나 기차가 우리 짐을 싣고 떠나버릴까 마음을 졸이며 미처 못 내린 짐들을 서둘러 모두 내리고 나서야 알았다. 파리가 종착역이었음을... 그리고 그녀는 이미 바람과 함께 사라지고 없었음을...
파리에서 묵을 숙소는 바르셀로나를 떠나는 날 인터넷을 통해 예약한 한인민박집이었다. 체크인 시간이 3시간가량 남았지만 짐이나 먼저 내려놓자는 생각에 바로 민박집으로 향했다. 노오란 아침햇살과 함께 하는 파리의 거리는 눈부시게

파리 오스테를리츠역의 아침풍경

아름다웠다. TV나 잡지를 통해서만 봐 오던 파리를 직접 보며 달리게 되니 감동의 물결이 몰려오며 내가 파리지앵이라도 된 것처럼 페달링도 가벼워졌다.
역을 빠져나오자마자 내 시선을 확 잡아끄는 사람이 있었다. 푸른 눈, 오똑한 콧날, 빨간 스웨터에 핫핑크 그라데이션이 곱게 들어간 머플러, 아침햇빛을 받아 반짝이는 눈부신 금발까지 우아한 자태로 벽에 기대어 앉아 있는 여자였다. 그리고 그녀의 앞에는 깡통이 놓여 있었다.
"우와!! 역시 파리구나!! 거지마저 패셔너블하다니!! 이게 파리구나!!"
혼자 감탄사를 연발하며 부지런히 자라웅을 뒤쫓았다.
민박집은 시내 중심에서 조금 떨어져 있었지만 우리에게는 자전거가 있었다! 민박집 근처에서 큰 언덕을 하나 넘어야 했을 때 멋진 갈색 트렌치코트에 롱부츠를 신은 아주 멋진 여자가 선글라스를 끼고 긴 금발머리를 나풀거리며 자전거를 타고 나를 추월해 지나갔다. 그녀의 자전거는 우리나라에서도 흔히 볼 수 있는 장바구니 달린 여성용 자전거. 앞에 달린 바구니에는 긴 바케트빵들이 담겨 있었다.
'캬~~ 흔한 동네 아낙네의 자전거 타는 모습도 이렇게나 멋지다니 역시 파리구나!! 이게 파리야!!' 하는 생각도 잠시 '이제 곧 오르막이 시작되니 내려서 끌고 올라가겠군... 그럼 그녀 옆을 지나가면서 우아하게 '봉쥬르~' 인사라도 해 봐야지~ㅋㅋ'라는 생각이 끝나자마자 그녀가 갑자기 안장에서 벌

이국적인 냄새가 물씬 풍기는 파리의 거리 풍경

떡 일어나더니 미친 듯이 폭풍 댄싱(안장에서 일어나 페달링을 하는 것)을 시전했다!! 아무리 내 자전거에 짐이 많다고는 하나 도...도저히 따라잡을 수가 없었다. 아마도 바람에 휘날리는 금발머리를 보니 초사이아인이 분명하다... 그렇지 않고서야... 아무튼...유럽 여자들 자전거 정말 잘 탄다!! (-_-)=b
조금 헤매긴 했지만 무사히 민박집을 찾을 수 있었다. 조금 흥정을 해서 3인실로 이용할까 하다가 형수님이 너무 우리끼리만 지내면 재미없다고, 이런 데서 인맥도 넓혀가고 해야 재미있다고 그냥 6인실 도미토리로 하자고 하셨다. 일단 비용 면에서도 더 저렴하니까 나는 무조건 찬성했다. 결국 1인 20유로에 6인실 도미토리로 결정하고 짐을 풀었다.
바르셀로나를 떠나면서 급히 찾은 곳이라 제대로 검증을 하지 않고 예약을 했는데 인터넷에서 이곳을 검색할 때 이모님 잔소리가 심하다는 등 안 좋은 내용을 본 터라 사실 좀 걱정스러웠다. 그리고 바르셀로나의 민박집 주인이 처음에 정말 환하게 웃으며 엄청 반갑게 맞이해주었던 것과 다르게 여긴 누구인지 언제 예약했는지 확인부터 하며 가격이야기를 먼저 꺼내셨기 때문에 처음부터 이미지가 좋지 않았다. 게다가 위층에서는 아이들 울음소리가 우렁차게 들려오는 것이 아닌가!! 어쩔 수 없었다. 왔으니 대충 2,3일만 묵고 다른 곳으로 옮기자고 우리끼리 이야기했다. 하지만 우리는 결국 이곳에서 6일이나 지내게 된다...ㅋ
막상 지내 보니 잔소리도 전혀 없고 이모님 완전 짱 좋으시고... 진짜 가족처럼 대해주시는 데다 원래 계약상으로는 조식과 석식만 제공하는데 틈만 나면 이것저것 만들어 점심대용으로 챙겨주셨다. 걱정했던 애들 소리도 첫날 이후로는 아이들이 있는지 없는지도 모를 만큼 사라졌다. 우리 방에 교환학생으로 장기투숙중인 손님이 있었는데 "며칠 지내다 보니 계속 살게 되네요" 라는 말이 처음엔 이해가 안 됐는데 금세 이해가 되었다. 처음에 안 좋게 봤던 것이 죄송할 만큼 가격대비해서 정말 좋은 곳이었다. 우리가

France

너무 일찍 와서 체크인 시간이 한참 멀었음에도 불구하고 예정에 없는 아침식사까지 따로 준비해주셨다.

든든하게 배를 채운 후 자라옹의 가이드북을 들고 본격적인 파리구경에 나섰다. 자라옹의 꽁무니만 쫓아가니 어디가 어디인지도 모르고 그냥 달리는데도 파리의 풍경은 마냥 좋았고 아무 길거리든 막 찍어도 예뻤다. 한국촌놈의 눈에 그저 하나부터 열까지 모든 것이 멋지고 신기해 보였다. 잠시 지도 보는 타임을 가지면서 한국에서도 안 사먹는 스타벅스 매장에 들렀다. 역시 대도시라 그런가 그동안 볼 수 없었던 아메리카노가 있다. 한 잔 시켜 셋이 나눠먹는 우리는 검소한 가족…

파리의 수많은 관광지 중 우리가 처음 찾은 곳은 '노틀담의 꼽추'로 유명한 노트르담 대성당이었다. 흔히들 노트르담 대성당이라고 하면 파리의 이곳을 떠올리지만 사실 노트르담의 의미는 '성모 마리아'를 나타내는 것일

노트르담 드 파리. 센강 시테섬에 있는 프랑스 초기의 고딕성당의 대표작이다.

왜들 이러는 걸까요?

뿐이다. 따라서 다른 도시를 가더라도 그 도시만의 노트르담 성당이 있는 것이다. 굳이 정확히 말하자면 이곳은 '노트르담 드 파리 Notre-Dame de Paris'라고 해야 한다.

대성당으로 가기 위해 센강 Seine River 의 다리를 건너는데 전 세계 각국에서 몰려온 사람들이 사랑을 맹세하며 걸어놓은 자물쇠들이 난간을 가득 메우고 있었다. 개인적으로는 사랑을 구속하는 것처럼 보여 그다지 좋아하는 장면은 아니다. 저기에 자물쇠를 걸었던 수많은 커플들 중에 헤어지지 않고 잘 살고 있는 커플의 비율은 과연 얼마나 될까?

성당 정면에는 아치형의 문이 3개 있다. 각 입구마다 조각되어 있는 부조에는 성경의 내용이 고스란히 담겨 있다고 하지만 설명해주는 가이드도 없어 디테일한 내용을 알 길이 없는 우리는 곧바로 입장했다. 줄이 길게 늘어서 있었지만 줄어드는 속도가 빨라서 금세 입장할 수 있었다.

우리나라의 성당을 다녀보지 않아서 딱히 비교할 수는 없었지만 성당 내부는 그야말로 화려함 그 자체였다. 아는 만큼 보이는 법인데 아는 것이 없으니 건축양식이라든가 기타 등등 시시콜콜한 내용은 전혀 눈에 들어오지 않았다. 그럼에도 불구하고 위압감 넘치는 웅장한 규모와 화려한 장식들은 시신경을 즐겁게 자극해주었다. 유명한 작품들을 알아보지도 못할 거면 뭐 하러 유럽까지 갔냐고 해도 할 말은 없지만 아무리 유명한 것이라도 내 눈에 별로라면 그 뿐인 것이고 굴러다니는 흔한 길거리의 돌덩이라도 내 눈에 예쁘면 그만이지 뭘... 건물에 얽힌 사연들이야 나중에 돌아가서 공부하면 알수 있으니 우선은 본능에 따라 눈에 들어오는 것에 집중하기로 했다. 때에 따라서는 모르고 보는 게 더 색다른 시선으로 접근할 수 있기도 하다.

센강을 건너 도착한 대성당 앞, 입장하기 위해 줄 서 있는 사람들이 보이고, 성당 내부는 화려함 그 자체였다.

자, 이제 어디로 갈까...   프랑스의 유명한 공공자전거 벨리브

성당을 나와 다음 코스를 정하려 하는데 어쩐지 자라옹의 표정이 창백하다. 뒤집어진 자라마냥 방광을 부여잡고 안절부절 못하고 있었다. 바로 앞에 유료화장실이라도 이용해야겠다며 동전을 찾길래 조금 이르긴 하지만 점심을 일찍 먹는 셈 치고 근처에 있는 레스토랑으로 들어갔다.

용변이 마려우면 모든 집중력이 괄약근으로 향하게 되고 그로 인해 판단력도 덩달아 흐려져 메뉴도, 가격도 제대로 보지 않고 급한 대로 막 들어가게 된다. 그러므로 화장실은 이용 가능할 때 무조건! 당장 급하지 않더라도 무조건!! 가야 한다. 그리고 우리나라는 어느 가게를 가더라도 화장실 좀 쓰자고 하면 대부분 허락해주지만 유럽에서는 자기 가게에서 뭐라도 하나 서비스를 이용해줘야만 사용이 가능하다. 때에 따라서는 서비스를 이용해줘도 화장실은 별도로 비용을 지불해야 하는 무서운 곳도 있다. 길거리에서도 공중화장실을 종종 볼 수 있지만 이 역시 대부분 유료다. 비용은 대개 0.5

France

유로 정도... 비싼 곳은 1유로씩 내야 하기도 한다. 그러니 단순 용변처리에 돈을 지불하는 것 보다는 차라리 가까운 카페를 찾아 커피 한잔 마시고 화장실을 이용하는 것을 권장한다. 하지만 커피가 이뇨작용을 돕는다는 것이 함정...

구워도 너~~무 구웠어!

어쨌든 식당에 들어갔으니 메뉴를 골랐다. 유명 관광지라 영어 메뉴판도 잘 마련되어 있고 샌드위치와 스테이크를 주문하니 오래 기다리지 않아 음식이 나왔다. 입천장을 갈기갈기 찢어버리는 딱딱한 바게트 빵으로 만든 샌드위치와 바짝 굽히다 못해 군데군데 탄 흔적이 많은 스테이크가 나왔다. 검은 부분이 암에 그렇게 좋다더니 쉐프의 특별 배려인가 보다.

힘겨운 커뮤니케이션을 해가며 음식을 바꿀 자신이 없어 원래 그런가보다 하면서 그냥 먹었다. 원래 유럽스타일이 그런 것인지 가격에 비해 썩 마음에 드는 퀄리티는 아니었다. 이 모든 게 자라옹이 미리미리 화장실을 안 가서 그런 것이다. 다시 한번 명심했다! "용변은 가능할 때 무조건 봐야 한다."

식사를 끝내고 다시 페달을 밟다 보니 파리 시청이 나타났다. 웅장하고 으리

파리 시청

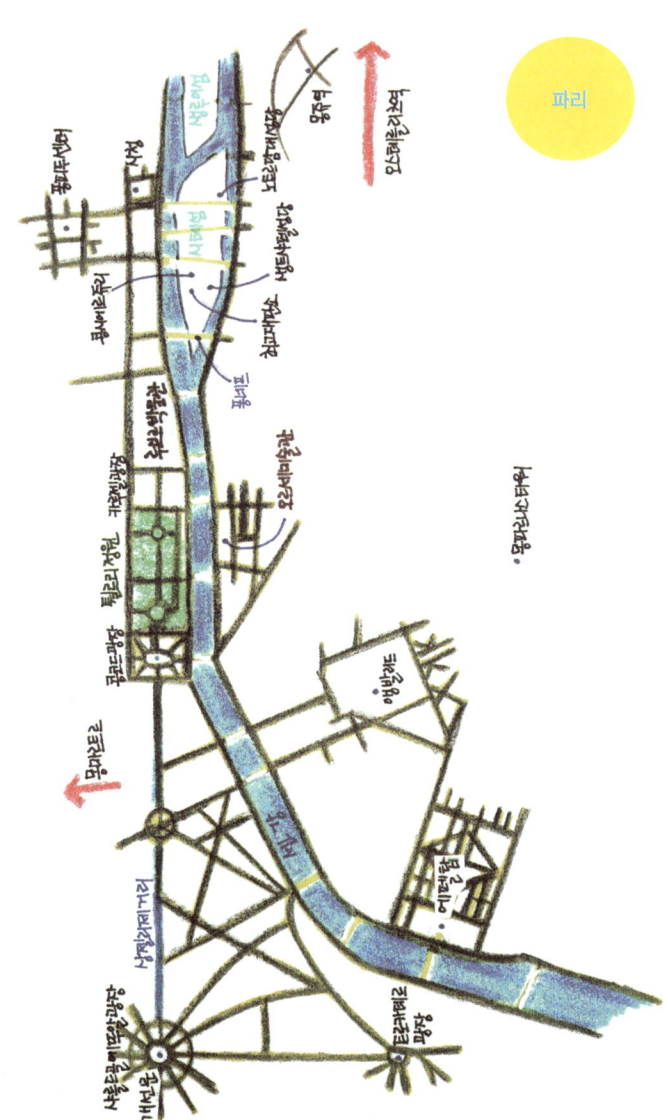

France

으리한 모습을 사진으로 담는다고 카메라를 만지작거리고 있으니 한 꼬마가 다가와서 신문같은 것을 건넨다. 생각 없이 받았더니 자리를 떠나지 않고 계속 알아들을 수 없는 소리로 블라블라 이야기를 한다. "못 읽어!!" 짧고 단호하게 필요없다고 말하며 돌려주려고 했지만 혼자 계속 블라블라... 누굴 호구로 보나... 혼자 떠들거나 말거나 소년의 발밑에 신문을 고이 놓아주고 훌쩍 떠나자 소년은 "Oh! No~!!" 를 외치며 머리를 쥐어뜯는 리액션을 펼친다. 다시 센강을 따라 조금 내려가니 사람들이 잔뜩 지나다니는 다리가 보인다. 파리하면 떠오르는 수많은 로맨틱한 요소 중 하나인 퐁네프 Pont Neuf였다. 퐁네프에서 300여m를 더 달려가자 '루브르 박물관'이 모습을 드러냈다. 하지만 우리가 갔을 때는 마치 눈처럼 굵은 꽃가루와 먼지가 풀풀 날리고 있었는데 내부에 놓인 장비들을 보니 공사중인 것 같았다.

왜 하필 이 시기에 공사를 하는 것이냐!! 뜬금없는 공사로 인해 아무 것도 못 보고 돌아가야 하는 것은 아닌지 살짝 걱정되었지만 박물관 광장 입구 앞에서 길게 줄을 서 있는 관람객들을 보니 공사와 상관없

현대의 기술로 역사를 수리한다!

이 관람은 가능한 것 같았다. 내일부터 파리 뮤지엄패스를 끊어 제대로 관람할 예정이므로 오늘은 공짜로 관람 가능한 부분만 돌아보기로 했다.
박물관을 나와 카루젤 개선문을 통과하면 튈르리 정원이 나온다. 튈르리 정원을 지나면 콩코드 광장, 콩코드 광장을 지나면 샹젤리제 거리, 샹젤리제 거리를 지나면 개선문... 그야말로 내로라하는 유명 관광지들이 콤보로 쏟아졌다. 그 중에서도 특히 개선문이 인상적이었다. 책에서 볼 때는 몰랐는데 상상 이상으로 그 규모가 거대하여 그로 인해 느껴지는 위압감이 굉장했다. 조금 더 가까이에서 제대로 보고 싶어 개선문 아래 로터리를 따라

• 퐁네프의 퐁(pont)은 '다리', 네프(Neuf)는 '새로운'이라는 뜻을 가지고 있다. 퐁네프는 '새로운 다리'라는 뜻이지만 실제로는 센강에서 가장 오래된 다리다. •• 퐁네프에서 300여m를 가면 프랑스의 자랑이자 세계 최대의 박물관인 루브르 박물관이 나타난다. 박물관 앞 광장은 언제나 인산인해를 이룬다. ••• 상상보다 훨씬 거대했던 개선문의 위엄

France

달려봤지만 안쪽으로 건너갈 수 있는 횡단보도가 보이지 않았다. 무단횡단 이라도 해야 하나? 그건 아닌 것 같은데... 분명 개선문 위에 사람들이 올라 가 있는 것을 보면 길은 있을 텐데... 명탐정 코난이 되어 매의 눈으로 주위 를 살살이 뒤져보니 로터리 가장자리 한 곳에서 개선문 중앙으로 갈 수 있 는 지하도가 있었다. 루브르에서 나올 때 자라옹이 에펠탑을 보러 먼저 가 버렸기 때문에 나에게는 자물쇠가 없었다. 작은 임시자물쇠로 묶어두기엔 너무 불안해서 그냥 자전거를 끌고 지하도를 통과했다. 길을 건너 개선문 앞으로 올라서자 옆에 있던 경찰이 내 앞을 가로막았다.

경찰 : "선생, 여기서는 자전거를 탈 수 없어!"
나 : "나도 알아! 나는 걸어다닐거야... 나의 자전거와 함께..." (참...정직한 영어...)
경찰 : "그래도 안 돼!"
나 : "알았어! 그럼 여기 묶어놓고 볼게."
경찰 : "그것도 안 돼!"

아니 이 양반이... 정말 너무하네... 융통성이 제로구만! 그럼 사진 한 장만 찍고 가겠다고 하니 그제야 OK사인을 해주었다. 잠자는 콧털의 사자를 건 드리다니 두고보자!! 내 기필코 다시 돌아오마!!
개선문은 다음에 다시 오기로 하고 파리 관광의 꽃인 에펠탑을 보러 가기 로 했다. 자라옹과 형수님은 이미 에펠탑에 도착해 구경중이니 빨리 와서

보고 밥 먹으러 가자고 문자가 왔다. 길 찾기를 전적으로 자라웅에게 맡겼던 터라 아직 GPS와 휴대폰에 내장된 구글맵의 활용법이 서툰 상황이었다. 그래서 가이드북에 있는 지도를 보면서 길을 찾는데 자꾸만 이상한 곳으로 간다. 분명 이 길 보고 달린 것 같은데 저 길에 가 있고... 게다가 책에 나와 있는 지도는 여러 구역별로 나뉘어 있어서 보기가 굉장히 불편했다.

역시 이럴 때는 사람에게 물어보는 것이 최고라 생각해 지나다니는 사람에게 도움을 요청했다. 첫 번째 모르고, 두 번째 모르고, 세 번째 물어본 사람의 도움으로 겨우 길을 찾을 수 있었다. 에펠탑 전체를 감상하기에 최적의 장소라고 하는 트로카데로 광장 Place du Trocadero 에 도착했다. 두 분도 이곳에 있을 줄 알고 문자를 보내보니 이미 탑 밑에 있다고 했다. 기다려주겠지... 하며 혼자 구경을 했다. 최고의 관광포인트답게 정말 많은 사람들이 에펠탑을 구경하고 있었다. 관광객만 있는 것은 아니었는데 흑형들이 양손에 에펠탑 모형을 잔뜩 들고서 짤그랑짤그랑 소리를 내며 관광객들에게 하나 사라고 집적거리며 돌아다니고 있었다. 에펠탑을 든 흑형들은 유럽 곳곳의 유명관광지에서 계속 만날 수 있었다.

그런데 오전 내내 좋던 날씨가 오후에는 점점 구름이 많아지면서 잔뜩 흐려지는 바람에 엽서에서 볼 수 있었던 화사하고 멋진 에펠탑의 모습을 볼 수 없었다. 좀 더 가까이 가서 보기 위해 다리를 건너 에펠탑 밑으로 달려갔다. 기다리고 있던 자라웅은 비가 올 것 같으니 빨리 숙소로 가자며 먼저 가버렸다. 나는 좀 더 멋진 사진을 찍고 싶은 욕심에 계속 기다려보았으나 결국 하늘은 내 믿음을 저버리고 비를 내려주셨다. '쩝... 오늘 사진은 다 찍었구나...' 더 늦으면 밥도 못 얻어먹을 것 같아 나도 서둘러 숙소로 가는데... 아!! 생각해보니 정확한 숙소위치를 모르고 있었다...-_-
아침부터 자라웅 뒤만 졸졸 따라다녔더니 지명이고 뭐고 하나도 생각이 나지 않았다. 그저 그 길을 지날 때의 어렴풋한 기억만이 남아 있는데 그마저

비온 뒤 해가 난다.. ㅜㅜ 좀 더 기다려볼 걸... 후회하며 숙소로 복귀...

도 유럽의 건물들이 다 비슷비슷하게만 느껴져서 좀처럼 쉽지가 않았다. 최대한 오감을 동원해서 달렸지만 지도를 펴서 현재위치를 확인할 때마다 엉뚱한 곳에 있는 나를 발견했다. 신사 세 분의 도움을 받아 겨우겨우 눈에 익은 길을 찾게 되었는데 사실 이때까지도 나는 내가 얼마나 심각한 길치 인지 깨닫지 못했다. 비는 비대로 다 맞고, 시간은 시간대로 늦어서 저녁도 못 얻어먹는 것은 아닐까... 우울한 마음으로 달리고 있는데 갑자기 천지가 개벽하듯 구름 사이로 붉은 햇살이 쫘악~ 펼쳐졌다. 그것도 조금 전까지 내가 있었던 에펠탑 방향!! "아아아!! 조금만 더 기다려볼 걸!!"

뒤늦은 후회를 하며 겨우 숙소로 복귀했다. 15km도 안 되는 거리를 거의 2시간 넘게 헤매다 돌아왔는데, 다행히도 이모님께서 내 밥을 따로 남겨두셨다. ㅜㅜ 이 곳 민박집은 바르셀로나와는 달리 석식이 그것도 매일 한식으로 제공되었다. 간만에 먹는 한식, 메뉴는 돼지고기불고기~ 걱정과는 달리 밥도 반찬도 많이 남아 있었다. 고기를 후루룩후루룩 마셔버리고 정신없었던 파리의 첫날을 마무리했다.

명불허전! 베르사유의 위엄

파리에는 문화예술과 관련된 수많은 관광명소가 있는데 그 많은 곳들을 하나의 티켓으로 모두 이용할 수 있다. 바로 '파리 뮤지엄패스'가 있으면 된다. 2일권, 4일권, 6일권 3가지로 판매되고 있는데 2일권은 너무 빠듯할 것 같아서 4일권을 끊기로 했다. 그리고 뮤지엄패스의 첫 번째 사용처는 베르사유 Versailles 궁전으로 정했다. 베르사유 궁전은  그 규모가 어마어마하다는 소리를 익히 들었기 때문에 자전거를 가지고 가야 할지 고민이 되었다. 인터넷 검색을 해보니 자전거를 가지고 들어갈 수는 없고 베르사유 내에 마련된 자전거대여소를 이용해야 한다고 나와 있었다. 어쩔 수 없이 지하철을 이용하기로 했다.

자전거 없이 몸만 가는 관계로 오늘은 혼신의 힘을 다해 차려입고 파리지앵으로 변신해 프랑스인들의 코를 납작하게 해주겠다는 생각으로 옷을 입고 거울 앞에 서 봤지만 애초에 가져온 옷이라곤 자전거 복장밖에 없는데 파리지앵은 개뿔... 누가 볼까 부끄러워 모자를 푹 눌러쓰고 지하철역으로 향했다.

"도저히 못 나가겠다!! 내 혼신 별거 없구나... 쩌이끼 이ㅠㅠ"

지하철 티켓은 1회권 1장을 사면 1.7유로인데 10장을 한꺼번에 사면 12.7유로에 살 수 있다. 당연히 우리도 10장을 사서 3장씩 나눠 가지고 출발했다. 파리의 지하철 출입 시스템은 우리나라처럼 들어갈 때와 나올 때 둘 다 체크하는 것이 아니라, 들어갈 때만 체크하고 나올 때는 체크를 하지 않기 때문에 들어가면서 찍은 티켓은 쓸모가 없어진다. 그래서인지 출입구 바닥에는 온통 버려진 티켓들이 즐비했다. 하지만 정말 재수 없는

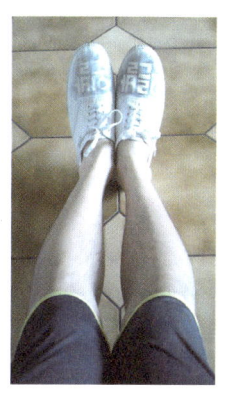

경우 검문에 걸릴 수 있다. 티켓을 끊고 들어왔다고 하더라도 그 티켓을 가지고 있지 않으면 벌금을 물어야 하므로 되도록이면 나와서 버리는 것이 좋다.
7호선을 타고 가다가 오스테를리츠역에서 환승하여 30분을 더 달려서 베르사유에 도착했다. 궁전 입구 근처 사거리에서 뮤지엄패스 판매처를 발견하고 다 같이 들어가 티켓을 구입했다. 티켓 뒷면의 입력란에 처음 사용하는 날짜를 적어 넣으면 그 날로부터 4일간 이용이 가능하다. 매표소의 아가씨에게 3장을 주문하고 계산을 하려는데 아가씨가 나를 빤히 쳐다보더니 웃으며 말한다. "18~25살은 할인된 가격에 살 수 있는데…"
맙소사~ 날 도대체 몇 살로 본 거지? 내가 좀 동안이긴 하지만 10년 이상을 건너뛰다니… 유럽에서도 내 동안이 먹히는구나!! 혼자 실실 웃으며 실제 나이를 가르쳐주니 역시나 깜짝 놀라며 믿지 않는 표정을 짓는다. 음핫핫! 괜스레 기분이 업 된 상태로 지도를 한 장씩 받아들고 궁으로 향했다.
입구에는 "짐이 곧 국가다!" 라며 그 옛날 이 곳을 호령했던 태양왕 루이14세의 동상이 서 있었고 그 옆을 지나 궁전 입구로 가보니… 또다시 긴 줄이 보였다. 줄을 서려고 갔다가 같은 민박집에 묵고 있는 J군을 우연히 만났다.

태양왕 루이14세가 입구에서 세계 각국의 손님들을 맞이하고 있다.

France

줄이 너무 길다고 투덜대는 우리에게 J군은 슬픈 이야기를 들려주었다. 한참 줄을 서서 기다린 끝에 입구까지 가서 티켓을 구입하려고 하니 그곳은 입장만 하는 곳이고 티켓은 다른 곳에서 사야 했다는. 그래서 티켓을 사와서 다시 줄을 서는 중이라고 한다. 그 말을

2,30분은 기다려야 할 것 같은 줄

듣고 혹시나 뮤지엄패스가 있으면 우선통과되지 않을까 싶어 입구 앞까지 가 봤지만 그런 특혜는 없었다. 줄 서는 시간이 아까웠던 우리는 계획을 바꿔 정원을 먼저 구경한 후 궁전을 보기로 하고 옆길로 빠졌다.

그런데 공원 쪽 입구를 찾아 들어가려고 하니 패스를 보여줘도 입장이 안 된다고 한다. 저녁에 정원 안쪽에서 공연이 있기 때문에 공연장으로 통하는 루트가 모두 봉쇄되어 있었다. 거길 들어가려면 8유로를 추가로 더 내라는 것이었다. 우린 공연시간까지 이곳에 있을 것 같지 않아서 다른 입구를 찾아 더 내려갔다. 한참을 걸어서 또 다른 정원 입구를 찾을 수 있었다. 명불허전! 베르사유는 정말 넓었다.

건물들은 대부분 루이14세부터 16세까지 왕들이 자기 여자들을 위해 만들어준 것인데 각자의 스타일을 맞추다 보니 건물 스타일도 영국식, 프랑스식 제각각이라고 한다. 하나같이 으리으리한 대리석으로 만들어진 멋진 건물들을 둘러보고 나오는데 대리석이 어째 이상하다. 자세히 들여다보니 진짜 대리석이 아니라 대리석 느낌이 나도록 그림을 그려놓은 것이었다.

건물을 대부분 둘러보고 정원을 통과해 대운하까지 관람을 마쳤다. 얼추 구경을 끝냈으니 궁전으로 가야 하는데 직통으로 갈 수 있는 가까운 문은 역시나 추가티켓을 구매하지 않은 사람들은 통과할 수 없었다. 할 수 없이 왔던 길을 한참 되돌아가 궁전 앞으로 갔다. 그나마 오전에 보았던 긴 줄이 사라지고 없어서 곧바로 입장할 수 있었다.

(위) 맨 먼저 눈에 들어온 것은 한가롭게 풀 뜯어먹는 양들...
(아래) 메로나같은 나무들이 끝없이 늘어서 있다. 자전거가 너무나 그리운 순간이다.

France

베르사유 궁전 안에는 화장실이 없으므로 궁전에 들어가기 전에 입구에서 반드시 용변을 해결하고 들어가야 한다. 1층에서 오디오가이드를 무료로 대여할 수 있는데 한국어가이드도 지원해준다. 하지만 설명을 들으려면 전화기처럼 귀에다 대고 들어야 하는데 나는 사진 때문에 계속 카메라를 잡느라 오디오가이드가 애물단지로 전락해버렸다. 사진과 설명 둘 다 잡으려면 이어폰을 꼭 챙겨야겠다는 생각을 했다! 오디오가이드의 설명은 뭐랄까... 좀 답답했다. 재미가 없는 것은 아닌데 말이 느리고 온갖 부연설명에 상황 재연까지 다 들어가니 작품 하나 보는데 시간이 너무 많이 걸렸다.

궁전 안은 조금 전까지 봐왔던 다른 건물들 내부와 크게 차이는 없었지만 감탄사가 절로 나올 만큼 화려했다. 특히 거울의 방은 무도회장으로 사용되며 베르사유 궁전의 꽃이라 불릴 만큼 가장 유명한 방들 중 하나다 보니 다른 방에 비해 머물러 있는 사람들도 많았다. 그 와중에 어디선가 들려오는 시끌벅적한 경상도 사투리. 고향 사람들이구나 싶어 쳐다보았는데 단체관광 오신 어르신들이었다. 하지만 타지에서 고향사람을 만난 기쁨보다는 잔뜩 몰려다니시며 단체사진 찍는다고 다른 사람들의 통행에 불편을 주고, 상대적으로 정숙하게 관람하는 사람들에 비해 사진 한 장 찍을 때도 목청 높여 깔깔 웃는 아줌마들 덕분에 같이 민망해졌다. 게다가 왜 한국 어르신들은 어딜 가든 알록달록한 등산복을 입고 다니시는 것인지... 거울의 방이므로 볼 것은 온통 거울이다. 그러다 무심코 거울에 비친 내 모습을 보고는 경악을 금치 못했는데... 일행이다! 일행이 나타났다!! 샛노란 레인재킷을 입고 있는 내 모습은 누가 봐도 그 어르신들과 일행같아 보였다. 괜히 옆에 있다가

이건 일행이다!!!!
누가 봐도 일행이야!!!

나까지 눈총을 받을 것 같아 서둘러 거울의 방을 빠져나왔다.
마감시간이 거의 다 되어서야 관람을 마치고 나왔다. 오후가 되니 비도 오고 기온이 뚝 떨어져 추운데다 종일 걸어 다녔더니 몹시 피곤해져서 투어를 마감하기에는 좀 이른 시간이었지만 맥주 한잔씩 하고 하루를 마감했다.

형이랑 형수랑 파리 유랑

유럽날씨가 짓궂은 것은 익히 알고 있었지만 다시 맞이한 파리의 아침은 평소보다 훨씬 춥게 느껴졌다. 패딩재킷 위에 또 재킷을 껴입고 나서야 겨우 숙소를 출발할 수 있었다. 기온만 떨어진 게 아니라 잔뜩 흐린 날씨 때문에 오늘도 쨍한 사진은 물 건너 간 듯했다.
첫 번째 목적지인 팡테옹 Pantheon 으로 향했다. 팡테옹은 병마에 시달리던 루이15세가 자신의 병이 나은 것을 신에게 감사하기 위해 건립한 교회였다. 병은 의사가 고치고 감사는 신이 받는 이 불편한 진실... 당시엔 교회였으나 지금은 볼테르, 루소, 에밀 졸라, 빅토르 위고 등 나라를 빛낸 위인들을 위한 공동묘지로 바뀌었다고 한다.
팡테옹을 나온 다음 곧장 시테섬으로 이동했다. 시테섬은 우리나라의 여의도처럼 센강 가운데에 위치한 섬이다. 이곳에는 노트르담 대성당 외에도 옛날 마리 앙투아네트가 수감되어 있었던 콩시에르쥬리 La Conciergerie, 프랑스 최고의 사법 중심지라고 하는 파리 최고재판소 Palais de Justice, 프랑스에서 가장 아름다운 건물 중 하나로 손꼽히는 생트 샤펠 성당 L'Eglise St. Chappel 이 한자리에 모여 있어 세트로 관람하기 좋았다.
먼저 앙투아네트의 감옥이 있다고 하는 콩시에르쥬리에 들어갔는데 지하

· 감탄사가 절로 나오는 베르사유 궁전 내부의 웅장한 인테리어들...
• 마리 앙투와네트의 침실 •• 베르사유의 꽃이라 불리는 거울의 방

(위) 팡테옹 전경
• 팡테옹 내부
•• 프랑스의 과학자 푸코가 지구의 자전을 증명하기 위해 고안해낸 '푸코의 진자'

로 내려가는 입구에서 티켓 검사와 함께 가방 검사를 한다. 마리 앙투아네트의 감옥은 어디 있나... 두리번거리며 여기저기 찾아다니다 어느 순간 문을 열고 나오니 건물 밖이었다. 뭔가 잘못된 것 같아 다시 가이드북을 보니 분명 이곳에 감옥이 있다고 나와 있었다. 다시 되돌아 들어가려고 하자 출구를 지키는 관리인이 가로 막는다. 길을 잘못 찾아 실수로 나왔다고 이야기해도 No! 분명 조금 전 우리가 그 문에서 나오는 것을 봤으면서... 역시나 융통성 따윈 찾아볼 수 없었다. 다행히 줄이 거의 없었기에 금방 다시 들어갈 수 있었지만 썩 유쾌하지는 않았다.

감옥에 갇혀 있는 마리 앙투아네트

콩시에르쥬리를 나와 최고재판소, 생트 샤펠 등을 순식간에 다 돌아봤다. 아는 것이 없으니 아무래도 건성으로 보게 되는 것 같다. 형수님은 어디서 들으셨는지 바스티유 광장에서 오늘 인라인대회가 열리는 것 같다고 하셨다. 괜히 대회라고 하니 뭐라도 구경거리가 있을 것 같아 바스티유 광장으로 향했다. 광장 주변에는 벼룩시장같은 장터가 열리고 있었고 여기저기 저지를 입고 인라인을 타거나 들고 다니는 사람들이 눈에 띄었다. 기다리는 동안 춥고 배도 고프고 해서 근처에 있는 맥도날드로 들어가서 기다리는데 시간이 지나도 사람들이 모이긴 커녕 점점 줄어들고 있었다. 지나가는 사람한테 물어보니 모르겠다는 사람도 있고 취소되었다는 사람도 있고... 더 기다려봤자 별 일 없을 것 같아서 그냥 다른 곳으로 가기로 했다. 퐁피두로 간다는 말만 남기고 두 분은 먼저 출발하셨다.

곧바로 두 분 뒤에 따라붙었어야 했는데 때마침 불어닥친 강한 바람에 핸

화려한 스테인드글라스가 유명한 생트 샤펠 성당.
스테인드글라스에는 성경 내용을 토대로 모두 다른 그림이 그려져 있고,
성당 한쪽에 읽는 방법이 따로 안내되어 있다.

들가방의 뚜껑이 홀러덩 열려버렸다. 황급히 뚜껑을 닫고 재발을 막기 위해 끈으로 고정하며 점검하는 사이 이미 두 분은 시야에서 완전히 사라져버렸다. 그때까지 퐁피두가 뭔지 몰랐던 나는 지도를 검색했다. 마침 현재 위치 근처에서 'Voie Georges Pompidou' 라고 적혀 있는 길을 발견하고 그곳으로 달려갔다. "평범한 거리인데 여기에 도대체 뭐가 있다는 거야..." 혼자 투덜대며 여기저기 기웃거리며 헤매다가 한참 만에 자라옹의 문자를 받고 나서야 퐁피두센터 Centre Pompidou 라는 건물이 있다는 것을 알았다.

자라옹 : "이 무식한 놈... 명색이 디자인과 다녔다는 놈이 퐁피두도 모르냐!"
나 : "난... 중퇴잖아..."

퐁피두센터는 예술문화활동의 여러 기능이 집결된 현대미술의 메카다. 베르사유도 그렇고 앞으로 갈 루브르도 그렇고 고전적인 왕실의 작품들만 보다가 현대미술을 보니 또 새로운 맛이 있긴 하지만 너무 난해한 작품도 많았다. "어딜 봐서 이게 예술이야!!" 라고 소리치고 싶은 작품도 다수였다. 작가들이 대중을 너무 과대평가하는 것이 아니라면 예술이라는 핑계로 대중을 우롱하는 것은 아닌가... 하는 느낌이 들었다. 돈이 돈을 낳듯 이름값이 예술을 낳는 것 같다.

국립 조르주 퐁피두 예술문화센터,
보부르센터라고 부르기도 한다.

퐁피두센터 관람을 마치고 숙소로 돌아왔다. 우리가 제일 먼저 도착했고 저녁 시간이 되자 관광 나갔던 다른 사람들도 속속 복귀했다. 자라옹과 형수님은 한국에서부터 알고 지내던 자전거동호회 회원이 프랑스에서 유학중이라면서 그 친구를 만난다고 가버렸다. 나는 같은 방에 묵고 있던 다른 친구 둘과 함께 파리 야경을 보러 나갔다. 한 명이 파리에서 장기체류중인 유학생이라 그의 안내로 지하철을 타고 쉽게 찾아갈 수 있었다.

프랑스에서 야경을 볼 때는 대부분 에펠탑에 올라가는데 우리는 몽파르나스 타워 Montparnasse Tower 로 갔다. 에펠탑 전망대(272m)보다는 조금 낮은 210m 지만 에펠탑보다 가격도 저렴하고 (에펠탑 14유로/몽파르나스 타워 8유로) 스님이 제 머리 못 깎듯 정작 에펠탑에서는 에펠탑을 볼 수 없기 때문이다. 입구에서 티켓을 끊고 엘리베이터에 탑승했다. 엘리베이터 내의 모니터를 통해 올라가는 속도와 시간이 표시되는데 1층부터 59층까지 38초밖에 걸리지 않는 초고속 스피드를 자랑한다. 전망대 아래에는 레스토랑이 있어서 따뜻한 곳에서 커피 한잔 하며 야경을 감상하기에 최고의 장소라고 하는데 우리가 갔을 때는 리모델링중이라 바로 전망대로 올라갔다. 전망대에는 유리칸막이가 둘러져 있고 유리와 유리 사이의 틈으로 촬영을 할 수 있었다. 그런데 생각지도 못했던 복병이 있었다. 다름 아닌 바람이었다! 아직 유럽의 4월은 춥기도 추웠지만 200m가 넘는 높이에 불어닥치는 바람의 세기는 상상 이상이었다. 야경을 찍을 때는 조금의 흔들림도 없도록 카메라를 잘 고정시켜 장노출로 촬영하는 것이 핵심인데 가만히 서 있기도 힘들 만큼 강한 바람이 나를 괴롭혔다. "오냐! 네놈이 이기나 내가 이기나 끝장을 보자!" 콧물 질질 흘려가며 건물 벽에 바짝 붙어 어떻게든 몸을 고정시키려고 발악을 하고 있는데 뒤에서 들려오는 목소리...

일행1 : "아직 멀었나요?"
일행2 : "날도 추운데 슬슬 들어가죠?"

그러하다. 일행이 있었다. 내 욕심에 민폐를 끼칠 수는 없는 노릇이라 만족

할 만한 사진을 건지지 못했지만 포기하고 돌아오는 수밖에 없었다.
야경 구경을 마치고 숙소로 돌아오는 길에 이런저런 이야기를 하다가 맥주 한잔씩 하기로 하고 마트에 들러 간단하게 장을 봤다. 각자 먹을 것들을 고르고 더치페이를 하는 상황인데 한 명이 현금이 없다고 올라가서 준다기에 우선 내 돈으로 계산을 했다. 사실 돈이라고 해 봤자 몇 천원 하지도 않고 오늘 가이드도 해줬으니 안 받아도 그만이다... 그러나 개인적으로 금전약속은 아주 중요하게 생각하는데다 자기 입으로 준다고 했으니...
하지만 술자리가 끝나고 잠자리에 들 때까지도 줄 생각을 하지 않는다. 다음날도, 그 다음날도... 결국 떠나는 날 아침에 내 입으로 직접 달라고 말해서 겨우 받을 수 있었다. ㅎㅎ
내가 이상한건가? 내가 쫀쫀해? 나만 소인배?

기다림의 미학! 황금 에펠탑을 만나다

4월 16일. 유럽에 와서 13번째 아침을 맞았다.
여전히 바람은 강하고 기온은 쌀쌀했지만 하늘은 화창했다. 오르세 미술관은 월요일이 휴관일이고 루브르 박물관은 화요일이 휴관일이다.* 오늘은 월요일이므로 루브르를 갔다가 내일 오르세를 보기로 했다. 오전에는 파리 외곽의 현대식 상업지구인 라데팡스를 먼저 들르기로 하고 숙소를 나섰는데 오늘도 어김없이 두 분을 놓치고 말았다. 처음엔 놓치고 않고 잘 따라갔는데 로터리에서 비명소리가 들려 돌아봤더니 빨간 코트를 입은 할머니가 한 분 쓰러져 계시고 사람들이 몰려들기 시작했다. 어떤 아저씨 한 분이 재빨리 교차로로 달려가서 지나가던 경찰차를 불러 세우며 순식간에 사고현장은 정리가 되었으나 내가 정신을 차렸을 땐 이미 두 분은 사라지고 없었다. 뭐 뛰어봤자 파리지... 무덤덤하게 풍경을 즐기며 페달을 밟았다.
라데팡스 쪽으로 가다보니 개선문이 먼저 나타났다. 가운데를 둘러보니 아직 이른 시간이라 그런지 며칠 전의 그 까탈스러운 경찰은 보이지 않았다. 기회는 이때구나 싶어서 지하도를 타고 내려가 개선문 중심으로 올라갔다. 지하도 난간에 자전거를 묶어놓고 후다닥!
개선문도 은근히 높아서 파리 시내 전경이 시원하게 눈에 들어왔다. 어제 밤과 마찬가지로 엄청난 세기로 바람이 불어왔다. 전망대 가장자리에 둘러져 있는 쇠창살들이 엿가락처럼 흐느적거려 보일 정도로 심하게 흔들렸다. 그나마 대낮이라 셔터스피드가 충분히 확보되어 사진을 찍기에는 별 무리

---

* 파리 3대 미술관 하면, 루브르 박물관, 오르세 미술관, 퐁피두센터를 꼽는다. 루브르 박물관은 고대에서 19세기 작품을 전시하고 있으며, 오르세 미술관은 19세기 이후 근대미술 작품을, 퐁피두센터는 현대미술 작품을 전시하고 있다.

개선문에서 바라보는 파리 시내 전경

가 없었다.

구경을 마치고 내려오니 경찰이 내 자전거 앞에서 기다리고 있었다. 자전거는 여기 들어오면 안 된다는 이야기를 한다. 이런 곳에 주인도 없이 자전거만 덜렁 놓여 있으면 강제로 철거할 법도 한데... 남의 물건에는 손도 안 대는 것인지... 곧바로 미안하다 말하고 다시 지하도를 빠져나오자 자라옹과 형수님이 기다리고 계셨다. 내가 개선문 아래에서 경찰과 실랑이하는 것을 멀리서 보고 기다렸다고 한다.

내가 개선문에 있는 동안 두 분은 이미 라데팡스에 다녀오신 줄 알았는데 오페라하우스에 들렀다가 이제야 출발한다고 했다. 생각지도 않은 곳에서 만나 함께 라데팡스로 이동했다. 확실히 그동안 보아왔던 파리의 모습과는 사뭇 다른 현대식 건물들은 멋스러웠다. 그러나 최첨단 도시, 미래도시라 해서 잔뜩 기대한 것에 비하면 서울에서도 충분히 볼 수 있을 것 같은 조금은 실망스러운 느낌이었다.

• 개선문에서 바라보는 라데팡스 •• 라데팡스에 있는 신개선문, 프랑스 혁명 200주년을 기념하여 세워졌으며, 개선문과 약 5km 거리에서 서로 마주보고 있다. ••• 라데팡스의 세련된 건물들 •••• 한국 조각가 임동락씨의 작품 '성장(Croissance)'

France

사진을 찍으며 구경하다 보니 어느새 3시가 다 되어간다. 루브르 박물관은 내일 쉬는 날이고 우리의 패스권도 내일까지라 지금이 아니면 루브르 박물관을 볼 수 없다. 루브르 박물관은 워낙 넓고 방대한 자료들 때문에 제대로 보려면 일주일 내내 돌아봐도 모자랄 정도라고 하니 서둘러 박물관으로 달려갔다. 내부에서는 음식물 섭취가 힘들 것 같아서 우선 박물관 앞 벤치에서 이모님이 싸주신 주먹밥을 먹었다. 이곳에서도 어김없이 많은 흑형들이 에펠탑 모형을 짤그랑거리며 팔고 있었다. 그래도 영화에서 자주 볼 수 있는 할렘가의 흑인들처럼 강도짓 하지 않고 열심히 살아가는

여기저기서 짤그랑 짤그랑~

모습이 기특하다고 해야 할 것 같다. 가뜩이나 시간이 없는데 길게 늘어서 있는 줄을 보고 괜히 초조해졌지만 다행히 뮤지엄패스가 있는 사람들은 다른 줄을 통해 빠르게 입장할 수 있었다.

루브르의 내부는 세계 최대 규모의 박물관답게 무척 넓었다. 30만 점이 넘는 작품들이 층별로, 구간별로 다양하게 나뉘어져 있었다. 세계 최고의 박물관인 만큼 유능한 큐레이터들과 인테리어 디자이너들이 머리 맞대고 동선을 짰을텐데, 관람하기 위해 이리왔다 저리갔다, 봤던 그림 보고 또 보고, 지난 길 또 지나다 보니 난 누군가 또 여긴 어딘가... 짜증이 팍팍 치솟았다. 이동 경로가 제 멋대로 만들어진 것 같아서 관람하기 정말 불편했다. 이런 전시회는 그저 한 방향으로만 쭈욱 따라 걸으면서 관람하다 보면 어느새 전체를 다 볼 수 있는 그런 동선이 최고인데...

베르사유 궁전을 먼저 보고 와서 그런지 실내 인테리어나 건물 느낌은 비슷비슷했다. 나중에 사진만 보면 베르사유인지 루브르인지 구분도 못할 것 같았다. 이곳저곳 돌아다니고 있는데 뜬금없이 관람 종료시간이 얼마 남지

박물관 내에서 바라본 루브르 광장

않았다는 방송이 나온다. 이런!! 루브르의 관람 종료시간은 저녁 10시까지인 줄 알았는데 알고 보니 평소에는 6시까지고 수요일, 금요일에만 10시까지라고 적혀 있었다. 4시가 다 되어서야 입장을 한 나에게는 2시간이 전부였기에 최대한 빨리, 그리고 많이 걸어 다녀야 했다.

시간은 부족하지 아직 볼 것은 많지... 내 딴에는 머리 쓴다고 최대한 가이드의 지도를 보며 최적화된 루트를 따라 이동했는데 정신을 차리고 보니 건물 밖이었다. 그것도 정식 출구도 아닌 정체를 알 수 없는 비상구로 빠져

루브르 박물관의 화려한 실내 인테리어. 베르사유와 구별이 되지 않는다.
• 모나리자 봤으면 됐지 뭐... 꼭 다 봐야 할 필요 있나... ⊛ •• 작품을 감상하며 토론하는 커플

나온 것 같다. 한 작품 당 30초씩만 관람해도 4일은 꼬박 걸린다는 루브르 박물관을 1시간 30분 만에 나와 버리다니... 남은 30분이 아까워 다시 들어갈까 하다 모나리자 본 것으로 만족하고 재입장은 포기했다. 입구에서 두 분이 관람을 끝내고 나오는 것을 기다릴까도 싶었지만 금방 또 길 잃고 헤어질 것 같아 그냥 혼자 돌아다니기로 했다.

센 강변을 따라 달리며 고독한 파리지앵 코스프레를 좀 하다가 에펠탑을 보기 위해 다시 트로카데로 광장으로 갔다. 그래도 파리까지 왔는데 에펠

탑 사진 한 장은 건져야 하지 않겠는가! 지난번에 해가 떨어졌다고 그냥 돌아가다가 뒤늦게 나타난 햇살에 좌절했는데 오늘은 저녁을 굶을 각오를 하고 무작정 기다리기로 했다. 6시부터 기다리다가 난간 쪽에 좋은 자리가 생기자마자 들어가 자리 확보를 먼저 한 후 슬금슬금 가운데 쪽으로 영역을 확장하면서 정중앙 자리를 잡았다. 해가 나기를 마냥 기다리던 중 한 커플이 나에게 와서 사진을 찍어달라고 부탁하기에 흔쾌히 찍어줬다. 흑인 남자와 백인 여자 커플이었는데 사진을 찍어주고 나니 내 사진도 찍어주겠다며 카메라를 달라고 했다. 별 생각 없이 카메라를 넘겨줬는데 남자는 카메라를 받자마자 뒤돌아서 후다닥!! 두어 발자국 도망가는 시늉을 하더니 다시 돌아와 씨익~ 웃으며 나를 놀린다. '뭐지 이 얼간이는...?' 사실 내 바로 옆에 그의 여자 친구가 꼼짝 않고 있었기 때문에 그리 놀라지는 않았지만 만약 실제로 도둑이 접근해서 그렇게 했다면 충분히 눈뜨고 코 베일 수 있겠구나 싶었다.

한참을 기다렸지만 흐린 날씨는 좀처럼 갤 생각을 하지 않았다. 에펠탑을 짤그랑거리는 흑형들은 여전히 이곳저곳 기웃거리며 열심히 고객유치에 열을 올리고 있었다. 남녀노소 가리지 않고 지나가는 사람들 아무나 붙잡고 하나 사라고 호객을 한다. 하지만 내가 그곳에서 두 시간 넘도록 서 있었는데 단 한 명도 나에게는 접근하지 않았다. 도대체 얼마나 없어 보였으면... 그 정도 살 능력은 되는데...

어느덧 8시... 결국 오늘도 회색빛 에펠탑만 찍다가 가는구나... 씁쓸한 마음으로 촬영을 포기하고 정리하려는 찰나! 여기저기서 "WOW~!" 하는 탄성이 터져 나왔다. 구름 사이로 한 줄기 노오란 햇살이 그림같이 펼쳐지면서 에펠탑이 시뻘겋게 달아오르기 시작했다. 붉은 빛은 에펠탑을 천천히 훑고 지나가 탑 뒤쪽으로 이내 사라져버렸다.

희망을 놓을 무렵 얻어 걸린 사진 한 장으로 급 기분이 좋아졌다. 이번엔 에

Paris, France

한줄기 빛이
에펠탑을 훑고
지나갔다.

펠탑의 야경을 찍기 위해 탑 아래로 달려갔다. 날은 순식간에 어두워지고 이내 에펠탑에 불이 켜지기 시작했다.

탑 아래에는 관광객들로 붐볐기 때문에 아주 천천히 페달을 밟았다. 나름 조심한다고 걷는 속도로 천천히 이동했음에도 불구하고 어떤 아줌마와 살짝 부딪칠 뻔했다. 아줌마가 조금 놀라긴 했지만 물리적인 충돌도 없었고 해서 그대로 가던 길을 계속 갔다. 약 20여 분 후 마르스 광장에서 사진을 찍고 있는데 그 아줌마가 따라오셔서 자전거를 탈 때 조심하라고 충고를 하고 가셨다. 설마 그 말을 하기 위해서 집요하게 나를 찾아온 것인가... 죽은 사람 소원도 들어준다는데 처음 보는 아주머니 부탁을 들어주기 위해 '더 조심해서' 숙소로 돌아왔다. 오늘은 마음에 드는 사진을 건져 기분이 좋았다. 또한 숙소까지 오면서도 헤매지 않고 한 번 만에 찾아와서 두 번 기분이 좋았다.

France

비내리는 파리를 서럽게 거닐다

최근 피부가 부쩍 건조해진 것 같다. 적지 않은 나이에 내세울 거라곤 큰 키와 나름 나이에 비해 좋은 피부밖에 없는데 파리에 오고 나서부터 피부가 차츰 뒤집어지고 있었다. 유럽의 수돗물은 석회질이 많이 함유되어 있다고 하던데 여태 괜찮다가 파리에 와서부터 점점 문제가 생기기 시작했다. 입 주변부터 시작해서 크림을 발라도 금세 거칠어지고 나무껍질처럼 갈라지기 시작했다. 한국에서 가져온 건 일반 스킨 로션과 선크림뿐이었고 이모님이 주신 크림도 바를 때뿐이었다. 그래서 오르세 미술관으로 가기에 앞서 파리에 온 사람들의 필수 쇼핑 코스 중 하나라고 하는 '몽쥬 약국'에 가기로 했다. 잘 몰랐는데 여기가 그렇게 유명하다고 한다.

자라옹은 쇼핑에 아예 관심이 없는 관계로 숙소에서 좀 더 자다가 오르세로 바로 오기로 했다. 형수님과 함께 몽쥬역에 내리자 그때부터 또 부슬부슬 비가 내리기 시작했다. 약국 안에는 이미 사람들이 장바구니에 물건들을 가득 담고 쇼핑을 하고 있었다. 이야기하는 것을 들어보니 대부분 한국 사람인데다 한국인 직원까지 따로 있는 것으로 봐서 정말 유명하긴 한가보다. 딱히 뭐가 좋을지 몰라서 1인당 2개까지만 구매가능하다는 문구가 붙어있는 제품을 골랐다. 얼마나 좋으면 사람들이 사재기를 해서 저런 문구를 붙일까 하는 단순한 생각에…(제품을 바르기 시작하고 며칠 지나지 않아 피부가 원래대로 돌아왔다. 단, 제품의 효과가 좋아서인지 파리를 벗어났기 때문인지는 아직 밝혀진 바가 없다.)

이제 오르세 미술관으로 가야 할 시간인데… 헉…!! 한동안 잠잠했던 나의 허술함이 간만에 빛을 발했다. 뮤지엄패스를 숙소 사물함 안에 놔두고 온 것이다. 맙소사… 어떻게 할까 고민하다가 자라옹에게 내 패스를 챙겨서 나오라고 문자를 보냈다. 그런데 이 양반이 좀처럼 답장을 해주지 않았다.

몽쥬역에서 지하철을 타면 숙소를 지나서 미술관 쪽으로 가야 하는데 숙소에 도착할 때까지도 자라웅에게 답장이 오지 않았다. 할 수 없이 형수님 먼저 가시고 나는 내려서 숙소로 돌아갔다. 헐레벌떡 숙소로 들어갔더니 이모님이 놀라시며 자라웅은 5분전에 나갔다고 하신다. 헐!!! 설마... 그렇다면 내 패스는??? 놀란 마음에 황급히 사물함을 뒤져보니 천만다행으로 패스는 안전했다. 나중에 알고 보니 자라웅은 아예 내 문자를 받지도 못했고 내가 보낸 문자는 그날 저녁이 되어서야 자라웅에게 도착했다. 내가 길치라고 문자까지 길치가 되어버렸구나.

뮤지엄패스를 주머니 깊숙이 챙겨 넣고 다시 숙소를 나섰다. 지하철을 타고 루브르역에 내려서 남서쪽으로 내려가면 오르세 미술관이 나온다. 그런데 참으로 미스터리한 것이, 며칠간 자전거를 타고 지나다녔던 길이고 분명 지하철역에 붙어 있는 지도를 보고 자신만만하게 발걸음을 옮겼는데 나는 왜 북동쪽에서 발견된 것일까... 허탈하다 못해 자괴감마저 들 만큼 멘탈이 붕괴되어 급격히 우울해지기 시작했다.

오르세로 가는 길. 비오는 퐁데자르(예술의 다리)

France

르누아르의 작품을 배우고 있는 아이들   오르세 미술관 실내 전경

비를 맞으며 터벅터벅 걷다보니 주인이 우울하든 말든 이놈의 오장육부는 밥 달라고 꼬르륵거리기 시작했다. 식사는 각자 해결하고 만나기로 했는데 두 분은 프랑스에 왔으니 달팽이를 먹으러 간다고 했다. 나는 예전에 개고기 관련 TV토론회에서 "달팽이도 우리의 친구라예~"라는 로버트 할리의 명언에 감동받았기에 달팽이는 먹지 않겠다고 선언했다. 달팽이 대신 근처 마트에서 빵과 음료수를 사서 호주머니에 집어넣고 다시 미술관으로 걸어갔다. 웬만해선 벤치에 앉아서 먹으려고 했지만 비 때문에 벤치가 다 젖어 버려서 그냥 걸어가면서 먹었다.

우리나라는 동방예의지국이라 길거리 다니면서 먹는 게 흉이지만 유럽에서는 걸어 다니면서 먹는 것쯤은 아주 흔하게 볼 수 있다. 그럼에도 불구하고 날씨 탓인지 나를 보는 시선이 몹시 불편하게 느껴졌다. 점점 거세지는 빗방울에 왼발이 오른발이도 이미 축축하게 만신창이가 되어서 그야말로 상거지 꼴로 미술관에 도착했다. 매표소에는 줄이 길게 늘어서 있었다. 가뜩이나 우울한데 비 맞으면서 줄서고 있을 바에 그냥 돌아가 버릴까 라는 생각까지 했으나 역시나... 뮤지엄패스 소지자는 곧바로 입장이 가능했다.

오르세 미술관은 루브르에 비하면 그다지 규모가 크지 않았다. 차이가 있다면 루브르에서도, 베르사유에서도 사진을 찍는 것에 별다른 제재가 없었으나 유독 오르세 미술관은 사진촬영 자체를 금지시켰다. 하지만 관광객

비오는 날씨에도 불구하고 차례를 기다리는 관광객들. 저 줄은 일반 매표줄이고 패스를 가진 사람은 좌측 코너를 돌아가면 바로 입장이 가능하다.

들은 대부분 카메라를 들고 다니며 몰래몰래 사진을 찍고 있었다. 난 작품들엔 별 관심이 없었고 주변모습이나 그 이외의 것들을 찍고 싶었는데 정말 별거 아닌 것들까지 못 찍게 간섭하는 것이 좀 짜증이 났다. 그런데 아무리 생각해도 유독 나한테만 심하게 간섭하는 것 같다. 오죽하면 축축하게 젖어버린 왼발이 오른발이를 찍으려고 바닥을 향해 사진 찍는 것까지 터치를 했다. 다른 서양인들의 도촬은 대충대충 감시하는데 나한테만 유독 까탈스럽게 대하는 것 같았다. 내 차림새가 허름해서? 허름한 차림의 동양인이라서? 사실 여부는 알 수 없었지만 그런 느낌을 지울 수가 없어 괜히 부아가 치밀어 올랐다.

루브르는 다 못보고 나왔지만 오르세는 규모가 작아 모두 둘러볼 수 있었다. 미술관을 나와 어디로 갈까 하다가 숙소의 J군이 추천해준 앵발리드 Invalides로 갔다. 오르세에서 멀지 않은 곳에 있기 때문에 걸어서 금방 갈 수 있었다. 정문을 통과해서 150m정도 걸어가야 건물 내부로 들어갈 수 있는데 나는 사진을 찍느라 두 분과 조금 거리가 벌어졌다. 불과 30m가량 내가 뒤에서 걸어갔는데 입구를 지키던 위병이 다가와서 나를 붙잡았다.

병사 : "관람시간 끝났지 말입니다. Sir~"
나 : "저 사람들이 나의 일행이야."
병사 : "관람시간 끝났지 말입니다. Sir~"
나 : "왜 나는 갈 수 없지? 저들은 지금 가고 있어!"

France

파리 최대의 종합전시장이자 군사박물관인 앵발리드

병사 : "관람시간 끝났지 말입니다. Sir~"
나 : "왜!!%@$!$^!!$"

입장하려는 사람은 많고 통제하는 사람은 적다 보니 나처럼 잡히는 사람들도 있고 나보다 늦게 왔으면서 그냥 지나가버리는 사람도 있었다. 말이 안 통하니 너무너무 답답하면서도 한심했다. 할 수 없이 그냥 정문 벽에 바짝 붙어 비를 피하며 두 분이 나오기를 기다렸다. 그런데 그마저도 못하게 완전히 정문 밖으로 나가라고 쫓아내는 것이다. 분명 입장하려는 사람이 나 말고도 많았는데 내가 제일 먼저 잡힌 이유는 오르세에서 느낀 것처럼 내가 동양인에 허름한 차림이었기 때문이라는 괜한 자격지심에 기분이 확 다운되었다. 관람시간이 끝났기 때문에 두 분도 건물 내부까지는 들어가지 못했지만 안에서 커피 한잔 하면서 나를 기다리고 있다고 했다. 나는 완전히 우울해져 그대로 혼자 지하철을 타고 숙소로 돌아와 버렸다. 역시 해외

여행에 있어 영어는 필수구나... 단순히 여행하며 먹고 살아가는 것에는 지장이 없지만 영어를 못하니 알게 모르게 손해보는 일이 너무 많은 것 같았다. 30여 년간 나는 도대체 뭘 했나 하는 생각에 울컥해서 까르푸에 들러 맥주를 몇 캔 챙겨 숙소로 돌아왔다. 하루 종일 비가 와서 사람 우울하게 만들던 날씨는 일정을 모두 마치고 숙소로 돌아오자 기다렸다는 듯 화사한 햇빛을 내어놓으며 아주 그냥 우울함에 종지부를 찍어주었다.

하루 종일 느낀 서러움을 술로 달래면서 귀국하면 꼭 영어공부를 해야겠다고 다짐을 했다. (하지만 여행이 끝나고 1년이 다 되어가는 동안에도 작심에만 그치고 있다는 것이 함정...)

숙소로 가는 길에 드리운 노란 일몰햇살

회색의 몽마르트르

파리 뮤지엄패스의 유효기간도 끝이 났으니 오늘은 파리를 떠날 생각이었으나 눈뜨자마자 들려오는 빗소리에 오늘 떠나기는 틀렸음을 직감했다. 이런 날씨에 자전거를 타는 것은 무리인 듯하여 결국 이곳에서 하루 더 묵기로 결정했다.

뮤지엄패스가 끝난 관계로 무료로 입장 가능한 곳을 물색하다가 파리 북쪽의 몽마르트르 언덕에 가보기로 했다. 이야기 듣기로는 파리에서도 북부 외곽 쪽은 치안이 매우 안 좋다고 한다. 아니나 다를까 그동안 남의 이야기로만 들어왔던 소매치기를 몽마르트르로 가면서 처음으로 경험했다... 다행히 내가 아닌 남을 통해서...

지하철을 내려서 출구로 나가려는데 다른 칸에서 어린 여자애들이 우르르

France

내렸고 차량 안에서는 한 중년아저씨가 화를 내고 있었다. 아마도 어린 아이들이 소매치기 하려다가 실패를 했으렸다... 지하철을 빠져나가면서 자기들끼리 서로 아웅다웅 네가 잘 났네 내가 잘났네... 여튼 처음으로 소매치기를 목격했으니 앞으로 더 조심해야겠다고 다짐했다. (사실 이전에도, 이후로도 딱히 더 조심한 것은 없는데 불쌍해 보였는지 아무도 내 물건에는 손을 대지 않았다. -ㅅ-)

역에서 나오니 기념품가게가 즐비했다. 나는 스페인에서부터 티스푼을 모으기로 했으니 예쁜 티스푼이 있을까 싶어서 찬찬이 둘러봤지만 에펠탑, 개선문, 나폴레옹 등 종류는 많은 편인데 디테일이 너무 떨어져 정말이지 사고 싶은 마음이 전혀 안 들었다. 결국 나의 세계 각국 티스푼 수집은 스페인의 티스푼이 처음이자 마지막이 되고 말았다.

사크레쾨르 대성당으로 가는 길에 작은 자전거들을 잔뜩 전시해놓은 가게가 있길래 잠시 구경 좀 하고...

건물을 제외하고 지형으로만 볼 때 파리에서 가장 높은 곳인 몽마르트르 언덕으로 올라가는 방법은 계단 이외에 케이블카도 운행되고 있었지만 우리는 건강한 사람들이므로 걸어서 올라갔다. (사실 케이블카는 돈들까봐...)

비 내리는 우중충한 날씨 때문인지 아니면 거기서 거기인 성당들의 내부 모습 때문인지 보는 둥 마는 둥 사크레쾨르 대성당 구경을 마쳤다. 성당 주위를 둘러보니 비오는 날씨에도 불구하고 거리의 예술가들이 열심히 작업을 하고 있었다. 그런 모습을 담아보려 카메라를 꺼냈지만 위에서가 아닌 옆에서부터 몰아치는 바람 때문에 선뜻 사진을 찍을 수가 없었다. 여행 마지막이면 몰라도 앞으로 창창하게 여정이 남아 있는데 물이 들어간다든가

• 파리에서 빼놓을 수 없는 명소인 사크레꾀르 대성당
•• 궂은 날씨에도 장인정신을 불태우는 아티스트들
(아래) 몽마르트르 언덕에서 내려다보는 파리 전경이 그렇게 예쁘다던데...
회색도시가 되어버린 파리...

몽마르트르 언덕 위 마을
의 골목 풍경.
표지판과 싱크로되는 모
자의 적절한 등장~

해서 카메라가 고장이라도 나버리면 큰일이니까...
오늘의 파리는 회색도시가 따로 없다. 날씨 덕분에 더 이상의 관광은 힘이 들
것 같아 파리를 떠날 준비나 할 겸 일찍 숙소로 돌아왔다. 숙소에서 저녁을
먹고 나니 새로 들어온 젊은 20대 아가씨가 계속 시내 야경 보러가자며 졸라
댔지만 피곤하기도 하고 가봤자 그녀의 전속 사진사가 되어줘야 할 것 같아
서 그냥 거절해버렸다. 뭐... 꼭 남자친구가 있어서 그런 것만은 아니야. ㅎㅎ
내일은 떠날 수 있길 바라며 미뤄왔던 짐정리도 하고 그동안 찍었던 사진
들도 확인하면서 파리에서의 마지막 밤을 마무리했다.

프랑스의 두 얼굴,
풍경은 환상 날씨는 환장

어제와 달리 출발하기 딱 좋은 날씨다. 그런데 파리에 도착할 때부터 살살 가렵기 시작했던 귀에서 점차 통증이 느껴졌다. 사진을 찍어 확인해보니 귓바퀴의 피부가 홀러덩 벗겨져 빨갛게 익어 있었다. 스페인에서 여기까지 오는 동안 햇볕 좀 쬐었다고 그새 화상을 입었나보다. 생각해보면 귀는 그냥 다닐 때도, 헬멧이나 모자를 쓸 때도 항상 노출되는 곳이었는데 그동안 얼굴에만 선크림을 바르고 귀를 너무 홀대한 것 같아 가슴이 아팠다. '귀야 미안해…' 앞으로는 꼭 귀에도 선크림을 발라줄 것을 약속하며 정들었던 이모님과 작별을 했다. 가다가 배고플 때 먹으라고 큼직한 주먹밥이랑 반찬거리를 싸주시며 마지막까지 우리에게 신경을 써주셨다. 감사합니다~

다음 나라인 벨기에와 네덜란드로 가기 위해서 프랑스 끝자락에 있는 도시인 릴 Lille 을 통과하기로 했다. 파리에서 북쪽으로 곧장 쭉 올라가려다가 파리의 북쪽 외곽은 치안이 좋지 않다는 이야기가 많아서 동쪽으로 살짝 돌아서 올라가기로 했다. 프랑스의 도로에는 도로번호 앞에 E, A, N, D 등의 알파벳이 붙어 있는데 우리나라로 치면 E, A는 고속도로, N과 D는 국도로 볼 수 있다. 우리는 고속도로를 피해 N3 도로를 따라 달렸지만 이곳 역시 제한속도가 90~100km정도였기 때문에 차량들이 쌩쌩 지나다녔다. 갓길마저 좁아서 정신 바짝 차리며 페달을 밟았다.

아슬아슬한 도로주행을 계속 하던 중 어느 순간 눈앞에 노오란 유채꽃밭이 나타났다. 컴퓨터 바탕화면에서나 볼 것 같은 화사한 풍경들이 곳곳에서 펼쳐졌다. 자전거 바퀴 몇 번 굴리다가 사진 찍고 또 몇 바퀴 굴리다가 사진 찍고… 그렇게 한참 동안 눈 호강을 하며 즐거운 라이딩을 했다.

고속도로를 피해 N3 도로를 열심히 달리다 보니 어느 순간 펼쳐진 유채꽃밭...
한동안 도시의 모습만 보다가 눈이 시원하게 정화되는 느낌이었다.
지대가 살짝 높은 길 건너편은 노란 라인만이 인절미처럼 늘어져 있고,
그야말로... 고개만 돌리고 시선만 돌려도 모든 것이 바탕화면이 된다.

• 노란 유채꽃으로 눈호강을 하다가 도착한 파리 북동쪽에 위치한 모(Meaux) 마을. 치즈가 유명하다. •• 마을 전역에서 볼 수 있는 새빨간 가로등이 아주 예쁘다. ••• 모 마을을 떠나 부지런히 페달링~ 날씨 너무 좋음! 하늘은 푸르고 바람은 살랑살랑~

• 바흐드(Vareddes)라는 마을을 지나는데... 갑자기 하늘이 어두컴컴... •• 잠시 쉬어가라는 걸까... 순식간에 나타난 먹구름 한 덩이가 비를 뿌린다. ••• 비가 그리 많이 내리지 않는 관계로 계속해서 페달을 밟았다. 그러는 와중에도 계속되는 한 폭의 그림같은 풍경들...

비가 쏟아지는 모습이 생생하게 보인다.

날씨가 좋은 편이었지만 한번씩 흐려지면서 가랑비가 날릴 때도 있었는데 별로 신경 쓰지 않고 앞만 보며 달렸다. 그러다가 어쩐지 목덜미를 타고 올라오는 음산한 기운에 뒤를 돌아보니 저 멀리에서 거대한 먹구름이 비를 쏟아부으며 바짝 쫓아오고 있었다. 보글보글의 하얀 고래가 쫓아올 때보다 더한 압박감을 느끼며 허벅지가 터져라 페달을 밟았다. 다행히 적절한 타이밍에 작은 마을이 나타났다. 마을 끝에서 끝까지의 길이가 1km정도밖에 안 되는 작은 마을이었다. 소박해보이는 작은 카페에 들어가서 허기를 달랠 케밥을 시켜 먹고 있으니 아니나 다를까 요란한 천둥번개와 함께 창밖으로 소나기가 쏟아졌다. 커피 한잔씩 하면서 느긋하게 기다리다가 비가 그치는 것을 확인한 후 저녁에 먹을 빵을 몇 개 사서 다시 출발했다.

약 5km를 달려서 자라웅이 미리 구글맵을 통해 검색해둔 캠핑장으로 향했지만 찾지 못했다. 2년 전에 문을 닫았다는 주민들의 말을 듣고는 두 번째

우리나라에서는 좀처럼 구경하기 힘들었던 무지개가 비가 그친 프랑스 하늘에 화사하게 피어 올랐다.

검색해둔 캠핑장을 찾아 달렸다. 해질 시간은 다가오는데 자라웅은 여전히 헤매고 있었다. 길도 물어볼 겸 근처의 카페에 들어가 길을 물어보니 7km 떨어진 곳에 캠핑장이 있는데 왔던 길을 다시 되돌아가라고 했다. 아저씨가 가르쳐준 대로 달려가니 길은 점점 산속으로 이어졌고 캠핑장이 있을 만한 분위기는 좀처럼 나타나지 않았다. 빨리 잘 곳을 확보해야 하는 리더의 입장인 자라웅과 달리 나는 불타는 듯 펼쳐지는 노을과 또다시 나타난 무지개에 정신이 팔려 사진을 찍다가 두 분이 어디로 가는지조차 보지 못하고 놓쳐버렸다.

그나마 형수님이 골목 어귀에서 뒤처진 나를 기다려 주셨는데 그 바람에 우리 둘 다 자라웅을 놓쳐버리는 상황이 되었다. 서로의 위치를 파악하기 위해 문자를 주고받았으나 산 속 외진 곳이라 디테일한 설명이 힘들어서 제대로 위치를 파악할 수 없었다. 한참 동안 비효율적인 탐색만 하다가 할

(위) 상대적으로 짐이 적다고는 하지만 지치지도 않고 잘 달리시는 우리 형수님...
(아래) 앞쪽은 화창한데... 뒤에서는 무시무시한 놈이 쫓아오고 있으니 죽어라 밟을 수밖에 없다.

(위) 오르락내리락 업 다운이 계속 이어졌지만 아름다운 경치를 보면서 달리니 크게 힘들지 않았다.
(아래) 구글맵을 통해 이 근처에 캠핑장이 있는 것 같아서 버스가 들어가는 대로 따라 들어갔다.

• 바랭프루아(Varinfroy) 마을 안까지 들어와서 캠핑장을 찾았지만 결국 2년 전에 문을 닫았다는 비보를 전해 듣고 한참 만에 왔던 길을 다시 되돌아 나갔다. •• 해질 시간은 다가오는데 아직 잘 곳을 못 찾고... 마침 바가 보여서 들어갔다. 맥주 한잔 하면서 길을 물어보니 왔던 길을 7km 정도 되돌아가면 캠핑장이 있다고 한다. (정작 가보니 약 14.5km정도는 되더라 -ㅅ-;;)

아저씨가
가르쳐준 길로
한참 달렸지만
좀처럼 캠핑장이
있을 것 같은
분위기는 아니었다.

빨리 잘 곳부터
해결해야 하는데
또다시 나타난
무지개 구경하느라
정신없다...

해는 저물기 시작하고...
난 눈앞에 펼쳐지는
에어쇼에 빠져
사진만 찍다가...
결국 형을 놓쳐버렸다!

형은 놓쳐도 일몰의 빛오름은 놓칠 수 없는...

수 없이 여행 최초로 값비싼 국제전화를 써야만 했다. 짧은 통화 끝에 '설마 이 길은 아니겠지...'라고 생각했던 길로 들어가서야 한참 만에 이산가족 상봉을 하게 되었다. 캠핑장에 도착하니 주인이 막 영업을 끝내고 나가려던 절묘한 타이밍이었다. 서둘러 계산을 하고 텐트를 쳤다. 배가 많이 고팠지만 시간이 늦은 탓에 민박집에서 J군에게 얻어온 신라면 한 개를 끓이고 낮에 샀던 바게트빵을 국물에 찍어 먹으며 굶주린 배를 달랬다. 신라면이 사나이를 울린다더니 매워서가 아니라 배가 고파서 눈물이 나올 것만 같았다.

안전한 도로따라 수아송으로

식사중에 계속 입구에서 얼쩡거리던 오리들. 사람들을 전혀 무서워하지 않는 듯했다.

파리에서 일주일정도 따뜻하게 먹고 잤더니 간만의 야영이 적응이 안 된다. 몸이 불편한 건 둘째 치고 입을 수 있는 옷이란 옷은 다 껴입고 잤는데도 밤새 떨면서 잠을 설쳤다. 분명 여행 전 검색할 당시 유럽과 한국은 날씨가 비슷하다고 했었는데 완전 속은 기분이다. 고

• 캠핑장을 출발한 지 얼마 안 되어 또 비가 쏟아진다. 마땅히 비 피할 곳이 없어 나무 밑에서 빗방울 뚝뚝 맞으며 약 20분 기다리니 또 멎는다. •• 잠시 급한 볼일을 보기 위해 멈춘 김에 검심으로 짐 무게를 줄이며... 셀카 실패 ••• 또다시 떨어지는 비를 피할 겸 잠시 빌레코트레의 광장 옆 카페에 들러 앞으로의 길을 찾았다. 빠르게 찾아갈까 안전하게 찾아갈까를 고민했다.

향 사람들은 날이 완전히 풀려 반팔티셔츠를 입고 다닌다는데 나는 내복을 챙겨오지 않은 것을 뼈저리게 후회하는 상황이라니...

오늘은 아침부터 하늘이 잔뜩 흐리더니 식사를 마치자 이내 빗방울이 떨어지기 시작했다. 한두 방울씩 떨어지던 비는 캠핑장을 출발하자 본격적으로 내리기 시작했는데 오전 내내 계속해서 내리다 그치기를 반복했다.

5~10km마다 하나씩 있는 작은 마을들을 차례차례 거쳐 빌레코트레 Villers-Cotterêts 라는 마을에 도착했다. 이곳도 그다지 큰 마을은 아니었지만 프랑스 왕실 공식 언어를 라틴어가 아닌 프랑스어로 지정한다는 빌레코트레 칙령이 선포된 나름 역사적인 곳이다. 마을 중앙에 있는 카페에 들러 따뜻한 커피로 몸을 녹이면서 북쪽으로 가는 길을 검색했다. 빠르게 갈 수 있는 길과 안전하게 갈 수 있는 길 중에 빠른 길을 선호하는 자라옹의 뜻에 따라 N2 도로로 달리기 시작했다. 왕복 2차선인데다 오늘따라 대형 트럭들이 수시로 지나다녔다. 문제는 갓길이 거의 없었기 때문에 차량들이 우리를 추월해 지나가려면 매번 중앙선을 침범해야만 했다는 것이다. 그 상태로 7,8km를 더 달렸는데 한 번씩 큰 차량들이 우리 옆을 지나갈 때마다 자전거가 휘청거렸다. 호랑이굴에 들어가도 정신만 차리면 된다고들 하지만 가만히 정신 차리도록 호랑이가 곱게 놔둘 리가 없다. 우리가 아무리 안전운전 해봤자 스치면 안녕이다. 너무 위험해 보여 다시 자라옹을 설득해서 조금 돌아가더라도 안전하게 가기로 했다. 갈림길에서 D2 도로 쪽으로 방향을 선회하자 때마침 비도 멈추고 간간이 햇빛도 났다. 무엇보다 차들이 거의 없는 길이라 정말 한적한 라이딩을 할 수 있었다.

조금 돌아오긴 했지만 마음 편하게 오늘의 목적지인 수아송 Soissons에 도착했다. 찾아간 캠핑장에 'Municipal(도시의)'이라고 적힌 것을 보니 시에서 운영하는 시립 캠핑장 같았다. 입구 간판에는 3성급에서 2성급으로 등급 하락했는지 별 3개 중 1개가 가려진 상태였고 가격도 12유로의 매우 저렴한 가격이었다. 따라서 당연히 시설도 별로일 거라 생각했지만 막상 들어가 보니 앞서 이용했던 3군데의 캠핑장보다 훨씬 깨끗하고 좋은, 반전 있는 캠핑장이었다. 자라옹은 저녁준비를 위해 장을 보러 가고 나는 아직 해가 지기 전이라 카메라를 들고 마을 구경을 다녔다.

이곳저곳 돌아보다 텐트로 돌아오니 이미 자라옹이 저녁준비를 다 해놓고

차량보다 곰같은 산짐승들이 튀어나올 것 같았던 D2 도로

오후 3시정도 되니 구름이 걷히고 파란 하늘이 나타났다. 역시 자전거는 파란 하늘을 보며 달려야..

있었다. 메뉴는 크림파스타와 소시지, 그리고 매일 빠지지 않는 맥주 한잔~ 두 분이 술을 무척 좋아하셔서 유럽에 온 후 매일 저녁마다 맥주를 한 캔씩 마시기는 했지만 사실 난 음주를 그다지 즐기는 편이 아니다. 그러나 같이 저녁을 먹을 때 드는 비용은 공금으로 사용하기 때문에 어쩐지 혼자 안 마시면 손해 보는 느낌(?)이라 좋든 싫든 덩달아 한 캔씩 먹을 수밖에 없다. 나는 불의는 참아도 불이익은 못 참는 합리적인 사람이니까. ㅎㅎ

최악의 날씨속에 숙소찾아 삼만리

18일차 아침이 밝았다. 어제처럼 아침부터 비가 올 것을 대비해 나무 밑에 텐트를 쳤는데 비는 오지 않고 밤새 새똥만 가득 내렸다. 텐트 플라이에 가득 묻은 새들의 흔적을 대충 처리한 후 짐정리를 마쳤다. 오늘은 수아송에서 약 60km 떨어져 있는 생 캉탱 Saint-Quentin 이라는 마을까지 가기로 했다. 숙소검색을 해본 결과 이곳에도 시립 캠핑장이 있길래 조금의 망설임도 없이 목표로 정해놓고 캠핑장을 출발했다. 출발할 때는 해가 좀 나는가 싶더니 30분도 지나지 않아 먹구름이 잔뜩 몰려왔다. 어제와 비슷한 패턴인 것 같아 크게 개의치 않고 비를 맞으며 달렸다.

하지만 오늘의 비바람은 어제와는 차원이 다른 파괴력을 지니고 있었다. 수아송을 출발해 30km 정도 달리는 동안 총 7번의 비를 맞았는데 그 중 5번은 바람이 불때마다 온몸이 휘청거리는 강풍을 동반했고, 그리고 그 5번 중에 3번은 따끔따끔한 우박을 동반했다. 바람이 한 번씩 강하게 불거나 차량이 지나쳐 갈 때마다 자전거 전체가 휘청거리는 수준이었고 방수되는 부분을 제외한 모든 의복이 젖어버렸다. 물을 먹어 무게도 무거워진 데다 젖은 옷이 다리에 착 달라붙다 보니 근육의 움직임을 방해하여 피로도가 훨씬 증가했다. 또한 우리가 달렸던 D1 도로에는 갓길도 거의 없어서 차량이 지날 때마다 물보라가 휘날리며 시야를 방해했다. 고글을 쓰긴 했지만 안면에 내리꽂히는 우박들과 고글 안으로 흘러 들어오는 빗물 때문에 제대로 앞을 바라보는 일마저 쉬운 일이 아니었다. 이런 상황에서 자전거를 타보지 않은 사람은 이게 얼마나 간담이 서늘해지는 일인지 모를 것이다. 그리고 날씨는 또 얼마나 짓궂은지...

악천후 속에서 10분정도 달리고 나면 파란 하늘과 함께 뜨거운 햇볕이 내리쬐었다. 다시 2,30분을 달리다 보면 어느새 옷과 장갑은 다 말라가고 거

의 다 마를 때쯤이면 다시 악천후가 시작되고 또 마르고 젖고 마르고 젖고... 이 줏대 없이 오락가락하는 날씨 변화를 하루에만, 그것도 오전 중에만 7번씩이나 반복하니 정신을 차릴 수가 없었다. 몸도 마음도 자전거도 너덜너덜해진 상태로 어느 마을에 도착했다. 마을 입구에서 맥도날드를 발견하고 햄버거로 힐링받기 위해 들어갔다. 바닥까지 주저앉은 체력을 빅맥으로 겨우 보충하고 따뜻한 커피 한잔으로 꽁꽁 얼어붙은 손과 마음을 녹였다. 문득 23살 때 친구들과 함께 처음 자전거로 제주도 일주를 했던 때가 생각났다. 그때도 여름 태풍과 맞물려 12박 13일간의 여행기간 내내 하루도 빠짐없이 비를 맞고 다녔었다. "젊어 고생은 사서도 한다는데... 우리도 지금은 이렇게 힘들게 여행하지만 십년 후에는 멋진 모습으로 편하게 여행하고 있겠지?" 하며 이야기했었는데 15년이 지난 지금 나는 왜 아직도 이 고생을 하고 있을까? 아마 나도 모르게 그 고생 24년 할부로 샀나보다.

태어나서 처음으로 본 가장 완벽한 형태의... 그것도 쌍무지개~

다시 정신을 가다듬고 생 캉탱을 향해 출발했다. 오전 내내 비와 해를 번갈아가며 우리를 농락했던 하늘은 오후가 되자 햇빛이 쨍쨍한 가운데 비와 우박이 쏟아지는 종합선물세트같은 황당한 날씨로 변했다. 고생을 살 때 할인 좀 받을 걸... 너무 비싼 고생을 산 것은 아닌지... 내가 만리타향에서 왜 이러고 있을까... 오만가지 생각으로 머리가 복잡한 그 순간 자라옹과 형수님의 환호성이 들려왔다.

고개를 들어 앞을 보니 저 멀리 커다란 무지개가 펼쳐졌다. 어제 봤던 무지개도 크고 진했지만 반쪽밖에 보이지 않았었는데 정말이지 지금껏 살아오면서 처음 본 가장 완벽한 형태의 무지개였다. 게다가 쌍무지개라니... 자라옹도 형수님도 나도 예상치 못했던 장관에 급히 카메라를 꺼내 연신 셔터만 눌러댔다. "나 돌아갈래~!!"를 외치고 싶을 만큼 힘들었던 이전까지의 기억과 피로와 스트레스가 무지개 한 방으로 싹~ 사라지는 듯했다. 이 무지개를 시작으로 본격적으로 맑고 화창한 날씨가 시작되었고, 그림같은 비갠 후의 풍경들을 감상할 수 있었다.

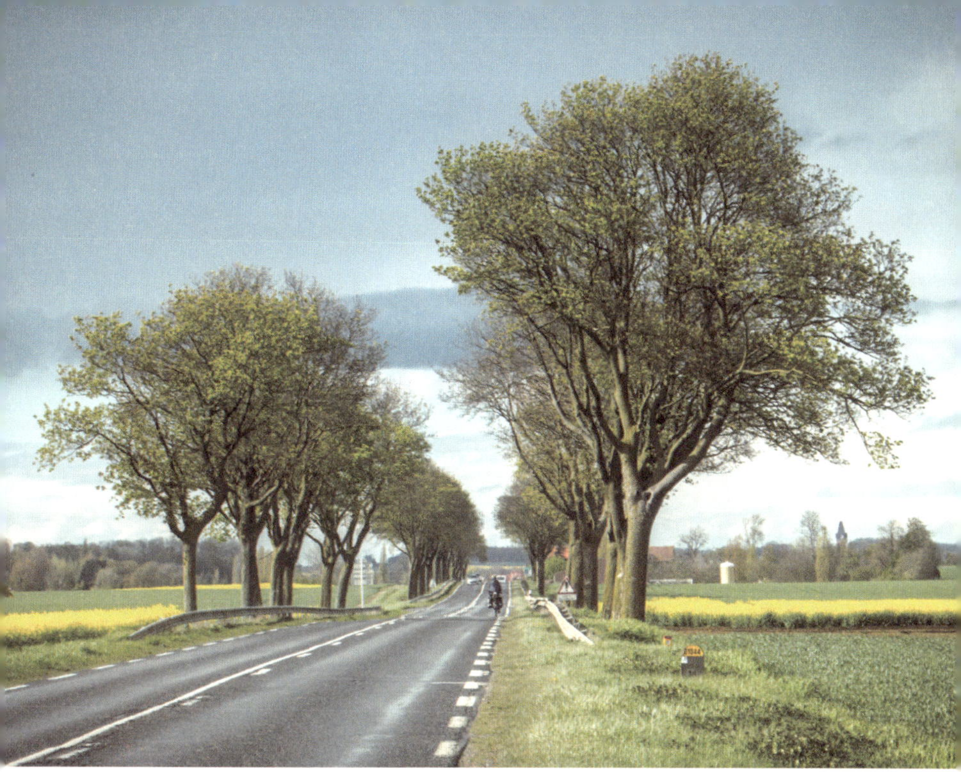

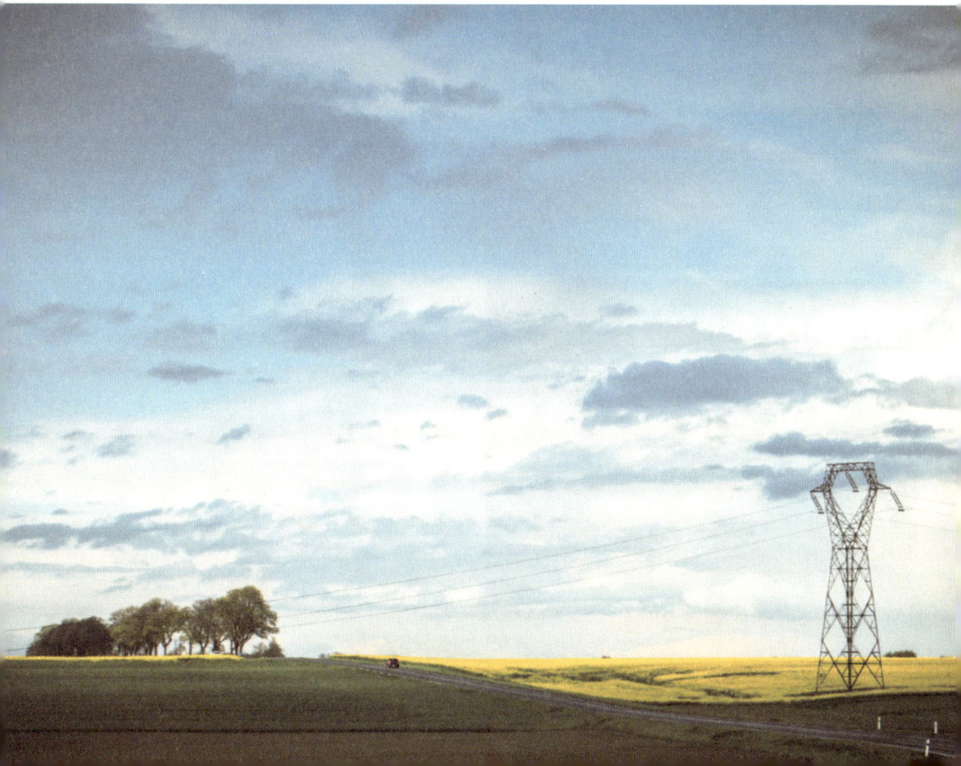

힘들었던 라이딩이 끝나고 오후 5시가 조금 넘어 생 캉탱에 도착했다. 마을 입구에서 캠핑장으로 가는 이정표가 있었으나 우리는 미리 점찍어둔 Municipal 캠핑장을 찾아갔다. 가던 중간에 '인터마르쉐'라고 하는 대형 할인마트를 발견했는데 캠핑장까지 갔다가 다시 나오기 귀찮아서 장을 먼저 보기로 했다. 나는 새벽마다 뼈마디를 괴롭히는 추위에 혼쭐이 난 관계로 내복을 사려고 했는데 남성용 내복을 찾을 수가 없어서 할 수 없이 여성용 팬티스타킹을 샀다. (변태가 아니라 정말 추워서... 난 추위에 매우 약하다...) 장 봐온 물건들을 양 손 가득 들고 룰루랄라 캠핑장을 찾아갔다. 그런데 어쩐 일인지 캠핑장이 있어야 할 곳에는 아무것도 없었다. 지도에 표시된 지역을 몇 번이나 샅샅이 뒤졌지만 캠핑장은 없었다. 할 수 없이 생 캉탱 들어올 때 마을 입구 이정표에서 봤던 캠핑장을 찾아가기로 했다.

어느덧 시간은 7시가 훌쩍 넘어 해가 지기 일보 직전인데 두 번째 캠핑장도 보이지가 않았다. 지지리 재수도 없는 것이 평소에는 캠핑장을 먼저 찾고 나서 장을 봤는데 하필 오늘은 장을 먼저 봤기 때문에 물건들 들고 다니느라 훨씬 힘이 들었다. 결국 해가 완전히 떨어지고 나서도 캠핑장은 찾지 못했다. 어제처럼 저렴하고 깨끗한 시립 캠핑장에서 맛있는 요리를 해 먹고 쉬려 했던 우리의 소박한 꿈은 물거품이 되어 사라지고 말았다. 할 수 없이 다시 시내로 들어와서 묵을 만한 곳을 찾아보았다. 하지만 죄다 비싼 호텔뿐 호스텔은 찾을 수가 없다. 나 혼자라든가 자라옹과 둘만 있었더라면 그냥 아무데서나 노숙했을 텐데 형수님도 계시고 하니 우선 근처에 있는 3성급 호

서쪽 하늘 너머로 해가 점점 사라져갔지만 캠핑장은 좀처럼 모습을 드러내지 않았다.

텔로 들어가 가격흥정을 해보았다. 사람이 3명이라고 하니 더블과 싱글, 두 개의 방을 계산하라고 했다. 다른데 가 봐도 자기들이 제일 싸다고 주장하지만 100유로를 훌쩍 넘는 가격에 뒤도 돌아보지 않고 나왔다. 몇 군데 더 돌아봤지만 비슷한 반응이었다. 그런데 형수님께서 시내 입구 쪽에서 등급 낮은 호텔을 본 것 같다고 하셔서 그쪽으로 가봤더니 에탑Etap이라는 2성급 호텔이 있었다. 방 2개를 계산하라고 하는 다른 호텔들과 다르게 이곳에는 가족실이 따로 있었고 무료와이파이에 아침식사까지 포함해서 65유로였다. 가격만 놓고 본다면 괜찮은 호스텔수준의 적당한 가격 같아서 곧바로 체크인을 했다. 객실 내부는 꽤 좁았지만 인테리어도 세련되고 깨끗했다. 취사가 금지되어 있어 장봐온 것들을 요리해 먹지 못한 것은 아쉽지만 가격이 깡패라고 모든 단점을 커버해주었다. 하루 종일 비바람에 지친데다 숙소 찾느라 엄청난 스트레스를 받았던 우리는 누가 먼지랄 것도 없이 자리에 눕자마자 기절하듯 잠이 들어버렸다.

난 파파라치가 아닌데...

포근한 잠자리에서 일어나 기분좋은 아침을 맞았다. 진한 커피 한잔과 함께 식사를 한 후 자라웅은 모자란 잠을 충당한다고 다시 침대에 누웠고 나는 며칠간 찍은 사진들을 컴퓨터로 옮기며 인터넷을 하고 놀았다. 캠핑장에서 야영을 했더라면 일찍 출발했겠지만 비싼 값을 치르고 들어온 만큼 퇴실시간을 꽉 채워서 나가기로 했다. 하지만 퇴실시간이 가까워져 오는데도 하늘은 여전히 흐렸다. 빗방울이 간간이 떨어졌으나 라이딩에는 크게 무리가 없을 것 같아서 체크아웃을 하고 곧바로 출발했다.
지도 보고 길 찾아가는 스킬을 업그레이드하기 위해 오늘은 목적지만 정해 놓고 자라웅과 따로 움직이겠노라 선언했다. 그러든가 말든가 마음대로 하라면서 자라웅은 먼저 출발했다. 매정한 사람...
나는 한 번 더 지도를 확인하고 출발하기 위해 휴대폰을 꺼내 지도를 보고 있었는데 갑자기 천둥번개와 함께 소나기가 쏟아지기 시작했다. 아직 출발 전이라 건물 처마에 바짝 붙어 비를 피할 수 있었다. '나보다 먼저 출발했으니 지금쯤 이 비를 쫄딱 다 맞았겠군... 우후훗' 혼자 킥킥거리며 형을 걱정하기보단 심술을 부려봤다. 매정한 동생...
십여 분 후 비는 그쳤고, 나는 지도를 보며 천천히 이동했다. 혼자서 따로 가는 것에 의의를 두고 출발했지만 목적지가 같다 보니 시 외곽으로 빠지자 길이 하나밖에 없어 금방 두 분과 다시 마주쳤다. 릴까지의 거리는 약 100km정도로, 빡세게 달리면 저녁 늦게 도착할 수 있을 것이었다. 그러나 어제 장을 가득 봐 두고도 호텔에서 자느라 먹지 못했던 식량도 처리할 겸 일찌감치 캠핑장에 들어가 쉬기로 했다.
작은 시골마을이라 그런지 캠핑장의 시설은 꽤 허름한 편이었다. 뭣보다 가장 마음에 안 드는 부분은 샤워가 유료라는 것이었다. 리셉션에서 1.5유로를 내고 샤워용 코인을 구매해서 넣으면 5분간 따뜻한 물이 나온다. 나는 씻기 위한 샤워보다는 뜨거운 물줄기 자체를 즐기는 편이라 한번 샤워를 하면 꽤나 오래 걸리는 편이다. 돈은 돈대로 내고 시간에 쫓겨 물만 대충 묻히고 나와야 할 것 같아서 과감하게 샤워를 포기했다. 그리고 형수님께도 "전 앞으로 유료샤워는 하지 않겠습니다. 제 샤워코인은 앞으로도 사지 마세요!" 라고 신신당부했다.
텐트를 친 후 캠핑장 주변 산책을 나갔다. 이곳저곳 사진을 찍으며 걸어가고 있는데 갑자기 요란한 소리를 내며 흰색 자동차 한 대가 거칠게 달려오더니 맞은편 골목으로 사라졌다. 난 아무 생각 없이 그저 그 차가 사라진 방향의 풍경이 예뻐 보여서 카메라를 들고 사진 몇 장을 찍고 있었다. 그런데 다시 요란한 소리를 내며 그 차가 되돌아오더니 내 앞에 멈춰 섰다. 거친 운

전날 무지개를 동반한 멋진 풍경을 보며 지겨울 만큼 사진을 찍었지만
오늘의 풍경은 또 오늘의 맛이 있었다.

전 만큼이나 험하게 생긴 젊은 남자가 내리더니 뭐라뭐라 소리치며 나에게 화를 냈다. 프랑스어로 이야기해서 뭐라고 하는지 전혀 알아들을 수 없었지만 대충 상황을 짐작해보니 도둑이 제 발 저리다고, 자기가 운전을 험하게 했으니 백미러를 통해 내가 사진 찍는 모습을 파파라치 정도로 오해한 것 같았다. 위협적인 표정으로 으르렁대는 그에게 방긋 미소를 지어주며 조용하게 말했다. "I'm tourist." 그는 순간 멈칫하며 말을 멈추고 나를 아래위로 한번 훑어보았다. 컬러풀한 아웃도어에 반바지, 꾀죄죄한 신발에 이런 시골에서는 보기 드문 아시아인... 그제야 상황파악이 되는지 깔깔 웃으며 머리를 한번 감싸쥐고 되돌아갔다.

캠핑장 주변으로는 작은 강도 흐르고 예쁜 그림이 나올 법도 한데 아직 이른 시간이라 해가 너무 높이 떠 있어 마음에 드는 그림이 나오지 않았다. 해질녘에 다시 나올 생각으로 텐트로 돌아갔다가 그대로 잠이 들어버렸는데

그 남자가 사라진 골목길

France

정신을 차려보니 벌써 해가 뉘엿뉘엿 넘어가고 있었다. 서둘러 달려 나갔지만 실패! 어릴 적 봤던 〈토끼와 거북이〉에서 토끼 심정을 30년만에 이해할 수 있을 것 같았다. 대낮에는 해가 움직이는지조차 알 수 없을 만큼 느릿느릿 움직이지만 저물 때는 순식간이다. 소득 없이 텐트로 돌아와 저녁을 해 먹고 슬슬 프랑스에서의 마무리를 준비했다.

최악의 날씨 시즌2. 독립을 결심하다

벌써 여행 20일째! 프랑스에서의 마지막 목적지는 북부도시 릴 Lille이다. 여태까지 아침마다 텐트를 정리할 때 내가 굼뜨다고 매번 자라옹에게 갈굼당해 왔는데 오늘은 일찍부터 서둘러서 내가 1등으로 출발 준비를 마쳤다. 아직 정리를 못 끝낸 두 분을 뒤로하고 나 먼저 출발해버렸다. 도와주고 자시고 그딴 거 없다. 자기의 일은 스스로 해야지! 우리는 매정한 형제들…
혼자서 만끽하는 상쾌한 아침 공기는 엔돌핀을 팍팍 솟구치게 해주었다. 최근 며칠간 오전에는 비가 오고 오후부터 화창했는데 오늘은 오전부터 날씨가 화창한 것이 어쩐지 좋은 일이 있을 것만 같았다. 몇 개의 작은 마을들을 지나 캉브레 Cambrai 라는 마을로 진입하자 슬슬 배가 고파지기 시작했다. 그러자 기다렸다는 듯이 눈앞에 맥도날드가 나타났다. 오늘은 정말 일이 잘 풀리는 것 같다. 햄버거로 점심을 해결하며 릴의 유스호스텔로 가는 길을 점검한 후 다시 출발할 준비를 하고 있으니 두 분이 도착했다. 먼저 가서 기다리겠노라 하고 또다시 먼저 자리를 떴다.
그런데 캉브레에 들어올 때까지만 해도 파랗고 화창했던 하늘이 한 시간도 지나지 않아 온통 회색으로 변해버렸다. 그리고 얼마 지나지 않아 비도 쏟아졌다. 처음부터 소나기가 쏟아졌으면 기다렸다가 갔을텐데 처음엔 조금씩 오길래 그냥 맞으면서 달렸다. 나중엔 비가 많이 왔지만 이미 다 젖어버린 몸이라 멈추지 않고 계속 달렸다.

이름 모를 어느 마을에서 비를 피할 만한 공간을 발견하고 잠시 휴식을 취하며 재정비를 했다. 빗줄기는 좀처럼 수그러들 기미가 안 보였다. 오늘의 하늘은 그동안 봐오던 하늘이 아니었다. 평소에는 비가 오더라도 먹구름 덩어리들이 몰려다니면서 비를 뿌렸기 때문에 구름의 크기나 위치, 이동방향을 보고 대충 분위기를 짐작할 수 있었다. 하지만 오늘은 구름이 하늘인지, 하늘이 구름인지 구별이 힘들 만큼 완전히 회색하늘 그 자체였다. 시간은 계속 흐르고 릴까지는 아직 40여km가 남아 있었다. 더 지체할 수가 없어서 비를 맞으며 다시 출발했다. 상황이 이 정도로 악화되었으면 적당히 일정을 변경하고 피해를 최소화하도록 쉬어야 하는 것이 아닐까? 아무 대책도 말도 없이 릴까지의 고통스런 라이딩을 강행하는 자라웅이 몹시도 원망스러웠다. 어쩌겠는가... 일단은 계속 달리는 수밖에 없었다.

이틀 전 오락가락하는 날씨에 라이딩을 하고 나서 SNS를 통해 최고로 힘든 하루를 보냈다고 온갖 엄살을 다 떨었는데 불과 이틀 만에 그보다 훨씬 더 힘든 생지옥을 맛보게 될 줄이야...

첫 번째 문제는... 뼈 마디마디를 파고드는 추위였다. 4월 중순이었지만 기온은 5~10도 수준이었고 장갑은 완전히 젖어 손가락은 감각이 없어진 지 오래였다. 물론 신발도 샌들이기 때문에 양말까지 완전히 젖었다. 손가락들은 이미 꽁꽁 얼어 기어변속조차 힘들었다. 왼손은 거의 사용불능이라 왼쪽 변속기를 사용해야 할 때는 오른손으로 겨우겨우 변속해서 달려야 했다.

개괄자만 상팔자가 아니었다. 부러운 녀석같으니...

France

달리던 중에 배가 급격히 고파져서 비행기에서 꼬불쳐 왔던 초코바를 꺼내 먹으려고 자전거를 세웠다. 가방에서 초코바를 꺼내 비닐을 벗기기 위해 장갑을 벗으려고 하는데 손이 꽁꽁 얼어 그마저도 쉽지가 않았다. 할 수 없이 그냥 장갑 낀 채로 비닐을 뜯으려고 했지만 손에 힘이 들어가지 않아 계속 실패했다. 몇 번의 실패 끝에 짜증이 폭발하여 결국 초코바를 비닐째 입에 넣어 초코바를 씹어먹은 후 비닐만 뱉어내는 방법으로 모자란 당을 보충했다.

두 번째 문제는 길찾기였다. 길을 찾아가기 위해선 휴대폰을 켜고 지도를 봐야 하는데, 휴대폰 액정의 터치방식이 정전식이라 장갑을 낀 채로는 아무것도 할 수가 없었다. 그래서 코로, 입술로 밀어 잠금해제를 하는 흉한 꼴을 보이다가 결국은 오른쪽 장갑을 벗어버렸다.

게다가 달리다가 길을 잘못 들었거나 이 길이 맞는지 확신이 서지 않을 때는 그 자리에 서서 확인을 해야 하는데 쏟아지는 비 때문에 피할 곳을 찾느라 정신 못 차리다 보면 또다시 길을 잃는 악순환이 반복되었다. 한번은 울타리가 쳐 있는 어떤 건물을 발견했는데 입구에서 서너 발자국만 안으로 들어가면 쓰레기장이 있었고 거기에 작게나마 비를 피할 만한 처마가 있었다. 안으로 들어가서 잠시 비를 피하며 휴대폰으로 지도를 확인하려는 찰나 주인으로 보이는 아저씨가 와서는 불같이 화를 내며 나를 쫓아낸다. 미안한데 비가 와서 잠시만 있다가 간다고 사정해봐도 소용없었다. 깊숙이 들어간 것도 아니고 불과 2,3m정도 거리에 쓰레기장 옆이었는데... 그들 입장에선 그냥 무단침입일 뿐이었으니 더럽고 치사했지만 어쩔 수 없이 그곳을 빠져나왔다. 하여간 약 7시간 동안 비를 맞으며 눈물 없이는 기억할 수 없는 우여곡절 끝에 겨우 목적지인 릴에 도착했다. 그리고 호스텔에 도착하자 거짓말같이 비가 그쳤다. 정말 미치고 환장할 노릇이다.

자라웅과 형수님 역시 주구장창 비를 맞으면서 왔기 때문에 그야말로 셋다 거지꼴이었다. 자전거도 자전거지만 짐들이 처참하게 다 젖었다. 가방마다 방수커버를 씌워 놓았음에도 불구하고 워낙 비가 많이 오다보니 방수커버 안쪽이 흥건할 정도로 물이 들어차 있었다. 뭔가 대대적인 정비가 필요한 상황이었기 때문에 이곳에서 이틀간 묵으면서 푹 쉬기로 했다. 제일 먼저 샤워를 한 후 옷을 갈아입고 젖은 옷가지들을 챙겨 근처 빨래방으로 갔다. 자라웅에게 빨래를 맡기고 형수님과 함께 저녁식사거리를 사러 갔다. 9시였는데 피자집이나 레스토랑 등 요리를 하는 음식점들은 이미 문을 닫은 상태였다. 할 수 없이 패스트푸드점에서 먹거리를 사서 다시 빨래방으로 갔더니 자라웅이 건조기 뚜껑을 못 열어 끙끙거리고 있었다. 한참 동안 이래저래 만지작거리다 겨우 옷을 찾아 숙소로 복귀했다.

돌아오는 길에 비가 그친 릴의 하늘을 보니 또다시 혈압이 오른다. 애초에 여행을 시작할 때 말이 가장 안 통할 것 같은 프랑스까지만 같이 다니다가 이후로는 혼자서도 다녀보리라 생각을 막연하게나마 하고 있었는데 오늘 심하게 고생을 하고 나니 결심이 섰다. 사실 이 고생을 하게 된 직접적인 원인은 날씨에 있었지만 상황의 심각성을 제대로 파악하지 못하고 무리하게 강행한 자라웅에게 책임을 전가하며 쇠뿔도 단김에 빼랬다고 그 자리에서 자라웅에게 선언을 했다. "당신을 따라다니려면 목숨이 몇 개가 있어도 모자랄 것 같소!! 앞으로는 나 혼자 다니겠소!!!"

하지만 반성의 기미를 보일 줄만 알았던 자라웅은 신경도 안 쓴다는 듯 "그러시던가..." 하며 퉁명스럽게 받아넘겼다. 뭐야! 하나뿐인 동생이 만리타향에서 혼자 돌아다닌다는데 걱정되지도 않는다는 말인가? 그렇다면 혹시 이참에 아무짝에도 쓸모없는 골칫덩이를 떼어낸다는 것에 속으로는 덩실덩실 말춤이라도 추고 있는 것일까? 헐...그렇다면 나를 떨궈내기 위해 일부러 오늘 개고생을 시킨 것은 아닐까? 음모론은 꼬리에 꼬리를 물고 우리의 밤은 깊어만 갔다.

비가 그친 릴의 하늘을 보며 혼자서 분통을 터뜨린다.

그리고 전부터 기회 봐서 형을 떠나

당분간 혼자 다녀보겠다고 생각하고 있었는데

그 생각을 이곳 릴을 마지막으로

실행에 옮기기로 한다...

릴에서 홀로서기를 준비하다

아침 일찍 일어나 식당을 찾아가니 내가 1등이었다. 어느 호스텔과 비슷한 아침식사를 마치고 짐을 정리하러 갔다. 우리가 어제 묵었던 방은 누군가가 오래전에 예약을 해둔 방이었기 때문에 오늘은 방을 옮겨야 했다. 문제는 이 호스텔의 방침이 11시부터 3시까지는 영업을 하지 않기 때문에 그 시간에는 모든 사람을 건물에서 내보낸다. 우리는 짐을 모두 정리해서 창고에 넣어두고 3시에 돌아와서 방을 옮기기로 했다.

오늘도 지도 한 장 들고 혼자 돌아다녀보기로 했다. 길도 넓고 사람들도 많고 지나다니는 차량도 부쩍 많아진 것을 보니 파리 이후로 소규모 마을만 돌아다니다가 처음으로 도시다운 곳에 온 느낌이었다. 무엇보다 날씨가 참 좋았다. 어제 하루 캠핑장에서 그냥 쉬고 오늘 릴로 이동을 했었다면 어땠을까... 하는 때늦은 후회를 해본다.

혼자서 여기저기 구경하다가 숙소로 돌아와 보니 아직 3시 이전이라 문은 잠겨 있다. 인터넷이나 하면서 기다리려고 하니 와이파이신호가 약해 중간중간 끊기기 일쑤. 최대한 건물 입구 유리벽에 스파이더맨처럼 찰싹 달라붙어서 휴대폰을 만지작거리고 있으니 기척도 없었는데 언제 왔는지 호스텔 직원이 이상하게 쳐다보며 문을 열어줬다. 잠시 후 두 분도 구경을 마치고 돌아오셔서 새로운 방으로 이사를 했다. 나는 그저 마을 구경만 하다가 왔는데 두 분은 내가 떨어져 나갔을 때 필요한 물품 등을 까르푸에서 이것저것 사오셨다. 내가 독립하고 나면 그동안 함께 써오던 메모리 카드 리더기, usb케이블, 펑크패치 등을 못 쓰게 되니 자라웅은 그것들을 미리 준비했던 것이다. 아뿔싸!! 난 정말 아무 생각이 없었구나!! 뒤늦게 깨달음을 얻고 나도 혼자 다니려면 나름 준비를 해야 할 것 같아서(특히 자물쇠) 방 정리를 마치자마자 역 근처에 있는 까르푸를 찾아갔다. 조금 전까지 화창했던

빈민구제소 박물관

하늘은 내가 밖으로 나오니 빗방울이 뚝뚝 떨어졌다. 정녕 비를 몰고 다니는 것은 나였단 말인가? 모자를 푹 눌러쓰고 까르푸로 가서 자물쇠를 비롯해 에어펌프, 휴대공구 등 이것저것 구입했다. 사실 집에 가면 각종 공구들을 비롯해 펌프도 몇 개씩이나 있는데, 새로 사려니 돈이 아까웠다. 여태 봐왔던 유럽의 자전거 도로 상태를 보면 그다지 자주 필요할 것 같지는 않았다. 보험 삼아 품질보다는 무조건 저렴한 놈들로 이것저것 골라 쇼핑을 마쳤다. 호스텔로 돌아오는 길에 또 비가 오다말다 반복하더니 도착할 때쯤 한 줄기 무지개가 피어올랐다. 자라웅과 형수님이 로비에 나와서 인터넷을 하고 계시길래 밖에 또 무지개가 났다고 알려드렸다. 형수님은 창밖으로 보이는 무지개가 예쁘다면서 그걸 또 옆에 앉아 있는 처음보는 외국인들에게 굳이 구경하라고 알려주셨다. 외국인들은 무지개를 보더니 시큰둥하게 '뭐 어쩌라고?' 하는 반응이다. 하긴 나도 처음 무지개를 봤을 때는 엄청 좋았는데 매일 보니 점점 감흥이 사라지는 걸 보면 납득이 되기도 한다.

이 호스텔에는 취사가 가능한 주방이 있어 저녁식사는 스파게티를 해 먹기로 했다. 우리가 식사 준비를 하고 있는데 외국인 청년 두 명이 들어와서 따로 저녁식사 준비를 하기 시작했다. 훈훈하게 잘생긴 청년이었는데 양팔

• 자전거 인프라가 잘 구축되어 있는 만큼 자전거 이용자들도 많다. •• 한 할아버지가 거지 할머니에게 적선을 하셨는데 그다지 고마워하지 않고 당연한 듯 받아 챙기는 모습이 놀라웠다.

릴 중앙광장

가득 문신이 새겨져 있었다. 유럽에 온 이후로 남녀 불문하고 크고 작은 문신을 한 사람을 워낙 많이 봐서 크게 쫄거나 하진 않고 웃으며 눈빛 인사를 나누었다. 한 테이블에 앉아 이런저런 여행용 기초 영어회화를 이용해 나름 화기애애한 분위기 속에서 식사를 했다. 그러다가 한 명이 토마토케첩을 들고 왔는데 새 제품이라 뚜껑을 따지 못해서 문신 있는 남자에게 열어달라고 건네주었다. 문신 있는 남자는 허리춤으로 손을 넣더니 팔뚝만한 길이의 단검을 꺼내어 슥슥~ 잘라버리고는 케첩을 가득 뿌려먹었다. 까불다가는 케첩 대신 우리 피로 범벅이 될 것 같아 되도록 시선을 피하며 조용히 면발만 흡입했다.

내일부터는 각자의 여행을 떠나야 한다. 기대 반 두려움 반의 아리송한 마음을 추스르며 새 출발을 기념하기 위해 맥주를 하나씩 쏴 드리고 프랑스에서의 마지막 밤을 보냈다.

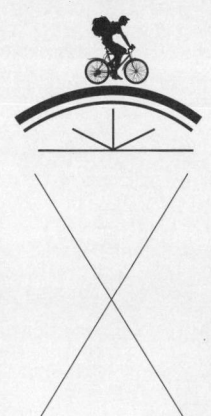

Belgium

벨기에

혼자서도 잘해요!
벨기에

새로운 출발을 하는 역사적인 아침! 일어나자마자 창문을 열어 날씨를 확인해보지만 창밖은 온통 희뿌연 회색하늘이다. 프랑스는 비로 시작해서 비로 끝나려나 보다.
우선 식당으로 내려가서 든든하게 배를 채운 후, 나오기 전에 혼자만의 생활을 위해 딸기잼, 치즈, 누텔라, 버터 등등 휴대용 음식들을 은근슬쩍 챙겼다. 미안하지만 생존을 위해서... -ㅅ-
헤어지기 전 마지막으로 단체사진을 한 장 찍어 어머니께 문자로 보내드렸다. 나 혼자 다닌다는 것을 어머니께서 아시게 되면 걱정이 이만저만 아니실 테니 당분간은 비밀로 하기로 하고 각자의 길을 떠났다.
아직은 길 찾기가 약간 서툴러서 릴에서 빠져나가는데 살짝살짝 헤매기도 했지만 이상하게도 짜증이 나지 않았다. 달리면서 간간이 비도 내렸지만 그마저도 웃으며 맞을 수 있었다. 가기 싫어도 가야 하고, 그래서 맞아야만 했던 비는 그렇게도 짜증이 나더니만 똑같은 비를 맞아도 내가 선택한 길이니까... 내가 맞기로 했으니까... 비를 맞으면서도 즐거운 마음으로 달릴 수가 있었다. 아마도 원효대사가 그 옛날 해골물만 마시지 않았더라도 일

체유심조 一切唯心造 사상은 내 것이 되었을 게 분명하다.

계속해서 비가 오는 흐린 날씨였지만 즐거운 마음으로 한참 달리다가 어디쯤 왔는지 휴대폰을 꺼내들고 GPS를 통해 현재 위치를 확인해보았다. '얼레? 내가 언제 벨기에로 넘어 왔지...?' 표지판은 커녕 국경같은 것을 본 기억이 전혀 없는데 나는 어느새 벨기에 땅을 달리고 있었다. 다시 국경으로 돌아가기엔 너무 많이 온 것 같아 포기하고 가던 길을 계속 갔다. 스페인에서 프랑스로 넘어올 때 봤던 국경을 생각했었는데 이렇게 허무할 줄이야... 어쨌든 벨기에로 넘어왔으니 첫 번째 목적지로는 약 50km 떨어진 오우데나르데 Oudenarde 로 정했다.

벨기에의 마을은 정말 정돈이 잘 되어 있다는 느낌을 주었다. 우선 집집마다 담벼락이 거의 없었고, 마당은 다른 집들과 경쟁이라도 하듯 다양한 소품들로 아기자기하게 꾸며져 있었다. 마을 구경을 하며 달리는데 갑자기

정돈이 잘 되어 있는 벨기에 마을 풍경

빗방울이 거세지기 시작해서 주위의 큰 건물 아래로 황급히 피했다. 건물 입구에서 비를 피하다가 유리문을 통해 안에서 일하고 있는 직원과 눈이 마주쳤다. 문득 그저께 릴 근처에서 비를 피하려던 나를 쫓아냈던 프랑스인이 떠올랐다. 유럽인들은 자기 영역을 침범하는 걸 싫어하는 것 같아 갑자기 걱정스러워졌으나 한 번 웃고는 이내 자기 할 일을 한다. 놀란 가슴을 쓸어내리며 안도하는데 안에 있던 남자가 내 쪽으로 걸어왔다. 아… 이번엔 정말 쫓겨나나 보다 하며 잔뜩 긴장했는데 그 남자는 담배만 한 대 피더니 간단하게 인사만 하고 다시 들어갔다.

쉽게 그칠 비가 아닌 것 같아서 휴대폰을 켜고 다시 지도를 작동시켰지만 GPS가 잡히지 않아서 위치를 파악할 수 없었다. '구름이 너무 많아서 신호를 못 받나? 아닌데… 그저께도 구름이 가득했지만 잡혔었는데?' 혼자 이런저런 생각을 하며 답답한 마음에 휴대폰을 끄고 유심카드, 메모리카

보자마자 한눈에 반해버린 어느 집앞의 우편함

드 등을 뽑았다가 다시 꽂아 보았다. 다시 전원을 켜고 지도를 실행시키자 헉!!! 메모리카드 인식을 못해서 실행이 안 된다는 메시지가 뜬다. "Oh! my god!!" 지도를 비롯한 대부분의 여행정보가 메모리카드에 담겨 있는데 새출발을 하자마자 이런 낭패가... 몇 번이나 껐다 켰다를 반복하고 카드를 뽑았다 꽂았다 닦았다 불었다... 별별 짓을 다 했지만 인식이 되지 않았다... 허탈한 마음에 바닥에 주저앉아 식빵을 뜯어먹으며 멍하니 비오는 하늘만 바라보았다. 큰소리 치고 독립한 지 하루 만에 다시 형에게로 돌아가야 하나? 돌아간다고 해도 어떻게 자라옹을 찾아갈 것인가... 메모리카드를 못 읽으니 지도도 안 되고 지금 내가 있는 곳이 어디인지도 모르는데 무슨 수로? 아아... 이대로 만리타향에서 길을 잃고 헤매다가 돈이 다 떨어지면 자전거를 팔고, 휴대폰도 팔고, 가진 것 하나하나 내다 팔며 연명하다가 결국 차가운 길바닥에 쓰러져 성냥을 피우다가 죽어가겠지...

암울하게 빵을 씹으며 문득 휴대폰을 보니 어랏? 어느새 카드가 읽혀져 있었다. 이제 보니 휴대폰 전원을 켜고 나면 메모리카드를 스캔할 때까지 조금 기다려줘야 인식을 하는 것이었는데 스캔하기도 전에 계속 이것해라 저것해라 눌러댔으니... 마치 콘센트에 코드도 꽂지 않고 컴퓨터가 켜지지 않는다고 AS를 부르는 컴맹이 된 듯했다. 또한 GPS도 알고 보니 구름과는 아무 상관없이 내 휴대폰 모델 자체가 GPS수신율이 떨어지기로 유명한 폰이었다.

비도 많이 수그러들었고 현재 위치도 파악했고 휴대폰도 다시 살아났으니 다시 페달을 밟아 출발을 했다. 하지만 얼마 가지 못해 생각지도 못했던 문제에 직면하게 되었다. 조금 전 조급한 마음에 빵을 먹으며 주스를 많이 마

Belgium

서서 그런지 몸 속 깊은 곳의 오장육부가 서서히 방광을 압박해오고 있었다. 도로에서의 작은 진동에도 움찔움찔하며 아벨겜Avelgem 이라는 작은 마을에 진입했다. 마을 입구에서 콜루이트Colruyt 라는 벨기에의 대형마트를 발견했는데 마트 안에 들어가면 분명 화장실이 있을 거라 기대하며 간식거리도 살 겸 얼른 들어갔다. 허둥지둥 마트를 싹~ 훑어봤지만 어디에도 화장실 표시가 보이지 않았다. 다급한 마음에 계산대로 가서 캐셔 아주머니에게 화장실 좀 쓸 수 있는지 물어보자 잠시 아래위로 훑어보더니 옆 사람에게 자리 비운다고 이야기하고는 따라오라고 하셨다. 아주머니를 쫄래쫄래 따라갔더니 마트 안쪽 창고를 지나 직원들 사무실까지 들어갔다. 직원용 화장실 앞까지 안내해주신 아주머니는 친절하게 화장실 문까지 열어주셨다. 연신 땡큐를 연발하며 볼일을 마치고 나왔다. 친절한 캐셔 아주머니 덕분에 벨기에의 이미지가 한층 업되었다.

자전거를 위한 신호등도 따로 마련되어 있는 벨기에의 교통환경

오늘의 목적지로 삼았던 오우데나르데에 도착하니 오후 5시가 되었다. 하루를 마감하기에는 시간이 조금 어정쩡한 감이 있어서 내친 김에 30km정도 더 떨어진 겐트Gent까지 가기로 마음먹었다. 길은 그다지 복잡하지 않아 한길만 따라가면 되었고, 자전거 도로도 아주 잘 만들어져 있어서 7시쯤 겐트에 도착할 수 있었다.

캠핑장 위치를 찾기 위해 잠시 멈춰 지도를 보고 있을 때, 때마침 사이클을 타고 지나가던 라이더 한 명이 멈춰서더니 도움이 필요하냐며 말을 건넨다. 캠핑장을 찾고 있다고 하니 웃으며 따라오라고 한다. 마트의 캐셔 아주머니에 이어 또다시 벨기에인의 친절을 몸소 체험할 수 있었다. 그런데… 아 글쎄 이 양반이 속도를 줄일 생각을 하지 않았다. 내 자전거는 굵은 MTB 타이어 대신 얇은 로드용타이어를 장착하고 있긴 했지만 짐을 가득 실은 내가 맨 몸의 사이클을 쫓아가기에는 무리가 있었다. 십여 분을 달리니 숨이 턱까지 차오르며 저 멀리 요단강이 보이기 시작했다. 위기탈출 넘버원도 아니고… 과도한 친절 때문에 결국 사망에 이르게 되는구나… 싶은 생

Belgium

각에 정신이 혼미해질 무렵 그 남자가 자전거를 세웠다. 코너를 돌아 조금만 가면 캠핑장이 나온다는 설명과 함께 친절했지만 배려심이 부족했던 그 남자와 작별을 했다.

눈 앞에는 요단강이 아니라 길이 2.3km의 긴 호수가 나타났다. 그와 동시에 모세의 기적처럼 오늘 하루 종일 해를 가리고 있었던 구름들이 걷히기 시작하면서 눈부신 햇살이 내 앞을 비춰주었다. 호수 위에는 조정들이 힘차게 물살을 가르고 있었고 지나다니는 사람들은 하나같이 테니스라켓이나 하키스틱 등 운동기구를 들고 있었다. 생활체육같은 스포츠문화가 굉장히 잘 발달되어 있는 것 같았다. 벨기에의 첫인상은 '선진국'이었다.

그런데 아까 그 남자가 가르쳐준 길을 따라 캠핑장을 찾았는데 뭔가 여태봐 왔던 캠핑장이랑 좀 다르게 입구부터 출입 통제가 철저하게 되어 있었다. 겉모습만으로는 대형리조트와 같이 연계되어 아무나 이용하지 못하는, 가격도 꽤나 비싼 그런 곳 같아서 괜시리 주눅이 들었다. 날씨도 좋아졌고 시내도 둘러볼 겸 다른 캠핑장을 찾아보기로 했다. 시내에 있는 맥도날드

Gent, Belgium

빨리 호스텔을 찾아야 하는데, 겐트의 화려한 야경에 계속 마음을 뺏겼다.

벽에 붙어 지도를 열고 'camping'을 검색해서 두 번째 캠핑장을 찾아갔다. 그런데 막상 가보니 캠핑장이 아니라 캠핑용품 판매점이었다. -ㅅ- 다시 세 번째 캠핑장으로 달려갔지만 그곳에도 캠핑장은 없었다. 게다가 갈 곳을 잃고 갈팡질팡하는 사이 날도 저물어 버렸다. 이대로는 안 되겠다 싶어서 이번에는 'hostel'을 검색했다. 제일 가까운 곳에 있는 'Hostel47'이란 곳을 향해 달려갔다. 이번엔 별일 없이 한 번만에 잘 찾아가긴 했지만 불행히도 빈 방이 없었다. 근처에 다른 호스텔이 있는지 물어보니 겐트 지도를 한 장 꺼내주면서 겐트 공식 호스텔의 위치를 표시해주었다. 하지만 그곳에 가도 아마 방이 없을 거라고 하며 안타까운 눈으로 쳐다보았다. 그래도 혹시나 하는 마음으로 페달을 밟았다. 잠시 지도를 보느라 거리에서 멈춰서니 할머니 한 분이 오셔서 길 찾기를 거들어 주셨다. 3명이 함께 다닐 때는 현지인들이 먼저 다가와서 도움을 주는 경우가 거의 없었는데 혼자 다니다 보니 잠시 멈춰서 지도만 보고 있어도 한 명씩 다가와서 도와주려고 했다. 벨기에는 참 친절한 나라인 것 같다.

공식 호스텔을 찾아가 보니 역시나 만원이었다. 남은 방법은 이제 길바닥에서 노숙을 하거나 맨 처음 봤던 그 캠핑장으로 돌아가는 것. 그냥 배낭여행도 아니고 자전거 때문에 되도록이면 노숙을 피하고 싶었다. 그리고 노숙을 하더라도 인적이 없는 산속이면 몰라도 이런 도시 내에서는 힘들 것 같아서 결국 원점으로 돌아가 맨 처음 봤던 캠핑장으로 갔다. 차량 통행을 차단하는 바리케이드가 내려져 있어서 차단기 아래로 기어 들어갔다. 안쪽으로 한참을 더 달려가고 나서야 캠핑장이 나타났다. 시간이 밤 11시를 넘었기 때문에 대충 수속을 마치고 자리를 찾아가서 텐트를 치기 위해 부랴부랴 짐을 꺼냈다. 그런데... 짐을 꺼냈는데... 텐트 가장자리를 고정시키는 팩이 2개밖에 없었다. -ㅅ-
3일 전 캠핑장에서 실수로 팩을 빼고 짐을 싸버려서 릴에 도착하면 달라고 하며 자라웅에게 맡겼었다. 그런데 서로 그 사실을 망각했고 자라웅은 그대로 팩을 들고 가버린 것이었다.

"으아아!! 이 망할 영감탱이가 날 시험에 들게 하는구나!!!!" 머리를 쥐어뜯으며 자라웅을 원망했지만 이미 엎질러진 물이었다. 하지만 난 포기하지 않았다. '빠-빠-빠-빠-빠-빠-빰~ 빠바밤~' 머릿속에서 맥가이버 주제가가 흘러나오며 침착하게 주위를 스캔했다. 20일간 자라웅과 함께 생활하면서 다양한 생존방법을 터득해왔는데 이깟 난관쯤이야... 기억을 더듬어... 문제가 있을 때마다 그 문제를 해결하며 자라웅이 했던 말들을 떠올렸다.

"이 아무짝에도 쓸모없는 녀석!!"
응? 아... 기억을 더듬어 보니 자라웅에게 야단맞은 기억밖에 없구나...ㅜㅜ
모자라는 팩은 나뭇가지를 주워서 사용했고 일부는 자전거의 부품들을 이용해서 훌륭하게 텐트 설치를 마쳤다.

20일간 함께 생활하면서 매번 쓸모없는 녀석이라며 수모를 당했지만 그러다 보니 나도 모르는 사이 업그레이드 된 것 같았다.

트램 전선 가득한 겐트 시내

텐트는 밤새 별일 없이 잘 버텨주었다. 리셉션으로 가서 계산을 하려고 영수증을 보니 쓰레기봉투 값이 포함되어 있었다. 어제 밤늦게 들어오느라 뭐가 뭔지도 모르고 주는 대로 덜렁 받아왔는데 자기 쓰레기 치우고 가라고 지급된 것이었다. 취사를 하지 않아서 쓰레기가 전혀 없었으니 나에겐 무용지물인 제품이었다. 포장도 뜯지 않은 비닐봉투를 건네주며 환불을 요구했으나 환불은 불가하다고 한다. 나쁜 사람... 비닐이 나름 튼튼해서 방수용으로 사용하기로 하고 캠핑장을 빠져나와 시내구경을 하러 갔다.

800년이 넘도록 웅장한 자태를 자랑하고 있는 그라벤스틴 성(Gravensteen Castle)

벨기에에서 가장 가볼 만한 곳으로 꼽히는 '겐트'에서 내 눈길을 잡아 끈 것은 성 니콜라스 교회나 성 바프 대성당 같은 겐트를 대표하는 건물들이 아니라 거미줄처럼 거리를 뒤덮고 있던 전선들이었다.

유럽의 대중교통에는 버스와 지하철 이외에도 '트램'이라고 하는 노면전차가 있다. 트램은 장점도 많지만 도시 미관을 해치는 단점이 있다. 사람에 따라서는 이 전선들이 오히려 볼거리라고 생각할 수도 있겠지만 사진을 찍는 나에게 전선들은 웅장한 성당과 건물들을 찍을 때마다 시선집중을 방해하는 물건이다. 그리고 바닥에는 트램이 지나다니는 길이 많이 만들어져 있는데 비까지 오니 굉장히 미끄러워서 하마터면 넘어질 뻔했다. 간담이 서늘해져서 앞으로 더 조심해야겠다고 생각하는 순간 자전거를 타고 내 앞을 지나가던 한 청년이 눈앞에서 3회전 앞구르기를 시전했다. 자전거 운전 조심하라는 충고를 이렇게 몸을 내던져가면서까지 나에게 알려주는 벨기에인들의 친절함에 혀를 내두르며 겐트 시내 구경을 마쳤다.

트램은 장점도 많지만 도시 미관을 많이 해치는 단점이 있다.
거리 곳곳이 거미줄처럼 전선이 깔려 있어 촬영을 방해한다.
(위) 도시 전체를 덮은 트램 전선들... (아래) 성 니콜라스 교회

벨기에인들은
친절종결자!

다음 목적지는 오줌싸개 동상이 있는 브뤼셀로 정했다. 텐트 팩을 되찾기 위해 다시 자라웅을 만나야겠다고 생각해서 자라웅의 일정을 문자로 물어보니 두 분은 벨기에를 단순히 네덜란드로 가는 경유 도시로만 생각하고 따로 관광 없이 통과한다고 했다. 겐트를 떠날 준비를 하고 페달을 밟으려는 순간 방광에서 익숙한 압박감을 느꼈다. 그리고 운명처럼 또다시 눈앞에 나타난 콜루이트! 곧장 자전거를 마트 주차장에 묶어놓고 나니 엄청난 천둥소리와 함께 소나기가 쏟아졌다. 아싸 나이스 타이밍!! 이젠 방광이 날 돕는구나... 마트에 들어가니 이번에는 캐셔 아주머니가 아니라 캐셔 아가씨였다. 창백한 얼굴로 화장실을 좀 써도 되냐고 물어보니 흔쾌히 위치를 설명해주었다. 하지만 히어링이 약해 한번 만에 알아 듣지 못해 다시 한번 설명해달라고 부탁했다. 친절한 그녀는 조금 더 또박또박 다시 설명을 해주었다. 그럼에도 불구하고 나는 제대로 알아듣질 못했다. 울면서 뛰어나가 뒷동산에 땅을 파고 "이슈 귀는 꽉 막힌 귀!"라고 외치고 싶은 기분이었다. 이번엔 알아들었는지 확인 차 물어오는 그녀에게 두 번씩 못 알아들었다고 하기엔 어쩐지 부끄러워 고개를 끄덕였다. 그녀가 손으로 가리켰던 방향으로 문을 열고 들어가 눈치껏 찾아보니 어제처럼 직원용 화장실이 나타났다. 급한 불을 끄고 나서 이것저것 필요한 물건들을 마련했다. 특히 지난번 비를 맞으며 달릴 때 손가락이 얼어 고생했던 악몽을 떠올리며 고무장갑으로 방수대책을 세웠다.

모든 준비를 마치고 브뤼셀로 출발했다. N9 도로

깔맞춤은 기본!

Belgium

를 타고 겐트를 벗어나려는데... 아....맞바람이 불어도 너무 세게 불었다. 일기예보 어플을 통해 살짝 맞바람인 것은 알고 있었지만 이 정도로 강할 줄은 몰랐다. 평지인데도 시속 10km 이상 속도를 내기 힘들었다. 있는 힘껏 용을 써가며 달리는데 또다시 머리위로 빗방울이 떨어졌다. 잠시 비를 피해 지도를 찬찬히 둘러보며 한참을 고민하다가 결론을 내렸다. 브뤼셀을 찾은 많은 사람들이 오줌싸개 동상을 보고 생각보다 작아서 실망했다고 한다. "그래! 나도 분명 실망하고 말거야... 분명 실망할거야.. 확실해! 오줌싸개 동상은 볼 게 못 돼!!" 그렇게 스스로에게 최면을 걸면서 급하게 목적지를 안트베르펜 Antwerp 으로 바꿔 페달을 밟았다.

처음 한국에서 출발할 때 기대했던 자전거 유럽여행의 이미지는 한없이 여유가 넘쳤는데... 달리다가 쉬고 싶을 때는 언제든 자전거를 세워놓고 푸른 벌판에서, 우거진 나무 아래에서 휴식도 취하고... 하지만 현실은 시종일관 하늘 눈치 보느라 여념이 없었다. 겐트를 출발할 때부터 거대한 먹구름이 엄청난 비를 쏟아부으며 내 꽁무니를 쫓아오고 있었기 때문에 달리면서 풍경을 눈에 넣기는 커녕 버스정류장들간의 거리를 계산하느라 바빴다. 빗방울이 떨어지기 시작하면 다음 정류장이 빠를지 지나온 정류장이 빠를지 선택해서 재빨리 피해야만 했다.

그리고 첫 정류장으로 피신하자마자 미친 듯이 폭우가 쏟아졌다. 역시 나의 선택이 옳았구나!! 혼자 싱글벙글하며 가방에서 간식거리를 꺼내 먹었다. 비가 그치길 기다리면서 비오는 거리를 보니 이곳 사람들은 비가 와도 그냥 맞고 다닌다. 비를 피하고 있는

사람도 나밖에 없었다. 하긴 뭐 비 좀 맞으면 어때... 집에 가서 옷 갈아입고 씻으면 되니까... 진득한 먹구름이 나를 추월해 지나가자 다시 뜨거운 햇볕이 작렬했다. 다시 달리다가 비오면 피하고... 또 달리다가 피하고... 세 번째까지 요리조리 잘 피했었는데 네 번째에는 결국 정류장과 정류장의 중간쯤에서 손도 못쓰고 당해버렸다. 그렇게 한참을 달린 후 드디어 안트베르펜의 멋진 모습이 눈앞에 펼쳐졌다.

안트베르펜을 가로막고 있는 스헬데 강 Schelde River 을 건너기 위해 강을 따라 한참을 올라갔지만 다리가 보이지 않았다. 다시 원점으로 되돌아와 이번엔 반대쪽으로 쭉 달려가 봤지만 역시나 다리는 코빼기도 보이지 않는다. 도대체 이 강을 어떻게 건너야 하지? 배를 타고 건너야 하나? 지도가 안내해 주는 길 역시 다리도 없는 강을 그냥 가로지르도록 표시되어 있었다. 혼자서 머리를 굴리며 끙끙대다가 마침 지나가는 커플에게 건너가는 방법을 물어보니 자기들을 따라오라고 한다. 벨기에 사람들은 무조건 따라오라고 하

Belgium

는구나…

그들은 내가 조금 전에 별 생각 없이 지나쳤던 강가의 한 건물로 나를 안내했다. 건물 입구의 큰 문이 열리고 내부를 보니 건물 자체가 하나의 거대한 엘리베이터였다. 지하로 내려가니 강 밑에 거대한 터널이 있었다. 두리번 두리번 촌놈 티 팍팍 내면서 안트베르펜에 입성했다.

어제와 같은 불상사가 생기지 않도록 제일 먼저 숙소를 찾아놓기 위해 맥도날드를 찾았다. 직원에게 커피 한잔을 시켰는데 잠시 후 내 손에 쥐어진 것은 햄버거 하나였다. 뭐지? 내 발음이 그렇게 이상한가??? 아니 뭐… 문법을 써가며 말한 것도 아니고 그냥 "One Coffee" 라고 했을 뿐인데… 유럽인의 반고리관은 우리와 다른 것일까? 어떻게 하면 커피를 버거로 잘못 들을 수 있지? 내가 커피 한잔 시켰다고 이야기하니 그녀는 다시 계산을 하려고 영수증을 받아갔다. 서양인들이 이런 숫자 계산에 약하다는 이야기를 종종 들었는데 그녀가 그런 케이스인 것 같았다. 영수증을 받아들고 곧바로 계산이 탁탁 나오는 것이 아니라 한숨을 쉬며 멀뚱멀뚱 영수증을 보더니 계산기를 두드리려고 했다. 그래서 그냥 버거는 그대로 먹을테니 커피만 한 잔 추가해달라고 해서 둘 다 먹어버렸다. 생각없이 주문했더니 버거가 1유로인데 비해 커피는 1,8유로로 비싼 편이었다. 그냥 처음에 버거줄

이 건물이 지하 터널의 입구   강 아래로 거대 터널이 만들어져 있다.

안트베르펜의 노트르담 대성당

때 그것만 받고 치울걸...

구석에 앉아 검색해 보니 멀지 않은 곳에 그럭저럭 평가도 괜찮은 호스텔이 있어 찾아가보았다. 주택가에 위치한 데다 간판같은 것도 찾기 힘든데 시간은 9시가 넘어 점점 더 어두워져갔다. 지도상에 표시된 위치 근처에서 맴돌고 있는데 강아지를 데리고 산책하던 젊은 아주머니 한 분이 가까이 다가오셔서 어디를 찾고 있는지 물어보셨다. 호스텔을 찾는다고 하니 아니나 다를까 따라오라고 하신다. 혹시 벨기에 사람들은 이렇게 남들을 이끌어주는 데에서 어떤 카타르시스라도 느끼는 것은 아닐까... 그렇지 않고서야 이렇게 친절할 수가! 나도 한국에서 길을 묻는 외국인을 목적지까지 직접 안내해준 적은 있지만 그때는 순전히 설명해줄 실력이 못되어서... 어쨌든 벨기에 사람들의 이런 친절함 덕분에 3개월간의 여정 가운데 2박3일로 가장 짧게 체류했던 벨기에가 나에게는 가장 인상적인 나라가 되었다.

Belgium

사설호스텔인 듯 간판도 없는 건물의 문을 열고 들어가니 어두컴컴한 분위기의 리셉션이 나타났다. 썩 괜찮은 시설은 아니었지만 10인실 도미토리가 12유로, 조식은 2.5유로 추가, 꽤 저렴한 편이었다. 방을 배정받고 자리에 시트를 깔고 나니 남자 1명, 여자 2명으로 구성된 중국인 팀이 새로 들어왔다.

침대 숫자에 비해서 화장실과 샤워장이 넉넉지 않아 보였다. 신수 뺏기기 전에 먼저 샤워를 하고 나와서 밀린 빨래를 하는데 새로 온 중국인 여자가 들어왔다. 날 보더니 흠칫 놀랐지만 남녀공용인 것을 확인한 후 그대로 샤워 칸에 들어가 샤워를 하기 시작했다. 나도 신경 끄고 빨래를 계속 하는데 갑자기 샤워를 하던 그녀가 비명을 질렀다. 나도 깜짝 놀랐는데 소리를 듣고 그녀의 일행이 문을 열고 들어왔다.

이...이게 무슨 상황이지? 샤워장 안의 남자와 여자. 그리고 들려오는 비명 소리와 뒤늦게 들이닥친 그녀의 일행들... 치한으로 오해받는 것은 아닐까? 난 양말을 빨고 있었을 뿐인데... 짧은 시간 온갖 생각을 하며 상황을 지켜보았다. 그들은 내가 알아듣지 못하는 중국어로 뭔가를 한창 떠들어대더니 갑자기 남자가 고개를 휙 돌리며 나를 쳐다보았다. "이봐 당신!!"

무슨 말을 하려고... 침을 꿀꺽 삼키고 그의 입모양에 집중했다.

"당신... 당신이 샤워할 때도 찬물이 나왔어?"

... 그랬다. 여자가 샤워를 하던 중에 갑자기 찬물이 나와서 그 난리를 친 것이었다. 나는 조금 전까지만 해도 뜨거운 물을 펑펑 쓰면서 잘 씻었는데... 조금만 늦었더라면 내가 찬물로 샤워할 뻔 했다. 안도의 한숨을 쉬며 내가 할 때는 문제 없었다고 설명해주곤 방으로 돌아와 자리에 누웠다. 방에는 나를 포함해 7명이 있었다. 부디 코고는 사람이 없기를 빌며 조용히 이불을 덮었다. (설마 내가 골지는 않았겠지?)

네로와 파트라슈가 노닐던 그곳, 안트베르펜

그 중국인 팀이 기차시간 관계로 새벽 5시부터 일어나서 짐정리하며 부산을 떠는 바람에 덩달아 잠에서 깨어났다. 다시 잠들지 못하고 7시까지 계속 뒤척이다가 어제 중국인 여자의 일이 떠올랐다. 미리미리 씻으러 가야 할 것 같았다. 곧장 일어나 수건을 목에 두르고 칫솔을 입에 문 채 별 생각 없이 샤워장으로 가서 문을 벌컥 열었다. 그 순간 수건 한 장으로 상반신을 두르고 있던 금발의 여자와 눈이 마주쳤다. 오 마이 갓!! 우째 이런 일이!! 분명 여자가 소리를 지르며 따귀를 날리고 사람들이 몰려들면 어제 못 다 이룬 치한의 꿈을 이루게 되겠구나... 짧은 순간 별별 생각이 다 들었다. 놀란 토끼 눈으로 소리내어 "Sorry" 하며 뒷걸음질을 치는데 그 여자는 아무렇지도 않은 듯 씩 웃으며 "Hello~" 하고 아침인사를 건넸다. 정말 아무리 생각해도 이런 아름답고 선진화된 문화는 국내도입이 시급하다.

체크아웃 준비를 마치고 식당으로 갔다. 소규모 사설 호스텔이라서 그런지 잼과 버터가 휴대용 낱개가 아니라 병째로, 통째로 놓여 있었다. 그러다 보니 따로 챙길 만한 것이 없어 그 자리에서 승부해야 했다. 아침식사량이 적은 서양인들의 짐승처럼 쳐다보는 시선에 아랑곳하지 않고 최대한 배부르게 실컷 먹었다. 밖으로 나오니 날씨가 끝내주게 좋았다. 오전부터 이렇게 좋을 줄 알았으면 조식을 신청하지 말고 일찍 체크아웃 해버릴 것을...

지도에 대충 오늘의 이동코스를 그려놓고 코스대로 구경을 나섰다. 미치도록 파란 하늘과 눈부신 햇살과 시원한 바람이 잘 어우러지니 정말 즐거운 마음으로 굴러다닐 수 있었다. 시내 중심으로 들어서니 흐룬 광장이 나타났다. 광장 가운데에는 이곳 출신의 유명한 화가 루벤스의 동상이 서 있고, 그 뒤쪽으로는 안트베르펜의 노트르담 대성당이 보였다. 소설, 만화, 영화 등으로 우리에게 익숙한 〈플랜더스의 개〉의 배경이 바로 이 성당이다. 그

• 돛 모양 지붕이 인상적인 안트베르펜 법원
•• 안트베르펜 관광을 맡고 있는 2층마차
••• 중앙광장 앞의 화려한 시청건물
•••• 노트르담 대성당. 우리에게 익숙한 〈플랜더스의 개〉의 배경이 된 곳. 이 성당에서 루벤스의 그림을 보며 네로가 죽어갔다. 하지만 아이러니하게도 정작 이곳 사람들은 잘 모른다.
••••• 흐룬 광장에 서 있는 루벤스 동상

안트베르펜 왕립미술관(Royal Museum of Fine Arts, Antwerp) 지붕의 여신 조각상

리고 네로가 루벤스의 그림을 보며 죽어간 곳이다.

어느 정도 안트베르펜을 돌아다니고 나니 슬슬 배가 고파지기 시작했다. 벨기에에 왔으면 응당 와플을 먹어야 한다는 생각에 가이드북에 유명카페로 소개되어 있던 '카페네이션'이리는 곳을 찾아갔다. 하지만 사이드메뉴에서 와플은 찾아볼 수 없었다. 커피만 한잔 마시고 밖으로 나오니 오전 내내 맑았던 하늘에 먹구름이 조금씩 끼기 시작했다. 비가 오기 전에 출발해야겠다는 생각이 들어 다음 이동루트를 생각해보았다. 자라웅과 형수님은 주말에 네덜란드 로테르담의 큐브하우스란 곳에 묵기 위해 미리 예약을 해놓았다는 말이 생각나서 나도 로테르담으로 가서 텐트 팩을 받아가기로 결정했다.

네덜란드를 향해 북쪽으로 30여km를 달려가다 보니 나도 모르게 또 국경을 넘어버렸다. 지도를 보니 다행히 국경을 통과한 지 얼마 되지 않아 다시 되돌아가보았다. 역시나 별다른 건물도 없고… 달랑 표지판 하나만 꽂혀 있을 뿐이었다. 하지만! 나는 아직 벨기에 와플을 먹지 못했다. 벨기에까지 왔으니 벨기에 와플은 먹어봐야겠다는 생각에 벨기에로 다시 방향을 틀어 1km를 달렸다. 마침 자그마한 베이커리가 있어 입맛을 다시며 문을 열고 들어갔다. 하지만 막상 이곳에서 파는 와플을 보니 너무나도 평범한, 정말 별맛 없어 보였다. 오히려 옆에 있던 과일데코 파이들이 제발 먹어달라고 간절히 애원하고 있었다.

"그래… 와플이 다 똑같지 뭐… 우리 입맛에 맞게 만들어진 한국와플이 훨씬 더 맛있을 거야…" 그렇게 스스로를 달래며 옆에 전시되어 있던 다른 파이들을 골랐다. 다시 국경을 넘어 잠시 간식타임을 가진 후 로테르담을 향해 달렸다.

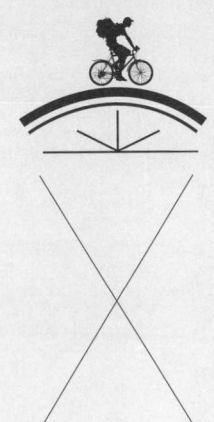

Netherlands

네덜란드

자전거의 왕국 네덜란드, 시작부터 꼬임~꼬임~꼬임~

네덜란드는 유럽에서도 손꼽히는 자전거 왕국이다. 이곳 사람들은 자전거 운전자들에게 무척이나 관대하다. 이를테면 내가 도로를 달리다가 옆 골목에서 차가 나오는 경우, 우리나라 같으면 대부분 자전거가 차 앞을 지나고 있지 않는 이상 먼저 휙 지나가버릴 텐데 이곳 사람들은 내가 먼저 지나갈 때까지 조용히 기다려주었다. 차가 먼저 지나가도 충분할 만큼 시간이 있더라도 기다려주는 운전자가 대부분이었다. 어떨 때는 저만치 앞에 있는 골목에서 나오려는 차가 날 보더니 멈추고 기다릴 때도 있었다. 그럴 때는 오히려 내가 미안해져서 괜히 더 빨리 달려야 했다. 과도한 친절은 민폐를 부르기도 한다... 하여간 그만큼 네덜란드인은 자전거에 관대하다.

물론 관대한 만큼 엄격하기도 하다. 자전거 도로로 다닐 때는 최우선으로 배려해주지만 차도나 인도로 들어가면 가차 없이 빵빵거리며 경적을 울리거나 다가와서 주의를 준다.

한번은 이것저것 사진을 찍는데 정신이 팔려 생각 없이 달리다가 우회전을 해야 할 곳에서 그만 직진을 해버렸다. 다시 되돌아가려니 달려온 시간과

• 이야... 마당엔 개만 키우는 줄 알았더니 이 동네에선 말을 키우는구나...
•• '네덜란드' 하면 가장 먼저 풍차가 떠올랐다. 막연하게 네덜란드에 오면 쉽게 풍차를 볼 수 있을 줄 알았는데 한참을 달려봐도 풍차 대신 현대식 풍력발전기만 수두룩했다.

Netherlands

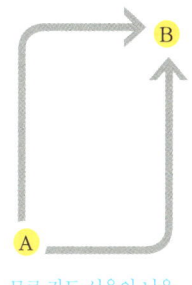

모로 가도 서울이 나올 줄 알았다.

거리가 아까웠다. 모로 가도 서울만 가면 된다는 옛말을 떠올리며 오른쪽으로 갔다가 위로 가는 것이나 위로 갔다가 오른쪽으로 가는 것이나 결국에는 끝에서 다시 길이 합쳐질 거라 생각하고는 그냥 계속 달렸다. 하지만 막상 달려가 보니 길이 다시 만나야 하는 곳에서 왕복 6차선의 고속도로가 길을 가로막고 있었다. 지도를 저배율로 대충 볼 때는 연결된 줄 알았는데 최대로 확대했더니 그제야 길이 떨어져 있는 것이 보였다.

하늘은 벌써 어둑어둑해졌는데 완전 대낭패였다. 한참을 달려왔기 때문에 다시 되돌아가려면 거의 한 시간 이상 소모될 듯 했다. 고민 끝에 그냥 고속도로를 무단 횡단하기로 결정했다. 크게 심호흡을 한 후 펜스를 넘어 고속도로로 진입했다. 하지만 막상 갓길에 서자 엄청난 속도로 지나다니는 차들을 보니 긴장되기 시작했다. 게다가 고속도로 가운데에는 내 허리 높이까지 오는 중앙선 분리대가 세워져 있었다. 과연 넘을 수 있을까... 정신을 집중하고 상상력을 동원해 시뮬레이션을 해보았는데 맨몸이라면 몰라도 이 무거운 짐들을 실은 자전거로는 분리대를 넘기도 전에 산산조각이 되어 흩어질 것이 분명했다.

해가 저물어가는 고속도로 풍경

결국 고속도로를 건너는 것은 포기하고 고속도로 갓길을 따라 역주행을 시도했다. 다행히 갓길은 꽤 넓었고 최대한 바깥쪽으로 붙어 달리면 위험하진 않을 것 같았다. 경적을 울리며 엄청난 속도로 지나가는 자동차들 때문에 한시라도 빨리 벗어나야 했다. 1.5km정도 거슬러 올라가니 드디어 맞은편으로 건너갈 수 있는 길이 보였다. 펜스를 넘어 자전거를 끌고 풀이 무성한 언덕을 기어 올라가서야 겨우 길이 나타났다. 정말이지 나에게 네덜란드는 시작부터 악몽이었다.

큰 고비를 넘긴 후 로테르담에 거의 도착했을 무렵 수중터널이 나타났다. 안트베르펜에서 지났던 터널보다 훨씬 긴 터널을 빠져나오니 어느새 하늘은 어두컴컴해졌고 로테르담 외곽에 진입했지만 길 찾기는 점점 힘들어졌다. 가로등도 별로 없어 어두운 길을 밑도 끝도 없이 달리고 있었는데 내 뒤로 승용차 한 대가 따라붙었다. 나 때문에 못 지나갈까봐 도로 가장자리 쪽으로 바짝 붙어 천천히 달렸는데 이 차는 추월할 생각은 하지 않고 계속 내 뒤에서 나와 비슷한 속도로 따라오며 헤드라이트로 길을 밝혀 주었다. 그저 친절을 베푸는 것일까? 아니면 혹시나 다른 용무가 있는 것은 아닌가 싶

마을 주위에는 대부분 운하가 있고, 특이하게도 각 집에서 큰길로 나오려면 운하를 건너야 하는데 튼튼한 다리 하나를 놓고 다같이 이용하는 게 아니라 집집마다 자기 다리가 다 있었다.

어서 자전거를 세웠다. 그러자 그 차도 내 옆에 멈춰 섰고 창문이 스르륵 내려가더니 잘 생긴 총각 한 명이 지갑을 꺼내 신분증을 보여주면서 자기 경찰이라고 한다. 어쩌라고? 빤히 쳐다보고 있으니 여기는 자동차 도로니까 맞은편 자전거 도로로 가라고 한다. 분명 처음엔 자전거 도로로 달렸는데

네덜란드는 워낙 지대가 낮다 보니 이러한 수중 터널이 많다.

나도 모르게 길을 벗어났었나 보다. 밤이라 길 구별하는 것도 좀처럼 쉽지 않았다. 걱정을 가득 안고 달리고 또 달려서 두 번째 수중터널인 마스 터널Maas tunnel에 도착했다. 첫 번째 지나온 터널은 도로와 이어져 있어서 그대로 통과했는데 이곳은 에스컬레이터를 이용해서 건널 수 있게 되어 있었다.

터널을 빠져나오니 시간은 밤 11시. 주위는 이미 캄캄했고 인적도 드물었다. 지도를 보며 큐브하우스의 위치를 찾아보았다. 얼른 자라옹을 만나 텐트 팩을 받...아... 그때였다. 문득 뇌리를 스치고 지나가는 충격적인 사실! 오늘은 평소보다 거의 두 배나 달려왔다. 큐브히우스에서 묵는다고 했던 자라옹에게 텐트 팩을 받아내기 위해서 엄청 무리를 해가며 겨우겨우 여기까지 달려왔는데... 이제 보니 오늘은 금요일이다... 그렇다면 자라옹은 아직 로테르담에 오지도 않았다는 소리다. 이 무슨 삽질이란 말인가... 머리를 쥐어뜯으며 후회해봤지만 당장 묵을 곳을 찾는 것이 급선무였다.

가장 가까운 캠핑장을 찾아 달려갔지만 시간은 벌써 자정이 넘었고, 리셉션 문도 잠겨 있었다. 혹시나 싶어 초인종을 눌러보니 한참 신호가 흐른 후

Netherlands

무려 1942년에 만들어진 마스 터널. 경사도가 꽤 높은 에스컬레이터를 타고 올라가야 하며, 실내는 그 당시의 생생한 사진들로 꾸며져 있다.

스피커를 통해 사람목소리가 들려왔다. 뭔가 많은 말을 하긴 하는데 뭐라고 말하는지 제대로 알아듣질 못해서 sorry, help, plz 만 반복했다. 잠시 후 한 남자가 나타나서 리셉션 문을 열어주었다. 바로 체크인 수속을 밟을 줄 알았는데 여권만 받아 서랍에 넣고는 내일 나갈 때 계산하면 그때 돌려준다고 했다.

우선 나무 밑 좋은 자리를 찾아 주위에 널브러져 있는 나무꼬챙이들을 모아 겨우겨우 텐트를 치고 속도계를 보니 오늘은 126km를 달렸다. 시간이 너무 늦어 씻을 생각도 못하고 그대로 잠이 들어버렸다. 머리가 나쁘면 손발이 고생한다더니 주인 잘못 만난 애꿎은 손발만 고생을 하는구나.

"우리 애는 머리는 좋은데 노력을 안 해서…" 라고 어머니께서는 늘 말씀하셨다. 어머니… 저한테 왜 그러셨어요… 진짜 제가 똑똑한 줄 알았잖아요… ㅜㅜ

로테르담,
파격적인 디자인의 도시

다음날 아침... 텐트를 세차게 두드리는 빗소리에 눈을 뜨기도 전에 비가 많이 온다는 것을 직감했다. 텐트 입구 지퍼를 살짝 내려 하늘을 쳐다보니 뿌연 회색밖에 안 보인다. 부디 체크아웃 하기 전에 비가 그치길 바라며 텐트 안에서 시간을 보냈다. 10시가 다 되어서 빗줄기가 조금 뜸해지는 것을 확인하고 텐트를 정리했다. 어제 맡긴 여권을 되찾은 후 로테르담 시내로 향했다.

맥도날드에서 식사를 해결하고 큐브하우스를 찾아 이동하는데 거리에 사람들이 몹시 붐볐다. 토요일이라 근처에서 벼룩시장이 열리고 있었다. 제일 먼저 자전거 용품이 들어오긴 했지만 딱히 필요한 것은 없어 보여 패스! 식량을 조금 보충한 후에 옷구경을 했다. 아직까지도 야영할 때 새벽만 되면 추워서 잠이 깨곤 하는데 그렇다고 두툼한 옷은 짐이 되어 부담스럽고... 자전거를 안 타고 다닐 때에도 입을 수 있도록 긴팔 후드티를 하나 샀다. 흥정은 젬병이라 달라는 대로 그냥 5유로 다 줬다.

시장을 빠져나오자 거대한 연필 한 자루가 눈에 들어왔다. 로테르담을 대표하는 유명한 빌딩 중 하나인 Het Potlood인데 연필모양을 닮았다고 '펜슬하우스'로 통한다. 그리고 바로 옆에는 내가 찾던 로테르담의 명물 '큐브하우스'가 있었다. 네덜란드에는 27개 도시에 'STAY OKAY'라는 프랜

유럽 최대의 무역도시이자 건축의 도시답게 다양한 컬러와 독특한 디자인의 건물들이 즐비하다. • 로테르담 시내 중심가의 오픈광장 쇼우부르흐플레인(Schouwburgplein), 크레인을 형상화한 조명이 인상적이다. 보통 이 광장에서는 공연도 많이 열리고 스케이트보드나 bmx같은 익스트림 스포츠를 즐기는 젊은이들이 많으나 아침부터 비가 와서 그런지 썰렁하다. •• 로테르담의 상징인 에라스무스 다리를 건너자마자 보이는 KPN 타워. 파리의 퐁피두센터를 디자인한 렌조 피아노의 작품 중 하나이다. ••• 새로 생긴 건물들은 다양한 컬러와 틀을 벗어난 독특한 디자인을 자랑한다. •••• 로테르담의 명물인 펜슬하우스와 큐브하우스

차이즈 호스텔이 운영되고 있는데, STAY OKAY의 로테르담 지점이 바로 이곳 큐브하우스다.

큐브하우스에는 주민들이 주거하고 있으며, 일부를 리모델링 해서 호스텔로 사용하고 있다. 건물이 지어진 것은 1984년이지만 이 파격적인 디자인은 무려 1970년대에 나왔다. 벽이고 바닥이고 모두 기울어져 보이는데 과연 내부는 어떻게 되어 있을지 무척 궁금해졌다. 하지만 가격이 만만찮은 관계로 외관 구경으로 만족하며 사진을 찍고 있는데 위에서 나를 부르는 자라옹의 목소리가 들려왔다. 두 분도 조금 전에 도착해서 막 계산하려던 참이라고 했다. 가격은 6인실 도미토리 룸이 30유로. 역시나 비싸다...

신기한 외관 구경에만 만족하고 나는 바로 암스테르담을 향해 떠나기로 했다. 그런데

큐브하우스에는 실제로 주민이 살고 있다.

Netherlands

리셉션에서 무료 와이파이가 잡히는 것을 보고 오늘 묵을 곳과 길을 검색해서 가기로 했다. 정신을 차리고 보니 어느새 5시... 괜히 포털사이트를 열었다가 내가 무엇을 검색하려 했는지도 까먹고 헤드라인을 장식하는 찌라시 기사들을 클릭클릭하고 있었던 것이다. 지금 출발했다간 암스테르담 근처도 못가 어제처럼 캄캄한 밤길을 달리게 될 것 같았다. 게다가 하늘도 온통 회색에 언제 비가 올지 모르는 음침한 상황... 아침에 비를 맞은 텐트를 제대로 말리지도 못했기 때문에 캠핑을 하기에도 뭔가 찝찝했다. 다른 호스텔을 검색해보니 멀지 않은 곳에 큐브하우스보다 10유로가량 저렴한 호스텔이 있었다. 위치를 확인하고 달려갔는데 호스텔에 도착할 때가 되니 갑자기 굵은 비가 쏟아지기 시작했다. 호스텔 입구에서 담배를 피고 있던 청년의 안내로 뒷문으로 돌아가니 지하로 내려가는 계단이 나타났다. 무거운 자전거를 둘이서 낑낑거리며 들고 내려갔다. 미로처럼 꼬불꼬불한 복도를 지나 창고같은 곳에 자전거를 두고 계산을 하러 다시 리셉션으로 올라갔다. 도미토리룸으로 달라고 했더니 이름을 묻는다.

응? 왜 이름부터 묻지? 여느 호스텔과 다른 반응에 이상하게 생각하면서 일단 여권을 건넸다. 그는 내 이름을 보고 모니터를 보고 다시 날 빤히 쳐다보더니 예약한 이름이 뭐냐고 물었다. 예약은 안 했다고 하니 난감한 표정으로 오늘은 방이 다 차서 예약을 하지 않으면 안 된다고 했다. 이런... 나도 난감했다. 처음부터 물어봤으면 자전거 옮기느라 고생하진 않았을 텐데... 다시 낑낑거리며 자전거를 꺼내왔다. 잠시 고민을 해보지만 딱히 좋은 방법이 떠오르지 않았다.

좋아!! 개같이 아낀 돈 정승처럼 써야지!! 이왕 이렇게 된 이상 큰 맘 먹고 나도 큐브하우스에서 하루 묵기로 했다. 그런데 여기처럼 예약이 다 찼으면 어쩌나 하는 생각에 급히 자라옹에게 자리 있는지 알아보라고 문자를 보냈다. 잠시 후 돌아온 대답은 "몰라. 우린 밥 먹으러 나왔음" 이었다. 이 아무짝에도 쓸모없는 양반같으니!! 윗물이 맑아야 아랫물이 맑은데 형으로서 먼저 쓸모가 있어야 내가 쓸모가 있지. 다시 큐브하우스로 돌아가서 직원에게 물어보니 다행히 자라옹과 같은 방에 빈자리가 하나 남아 있어서 그대로 체크인을 했다. 카운터 바로 앞에 엘리베이터가 있는 줄도 모르고 계단을 통해 낑낑대며 두 번에 걸쳐 짐을 날랐다. (어머니... 전 정말 아닌 것 같아요...ㅜㅜ)

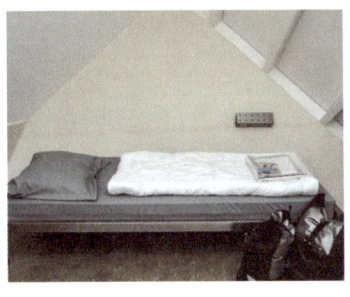
머리조심!

6인실 도미토리룸에는 2층침대 2개와 1층침대 2개가 있었다. 디자인이 신기한 만큼 공간 활용이 좋지 않아 보였다. 특히 나처럼 키가 큰 사람들은 천정이 낮다는 걸 계속 신경 쓰며 움직여야 했다. Mix룸이 만원이라 형수님은 여자 방에 묵으셨고 우리는 일행으로 보이는 4명의 서양젊은이들과 같이 묵었다. 자전거여행은 낮에 달려야 하니 밤에는 무조건 잠을 자야 하는데 얘네들은 늦게까지 자다가 저녁이 되면 빠져나가곤 했다. 뭘 하다가 오는지는 모르겠지만 새벽녘에야 들어와서는 코를 골며 자는 바람에 비싼 돈 내고 선잠을 자야 했다.

아껴야 잘 산다

신기한 집에서 잔다고 더 신기할 건 없었다. 평소와 같은 아침을 맞이하고 식사를 하러 내려갔다. 이미 많은 사람들이 좋은 자리를 차지하고 있었고 나는 제일 바깥쪽 눈에 띄지 않는 자리로 가서 앉았다. 그동안은 호스텔에서 나오면서 식비 절감을 위해 1회용 잼이나 버터 등을 조금씩 챙겼지만 인간은 진화하는 법! 더욱 더 허리띠를 졸라매기 위해 아예 샌드위치를 만들어 통째로 챙겨가기로 했다. 그래서 작업현장의 노출을 최소화시키기 위해

Netherlands

나름 구석으로 자리를 정했다. 괜히 작업 중간에 들키면 어글리 코리언의 모습을 인증할 것 같아서 주변 상황과 사람들 움직임 하나하나까지 모든 감각을 집중해서 살펴보았다. 그런데 예상과 달리 나 말고도 챙기는 사람들이 보였다. 심지어는 고상하게 생긴 멋쟁

이런 녀석을 두 개나 준비했으니 적어도 5유로는 벌었을 듯!

이 서양아줌마들도 거리낌 없이 빵을 만들어 챙겨가는 것이 아닌가... 괜찮다... 빵 두 개 만든다고 이 호스텔 안 망한다... 괜찮다... 스스로를 안심시켜가며 두툼한 샌드위치를 만들어 냅킨에 잘 포장해서 테이크아웃까지 성공했다.

식사를 마치고 짐정리를 하던 중 문득 카메라 삼각대가 생각났다. 원래 내 것이었던 휴대용 미니삼각대는 처음 자라옹이 여행을 간다고 했을 때 주었다. 두 분은 함께 다니면서 서로 찍어주면 되니까 내가 가지고 다니다가 여행이 끝나고 귀국할 때 다시 자라옹에게 넘겨주기로 했다.

두 분은 이곳에서 더 볼 것이 남았는지 큐브하우스에서 하루 더 묵겠다고 하셨다. 나는 두 분에게 안녕을 고하고 다음 목적지를 향해 페달을 밟았다.

풍차마을을 지나
암스테르담을 뒤덮은 오렌지 물결

　　　　　　　　　　네덜란드가 워낙 친환경적인 나라라서 그런지 로테르담 시내를 벗어나 시 외곽으로 들어서자 날파리들이 꼬이기 시작했다. 별 생각 없이 노래를 흥얼거리며 달리다 보면 나도 모르게 신선한 날파리고기를 실컷 맛보고 있었다. 운하에서 휴일을 만끽하는 네덜란드인들을 보면서 나는 노란색 재킷에 달라붙은 날파리들을 수시로 털어내야 했다. 이 땅에서 여유롭지 못한 것은 나 혼자뿐인 것 같았다.

20km 정도 달리고 나니 길이 막혔다. 앞쪽에 고속도로가 있어서 육교처럼 만들어진 아케이드를 지나가야 했는데 에스컬레이터가 3개나 있었다. 모두 멈춰 있었고, 사람이 들어서면 센서가 작동되면서 움직이는 줄 알고 나는 자전거를 끌고 가운데 에스컬레이터에 들어섰다. 하지만 우우웅~ 하는 작동소리는 들리지 않고 옆 칸에서 한 남자가 나를 향해 씩~ 웃으며 에스컬레이터를 걸어 올라간다. 3개 다 고장이라니!! 네덜란드는 사사건건 크고 작은 미션들로 나를 시험에 들게 하는 느낌이다. 할 수 없이 자전거를 들고 낑낑대며 계단을 올라가다 보니 저 멀리 한 아줌마가 장바구니 가득 짐을 싣고 자전거를 타고 오는 것이 보였다. '쯧쯧...저 아줌마도 고생깨나 하시겠군...' 하면서 겨우겨우 계단 끝까지 올라섰다. 한숨 돌리며 허리를 펴수고 있는데 갑자기 옆에서 문이 열리더니 아줌마가 자전거와 함께 나타나셨다. 아... 바로 옆에 엘리베이터가 있는 줄도 모르고 개고생을 했구나. 역시 네덜란드는 자전거의 천국이다.

허무한 마음으로 길을 건너가니 빗방울이 뚝뚝 떨어지기 시작했다. 그럼 그렇지... 오늘은 왜 안 내리나 싶었다. 계산해 보니 파리에서부터 시작해서 거의 2주째 하루도 비가 오지 않은 날이 없었다. 유럽 날씨가 고약하다지만 참

해도 해도 너무한다 싶었다. 비를 피하면서 점심도 먹을 겸 근처 버스정류장에 앉아 호스텔에서 싸온 샌드위치를 꺼내들었다. 금방까지 짜증이 솟구쳐 투덜거리다가 샌드위치를 보니 돈이 굳었다는 생각에 금세 흐뭇해하며 동네 바보형처럼 히죽거렸다.

배를 채우고 나니 비가 부슬부슬 가랑비로 바뀌었길래 그대로 출발했다. 시골의 자전거 도로는 포장이 잘 되어 있었다. 가끔 달그락거리며 여유롭게 마차가 지나갈 때면 달아올랐던 내 마음도 조금씩 수그러들었다. 기분이

• 로테르담을 벗어나 다시 한적한 자전거 도로를 달린다. •• 사람과 자전거만 다니는 줄 알았더니 때로 마차가 굴러다닌다.

살짝 풀리고 나니 주변의 아름다운 풍경들이 눈에 들어오기 시작했다. 중간 중간 사진을 찍었는데 하늘과 땅의 밝기 차이가 너무 심해 제대로 나오지 않았다. 이럴 때는 밝은 곳과 어두운 곳을 동시에 표현해주는 HDR 기능을 이용하면 되는데 여러 장을 찍어 합해주는 방식이기 때문에 카메라가 흔들리지 않게 잘 고정하는 것이 가장 중요하다.

평소라면 힘들겠지만 오늘 아침에 자라옹에게 받아온 삼각대가 있었다. '작품을 하나 찍어주겠어!' 자신만만하게 자전거를 세워두고 삼각대를 꺼내 들었다.

히히벌판을 지나 레이덴이라는 마을로 들어섰다. 원래 목적지인 하를렘까지 큰 도로를 따라 단숨에 갈 생각이었으나 의외로 예쁜 풍경에 운하를 따라 시내로 들어가 버렸다.

(위) 풍차박물관은 공사중... (아래) 레이덴을 뒤로하고 다시 하를램을 향해...

Netherlands

하지만 꺼내보니 달랑 삼각대 다리만 있고 삼각대와 카메라를 연결, 고정시키는 플레이트가 쏙 빠져 있다. 아마도 자라옹의 카메라에 외로이 혼자 붙어 있겠지...
아...정말... 이 아무짝에도 쓸모... 없는 바보, 멍청이...

계속 이어지던 논밭을 지나 레이덴Leiden이라는 마을로 들어섰다. 원래 목적지인 하를렘까지 큰 도로를 따라 단숨에 갈 생각이었으나 음침하던 하늘에 때마침 구름이 걷히기 시작했다. 파란 하늘과 함께 의외로 예쁜 마을 풍경에 취해 운하를 따라 시내 안쪽까지 들어가 버렸다. 그리고 그곳 풍차박물관Molenmuseum de Valk에서 처음으로 풍차를 하나 만나게 되는데 공사중이라 제대로 보지는 못했다. 아무것도 모르고 마을 예쁘네~ 하면서 대충 둘러봤는데 나중에 알고 보니 레이덴은 네덜란드에서 가장 오래된 도시이며, 문화의 중심지였다. 찾아보면 볼거리가 꽤나 많았을 텐데... 역시 아는 만큼 볼 수 있는 것 같다.

비가 그친 후 맑은 하늘 아래에서 보는 네덜란드의 풍경은 그야말로 그림같았다. 셋이서 다닐 때는 사진 한 장 찍을 때도 일행이 기다릴까봐 은근히 신경 쓰였는데 기다리는 사람도 없으니 시간가는 줄 모르고 사

네덜란드의 봄은 8시부터 해가 지기 시작한다.
생각보다 많이 오지도 못했는데 해가 뉘엿뉘엿...

진을 찍고 다녔다. 그러다 보니 금세 해가 떨어지기 시작했다. 해 떨어지는 시간을 고려해서 시간분배를 잘 했어야 했는데... 매번 당하면서도 정신 못 차리고 또 뒤늦게 발바닥 땀나도록 페달링을 한다.

하지만 목적지로 잡은 캠핑장을 10km 남겨놓고 해는 시야에서 사라져버렸다. 계속 달리다가 지도를 보니 2km만 더 가면 될 것 같은데 길이 의심스러워 근처에 있던 주민에게 캠핑장 가는 길을 물어보았더니 모르겠다고 한다. 아예 캠핑장이 있는지 없는지도 모르겠다고 했다. 결국 혼자 힘으로 지도상에 표시된 캠핑장 위치까지 찾아갔지만 캠핑장은 보이지 않았다. 어느덧 밤 11시가 되어버렸고, 나는 더 이상 캠핑장 찾기를 포기했다. 차선책으로 현재 위치에서 가장 가까운 호스텔로 방향을 틀었다. (나중에 알고 보니 그 지점에서 300m만 더 깊이 들어가면 캠핑장이 있었다)

7km 떨어진 곳에 STAY OKAY 호스텔의 하를렘 지점이 있었다. 주차를 시키고 허겁지겁 들어가 방이 있는지 물어보니 다행히 남아 있었다. 그런데 가격이... 무려 32.5유로였다. 헐... 설마 도미토리는 만원이고 개인룸 밖에 없는 것인가!! 조심스럽게 도미토리룸은 없는지 물어보니 6인실 도미토리가 그 가격이라고 했다. 이런!! 어제 큐브하우스도 30유로였는데 그보다 더 비싸다니... 더 저렴한 방은 없냐고 물어봤지만 성수기라 이게 제일 싸다고 한다. 4월 말인데 성수기라니... 어리숙해 보이는 동양인 여행자에게 바가지를 씌우는 것은 아닌지 의심스러웠다. 매일 식빵만 뜯어먹으며 아꼈던 피 같은 돈을 이렇게 허무하게 쓰다니...

뭔가 억울했지만 어쩔 수 없이 계산을 마치고 방으로 들어갔다. 내가 너무 늦게 도착한 관계로 실내는 불이 꺼진 채 모두들 잠을 자고 있었다. 괜히 시끄럽게 피해를 주고 싶지 않아 씻지도 못하고 조심조심 정리를 마치고 내일 코스를 점검한 후 잠이 들었다.

Netherlands

아! 네덜란드 참 힘들다...

4월의 마지막 날. 오늘의 목적지는 그동안 봐 오던 풍력발전소가 아닌 진짜 풍차를 볼 수 있는 잔세스칸스 Zaanse Schans 의 풍차마을이다. 비싸게 주고 묵었으므로 마음 같아선 푹 쉬다 나오고 싶었으나 자라웅과 같이 다닐 때보다 일정 관리, 시간 분배에 아직 많이 미숙한 것 같아서 미리미리 나서기로 했다. 그 대신 최대한 단물을 뽑아먹기 위해 어제처럼 점심대용으로 쓸 두툼한 샌드위치를 만들어 챙기고 호스텔을 나섰다.

눈부신 햇살과 파란 하늘이 아침인사를 하며 반겨준다. 야영을 하면 비가 내리고 호스텔에서 자면 날씨가 좋고... 뭔가 바뀌어야 하는데 나의 선택은 항상 실패하는 것 같다.

시원한 바람을 맞으며 강을 따라 상쾌하게 달렸다. 강가의 잔디밭이나 선착장에는 피크닉을 즐기는 사람들로 넘쳤다. 이 사람들은 도대체 언제 일을 하는지 월요일인데도 마치 휴일처럼 여유가 넘쳐나는 모습이다. 스파른담 Spaarndam 이라는 마을을 지나갈 때 길가에 놓여 있는 소년의 동상 하나를 발견했다. 이곳에 대한 아무런 정보도 없는 상태였지만 본능적으로 소년이 누구인지 알 수 있었다. 구멍이 나서 물이 새는 둑에 자기 팔을 집어넣어 밤새 마을을 지켜냈다는 네덜란드의 영웅 '한스 브링커'였다. 우리에게 너무

풍차마을의 잔잔한 물결   한스 브링커 동상. 우리는 속고 있었다!

익숙한 이 이야기는 사실 실화가 아닌 소설이다. 작가도 네덜란드인이 아닌 미국인이라 정작 네덜란드 사람들은 한스 브링커가 누구인지도 모르는 사람들이 많다.

강을 따라 한참 달렸더니 페리 선착장이 나왔다. 풍차마을로 가기 위해서는 이 강을 건너야 하는데 따로 다리가 없으므로 무료로 운행되는 페리를 타야 한다. 내가 선착장에 도착했을 때에는 막 배가 떠난 직후였다. 15분 후에 금세 돌아온 배를 타고 10여km를 달려서 잔세스칸스에 도착했다.

하지만 기대가 너무 컸던 것일까. 풍차마을은 약간 실망스러웠다. 난 정말 고개만 돌리면 여기저기 풍차가 넘쳐나는 그런 마을인 줄 알았다. 그러나 고작 십여 개의 풍차들만 남아 있었다. 마을 안쪽으로 들어갔더니 여기가 유럽인가 싶을 정도로 검은 머리의 아시아인들이 대부분이었다. 특히 중국

Netherlands

관광객들이 많았고 간혹 한국어도 들려왔다. 이곳에서도 서양관광객들은 주로 노트같은 것을 들고 다니며 무엇인가 학습하는 듯한 모습이었고 동양관광객들은 그저 어떻게든 예쁘게 사진 찍으려고 열심인 모습뿐이었다.

뜬금없는 월요일의 벼룩시장

풍차마을은 그리 넓지 않아 30분이면 대충 다 둘러볼 수 있었다. 마을입구 벤치에 앉아 점심을 챙겨먹은 후 암스테르담을 향해 출발했다. 5km정도 달려가니 작은 마을에서 시끄러운 음악소리와 함께 대규모 벼룩시장이 열리고 있었다. 보통 벼룩시장은 주말에 열리는데 오늘은 월요일... 이 많은 사람들은 일도 안 하나? 왜 이 시간에 여기서 이러고 있지? 또 하나 이상한 점. 많은 사람들이 오렌지색 옷을 입고 있었다. 뭐 이때까지만 해도 그냥 이 동네의 축제인가 했다.

마을을 빠져나와 10여km를 더 달려서 암스테르담 시내쪽으로 건너가는 선착장에 도착했다. 그곳에 도착하고 나서야 조금 전 보았던 것들이 단순한 동네축제가 아니란 걸 깨달았다. 수많은 젊은 청춘남녀들이 오렌지색 옷과 소품들로 치장하고 거리를 활보하고 있었다. 여기저기 시끄러운 음악소리와 함께 무대가 마련되어 행사가 진행중이었고 한쪽에선 방송국 기자가 인터뷰를 하고 있었다. 그때 두 명의 젊은이가 나에게 다가와서 카메라를 보여주며 뭐라고 블라블라 말하는데 주변이 워낙 시끄러워서 제대로 못 알아

인터뷰중인 꼬마아이

• 사람들을 가득 태운 페리가 수시로 다닌다.
•• 도로만 막히는 게 아니라 뱃길도 막힌다.

들었다. 당연히 자기들 사진 찍어달라는 줄 알고 흔쾌히 OK를 해줬다. 그러자 갑자기 한 녀석이 나에게 어깨동무를 하고 다른 한 녀석이 사진을 찍는다. 나랑 같이 사진을 찍고 싶었구나. 독특한 녀석들이군.

잠시 후 페리가 도착해서 줄을 서서 기다리고 있는데, 내 앞에 금발의 젊은 여성이 서 있었다. 그녀의 다리 아래에는 24개들이 500ml 물통 한 박스와 24개들이 하이네캔 병맥주 한 박스가 놓여 있었다. 배에 오를 때는 당연히 누군가 와서 들어주겠지…라고 생각했는데 갑자기 물박스를 번쩍 들어 왼쪽 어깨에 털썩 올려놓더니 오른손으로는 맥주박스를 들고 거침없이 배에 올라탔다. 정말이지 약한 척하며 '이런 일은 남자가…' 라는 생각은 전혀 하지 않고 자기일은 자기가 하는 여자들의 마인드에 새삼 놀라지 않을 수 없었다.

배 위에서도 축제는 이어졌고, 클럽을 방불케 하는 시끄러운 음악에 맞춰 데크 위에서는 젊은이들이 춤을 추며 즐겼다. 주위의 시선 따위 전혀 의식하지 않는 자유롭고 거침없는 모습이 소심한 나로서는 사뭇 부러웠다.

잠시 후 배에서 내려 암스테르담의 운하를 따라 페달을 밟는 순간 지금까지 봐 왔던 오렌지색은 시작에 불과했음을 깨달았다. 운하를 오가는 배 위에는 오렌지색 사람들이 빼곡했고 그런 배들이 곳곳에서 몰려들어 뱃길이 막힐 지경이었다. 물 위에도 거리에도 수많은 사람들이 축제를 즐기듯 떠

그야말로 오렌지 천국... 물 위를 지나가는 배 위에서도 난리~

들며 춤추고 놀고 있었다.

게다가 사람들은 자전거를 끌고 다니는 아시아인이 신기한지 계속해서 내 자전거를 툭툭 치면서 소리를 질러댄다. 표정을 보니 격려의 의미가 가득 담겨 있다. 오렌지색 옷들 사이에 나의 샛노란 옷이 너무 튀어 누가 시비라도 걸어올까봐 괜히 신경이 쓰였다. 그래도 샛노란 것보다는 하얀색이 덜 튈 것 같아서 슬그머니 재킷을 벗어 가방에 넣었다. 길바닥은 사람들이 마시고 버린 맥주병들 때문

네덜란드의 대표맥주 하이네켄. 이름에서 오는 어감 탓에 많은 사람들이 독일 맥주로 오해하기도 한다.

에 그야말로 전쟁터였다. 여기저기 깨진 병조각들 때문에 혹시라도 펑크가 나진 않을까 노심초사하며 다닐 수밖에 없었다. 사람들 구경만 해도 정신이 없는 상태에서 나는 계속 바닥을 보며 걸어야 했다. 네덜란드 정도면 시민의식도 상당히 좋을 거라 생각했는데 바닥에 즐비한 깨진 병들이나 쓰레기들, 심지어는 사람들이 바글거리는 길거리에서 노상방뇨를 하는 젊은이들도 있었다. 축제날이니 오늘만 그런 거겠지만 어쨌든 예상 밖의 환경에 조금 당황스러웠다.

원래 계획은 암스테르담의 대표적인 관광지인 안네프랑크의 집이라든가 꽃시장, 하이네켄 박물관 등을 둘러보려고 했지만 분위기를 보아하니 찾아가기도 힘들뿐더러 찾아가더라도 도저히 관광이 불가능할 것 같았다.

중심 쪽으로 가면 갈수록 오렌지 물결이 넘쳐났다. 네덜란드 왕궁이 저 멀리에서 모습을 드러냈지만 도저히 들어갈 자신이 없었다. 2002 월드컵 한

네덜란드의 오렌지색 물결은 마치 2002 월드컵 당시 붉은 악마의 물결을 보는 기분이었다.

Netherlands

일전 이후로 이렇게 많은 사람들 틈에 서 있는 것은 처음인 듯했다. 사람들 틈 사이로 비집고 파고들어가며 겨우 빠져나왔다.

시간은 5시. 관광은 포기하고 캠핑장을 먼저 찾아가기로 했다. 식량이 거의 바닥나서 가는 길에 장이나 보려고 마트를 찾아봤다. 대도시라 쉽게 찾을 수 있을 줄 알았는데 좀처럼 보이지 않아 지나가는 아주머니에게 물어보니 마트에 가더라도 오늘은 국경일이라 영업을 하는 곳은 없다고 하셨다. '아! 네덜란드 참 힘들다...'

일단 캠핑장으로 먼저 달려갔다. 캠핑장에 가까워질수록 바람이 점점 거세지고 빗방울이 뚝뚝 떨어지기 시작했다. 이젠 하루도 비가 안 오면 섭섭할 정도다. 서둘러 페달을 밟아서 암스테르담 동쪽에 위치한 지버그 캠핑장에 도착했는데 리셉션으로 들어가니 귀엽게 생긴 흑형이 웃으면서 반갑게 맞이해주었다. 어디서 왔는지 물어보기에 여권을 보여주며 한국이라고 했더니 "오우~ 꼬레아~" 하면서 갑자기 뒤로 한 발자국 물러서더니 뜬금없이 비보이 댄스를 춘다. 우리나라가 비보이 세계에서 최정상급이라는 건 익히 알고 있었지만 이렇게 황당하게 실감하게 될 줄이야... 어떻게... 나도 같이 따라 해줘야 하나? 하지만 치명적 몸치의 매력을 소유한 나는 두 눈을 끔벅이며 멍하니 쳐다볼 수밖에 없었다. 흑형 역시 어색한 내 반응을 보더니 동작을 멈추고 헛기침을 두어 번 하며 말없이 수속을 해주었다.

자리를 배정받고 텐트를 치는데 바람이 장난이 아니다. 낮에는 그렇게 좋던 날씨가 저녁이 되니 급변하기 시작했다. 아무리 1인용 텐트라지만 미친 듯 불어대는 강풍 때문에 혼자서 치기가 꽤 힘들었다. 제일 먼저 습기차단을 위해 잔디 위에 비닐부터 깔아줘야 하는데 강한 바람 때문에 쉴 새 없이 비닐에 얼굴을 가격 당했다. 에잇 빌어먹을 네덜란드!! 혼자서 투덜대며 어거지로 텐트를 세웠다. 마감이 조금 부실하긴 했지만 짐이 많아 날아가지는 않을 거라는 생각에 대충 마무리하고 휴대폰을 켰다. 무료 와이파이를 지원한다고는 했으나 텐트에서는 신호가 잡히지 않았다. 어차피 카메라와 휴대폰 충전도 해야 했기 때문에 다시 리셉션으로 들어갔다. 테이블에 앉아 충전기를 콘센트에 꽂아놓고 가이드북을 읽어보고 있는데 아까 그 흑형이 나를 보더니 3유로를 내면 전기서비스를 쓸 수 있다고 했다. 나는 그 말을 "손님... 여기서 이러시면 안 됩니다" 라는 의미로 받아들였다. 즉, 전기 쓰려면 돈을 내라는 소리인 줄 알고 속으로 더럽고 치사하다고 투덜대면서 충전기들을 뽑았다. 그 모습을 본 흑형은 웃으면서 그냥 써도 된다고 했다. 그리고 텐트 안으로 전기를 끌어다 쓸 수 있는 서비스가 있는데 혹시나 내가 몰라서 이러고 있는 줄 알고 이야기한 것이라고 했다. 모를 리가 있나... 돈이 원수지...ㅜㅜ

리셉션에 앉아 검색을 하다 보니 오늘은 4월 30일. 네덜란드 최대 국경일인 여왕의 날 Queen's Day[*]이었다. 아... 정말... 아무리 대책 없이 막 가는 여행이라지만... 아는 게 너무 없어도 안 되는구나 싶은 생각이 들었다. 여행 다니면서 하루이틀 전에 방문 지역을 검색해보고 다니면 충분할 듯했으나 막상 여행을 시작하고 보니 당장 그날그날 묵을 숙소 찾는 것만 해도 전두엽이 마비될 지경이었다. 오늘이 여왕의 날인 것을 알고 나니 최근 며칠간의 상황들이 이해가 갔다. 호스텔에 빈자리가 없을 정도로 사람이 넘쳤고... 4월임에도 성수기라고 하며 평소보다 훨씬 비싼 가격... 월요일인데 사람들이 일은 안 하고 벼룩시장까지... 아! 다 이유가 있었구나...

---

[*] '여왕의 날'은 여왕의 생일을 기념하여 전 국민이 함께 즐기는 네덜란드 최대 규모의 국경일이다. 첫 시작은 1885년 빌헬미나 공주의 다섯 번째 생일인 '공주의 날'이었으며 1890년 공주에서 여왕으로 즉위하면서 '여왕의 날'로 불리게 되었다. 이후 1948년 율리아나 여왕이 왕위에 오르면서 그녀의 생일인 4월 30일이 '여왕의 날'로 변경되었다. 1980년에 베아트릭스가 여왕에 올랐지만 그녀의 생일인 1월은 추운 겨울이라 축제에 적합하지 않아 어머니인 율리아나 여왕의 생일을 그대로 유지해왔다. 그리고 2013년 베아트릭스 여왕이 퇴임하고 그의 아들인 빌럼 알렉산드로가 왕으로 즉위하면서 2014년부터 왕의 생일인 4월 27일이 새 국경일이 되어 123년간 이어져온 여왕의 시대는 막을 내리게 되었다.

Netherlands

다시 텐트로 돌아와서 씻을 준비를 하고 샤워장으로 갔다. 캠핑장 내부 시설은 쓰레기장을 방불케 할 만큼 난장판이었다. 리셉션 분위기나 건물을 보면 원래 그런 것 같지는 않은데 아무래도 날이 날이다 보니 내가 이해를 해야지... 샤워를 하기 위해 샤워장 문을 열고 들어갔다. 여기서 한 가지 짚고 넘어갈 것은 남자들의 경우 간편하게 소변을 볼 수 있는 조물주의 배려 덕에 샤워를 할 때 소변을 함께 처리하는 사람이 많다. (많을 것이다. 많아야 한다. 그래야 내가 덜 부끄러우니까...) 옆 칸에 다른 사람이 있을 때는 그러지 않겠지만, 혼자일 경우에는 별다른 거리낌 없이 일을 치르는 사람이 많다. 화장실과 샤워장이 따로 위치해 있어서 왔다 갔다 하기가 귀찮았던 나는 샤워장에 아무도 없길래 별 생각 없이 볼일을 봄과 동시에 샤워기를 틀었는데... 아이고 맙소사! 물이 안 나온다... ㅜㅜ 그때서야 샤워기 옆에 코인 넣는 기계가 눈에 들어왔다. 돈도 안 들고 왔는데... 서둘러 작업을 중단한 후 옷을 챙겨 입고 다시 나왔다. 다행히 나올 때까지 아무도 들어오지 않았다. 내 다음으로 그 칸에 들어설 사람에겐 좀 미안하지만 이것은 나름 완전범죄...

텐트로 돌아와 남아 있는 식량들을 탈탈 털었다. 지금껏 네덜란드에서 했던 선택은 모두 실패했지만 또다시 선택을 해야 할 때다... 지금 남은 음식을 모두 먹으면 내일 아침에 먹을 것이 없지만 아침 일찍 나가면서 사 먹기로 하고 우선은 당장의 주린 배를 채우기 위해 남은 음식을 모두 먹어 치워 버리는 선택을 했다.

멘탈붕괴!
네덜란드를 탈출하라

"우르르르 쾅쾅~~" 눈을 뜨기도 전에 한숨부터 나왔다. 역시나 실망시키지 않는 네덜란드의 지긋지긋한 하늘은 천둥번개까지 대동하고 비를 뿌리고 있었다. 뱃속에서는 거지들이 오장육부를 뒤흔들며 밥 내놓으라고 아우성이다. 먹을 것이 없으니 비가 그칠 때까지 잠이나 더 자려고 침낭을 다시 뒤집어썼다. 다시 잠을 청해보지만 잠은 오지 않고 가슴속에서 억울함이 분출해 올라왔다. 길 찾기부터 날씨까지… 나란 남자 네덜란드와는 정말 안 맞는다는 생각이 들었다. 억한 심정을 꾹꾹 눌러가며 가이드북을 꺼내려고 일어났다. 잠도 안 오고 오늘 돌아다닐 루트나 정하려고 했는데 일어나보니 텐트 바닥이 축축했다. 어제 바람이 워낙 심해 어떻게든 텐트를 세우기에 급급해서 꼼꼼하게 점검하지 않았더니 비닐 바닥 위로 빗물이 넘쳐 들어온 것 같았다.
"네덜란드는 포기한다!!!"
결국 그동안 버텨온 멘탈이 와르르 붕괴되고 최후의 결단을 내렸다. 더 이상 미련 없이 하루라도 빨리 네덜란드 땅을 떠나고 싶어졌다. 지도를 펼쳐 이곳에서 가장 가까운 독일 국경을 찾아 목적지로 삼았다. 그나마 양심은 있는지 체크아웃 하기 전에 비가 멈췄다. 축축하게 젖은 텐트를 대충 말아 넣고 짐을 챙겨 네덜란드 탈출을 시작했다. 암스테르담 시내는 어제 축제의 흔적이 그대로 남아 있었고, 어제만큼은 아니었지만 여전히 사람들로 북적였다. 그 모습을 뒤로하고 독일을 향해 동남쪽으로 페달을 밟아 나갔다.
빨리 네덜란드를 벗어나고 싶다는 생각에 휴식을 최소화하면서 30여km를 달렸다. 네덜란드 자체가 워낙 지대가 낮기 때문에 오르막은 찾아볼 수 없는 데다 길게 이어진 강변도로를 따라 달리니 크게 힘든 점은 없었다. 중간

중간 뿌려주는 비를 맞으면서 7시쯤 위트레흐트 Utrecht에 진입했다.

위트레흐트는 네덜란드에서 4번째로 큰 도시인 만큼 다양한 볼거리가 있었겠지만 어제의 축제로 인한 지저분한 흔적들도 그렇고, 한시라도 빨리 네덜란드를 탈출하고픈 마음에 곧장 도시를 통과하여 시 외곽으로 빠져나왔다. 빡세게 달리면 오늘 하루 만에 국경을 넘을 수 있을텐데 젖어버린 텐트를 정비하기 위해 근처에 있는 호스텔로 들어갔다. 독일에서 묵을 곳도 정해지지 않았는데 밤늦게 들어가면 답이 없을 것 같아서 마지막으로 네덜란드에서 하루만 더 있기로 했다. 이곳 역시나 STAY OKAY 체인점이었다. 비싼 값을 치를 마음의 준비를 하고 카드를 내밀었는데 예상과 달리 20.5

위트레흐트의 공원에도 퀸즈데이의 후유증인 듯 곳곳에 쓰레기들로 가득했다.

유로에 8인실 도미토리룸을 얻을 수 있었다. 어쩐지 땡잡은 것 같아서 자라 옹에게 문자를 넣었더니 자기들도 STAY OKAY 암스테르담 지점에서 묵고 있는데 같은 가격이라고 했다. 이곳은 건물이 3개 동으로 나눠져 있어서 식당 따로 잠자는 곳 따로 였다. 여왕의 날이 끝나서인지 이곳이 변두리라 그런지 내가 묵는 방에는 남자 손님 하나밖에 없었다. 숙소 앞에는 탁구대를 비롯해 평행봉이 있어서 텐트와 비닐, 침낭 등을 널어놓기 좋았다. 아직 해가 살짝 남아 있어서 곧장 젖은 물품들을 널어놓은 후 간만에 자전거를 한번 점검해보기로 했다. 바퀴에 바람이 좀 빠졌길래 프랑스 릴에서 샀던 까르푸 펌프도 테스트해볼 겸 밸브를 열고 열심히 펌프질을 했다. 그런데 죽어라 펌프질을 하는데도 어쩐지 하면 할수록 바람이 더 빠지는 것 같았다. 연결부분에서 바람이 새는 것 같아 이래저래 만지다 보니 "푸쉬쉬식!!!!!!" 순식간에 바람이 확 빠져버렸다. 이왕 이렇게 된 거 처음부터 다시 애를 써봤지만 절반 이상부터는 바람이 들어가지 않았다. 옛 말 틀린 것 하나 없구나... 비지떡이 괜히 싼 게 아니었어. 이 난관을 어떻게 헤쳐가야 할까 고심하다가 STAY OKAY 호스텔에서는 자전거 대여도 함께 한다는 것을 깨닫고 리셉션 옆 자전거보관소에 들어가 보았다. 자전거 바퀴에 공기를 주입하는 밸브의 방식은 크게 프레스타, 슈레더, 던롭 3가지가 있는데 이곳의 자전거들은 전부 슈레더 방식이라 내 자전거와는 맞지 않았다.

에라! 모르겠다. 내일 아침에 어떻게든 방법이 생기겠지... 자포자기 하는 심정으로 다시 숙소로 돌아갔다. 해가 조금 남았을 때 널어두었던 텐트와 침낭은 다 말라있기는커녕 땅거미가 지면서 갑자기 높아진 습도로 인해 더 눅눅해져버렸다... 호스텔에 손님도 별로 없었고 설마 이런 지저분한 것을 훔쳐가지는 않으리라는 생각에 건물 곳곳에 설치된 라디에이터에 물품들을 올려놓고 방으로 들어갔다. 침대에 계속 누워있던 남자는 밤이 되자 나갈 준비를 하기 시작했다. 그러다가 갑자기 나에게 오더니 인사를 하고 친한 척 말을 건네며 간단한 소개를 하더니 친구 만나러 가야 하는데 자기 전화카드를 다 썼다고 폰을 좀 빌려달라고 했다. 걸었다 하면 국제전화 요금 폭탄인데 그럴 수 있나... 이것은 지도검색용으로 들고 온 것이지 전화기능은 한국에서 올 때 정지시키고 왔다고 핑계를 대면서 위기를 모면했다. 샤워를 하고 잘 준비를 마치고 누워 있으니 자주색 머리를 한 탄탄한 체격의 여자가 자기 덩치만큼 큰 더블백을 메고 들어왔다. 그녀도 샤워를 하고 나왔는데 탱크탑에 팬티인지 바지인지 모를 핫팬츠로 거리낌 없이 방안을 돌아다녔다. 역시나 국내도입이 시급한 글로벌 마인드다! 그러고 보니 여행을 시작한 이후 서양 여자와 한 방을 쓰는 것은 처음이었다. 살짝 묘한 기분으로 잠자리에 누웠으나 묘한 기분도 잠시, 덩치에 걸맞은 그녀의 코고는 소리는 밤이 깊어지도록 내 숙면을 위협했고, 묘한 기분은 어느새 욕할 기분으로 바뀌고 있었다.

국경같지 않은 국경을 넘어 독일로!

잠에서 깨어보니 여전히 습한 공기와 함께 안개가 자욱히 깔려 있다. 옷을 챙겨 입고 식당으로 가서 늘 그렇듯 사각지대를 찾아 식사를 했다. 옆 테이블을 보니 한 여자가 식사를 하고 있었고 나중에 들어온 남자가 합석을 했다. 자기 이름을 말하며 인사하는 것을 보면 분명 처음 보는 사이인데 마치 오랜 친구처럼 이것저것 웃으며 잘도 이야기한다. 서양인들의 이런 친화력은 언제 봐도 부럽다.
이젠 필수코스로 자리잡은 점심 챙기기를 하는 도중 앞쪽 테이블에 앉은 자전거 저지를 입은 가족이 눈에 들어왔다. 엄마를 제외한 아빠, 아들, 딸 모두 자전거복장을 잘 차려입은 것을 보니 희망이 샘솟았다. 머릿속으로 미리 내가 할 말들을 짧은 영어로 정리한 후 그들의 식사가 끝나길 기다렸

Nether lands

건물도 식당도
고풍스러운 느낌이 물씬 풍겼다.

다가 말을 걸었는데 다행히 펌프를 갖고 있다고 했다. 혹시나 싶어 밸브방식을 물어보니 슈레더, 프레스타 두 방식 모두 호환 가능한 펌프라고 했다. 잠깐 기다리라고 하고 서둘러 펑크 난 자전거를 끌고 왔다. 그의 차로 가니 트렁크에서 꽤나 비싸 보이는 큼지막한 스탠드펌프를 꺼내 주었다. 덕분에 펌프질 몇 번만에 크게 힘 안 들이고 빵빵하게 바람을 넣을 수 있었다. 날씨가 떨어뜨린 나라 이미지를 국민이 살리는구나~!

그렇게 호스텔을 나와 아마도 마지막이 될 네덜란드의 풍경을 눈에 담으며 독일을 향해 부지런히 페달을 밟았다.

중간에 리어섬Leersum이라는 작은 마을을 지날 때 자전거를 타고 피크닉을 가는 모녀를 보았다. 엄마가 막내딸을 태우고 큰딸과 둘째딸은 나처럼 짐이 가득 실린 패니어가 장착된 자전거를 타고 온몸을 쓰가며 열심히 달리고 있었다. 코흘리개 아이들마저도 자기 물건은 자기가! 자기 일은 스스로!

하는 모습을 보니 엊그제 암스테르담에서 물통과 맥주박스를 들고 배에 오르던 강인한 여성의 모습이 오버랩 되면서 납득이 갔다.

4시 반쯤 되어 내 네덜란드 여행의 마지막 도시가 될 네이메헌Nijmegen에 진입했다. 그냥 지나칠까 하다가 네덜란드의 마지막을 기념하기 위해 잠시 마트에 들러 하이네캔 캔맥주를 사왔다. 국경에서 기념사진을 찍을 생각으로 지도를 보며 천천히 달렸는데 정말 국경 같지도 않은 국경이 나왔다. 좁은 오솔길이라 지도가 없었다면 국경인 줄 몰랐을 것이다. 아무리 EU 회원국 간의 경계가 없어졌다지만 'Naturschutzgebiet(자연보호구역)'이라고 써 있는 독일어 푯말만이 유일하게 이곳이 독일임을 나타내주고 있었다. 어쨌든 분명 독일로 진입했음에도 불구하고 길을 따라 달리다 보니 어느새 다시 국경으로 빠져나와 있었다. 내가 달리고 있던 도로가 국경선을 따라 이어져 있었던 것이다. 페달링을 하며 왼쪽을 바라보면 네덜란드, 오른쪽을

Netherlands

(위) 어딜 봐서 이게 국경이란 말인가!!
(아래) "아그자!" 네덜란드에 쌓인 감정을 하이네켄에 풀었다.

바라보면 독일이 보이는, 황당하지만 희귀한 경험을 했다. 마지막으로 하이네캔을 시원하게 들이켜며 그 지긋지긋했던 네덜란드와 작별을 했다.

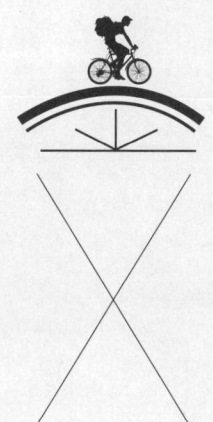

Germany

독일

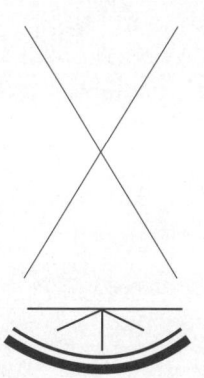

해 질 녘의 하이델베르크 시내 전경

독일에서의
수상한 첫날밤

　　　　　　　　　독일로 들어와 국경에서 3km정도 떨어진 Vlierhof 캠핑장을 찾아갔다. 구글맵에서 대충 검색해서 찾아갔는데 입장할 때부터 분위기가 심상치 않았다. 주변은 공사판처럼 여기저기 자재들이 널브러져 있었고 리셉션도 잠겨 있었다. 얼떨떨한 마음으로 이곳저곳 두리번거리고 있는데 약간 모자라 보이는 듯한 아저씨가 갑자기 나타나 나를 보더니 깜짝 놀라며 여긴 어떻게 왔냐고 묻는다. 놀라도 내가 놀라야 할 판에 어떻게 왔냐니... 아무래도 이곳 뭔가 이상하다... 구글맵으로 검색해서 왔다고 하니까 일단 따라오라고 한다. 건물 측면으로 돌아 들어가니 몇 명의 사람들이 모여 앉아 커피를 마시며 이야기를 나누고 있었다. 내가 나타나자 다들 하던 행동을 멈추고 신기한 듯 쳐다보며 수군거리기 시작했다. 마치 영화 〈조용한 가족〉이 생각나며 불안감이 몰려왔다.
영업중인 캠핑장이 맞는지 물어보고 이미 문 닫은 곳이면 다른 곳을 찾아가려고 했는데 나이 좀 있으신 분이 황급히 손사래를 치며 문제없다고 한다. 가격을 물어보니 가방에서 메모지를 꺼내 숫자 8을 적어주셨다. 다른 캠핑장처럼 여권을 보여달라는 말도 없고 수속절차상 써내는 것도 없이 그

잔디가 무성하면 처음엔 푹신해서 좋지만 자고 일어나면 울퉁불퉁해서 오히려 불편하다.

저 현금 8유로만 받고 아무데나 텐트를 치라고 했다. 좀 의심스러운 부분이 많았지만 이제 와서 다른 곳을 찾기도 무리인 것 같아 그냥 텐트를 치기 위해 자리를 물색하러 갔다.

캠핑장은 마지막으로 잔디를 깎은 것이 언제일지도 모를 만큼 무성한 풀밭이었다. 한참 동안 영업을 하지 않은 게 분명했다. 다른 자리가 없어 할 수 없이 무성하게 자란 풀밭 위에 텐트를 치고 샤워를 하기 위해 세면도구를 챙겼다. 부서진 건물도 있고 딱히 간판이 달려 있는 것도 아니라서 주인의 안내를 받아 샤워장을 찾았다. 밖에서 볼 때는 몰랐는데 내부는 굉장히 깔끔했다. 아마 캠핑장 전체를 리모델링하는 듯했다. 샤워장에는 아주 반가운 것이 하나 있었다. 여태까지 지내왔던 나라들의 캠핑장은 물 절약을 위해서 버튼을 한 번 누르면 일정 시간 물이 나오는 방식이었다. 캠핑장별로 다르지만 샤워를 하는 내내 2,30초마다 계속 눌러야 해서 불편했는데 이곳은 가정집처럼 레버를 젖히면 계속 나오는 방식이라 간만에 만족스러운 온수샤워를 할 수 있었다. 그리고 그동안 들고 다녔던 샴푸가 거의 다 떨어져가는 상황이었는데 때마침 샤워장 안에 대용량의 샴푸통이 놓여 있었다. 문제가 있다면 사람용 샴푸기 아닌 애완견용 샴푸였다. 예전에 집에서 개를 키울 때 내 샴푸가 다 떨어지면 간혹 개 샴푸를 쓰기도 했기 때문에 별 거리낌 없이 개 샴푸를 내 샴푸통에 옮겨 담았다. (개 샴푸가 사람 샴푸보다 자극이 적어서 사람 샴푸를 개가 쓰면 문제가 되지만 개 샴푸를 사람이 쓰는 것은 문제가 되지 않는다고 한다)

샤워를 하고 나오니 사람들은 어디 갔는지 그림자도 안 보이고 넓은 풀밭에 내 텐트만 외로이 서 있었다. 수상한 그들이 한밤중에 강도로 돌변해 변

Germany

을 당하지는 않을까... 머나먼 독일 땅에 암매장 당하는 건 아닐까... 벤츠공장에 노예로 팔려가진 않을까... 별의별 상상을 다 하다가 만약을 위해 현재 위치와 캠핑장 이름을 자라웅에게 대충 설명해준 후 내일 아침에 내 연락이 없으면 경찰에 신고하라고 부탁하고 독일에서의 첫 야영을 시작했다.

은밀하게 소심하게... 대망의 첫 노숙!

네덜란드를 도망치듯 빠져 나와 처음 맞이하는 아침이지만 역시나 비가 부슬부슬 내렸다. 내가 검색해둔 곳은 딱 이곳까지였다.
캠핑장의 상태를 보니 이곳에서 와이파이같은 것은 기대할 수 없었다. 코스가 정해진 여행이 아니다보니 다음 목적지를 정하기 위해 가장 가까운 마을 클레베 Kleve 의 맥도날드를 찾아갔다. 자전거를 주차하면서 쇼윈도에

비온다... 집에 가자~~

붙어 있는 메뉴 포스터를 보니 네덜란드에 비해 가격이 매우 저렴했다. 음식을 주문하고 이 착한 물가를 자라옹에게도 알려주기 위해 카톡을 보내려니 와이파이가 연결되지 않았다. 스페인, 프랑스, 벨기에, 네덜란드 모두 맥도날드 홈페이지에서 와이파이 사용 승인버튼만 눌러주면 그냥 이용이 가능했는데 이곳에서는 뭔가 복잡했다. 폰 번호를 넣고 해당 폰으로 인증번호를 받아서 입력해야만 사용이 가능하게 되어 있는데 그러기 위해서는 유럽의 유심 칩이 장착된 휴대폰이 있어야 했다. 아... 영원히 변치 않을 우리 친구라고 여겼던 맥도날드가 이렇게 배신을 때릴 줄이야...

큰일이다... 당장 오늘은 어디로 가야 할지, 가면 어디에서 자야 할지 막막해지기 시작했다. 정신을 가다듬고 먼저 지도를 살폈다. 현재 위치에서 100km 반경 안에 있는 도시들을 훑어보며 그나마 자주 들어봤음직한 이름을 찾았다. 약 70km 떨어진 곳에 있는 뒤스부르크라는 이름이 그나마 좀 귀에 익숙한 것 같아서 우선 그곳을 향해 출발했다. 가다가 운 좋으면 캠핑장 표지판 정도는 발견할 수 있겠지... 막연히 기대하면서 열심히 페달을 밟았다. 잔뜩 흐린 데다 간간이 비까지 내리는 날씨 때문에 밥 먹는 시간 이외에는 사진도 거의 못 찍고 달리기만 했다.

내가 생각하던 독일은 철강, 공업, 전차 등의 차가운 이미지였다. 국경 넘어와서는 시골 논밭과 소똥냄새만 가득했는데 뒤스부르크에 가까워질수록 공장들과 높은 굴뚝 등 생각해왔던 독일의 이미지가 슬슬 나타나기 시작했다. 그동안 지나왔던 나라들에서 느꼈던 자연과의 조화, 여유로움이 독일에서는 또 어떻게 느껴질지... 부푼 가슴으로 뒤스부르크에 진입했다.

뒤스부르크Duisburg. 나름 귀에 익숙한 이름이라고 생각했기 때문에 뭐라도 볼거리가 좀 있겠구나 싶었는데 공장밖에 보이지 않았다. 나중에 알고 보니 뒤스부르크는 유럽 광산업의 핵심! 유럽 최대의 철강 도시! 유럽에서 가장 중요한 석탄 선적항! 이었다. 어쩐지...

Germany

진격의 굴뚝. 뒤스부르크에 가까워질수록 거대한 공장 굴뚝들이 하나둘 모습을 드러낸다.

이왕 이렇게 된 거 구경은 포기하고 잘 곳을 찾아보기로 했다. 달리는 내내 캠핑장을 찾아봤으나 안 보인다. 호스텔을 찾아봤지만 죄다 호텔뿐이다. 손님을 기다리던 택시기사를 붙잡고 물어봐도 아주 멀리 있어서 설명을 못 해주겠다고 한다. 한 커플을 만나서 그의 폰으로 잠깐 검색을 해봐도 검색 결과가 신통치 않았다. 우리나라처럼 데이터무제한 같은 정책이 있다면 실례 좀 하더라도 디테일하게 찾아봤을 텐데 이곳의 데이터 요금체계는 어떻게 되는지를 몰라서 부탁하기도 애매했다.

그러는 사이에 어느덧 하늘은 캄캄해졌다. 호텔 입구에서 서성이며 몇 번이나 들어갈까 말까 고민하다가 결단을 내렸다. "그래! 어떻게 아껴왔는데 이렇게 허무하게 돈을 쓸 수는 없어!!" 무작정 달리다 보면 뭐라도 나오겠지 하는 희망을 안고서 페달을 밟았다. 공장만 가득한 줄 알았는데 시내 중심에는 온통 카지노 건물 천지였다. 분위기가 아주 음산하고 불량스러워 보이는 것이 이곳에서 노숙을 했다간 죄다 털려버릴 것 같은 기분이 들었다. 어디든 인적이 드문 곳을 찾아 계속 방황을 하는데 갑자기 누군가가 나타나 내 앞길을 가로막으며 손전등으로 얼굴을 비추었다. 눈이 부셔 실눈을 뜨고 보니 순찰중이던 경찰관 같았다. 내 복장과 자전거를 아래위로 한 번씩 훑어보면서 정체를 물어왔다. 딱 봐도 여행자인데 그럼 아임유어파더일까... 그냥 선량한 여행자라고 했더니 그는 자전거에서 내릴 것을 지시했다. 잘못한 것은 없지만 절대 경찰을 놀라게 해서는 안 될 것 같아 순순히 자전거에서 내렸다. 자전거 라이트가 없으면 밤에는 위험하므로 끌고 가라고 한다. 아... 해가 지고 나서는 라이트 없이 자전거 타는 것이 불법인 곳도 있다더니... 그래서 잠시 가방 안을 뒤적거린 후 후미등을 꺼냈다. 원래 안장 밑에 달고 다니던 것인데 달아봤자 뒤에 매단 짐 때문에 보이지 않아서 빼두었던 것이다. 후미등을 꺼내 짐 뒤에 깜빡깜빡 잘 보이게 장착한 후 자전거에 올라타자 다시 경찰이 붙잡더니 내려서 끌고 가라고 했다. 아무래도 뒤쪽이 아니라 앞쪽이 필요한가 보다. 혹시나 싶어 근처에 캠핑장이나 호스텔이 있냐고 물어보니 그런거 없다고 호텔로 가라고 했다. 그럼 아무데서나 텐트치고 자도 되냐고 물어보니 고개를 가로저으며 호텔로 가라고 했다. "호텔은 너무 비싸요...ㅠㅠ (속뜻: 경찰서에서 좀 재워주시면 안 돼요?)" 하며 안타까운 표정을 지어 보여도 자기랑 무슨 상관이냐는 듯 매정하게 뒤돌아섰다. 할 수 없이 자전거를 끌고 터벅터벅 걷다가 경찰의 시야에서 벗어나자마자 다시 자전거에 올라타고 도망치듯 달렸다. 적당한 장소가 나올 때까지 무작정 달리다가 시간을 보니 11시였다. 지금 시간이라면 자라오웁 호스텔이든 캠핑장이든 와이파이가 가능한 환경에 있지 않을까 하는 생각이 들었다. 뒤스부르크에 캠핑장이나 호스텔이 있는지 위치를 좀 알아봐달라고 곧바로 헬프 문자를 날렸으나 아무리 기다려도 답장이 오지 않았다. 검색해도 안 나온다든가, 와이파이가 되지 않는다든가, 되든 안 되든 뭐라고 답변이라도 좀 해주지 아예 묵묵부답이었다.

'그래. 그렇게 나온다 이거지... 나 혼자선 못 해낼까 보냐?' 무시당했다고 생각하니 갑자기 섭섭함이 쓰나미처럼 몰려오면서 오기가 발동했다. 이렇게 된 이상 다음 도시까지 밤새 달리더라도 그냥 가보자는 마음으로 계속 페달을 밟았다. 하지만 12시가 넘어가면서 가로등도 없는 숲길이 나오자 정말 한 치 앞도 안 보이는 칠흑같은 어둠 때문에 라이트 없이는 도저히 나아갈 수 없었다. 더 이상 진행을 포기하고 수풀 속으로 자전거를 끌고 들어갔다. 나뭇가지가 많아 텐트 치기 힘들 줄 알았는데 조금 깊이 들어가자 낙엽이 가득 쌓인 썩 괜찮은 자리가 있었다. 휴대폰의 플래시를 이용해 겨우 텐트를 치고 안도감 반 불안감 반으로 잠자리에 들었다. 그나저나 와이파이가 안 되니 아무것도 할 수 없어 참 걱정스러웠다. 옛날 사람들은 종이 지도 하나 들고 어떻게 여행을 다녔을까. 문명이 발달함으로써 엄청 편해졌지만 그 문명이 사라지자 아무것도 할 수 없음을 몸소 체험한 하루였다.

"문자왔송~ 문자왔송~"
오... 그래도 동생 걱정은 되나 보네... 늦었지만 문자도 보내고...
자려고 누웠다가 부스스 일어나 휴대폰을 확인했다.
"김미영 팀장입니다. 고객님께서는 최저 이율로 최고 3000만원까지..."
이것들이!!!!!

세상에 이런 맛이! 흑맥주 알트비어!

7시. 날이 밝자마자 서둘러 일어났다. 그동안 텐트에서 잘 때마다 추위에 떨며 불편한 바닥에 뒤척였는데 의외로 꽤나 따뜻하고 편안하게 잠을 잤다. 처음 한 노숙이었지만 씻을 수 없는 점을 제외하고는 어지간한 캠핑장보다 훨씬 만족스러운 잠자리였다. 우선은 비도 오지 않았고 바닥에 무성하게 깔린 낙엽들이 냉기를 잘 차단해주어서인지 바닥 비닐에도 거의 습기가 없었다. 그래서 평소처럼 따로 비닐 말리고 할 필요도 없이 금세 잠자리

바닥의 낙엽 덕분에 기대 이상으로
아늑한 노숙이었다.

어젯밤에는 칠흑같았던 길이지만
아침에는 화사한 산책로가 되어 있었다.

를 정리할 수 있었다. 몇 시간 전까지만 해도 잘 곳을 못 찾고 추운 날씨에 고생하며 짜증을 부렸는데 고민이 해결되고 나서는 이렇게 상쾌하게 시작할 수 있다니… 인간이 원래 간사한 동물인지 내가 단순한 것인지 어쨌든 기분 좋게 뒤스부르크를 벗어났다. 어제 120km 넘는 주행을 했기 때문에 오늘은 적당히 가다가 호스텔에 숙소를 잡고 푹 쉬어야겠다고 생각했다. 당장 오늘 묵을 곳도 정하지 못했지만 오랜만에 보는 새파란 하늘 덕분에 괜히 여유가 생겼다. 뒤스부르크에서 남쪽으로 30여km만 내려가면 뒤셀도르프가 있다. 축구선수 차두리가 몸 담았던 팀이 있는 곳, 내가 많이 들어본 이름이라 생각했던 곳이 뒤스부르크가 아니라 뒤셀도르프였나 보다.

뒤셀도르프의 라인강 풍경

Germany

뒤스부르크에서 잘 곳을 찾아 헤매다가 예상보다 남쪽으로 많이 내려왔기 때문에 금세 뒤셀도르프에 진입할 수 있었다. 때마침 큰 배낭을 메고 걸어가던 여행자를 발견하고 혹시나 호스텔 위치를 알 수 있을까 물어봤더니 자긴 호텔을 이용하기 때문에 모른다고 했다. 이런 아무짝에도 쓸모없이 부럽기만 한 녀석 같으니...

두 번째로 도움을 청한 사람은 도로가에서 차량단속을 하던 여성이었다. 유니폼을 입고 차량단속을 하기에 경찰인줄 알았는데 경찰은 아니라고 했다. 혹시 캠핑장이나 유스호스텔이 근처에 있냐고 물어보니 호스텔이 있긴 한데 좀 멀다고 했다. 10km정도 떨어져 있다고 하는데 그 정도면 자전거 타고 금방이니 걱정 말고 가르쳐달라고 했다. 하지만 길이 복잡한지 어떻게 설명해야 할지 몰라 난감한 표정을 짓기에 휴대폰으로 지도를 열어 보여줬더니 정확히 위치를 찍어 주었다. 감사인사를 하고 라인강을 따라 그녀가 가르쳐준 곳으로 달려갔다.

도착한 곳은 뒤셀도르프의 공식 유스호스텔인데 지하주차장이 있을 정도로 지금까지 지내왔던 어떤 호스텔보다 규모도 크고 시설도 좋아 보였다. 물론 가격도 27.5유로로 조금 센 편이었지만 노숙을 한 직후라 이것저것 가릴 처지가 아니었다. 2시부터 체크인이 가능하다고 해서 기다리는 동안 로비에 비치된 책자들을 구경하고 있었다. 그때였다. 어제 저녁 형에게 보냈던 문자에 답장이 온 것이. 발송시간을 보니 어제 저녁 내가 문자를 보내고 얼마 되지 않아 곧바로 보낸 것인데 이제야 도착하다니... 빌어먹을 통신사 덕분에 애꿎은 형제간의 아름다운 우애가 무너질 뻔했다. 그리고 대전에 살고 있는 큰형에게도 문자가 왔다. 다가오는 어버이날이 화요일이라 며칠 앞당겨 미리 대구에 내려와 있다고 했다. 어머니께서 아직 영상통화가 되지 않는 구형 폰을 사용중이셨기 때문에 형의 스마트폰을 통해 어머니께 얼굴이라도 비춰드리기로 했다. 리셉션에서 1.5유로를 내고 1시간 이용 가

능한 와이파이를 신청하고 집으로 전화를 걸었다.

그런데 뒤늦게 내 휴대폰은 전면카메라가 없어 영상통화가 되지 않는다는 사실을 깨닫고 음성통화를 연결했다. 궁금한 것이 많으셨을 테지만 아들 녀석 국제전화 요금 많이 나온다고 잘 지내는지만 확인하고 끊으려 하시기에 세상이 좋아져서 지금 하는 것은 공짜라고 설명드렸더니 그제야 쌓아두셨던 걱정거리를 쏟아내기 시작하셨다. 재미있게 세상구경 잘 하고 있으니 걱정 마시라고 겨우겨우 안심시켜드렸는데 갑자기 날아온 어머니의 한마디... "형 바꿔봐라." "..." 비로소 자라웅과 따로 다닌다고 말씀드렸다. 안심시켜드리려 전화했다가 걱정거리만 두 배로 키워드렸다. 지금은 같이 있지 않지만 1주일에 한 번 정도는 다시 만나니 걱정 마시라고 최대한 안심시켜드린 후 통화를 마무리했다.

체크인을 하고 대충 짐을 푼 후 자전거만 타고 시내로 나갔다. 제일 먼저 눈길을 끈 것은 유럽에 와서 처음 보는 한식당 간판들이었다. 일식집이나 중식집은 몇 번 봤지만 한식당은 처음이었다. 한국인 유학생이 많은 것인지 아니면 국제도시라 한국 기업인들의 출장이 많아서 그런 것인지 가끔 눈에 띄는 한글 간판들이 신기하기만 했다. 장기 여행을 하다 보면 한 번씩 얼큰한 국물이 생각나기 마련인데 막상 유럽 한식당의 가격표를 보면 선뜻 문을 열고 들어가기가 고민된다. 이럴 때는 그저 허기만 달래주면 되는 나의 무덤덤한 입맛이 고맙기만 하다. (난 한 달 내내 빵만 먹고도 살 수 있는데... 그럼에도 불구하고 주위사람들은 내 입맛이 까다롭다고 난리다)

역 근처에서 사진 찍는 남자의 조형물을 발견했다. 독일 아티스트 크리스토프 푀겔러Christoph Pöggeler의 작품이라는데 '스타일릿Stylit'이라는 프로젝트의 일환으로 뒤셀도르프 곳곳에 커플, 비즈니스맨, 포토그래퍼, 신부, 아빠와 아들 등 8개가 숨어있다고 한다. 나도 나름 열심히 돌아다녀봤으나 겨우 3개 찾는데 그치고 말았다.

독일 어느 도시를 가더라도 건물 보수중인 장면을 쉽게 볼 수 있다.

시청 광장. 한가운데에 요한 빌헬름 2세 동상이 있다.

계속해서 다리 움직이는 대로, 바퀴 굴러가는 대로 이곳저곳을 눈에 담다 보니 지금까지 지나왔던 나라들과 독일과의 차이점이 느껴졌다. 바로 '독일은 공사중!'이란 느낌이다. 독일로 넘어온 지 며칠 되지도 않았는데 이런 생각이 들 만큼 크고 작은 도시에 공사중인 구역이 많았다. 뒤셀도르프도 마찬가지로 곳곳에 공사의 흔적이 넘쳐났다. 구시가지로 접어들자 조금씩 사람들이 붐비기 시작하더니 어느 골목에 접어들자 골목 가득 사람들이 눈에 들어왔다. 모두들 한 손에는 맥주잔을 들고 있고 웨이터들이 쉴 새 없이 오가며 서빙을 하고 있었다.

독일이 어떤 나라인가? 바로 맥주의 천국이다. 지역마다 그곳에서만 맛볼 수 있는 맥주들이 있는데 특히 흑맥주로 유명한 알트비어의 본 고장이 바로 이곳 뒤셀도르프다.

처음에는 많은 사람들이 서서 맥주잔을 들고 마시고 있기에 설마 시음회라도 하는 것인가 싶었지만 눈치껏 분위기를 살펴보니 맥주잔을 나르는 웨이터에게 그 자리에서 바로 돈을 지불하고 잔을 받아 마시고 있었다. 300ml 한 잔에 1.8유로이므로 그간 마트에서 사 먹던 맥주에 비해 훨씬 비싼 편이었다. 그다지 술을 좋아하지 않지만 호기심에 한 잔만 마셔보기로 하고 지

Germany

갑을 열었다. 엿기름으로 오랜 시간 발효시켜 만들어서 여타 맥주들보다 훨씬 진한 빛깔을 띠고 있었다.

한 모금 들이켜는 순간!!! 주위의 모든 것이 사라지고 뜨거운 태양 아래 잘 익은 보리가 물결치는 황금빛 벌판에 서 있는 나 자신을 발견할 수 있었다. 맥주의 신세계가 펼쳐지는 듯 기가 막힌 맛이었다. 맥주가 이렇게 맛있을 수 있나? 나는 평소에 맛집같은 것을 신경 쓰지 않는 편이다. 나에게 맛의 기준은 그저 맛없는 음식과 맛이 없지 않은 음식으로 나뉜다. 크게 맛없는 음식만 아니면 전부 맛있다고 치는 편이지 이렇게 맛있고 저렇게 맛있고 등급을 나누지 않는다. 그런 나에게 이건 정말 뭐라 말로 표현 못하게 황홀한 맛이었다. 호기심에 맛만 볼 생각이었는데 예상치 못한 감동에 한 잔 더 시켰다. 값이 좀 비싸 두 잔만 마셨다. 이제와 돌이켜보면 두 잔밖에 마시지 못한 것이 두고두고 후회가 된다. 만약 내가 또다시 뒤셀도르프 땅을 밟게 된다면 그것은 필시 알트비어를 맛보기 위해서일 것이다.

도수가 높아서인지 겨우 두 잔에 살짝 알딸딸해졌다. 시계를 보니 8시, 어느덧 해가 지고 있다. 저녁식사를 하고 들어갈까 고민하다 느닷없이 떨어지는 빗방울 때문에 서둘러 숙소로 돌아와 내 생명유지 담당인 빵과 주스로 대신하고 일찍 잠자리에 들었다.

• 이곳을 배경으로 사진 찍는 사람도 있고.. 사람들이 대부분 맥주잔을 하나씩 들고 있다.
•• 잊을 수 없는 그 맛! 내 생애 최고의 맥주! 알트비어!

첫 펑크와 함께 찾아온
뜻밖의 행운

다음날. 고약한 유럽날씨는 독일이라고 별 수 없었다. 눈을 떠보니 방안은 어두컴컴하고 밖에서는 빗소리가 들려왔다. 우선 식사를 하기 위해 식당으로 내려갔다. 호스텔 규모에 걸맞는 자리가 마련되어 있었다. 여태 묵었던 여느 호스텔보다 넓고 깨끗한 것이 어지간한 호텔 부럽지 않았다. 가장 마음에 드는 부분은 내가 좋아하는 요거트가 무려 5종류나 구비되어 있었다는 거다. 빵, 햄, 치즈도 각각 서너 종류씩 굉장히 다양하게 마련되어 있어서 즐거운 마음으로 점심을 챙겼다. 쾰른까지의 거리는 약 40km. 그리 멀지 않았으나 비가 그칠 생각을 하지 않아 출발이 점점 늦어지고 있었다. 체크아웃을 하고 나서도 리셉션 앞 휴게실에 앉아 한참을 멍하니 비만 바라보며 그치길 기다렸지만 도저히 멈출 것 같지 않았다. 고무장갑을 끼고 가방에도 꼼꼼하게 방수대책을 세운 후 모자를 뒤집어쓰고 그대로 출발했다.

비오는 날은 전자제품 꺼내기가 부담스럽다. 하지만 길 찾기를 위해 어쩔 수 없이 휴대폰을 수시로 꺼내 확인해가며 쾰른으로 가는 길을 찾았다. 지도상으로는 큰 다리를 하나 건너야 하는데 다리로 진입하는 길이 자동차와 자전거가 완전히 달랐다. 지도에는 자전거 도로가 따로 표시되어 있지 않아서 한참을 헤매다가 결국 다리 밑에서 길을 잃었다. 도대체 강을 건너려면 어찌 해야 할지 망연자실하고 있는데 비

여태 묵었던 그 어느 호스텔보다 넓고 깨끗하며 다양한 메뉴가 무척 마음에 들었다.

Germany

도 내리고 눈 앞에는 라인강이 흐르니 어쩐지 갑자기 화장실이 급해졌다. 다리 밑이라 인적도 드물고 비까지 내리는 상황이니 더 생각할 것도 없이 실례를 했다. 하지만 시원하게 볼일을 보는 도중 갑자기 어디선가 아가씨 2명이 자전거를 타고 나타났다. 몸 방향을 돌리는 것 외엔 아무것도 할 수 없었다. 나의 멘탈은 그대로 붕괴되고 빗물인지 눈물인지 알 수 없는 물이 뺨을 따라 흘러내렸다. 분명 거사를 치르기 전에 둘러봤을 땐 저 멀리까지 사람 흔적이 없었는데… 어디서 갑자기 튀어나왔는지 살펴보니 다리 바로 옆쪽으로 다리 위로 올라갈 수 있는 길이 나 있었다. 순결을 내주고 길을 얻었다…

라인강을 건너 남쪽으로 달리는데 날씨는 춥고 비바람에 체력소모가 심하다 보니 금세 배가 고파졌다. 마침 PENNY(독일의 프랜차이즈 대형마트)가 나타나서 몸도 녹이고 식량도 살 겸 자전거를 세워놓고 들어갔다 나왔다. 그런데 물건들을 가방에 집어넣으려고 보니 앞바퀴에 바람이 완전히 빠져 있었다. 맙소사… 드디어 우려하던 첫 펑크가 난 것이었다. 비가 오는 상태

두 번째 건너는 라인강

라 비를 피하면서 수리 가능한 곳을 찾아봤지만 보이지 않았다. 그렇다고 매장 안으로 들어갈 수도 없고... 할 수 없이 최대한 벽에 바짝 붙어서 수술을 시작했다. 타이어에는 새끼손톱 크기 만한 유리병조각이 박혀 있었다. 후훗... 드디어 릴에서 샀던 공구들이 빛을 볼 시간이 왔다! 회심의 미소를 지으며 공구들을 꺼낸 후 눈을 감고 그동안 잊고 지냈던 옛 감각을 끄집어내기 시작했다. 자라웅이 있었기 때문에 아무것도 안 하고 지내왔지만 나도 10년 전에는 자전거 샵에서 알바도 했었고, 어지간한 잔 고장은 쉽게 고쳐내던 사람이었다. 이깟 펑크쯤이야...

먼저 타이어와 림을 분리하기 위해 레버를 꽂고 힘을 가했다. 그러나 "뚝!" 하는 소리와 함께 힘없이 레버가 부러져버렸다. 잠시 당황스러웠지만 이내 마음을 진정시키고 호흡을 가다듬었다. 하긴 내 타이어는 철심이 들어 있어서 좀 빡빡한 편이다. 조금 더 신중을 기해 새 레버를 끼우고 힘을 가했다.
"뚝!"
식은땀인지 빗물인지 모를 선뜩한 무엇인가가 목덜미를 타고 흘러내렸다. 총 세 개의 타이어레버 중 두 개가 부러져버렸다. 두 개로는 어떻게든 가능하지만 한 개로는 무리였다. 10년 전에는 우습게 하던 짓인데도 역시 무슨 일이든 꾸준히 하지 않으면 녹슬기 마련인가 보다. 다행히 한국에서 가져온 숟가락과 포크가 플라스틱이 아닌 쇠제품이라 레버 대신 둘을 이용해 어떻게든 겨우 작업을 이어갔다. 튜브의 찢어진 곳을 찾아 패치를 했다. 펑크에는 우리나라 우리기술, 번개표가 최고다! 깔끔하게 패치까지는 마무리

Germany

했지만 문제는 바람이었다. 네덜란드를 빠져나오면서 된통 당했던 까르푸 출신 펌프는 바람이 반은 들어가고 반은 새는 쓰레기였다. 다시 마트 안으로 들어가서 찾아봤지만 펌프같은 것은 팔지 않았다. 할 수 없이 일단 들어가는 만큼 최대한 바람을 넣고 조심조심해서 굴러가는 수밖에 없었다. 비는 추적추적 계속해서 내리고... 마음은 급한데 빨리 달릴 수는 없으니 미치고 팔짝 뛸 노릇이다... 중간중간 작은 마을에서 자전거 가게를 발견했지만 토요일이라 그런지 사람도 없고 문은 잠겨 있었다.

얼마나 지났을까, 그저 땅만 보며 쾰른을 향해 조심조심 페달을 밟아 가던 중, 반대편 길로 자전거를 탄 두 명의 청년이 지나가는 것을 발견했다. 헬멧도 없고 복장을 보아하니 그냥 일반인 같아 보여 펌프를 가지고 있을 것 같지는 않았다. 하지만 지푸라기라도 잡아보겠다는 심정으로 "Excuse me~~"를 외쳤다. 둘은 쳐다보지도 않고 지나갔다. '에잇, 매정한 녀석들...' 씁쓸해하면서 멀어져가는 두 사람을 쳐다보고 있는데 뒤늦게 나를 의식했는지 그들이 자전거를 멈추고 뒤를 돌아보았다. 별 기대는 안 했지만 혹시나 해서 자전거펌프가 있냐고 물어보니 가방에서 작은 펌프를 꺼내어 보여준다. 세상에나... 역시 사람이 그냥 죽으란 법은 없구나! 연신 땡큐를 외치며 열심히 펌핑을 했다. 바람을 넣으며 스페인에서부터 시작해 여기까지 왔고 3개월간 여행한다는 등의 늘 하던 이야기를 되풀이했다. 역시나 늘 같은 반응인 "Crazy"를 외친다. 빵빵하게 들어가지는 않았지만 비도 오는데 너무 오래 잡아두는 것 같아 적당히 달릴 수 있을 정도까지만 바람을 넣고 펌프를 돌려줬다.

어디로 가는지 묻는 그의 질문에 쾰른으로 가는 중이라고 대답하자 쾰른에서 언제까지 머물 것인지 되물었다. 날씨에 따라 스케줄이 다르기 때문에 정확히 모르겠다고 하니 이 친구가 놀라운 이야기를 했다. 자기는 쾰른 시내에 있는 자전거샵에서 일을 하는데 월요일까지 쾰른에 머무를 예정이라

펌프를 내려주신 당신은 바람의 아들!!

면 그날 자기가 일하는 샵으로 오라고 했다. 가방에서 샵 팸플릿을 한 장 꺼내 주소를 적어주면서 월요일에 오면 자기가 전체적으로 자전거 점검을 해준다고 했다. 물론 무료로!!

하늘이 도운 이 어매이징한 만남을 기념하면서 함께 셀카를 찍고 헤어졌다. 뜻밖의 만남으로 인해 내 마음속 독일의 이미지가 한층 업그레이드 되었다. 외국인에게 베푸는 현지인의 친절이 그 나라의 이미지 향상에 얼마나 큰 영향을 미치는지 잘 알게 되었다. 한국에서 혹시라도 외국인이 도움을 청하면 성심성의껏 도와줘야겠다는 생각을 하며 쾰른으로 향했다.

한 시간쯤 달려 쾰른 시내에 진입했다. 어제 검색해본 결과 쾰른에는 캠핑장도 있었지만 저렴한 호스텔도 많았다. 많이는 아니지만 비가 계속 내렸기 때문에 캠핑장 대신 쾰른 역 바로 앞에 있는 가장 저렴한 호스텔을 찾아갔다. 하지만 토요일답게 빈방은 이미 사라진 지 오래였다. 근처의 다른 호스텔을 찾아갔지만 그곳 역시 Full... 다시 3km정도 떨어진 호스텔로 갔다. 떨리는 심정으로 물어보니 카운터에 있던 남자는 당연하다는 듯 방이 있다

독일은 공사중! 쾰른 역시 조금 사연 있어 보이는 건물들은 죄다 공사중이었다.

고 SURE!!를 외쳐준다. 나는 비로소 안노의 한숨을 내쉬며 지갑을 꺼내 들었다. 그 순간 옆에 있던 여자가 남자의 옆 구리를 팔꿈치로 쿡 찔렀고, 남자는 안경을 고쳐 쓰며 모니터를 뚫어져라 쳐다보더니 멋쩍은 표정으로 머리를 긁적

였다. 여기도 방은 없었다…

마지막이라 생각하고 네 번째 호스텔로 갔다. 깨끗하고 좋아보이는 호스텔이었는데 카운터를 지키던 아가씨에게 빈방 있는지 물어봤다. 아가씨는 재빠르게 나를 스캔하더니 방이 없다고 했다. 하나도 없냐고 재차 물었더니 살짝 머뭇거리더니 "있긴 있는데… 거긴 비싸서…" 라고 한다. 음… 딱 봐도 나는 비싼 방을 쓸 사람으로는 보이지 않았나 보다. 혹시나 싶어서 물어보니 70유로정도… 비싸긴 비싸구나… 그녀는 나만큼이나 안타까워하면서 지금은 어딜 가도 자리가 없을 것이라고 하며 토요일에는 예약이 필수라고 했다. 그 말을 듣고 어쩔 수 없이 호스텔의 꿈을 접고 라인강을 따라 10여km정도 더 떨어진 곳에 있는 캠핑장으로 향했다. 도대체 내가 여행을 하러 온 것인지 숙소 찾는 훈련을 하러 온 것인지…

텐트를 칠 수 있는 공간에는 비를 피할 만한 자리가 많지 않았다. 그나마 가장 비를 피할 수 있는 장소를 찾다 보니 쓰레기장 근처에 나무가 우거진 공간이 있었다. 쓰레기장 근처이긴 하지만 워낙 주변 정리가 깔끔하게 잘 되어 있고 냄새도 나지 않았다. 남의 시선이 조금 신경 쓰이긴 했지만 밤새 비를 맞는 것보다는 나을 것 같아 그곳에 자리를 잡았다. 부디 내일은 비가 그치기를 간절히 소망하며 자리에 누웠다.

재회

꿈은 이루어지지 않았다… 눈을 떴을 때는 어제와 마찬가지로 계속해서 부슬부슬 비가 내리고 있었다. 텐트를 제대로 말리지도 못한 채 대충 짐을 정리했다. 그런데 계속해서 궂은 날씨에 달렸던 탓인지 자전거가 온통 낙엽과 진흙으로 범벅이 되어 있었다. 내일 자전거샵에 가면 정비를 해준다고 했는데 이대로 부탁하기엔 너무나도 더러워서 어느 정도 청소를 해야 할

각 부품의 정상적인 작동도 힘들 만큼 지저분한 상태였다.

것 같았다. 마침 정화조 처리장에 고무호스가 달린 수도꼭지를 발견하고 그것으로 자전거 세척을 시작했다. 순식간에 낙엽찌꺼기들과 시커먼 진흙이 바닥으로 퍼져나갔다. 때마침 지나가던 남자(캠핑장 관리인인지 손님인지는 알 수 없었지만)가 그 모습을 잠자코 보더니 화난 표정으로 손가락질 하며 뭐라고 말하는데 물소리 때문에 제대로 듣지 못했다. 분위기상 순순히 청소를 해놓고 간다면 유혈사태는 일어나지 않을 것 같았다. 내가 어지럽힌 것들이니 당연히 청소는 해놓고 갈 생각이었는데... 학창시절 한참 동안 만화책을 보다가 이제 공부 좀 해야겠다 싶어 책을 덮으면 꼭 그때 들어오신 어머니께서 놀지만 말고 공부 좀 하라고 다그치실 때의 억울한 기분이다.

선량한 모범시민의 의무를 다 마치고 짐을 챙겨 나오려는데 한 할머니께서 수돗가에서 안절부절 못하고 계셨다. 나와 눈이 마주치자 할머니는 "큰일이야!! 여기 물이 멈추질 않아!!" 다급하게 외치며 수도버튼을 마구 눌러대셨다. 아무것도 하지 말고 가만히 계시라고 내가 연신 "스톱!! 스톱!!"을 외쳤지만 할머니는 계속해서 수도버튼을 누르면서 "이것봐! 눌러도 멈추지 않아!!!"라고 호들갑이셨다. 할머니에게 다가가 말없이 할머니 손을 잡고 수돗가에서 한걸음 물러서 가만히 지켜보시게 했다. 약 10여 초 후 저절로 멈추는 수도를 보더니 박장대소를 터뜨리며 할머니는 그렇게 사라지셨다. 유럽은 대부분 이런 버튼식이던데 도대체 어디서 오신 분이신지 궁금했다. 그런데 내가 친절을 베풀었으면 이것은 독일의 이미지가 올라가는 것일까? 빗줄기가 약해지는 것을 보고 체크아웃을 했지만 얼마 가지 않아 빗줄기는 다시 거세졌다. 갑자기 쏟아지는 비를 피해 다리 밑으로 숨었는데 빗속

Germany

을 뚫고 한 노부부가 나처럼 짐을 가득 실은 자전거를 타고 나타났다. 아마도 내가 묵었던 캠핑장으로 가시는 것 같은데 얼핏 봐도 백발이 성성한 것이 환갑은 훌쩍 넘으신 분들 같았다. 비를 맞으면서 달려오신 두 분의 표정에서 힘든 기색은 전혀 찾아볼 수 없었다. 오히려 할머니의 얼굴에는 여유롭고 행복한 미소가 가득했다. 악천후에 짜증만 내고 힘들다 투정부리던 내 모습이 너무나 부끄러워지는 순간이었다. 무척이나 아름다워 보이는 두 분의 모습을 뒤로하고 문득 흰머리를 휘날리며 어딘가를 여행하고 있을 미래의 내 모습을 상상해본다. 그 모습에 흐뭇해하다가 혼자 달리고 있을 모습에 또 허무해진다. 그렇겠지... 안 생길거야... 아마도...

쾰른으로 오고 있다는 자라웅의 문자를 받고 마중이라도 나가려고 다시 쾰른 시내로 진입했지만 어제 펑크가 난 이후로는 자꾸만 노면상태에 신경이 쓰였다. 혹시나 또 유리조각을 밟을까 달리면서도 무의식중에 계속 시선이 바닥으로 쏠렸다. 그러다가 잠깐 한눈 판 사이, 깨진 유리병 위를 지나가버렸다. 즉시 자전거를 세우고 유리조각이 박히지는 않았는지 타이어를 돌려

265

보며 점검하고 있는데 어디선가 들려오는 낯익은 목소리... "뭐하노?"
고개를 들어보니 언제 도착했는지, 그리고 날 어떻게 찾아냈는지 자라웅과 형수님이 서 계셨다. 그나저나 8일 만에 다시 만난 하나뿐인 동생에게 건네는 첫 인사가 "뭐하노?"라니... 누가 경상도 보리문디 아니랄까봐. "뭐 그냥 빵꾸 점검중..." 나 역시 눈도 마주치지 않고 쿨한 척 대꾸했다. 속으로는 무지 반가웠으면서 그렇게 애써 무덤덤한 척 형제는 재회했다.
얼른 숙소를 잡고 맥주잔을 부딪치며 내가 그동안 겪어왔던 지옥같은 고생담을 털어놓고 싶었는데 두 분의 퀭한 눈과 행색을 보아하니 두 분 역시 순탄한 여행을 한 것 같지는 않았다. 독일에 들어온 첫날부터 아주 스펙터클한 여정을 보냈다고 한다.
일단은 숙소를 먼저 정한 후 시내구경을 하기로 하고 하루라도 먼저 온 내가 길 안내를 했다. 혹시나 싶어 어제 들렀던 가장 저렴한 역 앞의 호스텔로 가보았지만 역시나 빈방은 없었다. 형수님이 가져오신 가이드북에 소개된 호스텔이 괜찮아 보여 그쪽으로 가보니 사람들이 체크인하기 위해 줄을 서 있었다. 우리 차례까지 다행히 자리가 남아 있어 무사히 체크인을 하고 시내관광을 나왔다. 비가 계속해서 내렸기 때문에 자전거는 묶어두고 걸어서 돌아다니기로 했다.
제일 먼저 쾰른대성당으로 향했다. 쾰른대성당은 독일에서 두 번째, 세계에서는 세 번째로 높은 성당이나. 제2차 세계대전 중에도 성당의 높이 때문에 비행기에서 폭탄을 투하하기가 힘들어 주위가 쑥대밭이 되었을 때도 쾰른대성당만은 거의 피해를 입지 않았다. 쾰른대성당의 내외부 역시 독일답게 부분부분 공사중이었다. 아마도 독일에서는 공사하지 않는 건물을 찾는 것이 더 힘들지 않을까 하는 생각이 들었다.
성당 관람을 하다 보니 어느새 배가 고파지기 시작했다. 역 주변을 돌아다니며 간단하게 요기할 만한 것을 찾아보았지만 마땅히 맘에 드는 메뉴를

쾰른대성당 역시 공사중이다. 성당 내부는 여타 유럽의 성당들과 크게 다른 점을 느낄 수 없었다.

이 좋은 시설을 두고도
고작 파스타라니!!

찾지 못했다. 호스텔에서 대충 내부를 둘러봤을 때 취사장이 있었는데 여태껏 지내온 어떤 곳보다 조리시설이 잘 마련되어 있었다. 간만에 요리의 욕이 불타오른 자라옹은 비도 오고 그동안 고생도 많았는데 간만에 고기나 구워먹자고 한다. 나도 영양보충이 필요했고 다들 지쳐있던 터라 흔쾌히 OK!!! 오늘 저녁 제대로 한번 고기를 뜯어보자며 아기다리 고기다리 노래를 불렀는데...

오늘은 일요일이었다... 모두들 멘탈 붕괴... 이 일을 어찌할꼬... 할 수 없이 남아있던 서로의 식량을 모아서 해결해야 했다. 내 님은 빵들과 두 분이 먹다 남은 파스타... 고기를 해먹기 위해 쾰른에서 하루 더 묵어야 하나... 일단 고기문제는 내일 생각하기로 하고 우선은 씻고 밀린 빨래, 텐트 말리기 등 정비를 좀 한 후 휴게실로 내려갔다. 마트는 없었지만 리셉션에서 맥주를 판매했기 때문에 술병을 부딪치며 그동안 있었던 서로의 에피소드로 이야기꽃을 피웠다.

5월 5일.

자라용의 이야기

먼저 독일로 넘어간 동생이 그저께 문자를 보내 독일엔 무료 와이파이가 안 되는 곳이 많으니 미리미리 숙소를 알아보고 다녀야 한다고 알려 주었다. 비는 계속 내리고... 일단 목적지를 굳이 정하지 않고 동남쪽으로 향하다가 뒤셀도르프 쪽 말고 남쪽에 있는 '묀헨글라트바흐'로 가기로 했다. 그 도시에 특별히 볼일이 있다기보다는 바람을 등지고 좀 더 이동하고 싶어서였다. 동남쪽으로 가면 옆바람이지만 남쪽으로 가면 거의 뒷바람이기 때문이다.

와이파이가 안 터지니 숙소 검색도 못하고 그나마 지도는 저장해놓은 파일을 보고 밤늦게 묀헨글라트바흐에 도착했다. 물론 숙소는 미정... 일단 시내 중심가 쪽으로 가보니 사람들이 왁자지껄하다. 경찰들이 쭉 늘어서 있길래 무슨 데모라도 하나 싶었는데 축구경기 응원하는 사람들 때문에 통제하러 나와 있다고 했다. 경기장도 아니고 시내에서 무슨... 훌리건들이 많은 동네인가 보다.

대기하고 있는 경찰관에게 근처에 유스호스텔이나 캠핑장이 있는지 물어보니 이 도시에는 없다고 했다. 7~8km 떨어진 곳에 유스호스텔이 한 군데 있다고 하며 자기가 전화를 걸어보더니 아무도 전화를 받지 않고 자동응답기로 넘어간다고 했다. 몇 번 통화를 시도해봤지만 연결되지 않았다. 그 경찰은 그곳에 가서 혹시나 문이 닫혀 있으면 그 일대가 숲이니 와일드캠핑을 하라고 했다. 말 그대로 노숙... 아니면 호스텔의 담을 넘어가도 된다고 하는데... 이게 무슨 말인지――... 아마도 호스텔이 문을 닫아서 영업을 하지 않으면 마당 같은 데서 텐트치고 자라는 얘기일 수도... 캄캄한 길을 달려서 유스호스텔을 찾았다! 그런데 창문에 불은 켜져 있는데 주인이 없었다. 어떤 아저씨가 문을 열고 들어가는 것을 보고 물어보니 오프닝시간이 아니라 주인이 없다면서 자기는 그냥 방문객이라고 했다. 그냥 근처에서 야영하기로 마음먹었는데 물이 없네. 이왕 호스텔 문은 열려 있으니 물이나 좀 얻어가자고 해서 아저씨를 따라 들어가 화장실에서 물을 받고 있는데 아저씨는 어느새 어디론가 사라졌다. 1층으로 내려가 문을 나서면서 손잡이에 무엇인가를 잘못 건드렸더니 "삐융 삐융 삐융!!!!!" 경보음이 계속 울렸다...ㅠㅠ

이런 낭패가... 스피커럼 생긴 곳을 손으로 막고 기다려도 소리는 작아지지 않고 계속

이어졌다. 갑자기 입구 옆의 전화기가 울려서 얼떨결에 받아보니 이곳의 주인아저씨였다. 당신 누구냐, 여긴 어떻게 들어왔느냐, 내 집에서 뭐하느냐... 등등 다짜고짜 화를 내며 소리를 질러대는 바람에 당황해서 말도 제대로 못하고 버벅거렸다. 결국 "곧 갈테니 기다려!"란 소리와 함께 전화를 끊었고, 잠시 후 경보음이 계속 울리는 가운데 어떤 아가씨가 키를 들고 오더니 알람을 해제했다. 어떻게 들어왔느냐 묻기에 전후사정을 말해줬다. 그럼 이제 다시 갈 것인지 묻기에 그냥 나가려다가 혹시 여기서 숙박할 수는 없느냐고 물어봤다. 주인아저씨와 잠시 통화를 하더니 기다리라고 했다.

잔뜩 긴장한 채 한참을 기다리니 무서운 표정의 아저씨가 씩씩거리며 문을 열고 들어왔다. 여기 거주하지 않고 인근 다른 집에 사는가 보다. 다짜고짜 여권을 보여달라고 해서 보여주니 복사부터 했다. 그리고 원래 10시 이후에는 예약하지 않은 이상 체크인이 안 된다, 무단침입이 어쩌고저쩌고, 경찰을 부르는 것이 마땅하나 경찰은 부르지 않겠다는 등(경찰이 여기 가르쳐줬는데...--) 냉큼 여기서 나가라고 했다. 이 근처에는 잘 곳이 없을 테고, 다른 도시의 유스호스텔 가 봐도 허탕일 테고, 시내의 호텔은 많이 비싸겠지만 그건 자기 알 바 아니고 잘 곳은 알아서 해결하란 식의 얘기를 마구 쏟아부었.

거듭 미안하다고 하고는 나가기 전에 하나만 더 물어보았다. 여기 나가서 이 근처 숲속에서 와일드캠핑(야영)해도 괜찮겠냐고. 묻지 않고 그냥 나갔어도 될 것을 괜히 한번 물어봤다. 그런데 그 이야기를 듣더니 갑자기 마음이 바뀌었는지 야영은 위험하다며 독일에서는 와일드캠핑은 하지 않는다며(경찰은 이 동네에서 야영해도 아무런 위험 없이 아주 안전하다고 했었는데...--) 현금과 유스호스텔 회원증이 있는지 물어보고는 하룻밤 재워주겠다고 한다. 회원할인도 안 되고 저렴하지도 않다. 게다가 정해준 방에 들어와 자려고 보니 라디에이터도 작동하지 않아 춥다. 거기다 와이파이도 되지 않았지만 지은 죄가 있어 그냥 잤다.

독일

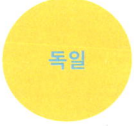

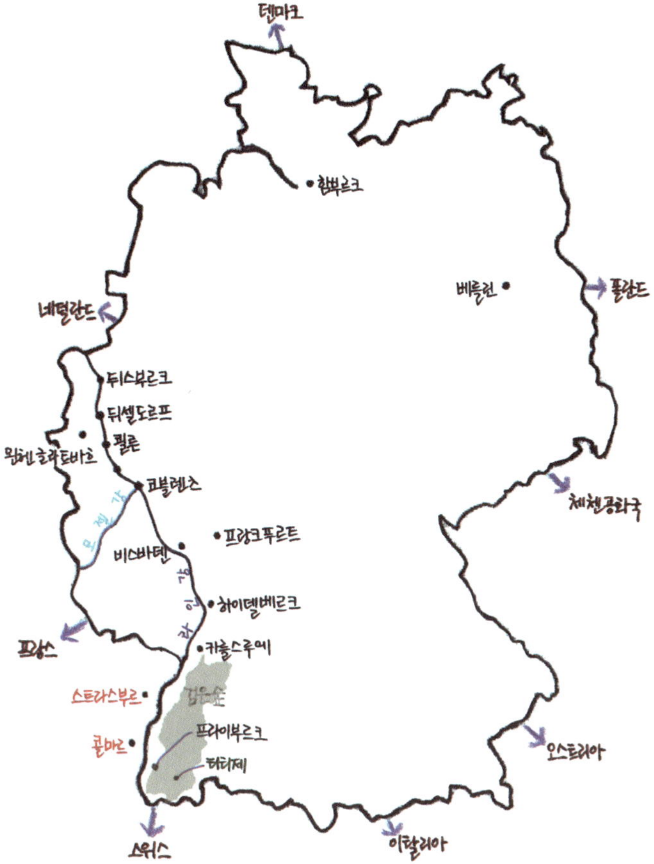
덴마크
함부르크
베를린
폴란드
네덜란드
뒤스부르크
뒤셀도르프
쾰른
묀헨글라트바흐
코블렌츠
모젤 강
프랑크푸르트
비스바덴
라인 강
하이델베르크
카를스루에
프랑스
스트라스부르
검은 숲
프라이부르크
콜마르
티티제
체첸공화국
오스트리아
스위스
이탈리아

문이 잠긴 채 아무도 없는 자전거샵

어제 저녁 뛰어난 시설에 비해 부실한 저녁식사를 했던 것이 못내 아쉬워 쾰른에서 하루 더 묵기로 했다. 하지만 리셉션에 가서 하루 연장을 하려고 하니 오늘은 이미 예약이 끝나 연장은 불가능하다고 한다. 아뿔싸... 어제 미리 이야기해뒀어야 했는데... 오늘 할 일을 내일로 미루면 고기를 못 먹게 된다는 뼈저린 교훈을 얻었다.

할 수 없이 쾰른에서 하루 더 묵기로 한 계획은 취소하고 체크아웃을 하고 호스텔을 빠져 나왔다. 먼저 토요일에 만났던 친구가 일하고 있다는 자전거샵을 방문하기로 했다. 샵은 그리 어렵지 않게 찾았지만 우리가 도착했을 때는 영업시작 전이라 문이 닫혀 있었다. 시간 이야기는 들은 기억이 안 나는데... 쇼윈도에 적혀 있는 안내문을 보니 영업시작까지는 한 시간 반이나 남아 있었다. 가까운 곳에 다른 볼거리가 있는지 가이드 책자를 뒤적여보니 십여 분 거리에 쾰른대학교가 있다. 기다리는 동안 점심도 먹을 겸 해서 독일에서 두 번째로 오래된 학교인 쾰른대학교를 찾아갔는데 심지어 여기도 공사중이다~.

대학교 구내식당은 어쩐지 저렴할 것 같아서 구내식당을 찾아 들어갔다. 이것저것 자기가 먹고 싶은 만큼 담아서 그 무게에 따라 계산해서 먹는 방식이었는데 생각만큼 저렴하지 않았다. 주위 풍경을 보니 밥을 먹으면서 수다를 떨기도 하고, 과제를 하기도 하는 등 우리네 대학풍경과 비교해서 큰 차이가 없어 보였다. 굳이 차이를 꼽아보라면 자동차보다 자전거의 비율이 압도적으로 많다는 것 정도로. 곳곳에 마련된 자전거 주차장에는 빼곡하게 자전거들이 들어차 있었다.

Germany

쾰른대학교 풍경들. 공부중과 공사중
(아래) 학교에는 자동차보다 자전거가 더 많다. 주차장마다 빼곡히 묶여 있는 자전거들

학교 주위를 둘러보다가 1시 반쯤 되어 자전거샵으로 돌아와보니 문이 열려 있고 사람들도 드나들고 있었다. 저지를 입고 돌아다니는 사람들 분위기를 보아하니 이곳은 판매 위주가 아니고 동호회, 정비 위주로 운영되는 듯했다. 매장 안으로 들어가니 나에게 은혜를 베풀었던 청년은 보이지 않고 주인인지 아닌지 알 수 없는 다른 청년이 카운터를 지키고 있었다. 어떻

게 왔냐고 물어보는데 이 사람의 정체를 알 수 없었기 때문에 섣불리 대답할 수가 없었다. "당신네 직원이 공짜로 자전거 점검을 해준다고 해서 왔소!"라고 말했다가 이 사람이 사장이라면 괜히 친절을 베푼 그 친구에게 피해가 갈 것 같았다. 토요일 펑크가 나서 곤란할 때 누군가가 도와줬는데 그 사람이 이곳에서 일한다고 하기에 고맙다고 인사나 하러 왔다고 대충 둘러댔다.

문제는 그것으로 끝나지 않았다. 그게 누구냐고 물어보는데 나는 그의 이름조차도 모르는 상태라 뭐라 대답할 수가 없었다. 함께 찍은 사진이라도 보여주면 금방 알겠지만 하필 카메라에 있던 사진을 외장하드로 다 옮겨버린 후였기 때문에 그마저도 안 되고… 결국 뒤셀도르프에서 쾰른으로 오는 길에 만났다고 상황 설명을 해주니 그제야 누군지 알겠다면서 어디론가 전화를 걸었다. 잠시 통화를 하더니 '살루스'라고 하는 그 친구는 오후 늦게 출근한다고 하면서 뭐 필요한 것이 있으면 자기에게 말하라고 한다. 차마 뭐 해달라고 말하기가 좀 그래서 그냥 펌프만 좀 빌려달라고 해서 바람만 넣었다. 어차피 어지간한 정비는 자라옹이 다 할 수 있으니…

밖으로 나가 바람을 넣고 오니 그는 컬러풀한 안장커버를 선물로 내놓았다. 시종일관 방긋방긋 웃으며 우리에게 매우 호의적으로 대해주던 이 친구는 알고 보니 여자친구가 한국사람이라고 했다. 신기신기… 살루스를 직접 만나지 못한 것이 아쉬웠지만 감사의 마음을 가득 담아 대신 인사를 하고 샵을 나와 쾰른을 떠났다.

셀카 실패!!

강변을 따라 이어진 자전거 도로를 타고 다음 목적지인 본Bonn을 향해 열심히 페달을 밟았다. 본까지의 직선 거리는 약 25km로 얼마 되지 않지만

• 베토벤 생가 •• 밤밤밤 밤—— 밤밤밤 밤—— ••• 베토벤 동상이 있는 뮌스터 광장(Munsterplatz). 베토벤에게서 영감을 얻으려는 듯 시종일관 동상 앞을 서성이는 기타리스트

굽이굽이 흐르는 강을 따라 가다 보니 10km 이상을 더 돌아가야 했다. 간만에 좋은 날씨 덕분에 라인강의 풍광을 음미하며 기분좋게 달리다가 6시쯤 본에 도착했다. 본은 불운한 천재 음악가 베토벤이 태어난 도시다. 그래서인지 음악과 관련된 벽화들이 종종 눈에 띄었다. 시내로 진입해 유동인구도 좀 많아진다 싶더니 곧바로 베토벤의 생가가 나타났다. 내부 관람은 6시까지였는데 우리가 너무 늦게 도착한 관계로 기념품 판매점만 대충 둘러보고 나올 수밖에 없었다. 주변 광장과 시장 등을 돌면서 적당히 본을 둘러본 후 미리 검색해둔 캠핑장으로 이동했다.

코블렌츠를 지나
프랑크푸르트로

오락가락하는 날씨 때문에 큰 나무 아래 텐트를 치고 잤는데 걱정과 달리 다음날 아침 하늘은 맑았다. 며칠이 걸릴지는 모르겠지만 일단 다음 목표는 유럽의 중심지라 일컬어지는 프랑크푸르트 Frankfurt am Main로 정했다. 똑같은 일에 2시간이 주어진다면 1시간 동안 빠릿빠릿하게 팍팍 처리하고 나머지 1시간은 푹 쉬는 자라웅과 달리 나는 중간중간 쉬어가며 2시간 동안 일을 하는 편이라 일찌감치 일어나 정리를 시작해야 했다.

최근 계속된 악천후로 인해 춥고 험난한 라이딩만 했는데 오늘은 뜨거운 햇살이 함께 해주었다. 옷을 입으면 덥고, 벗으면 추운 약간 애매한 날씨였지만 라인강변을 따라 기분 좋게 페달을 밟아 나갔다. 자전거에 실은 짐을 묶을 때 힘이 모자랐는지 뒤에 매달린 짐이 계속 한쪽으로 쏠렸다. 처음 쏠리는 것을 발견했을 때 바로 고정시키지 않고 대충 밀어 넣고 달렸더니 결국 얼마 못가 와르르 쏟아져버렸다. 짐을 단단히 고정하고 나서 고개를 들어보니 두 분은 어느새 사라지고 없었다.

목적지에서 만나면 되니 중간에 길이 갈라져도 이젠 아무런 신경도 쓰지 않지만 대신 길을 찾는데 두 배로 신경이 쓰였다. 게다가 내가 선택한 길은 기차길 옆으로 빠지기 시작하면서 비포장도로로 이어졌다. 한숨이 나온다. 분명 도착하면 아직까지 길도 제대로 못 찾고 다니냐는 자라웅의 쓸모없는 녀석 드립이 이어지겠지...

자전거에 무리가 갈까봐 속도를 늦춰 살살 달려야 했기 때문에 많이 뒤처지겠다는 생각을 하면서 달렸는데 의외로 멀지 않은 지점에서 두 분을 다시 만났다. 나만 길을 잘못 든 줄 알았는데 자라웅은 아예 산 위로 올라가다

가 다시 내려왔다고 했다. 그나마 정상까지 오를 뻔한 것을 형수님이 말려서 겨우 내려왔다고 한다. 가요게에 용감한 형제가 있고 유럽에는 아무짝에도 쓸모없는 형제가 있다.

다시 만난 김에 점심이나 먹고 가기로 했다. 나는 사 놓은 빵이 아직 많이 남아 그것으로 해결하기로 했고 두 분은 근처 마트로 들어가셨다. 두 분이 장을 보는 동안 나는 식사할 자리를 물색했다. 편하게 앉을 수만 있으면 되겠다 싶어 도로가에 있는 벤치에 자리를 폈다. 하지만 형수님은 길거리에서 먹는 것이 별로 내키지 않으셨던지 두 분은 따로 자리를 찾아가셨다. 음... 길거리에서 자리를 펴고 밥을 먹는 모습이 부끄러우셨나요? ㅜㅜ 이젠 일행에게도 외면 받다니...

내 식사를 마치고 두리번거리며 두 분을 찾아봤지만 어디 숨어서 맛난 것을 먹고 있는지 보이지 않았다. 먼저 갔는지 아직 먹고 있는지 알 수 없어 혼자서 먼저 출발해버렸다.

강한 맞바람의 영향으로 천천히 이동하다 보니 오늘은 그리 많이 이동하지 못했다. 본에서 동남쪽으로 약 50km 떨어진 코블렌츠Koblenz까지 가기로 했다. 코블렌츠 외곽으로 진입하자 대형 쇼핑센터들과 마트들이 즐비했다. 딱히 필요한 것은 없었고 더위도 식히고 두 분도 기다릴 겸 근처 맥도날드로 들어갔다. 와이파이가 되지 않는 독일 맥도날드에서 저렴하게 이용할 것은 아이스크림콘 밖에 없었다. 네덜란드에서 빠져나올 때도 맥도날드에 들러서 아이스콘을 주문했었는데 내 모습이 불쌍해 보였는지 흑인아가씨가 아주 푸짐하게 콘을 만들어 주었었다. 그때 찍어둔 사진을 휴대폰으로 미리 열어놓고 줄을 서서 기다렸다. 그냥 말로 주문해도 되지만 휴대폰에 있는 사진을 보여주면 그 크기만큼 많이 달라는 무언의 압박을 넣을 수 있

암스테르담을 떠나면서 사 먹었던 훈훈한 아이스콘

을 것 같은 고도의 심리전이었다. 손님이 많아서 3명뿐인 여직원들이 정신없이 바쁘게 일하고 있는 와중에 그중에서 제일 예쁘고 착해 보이는 아가씨 쪽에 줄을 서서 기다렸다. 그런데 조금 전까지만 해도 뒷짐지고 직원들을 지켜보고만 있던(점장같아 보이던) 후세인콧수염을 한 남자가 나타나더니 뒤에 서 있던 나에게 바로 뭐 주문한거냐고 물었다. 마음에 들지 않았지만 할 수 없이 폰을 보여주며 검지를 쭉 펴 보여주었다. 하지만 이 후세인아저씨는 정량인지 의심스러울 정도로 적은 양의 콘을 만들어주었다. 순식간에 다 먹어버리고 양에 차지 않아 재도전을 하기로 했다. 후세인아저씨 없는 것을 보고 다시 예쁜 아가씨 앞으로 가서 줄을 서자 어디 숨어 있었는지 기다렸다는 듯 후세인아저씨가 다시 나타났다. '그래도... 설마... 똑같은 걸 두 번씩이나 시키는데... 이번엔 많이 주겠지...' 알아서 하라는 메시지를 강렬한 눈빛에 담아서 아

• 에렌브라이트슈타인 성. 코블렌츠 지역에 위치한 고성으로 한 번도 점령당한 적이 없는 천혜의 요새다. •• 모젤강 건너편에는 제2차 세계대전 때 파괴되었다가 1993년에 재건된 카이저 빌헬름 1세의 동상이 있다.

저씨를 노려보며 다시 한번 검지를 힘차게 뻗었다. 아저씨는 이해를 했는지 못했는지 무표정한 얼굴로 조금 전과 거의 차이 없는 아이스콘을 내놓았다. 뭐 이런 전자저울 같은 양반이 다 있어!! 그 강렬한 눈빛을 읽지 못하다니 눈뜬 장님이 따로 없네 정말... 시원함을 바라고 간 자리에서 열만 받아서 매장을 나왔다.

코블렌츠는 모젤강과 라인강이 만나는 지점이다. 시내로 진입하는데 차량 정체가 생기는 것을 보니 유동인구가 꽤 많은 큰 도시 같았다. 캠핑장은 라인강과 모젤강이 만나는 지점 바로 앞에 있어서인지 캠핑장 이름도 Rhein-Mosel Camping이었다.

캠핑장에서 볼 때 라인강 맞은편에는 한 번도 점령당한 적이 없다는 천혜의 요새 에렌브라이트슈타인 성이, 모젤강 맞은편에는 제2차 세계대전 때 파괴되었다가 1993년에 재건된 카이저 빌헬름 1세의 동상이 있다. 둘 다 코블렌츠를 대표하는 관광지인데 위치적으로 괜찮은 이런 곳에 캠핑장이 있으니 상대적으로 가격은 조금 비싼 편이었다. 하지만 그만큼 시설도 좋고 깨끗했으며 따로 취사장이 마련되어 있었다. 20센트를 넣으면 30분간 쓸 수 있는 인덕션까지 구비되어 있었다. 괜찮은 조리시설을 본 자라옹은 쾰른에서 못 다 이룬 요리욕에 불타올랐는지 마트에 가서 돼지고기와 상추를 사왔다. 역시 사람은 정기적으로 고기를 씹어줘야 하나보다. 양이 그리 많지는 않았지만 간만에 제대로 고기를 씹었더니 힘이 났다. 식사를 마치고 씻고 와서 곧장 자리에 누웠다. 혼자라면 내일 루트를 찾아봐야겠지만 내일 루트는 자라옹이 알아서 하리라 믿고 일찍 잠자리에 들었다.

산넘고 물건너 힘겹게 도착한 비스바덴

나름 좋은 자리라 생각하고 텐트를 쳤었는데 울타리 뒤로 마을 쓰레기장이 있었다. 아침 일찍부터 쓰레기차의 시끄러운 소리에 생각지도 못하게 잠을 깨버렸다. 모닝샤워를 하고 돌아오니 자라옹이 남은 식자재들을 지지고 볶으며 회심의 황금볶음밥을 해준다고 했다. 우리가 싸구려만 사 먹어서인지는 모르겠지만 'Riso'라고 하는 유럽의 쌀은 찰기가 없어서 밥을 해도 잘 뭉쳐지지가 않는 편이었다. 하지만 밥을 볶는 도중 계란을 풀어 넣으면서 볶으면 쌀알 하나하나에 계란이 코팅되어 황금볶음밥이 완성될 것이라며 자신만만해 하는 자라옹이다. 결과는 밥은 밥대로, 계란은 계란대로 날아다녔다. 시장이 반찬이라 그냥 맛있다며 먹어주긴 했는데 그 말을 진심으로 듣고 또다시 이런 만행을 저지르지 않기만을 바랄 뿐이다.

체크아웃을 하고 코블렌츠를 나가는 길에 이곳에서 나름 유명한 침 뱉는 소년 동상Schangel Fountain이 있다고 해서 구시가지 쪽을 둘러보기로 했다. 말이 소년이지 2:8 가르마에 주름살이 진하게 내려앉은 고길동같은 녀석이 50초 간격으로 물을 뿜어낸다. 이 녀석을 가만히 보니 벨기에서 오줌싸개 동상을 포기했던 것은 신의 한 수였던 것 같다.

하늘빛이 구리구리한 것이 오늘은 그리 좋은 날씨가 되지는 않을 듯하여

Germany

대충 구경을 끝내고 남쪽으로 출발했다. 그런데 우리가 맞닥뜨린 길이 자전거가 가도 되는 길인지 확실치가 않아서 시작부터 길이 헷갈리기 시작한다. 고속도로는 아닌 것 같은데 갓길도 없고 지나다니는 차들의 속도를 보면 자동차 전용도로인 것 같기도 하고... 현재 위치를 확인해보려고 했지만 휴대폰의 GPS가 말을 듣지 않았다. 정확한 현재 위치를 확인한 후 출발하기 위해서 계속 폰과 씨름을 하는데 자라옹은 형수님과 먼저 출발을 해버렸다. 휴대폰이 끝내 말을 듣지 않아서 뒤늦게 나도 포기

침 좀 뱉었다는 소년의 동상

하고 자라옹을 쫓아가 보았지만 이미 시야에서 사라진 후였다. 평소 자라옹의 스타일을 고려했을 때 안전하지만 돌아가는 길보다는 분명 위험하더라도 빠른 길을 택했으리라 생각하고 큰 도로를 따라 계속 쫓아갔다. 깜짝깜짝 놀라도록 경적을 울리며 위협적으로 지나다니는 차량들 때문에 한껏 긴장한 상태로 있는 힘껏 속도를 내서 달렸다. 형수님이 지구력은 좋지만 아무래도 여자인 것을 감안하면 파워가 부족해서 분명 멀리 가지는 못했을 텐데 한참이 지나도 두 분이 보이지 않았다.

아뿔싸... 뭔가 엇갈렸구나 싶었지만 이미 내리막길을 한참 달렸기 때문에 이제 와서 되돌릴 수가 없었다. 어쩔 수 없이 6km정도를 미친 듯 밟아서 겨우 일반 도로로 빠져나왔다. 차량의 위협에서는 빠져나왔지만 곧바로 이어지는 소나기 콤보! 둔탁한 소리를 내며 갑자기 쏟아지는 굵은 빗방울을 피해 근처 다리 밑으로 숨었다. 비가 그칠 동안 식빵을 꺼내 지도를 점검했다. 확인을 해보니 내가 길을 잘못 들어도 한참 잘못 든 것 같았다. 프랑크

푸르트로 가려면 동남쪽으로 가야 하는데 내가 내달렸던 큰 도로는 남쪽으로 내려가다가 다시 북동쪽으로 올라가버린 길이었다. 그 길은 위험한 데다 내리막이었기 때문에 이제 와서 다시 돌아갈 수는 없는 노릇이었다. 이럴 줄 알았으면 어제 지도 좀 봐 놓을 것을… 자라옹에게 모든 것을 맡겨버린 것이 비참한 결과를 초래하고 말았다.

할 수 없이 가던 길을 따라 북동쪽으로 계속 달려 나쏘Nassau라는 마을에 도착했다. 시작부터 길을 잘못 들어서 조금 돌아오긴 했지만 다시 지도를 보니 완전 실패한 선택만은 아닌 듯했다. 이곳에서부터 50km정도는 길을 찾느라 신경 쓸 필요가 없는, 무조건 직진만 하면 오늘의 목적지까지는 쉽게 찾아갈 수 있을 만한 코스였다.

한두 차례씩 비를 맞으면서도 다음 목표를 향해 꿋꿋하게 페달을 밟아 나갔다. 그런데 시작부터 오르막이다. 땀을 삐질삐질 흘려가며 8km정도 쉬지 않고 올라갔더니 정상처럼 보이는 작은 마을이 나타났다.

• 나쏘에 도착하기 전에 만난 마을 바트엠스(Bad Ems). 인구 약 1만 명의 이곳은 온천휴양지로 유명하다.　•• 나쏘에 도착했다. 이젠 그냥 쭉 한길로만 가면 되니 지도를 볼 필요도 없겠지... 룰루랄라 페달을 밟아 다리를 건넌다.

마을 주변으로 펼쳐진 아름다운 유채꽃밭을 보며 잠시 땀을 식히는데 구름색이 점점 짙어지는 것이 서둘러 출발해야 할 것 같았다. 한참을 올라왔으니 이젠 내려갈 일만 남았겠지... 하며 신나게 내리막길을 달렸는데 1km를 내려가면 2km를 올라가고 다시 2km를 내려갔다 싶으면 3km를 올라갔다. 한두 번도 아니고 30km를 계속해서 그런 식으로 오르내려야 했다. 띄엄띄엄 내리는 비 때문에 멈추지도 못하고 3시간 넘게 달리다 보니 결국 오른쪽 무릎에 무리가 오기 시작했다. 잠시 내려서 100m정도 자전거를 끌고 올라가봤더니 역시나... 속도도 더 느린데다 끌고 가는 것이 더 힘들었다. 죽이 되든 밥이 되든 자전거는 끄는 것 보다는 타고 다니는 것이 진리다. 다시 올라타서 왼쪽 다리로 열심히 페달을 밟았다.

저녁 7시쯤 본격적인 내리막이 시작되었다. 그동안의 힘든 오르막에 대한 보상치고는 턱없이 부족했지만 그래도 10km정도를 시원하게 내려올 수 있었다. 두 분은 어디쯤인지 문자를 보내봤더니 예상외로 얼마 오지 못했다. 내가 죽어라 개고생하며 업다운을 반복하고 비를 맞으며 식빵을 뜯는 동안 두 분은 레스토랑에서 식사도 하시고 라인강변을 따라 세월아 네월아 하며 평지를 천천히 달려왔다고 한다. 게다가 두 분이 지나온 코스에는 그 유명한 '로렐라이 언덕'도 있었다고 한다. (처음엔 많이 부러웠는데 나중에 알고 보니 로렐라이 언덕은 오줌싸개 동상과 더불어 '유럽 3대 허무'에 속한다는 소리를 듣고 조금 위안을 받았다)

아무튼, 오늘의 목적지가 된 비스바덴Wiesbaden에 먼저 도착한 나에게 오늘 묵을 캠핑장을 찾아보라고 하는데 좀처럼 캠핑장이 보이지 않았다. 강가에 요트가 가득 정박되어 있는 모습이 분명 많이 있을 것 같은데 좀처럼 캠핑장 표시를 찾을 수 없었다. 결국 캠핑장을 찾지 못한 채 자라웅과 합류했다. 합류 지점 근처에 마트가 있어 들어가보니 영업종료 시간이 20분밖에 남지 않아서 내가 먼저 장을 보고 자라웅은 캠핑장을 더 찾아보기로 했다.

그런데 막상 저녁거리를 사려고 해도 캠핑장의 취사 가능 여부를 모르니 조리가 필요한 재료들을 선뜻 고를 수가 없었다. 스피커를 통해 곧 영업이 종료된다는 방송이 나와서 우선 내가 먹을 것들만 급하게 주워 담았다. 마트 문이 닫히고 나자 뒤늦게 자라웅이 나타났다. 저녁 장보기는 실패했지만 다행히 잠자리는 구했다고 한다.

그런데 자라웅을 따라 간 곳은 캠핑장이 아니라 비스바덴의 카누클럽이었다. 혹시나 싶어 캠핑이 가능한지 물어봤더니 원래 일반 캠핑장이 아니지만 특별히 1인당 5유로의 매우 저렴한 가격으로 숙박을 허락해주었다. 얼른 텐트를 치고 저녁을 먹으려고 적당한 자리를 찾고 있는데 자라웅이 밥부터 먹자고 한다. 클럽 내에서 자체 운영하는 레스토랑이 있는데 마침 시간이 다 되어간다고 해서 그 전에 시켜먹기로 했다. 아무래도 비쌀 것 같아 대충 빵으로 해결하려다가 생각지도 못하게 무리했으니 오늘 하루만큼은 돈 생각 안 하고 보신을 좀 해야겠다 싶어서 고기 썰기에 동참했다. 메뉴판이 독일어라 뭐가 뭔지 모르는 가운데 숙박을 허락해준 여성분이 와서 친절하게 메뉴별로 하나하나 설명해주셨다. 그녀의 친절은 거기서 그치지 않고 식사를 마치고 일어서는 우리에게 다가와서는 우리만 괜찮다면 밖에서 텐트치지 말고 건물 안에서 자도 된다고 말해주었다. 비가 부

운 좋게 하루 묵게 된 비스바덴 카누클럽

슬부슬 내리는 상황이었기 때문에 우리에겐 최고의 배려였다. 건물 안쪽에는 넓은 강당같은 곳이 있었고 그 옆에 있는 작은 방에 짐을 풀었다. 또한 자전거를 어디에 보관할지 몰라 주위를 살피고 있는데 처음 보는 우리에게 자전거 보관하라고 창고열쇠까지 쥐어주시며 내부시설 위치와 이용 방법까지 하나하나 친절하게 설명해주고 나서야 퇴근을 하셨다. 천사같은 그녀의 배려에 감사한 마음 가득 안고 힘든 하루를 편안하게 마무리했다.

유럽의 관문, 프랑크푸르트

예상치도 못한 행운으로 편안한 밤을 보내고 기분 좋은 아침을 맞이했다. 커튼을 열어보니 기분 좋은 아침에 걸맞는 눈부신 햇살이 방안 가득 쏟아져 들어왔다. 민폐가 되지 않도록 최대한 우리가 있었던 자리를 깨끗이 치워 놓고 출발준비를 했다. 어제의 천사같은 여성분에게 프랑크푸르트로 가는 길 안내를 받은 후 숙소를 나섰다. 막 문을 열고 오픈준비를 하는 '서브웨이'에서 아침식사를 해결한 후 바로 옆에 있던 1유로샵에 들렀다. 우리나라의 '천냥마트' 같은 곳인데 무조건 천원이라고 써놓고 2천, 3천원짜리 제품이 더 많은 것까지 비슷했다. 쾰른에서 펑크 났을 때 부러뜨려먹은 타이어레버와 아무짝에도 쓸모없었던 까르푸 펌프를 대신할 물건을 구입했다.

도화지의 낙서처럼 여기저기 비행기 구름이 그려져 있는 프랑크푸르트의 하늘

카누클럽에서 알려준 대로 R3도로를 타고 프랑크푸르트로 향했다. R3도로는 자전거 도로라서 꼬불꼬불 이어지고 중간중간 여러 갈래로 나눠지는 곳도 많았지만 워낙 이정표가 잘 되어 있는 데다 길도 잘 닦여 있어서 별로 힘들이지 않고 달릴 수 있었다. 무엇보다 이제와는 진히 다른 쾌적한 날씨의 영향이 컸다. 역시 여행은 날씨가 반은 먹고 들어간다.

두 분이 잠시 마트에 들어가시는 것을 보지 못하고는 쫓아간다고 쉬지 않고 달렸더니 혼자서 프랑크푸르트에 도착해버렸다. 가장 먼저 프랑크푸르트임을 알려준 것은 하늘이었다. 프랑크푸르트는 위치상 유럽의 중심부에 있기 때문에 굉장히 많은 비행기들이 드나드는 교통의 요지다. 덕분에 하늘에는 수많은 비행기구름들이 이리저리 정신없이 그려져 있었다.

OLD와 NEW가 잘 조화된 도시라고 하는 사람들도 있지만 내가 보기엔 그저 언밸런스할 뿐이다.

프랑크푸르트 시내로 들어서자 쾰른이나 본에 들어섰을 때 받았던 고전적인 느낌과는 달리 세련된 현대도시의 모습이 나타났다. 제2차 세계대전 당시 파괴되었던 많은 도시들이 옛 모습을 되살릴 때 프랑크푸르트는 현대화를 선택했기 때문이라는데 그래서인지 옛날 건물들과 현대식 빌딩들이 함께 어우러져 있었다.

강변을 따라 여기저기 구경하며 달리는데 자라웅에게 프랑크푸르트역 앞에 있는 호스텔을 알아보라고 문자가 왔다. 지도를 보아하니 현재 내 위치는 역을 한참 지나와 있었다. 도시의 규모만큼이나 사람들도 차량도 부쩍 많아져서 그리 멀지 않은 거리임에도 불구하고 한참 만에야 겨우 호스텔에 도착했다. 이미 1층에 자라웅의 자전거가 묶여 있었다. 한참 걸릴 줄 알았는데 나보다 먼저 도착했나 보다. 엘리베이터를 타고 리셉션에 올라가보니 자라옹이 이미 계산을 끝마친 상태였다. 짐을 정리하고 나니 맑았던 하늘이 급격히 흐려지더니 천둥번개를 동반한 소나기가 막 쏟아졌다. 딱히 할 일이 없어 리셉션에서 사진 정리도 하고 인터넷도 좀 하면서 시간을 보냈다. 가이드북에는 한국의 족발과 비슷한 '슈바인학세'라는 음식과 '아펠바인'이라는 술이 유명하니 꼭 먹어보라고 나와 있었다. 오늘은 역 근처에서 대충 해결하고 내일 꼭 먹어보기로 했다.

비가 그치길 기다리며 쉬고 있는데 8시가 되자 리셉션에서 딸랑딸랑 종이 울리더니 사람들이 우르르 일어나서 리셉션 앞에 줄을 서기 시작했고 곧이어 토마토소스로 버무린 파스타를 사람들에게 배식하기 시작했다. 갑작스런 상황에 어떻게 행동해야 할지 몰라 당황스러웠지만 침착하게 주위 상황을 스캔했다. 가장 중요한 것은 '공짜인가 아닌가!!'였다. 만약 공짜라면 모든 사람들이 다 줄을 섰을 텐데 군데군데 앉아 있는 사람도 있는 것으로 보아 유료일 수도 있었다. 조금 민망하긴 했지만 앞에 앉아있던 커플에게 물어보니 공짜라고 했다. 공짜소리 듣고 곧바로 일어나면 너무 속물같아 보일까봐(사실 누구하나 신경쓰는 사람 없었을 텐데...) 휴대폰으로 하던 것을 계속 하는 척 하다가 적당한 타이밍에 일어나 줄을 섰다. 토마토소스로 만든 파스타인데 간도 별로 맞지 않고 자라옹의 파스타보다 훨씬 맛이 없었다. 돈 내고 먹었으면 안타까울 맛이다. 파스타로는 양이 치지 않아 밥도 먹고 구경도 할 겸 밖으로 나갔다. 근처에는 프랑크푸르트 구시가지를 둘러 조성된 타우누스 정원Taunusanlage과 함께 유럽중앙은행이 있었는데 그 주변 일대에 크고 작은 천막들이 가득 들어서 있었다. 유럽경제위기 때문인지 자본주의에 반대하는 대규모 시위 현장 곳곳에 플래카드가 걸려 있었다. 그들에게는 힘든 투쟁이겠지만 그 와중에 묵을 곳을 못 찾으면 이곳에 텐트치고 자도 되겠구나... 하는 생각이 들었다.

• 거대한 유로중앙은행의 상징물 유로심볼 •• 투쟁의 현장에서 내꺼보다 좋은 텐트들을 보면서 욕심이 났다…

거리 야경을 좀 둘러보다가 자라웅과 형수님은 간만에 뜨끈한 국물이 먹고 싶다고 중식집에 들어갔고, 난 여기까지 와서 무슨 짜장면이냐고 하면서 다른 뭔가를 찾아 헤매다가 결국엔 매일 먹던 빵으로 해결했다.

신구의 조화인가, 언밸런스인가?

어제 저녁의 파스타는 별로였는데 아침식사로 제공된 메뉴들은 아주 만족스러웠다. 종류가 딱히 많은 것은 아니었지만 무엇보다도 여태껏 한 번도 볼 수 없었던 토마토와 오이가 슬라이스 되어 놓여 있어 간만에 샌드위치다운 샌드위치를 만들어 먹을 수 있었다. 물론 점심용으로도 두툼하게 챙긴 후 프랑크푸르트 구경을 나섰다.

좋게 말하면 고전과 현대의 조화, 나쁘게 말하면 언밸런스인 프랑크푸르트. 중심가를 향해 가는 길에 예쁜 술통 모양의 아펠바인 판매처가 눈에 들어왔다. 이곳의 특산물인 '아펠바인'은 영어로 하면 '애플와인' 이름 그대로 사과로 만든 와인인데 달콤하면서 신맛이 나는 것이 특징이다. 뒤셀도

프랑크푸르트! 조화인가 언밸런스인가

르프에서 알트비어를 마시고 폭풍 감동을 먹었기 때문에 이 녀석도 잔뜩 기대를 했다. 저녁에 슈바인학세를 먹을 예정이니 그때 같이 맛보기로 하고 일단은 패스했다.

시내 중앙은 세련되고 신기한 건물들이 간혹 있었지만 여느 현대도시들과 크게 다를 바 없어보였다. 그리고 현대식 건물들이 지겨워지면 바로 근처에 뢰머 광장이 있는 구시가지로 가면 곧바로 기분전환이 가능했다. 광장 옆 골목으로 조금 걸어가면 프랑크푸르트에서 가장 큰 성당인 카이저돔이 있다. 유럽의 성당들이 거의 비슷비슷한 것 같아 내부는 들어가보지 않고 외관만 구경했다.

슬슬 배가 고파지기 시작해서 식사할 만한 곳을 찾아 돌아다니다가 두 분은 어느 레스토랑에 자리를 잡으셨다. 난 호스텔에서 아침에 샌드위치를 만들어왔기 때문에 함께 자리를 하지 못하고 근처에 있던 버거킹으로 들어가서 콜라 하나만 시킨 후 구석에서 샌드위치와 함께 점심을 해결했다. 다 먹고 나서 화장실에 갔는데 입구에 테이블이 하나 있고 동전이 들어 있는 작은 소쿠리와 함께 아주머니 한 분이 앉아 계셨다. 작은 개인 구멍가게도 아니고 설마 버거킹에서 유료화장실이라니... 볼일 보는 내내 신경이 쓰

→ • 메세박람회장 바로 아래에서 열심히 공구질하는 '해머링 맨'. 노동의 신성함을 상징하는 대형 조형물로, 미국의 현대 미술가 조나단 브로브스키의 작품이다. 1979년 뉴욕에서 처음 선보인 이후에 독일 프랑크푸르트와 베를린, 스위스 바젤 등에도 설치되었다. 서울에는 7번째로 들어왔는데 서울 광화문 흥국생명 본사 앞에 서 있다. •• 도심속 공룡 ••• 뢰머 광장에 있는 프랑크푸르트 대성당 카이저돔 •••• 카이저돔 전망대는 다른 곳처럼 탁 트여있지 않고 삐죽삐죽 튀어나온 게 많아서 관람이 그리 용이하지는 않다.

였다. 달라고 하면 주고 아무 말 없으면 그냥 갈 생각으로 마음의 준비를 한 후 당당하게 빠져나왔는데 아주머니는 휴대폰만 만지작거리며 나를 쳐다보지도 않았다.

식사를 마친 자라옹과 다시 합류해서 이번에는 프랑크푸르트 북쪽으로 루트를 바꿨다. 박람회장이다 보니 주변에는 우뚝 솟은 현대식 빌딩들이 즐비했다. 간혹 TV에서 본 것 같은 조형물들과 빌딩들의 숲을 보고 있자니 파리의 라데팡스로 다시 온 듯했다.

여기저기 구경을 하는데 뜬금없이 거대한 공룡 한 마리와 함께 프랑크푸르트 자연사박물관이 나타났다. 다른 박물관은 몰라도 자연사박물관은 한 번쯤 볼 만하다고 자라옹이 추천을 해주었다. 입장료가 있는 관계로 자라옹도 같이 볼 것인지 물어보니 자기는 다른 나라에서 봤다고 안 본다고 한다. 같이 보면 몰라도 혼자서 보기는 좀 뭣해서 그냥 패스했다. 호스텔로 다시 돌아가는데 문득 떠오르는 의문점... 자라옹은 뜬금없이 왜 나에게 박물관을 추천한 것일까...? 곰곰이 생각해보니 약 50일 후 이 여행이 끝나면 형수님과 자라옹은 1년간 생이별을 해야 하는데 내가 너무 두 분의 시간을 방해하는 것은 아닌가 싶은 생각이 들었다. 앞으로는 두 분의 시간도 좀 드려야겠다는 생각을 하며 호스텔로 돌아왔다.

두 분은 좀 쉬어야겠다고 들어가셨다. 생각난 김에 실천해야지! 두 분의 시간을 가질 수 있도록 나는 오전에 들렀던 뢰머 광장으로 향했다. 카이저돔의 꼭대기에서 도시를 내려다보고 싶어서 매표소에서 3유로를 내고 티켓을 끊었다.

원형계단을 한참 올라가 정상에 서니 프랑크푸르트 전경이 한눈에 들어왔다. 높은 곳에서 내려다보는 풍경은 언제 봐도 기분이 좋다. 사진도 찍고 경치도 감상하며 잠시 심신을 가다듬고 있는데 단체손님들이 올라와서 금세 시끌벅적해졌다. 곧장 성당을 내려왔는데 근처에서 프리미엄 아이스크

Germany

림으로 유명한 하겐다즈 매장이 눈에 들어왔다. "그래! 비싸다고 평소에는 쳐다보지도 않았지만 본고장 독일까지 왔으니 한 번은 먹고 가야지!!" 하는 생각으로 매장 문을 열고 들어갔다. 가격을 보니 비싼 것은 마찬가지! 본고장이라고 해서 더 저렴하지는 않았다. 유치하지만 독일에서 하겐다 즈를 먹는다고 허세 좀 떨어볼 생각으로 인증샷까지 찍으며 맛있게 먹었다.

하겐다즈 매장 바로 옆에는 아침에 봤던 술통 모양의 아펠바인 판매처가 있었다. 저녁식사를 할 때 슈바인학세와 함께 먹기로 했었지만 만에 하나 돌발 상황으로 저녁에 못 먹을 일이 생길 때를 대비해서 혼자서 먼저 한 잔 마셔보기로 했다. 메뉴판에 적힌 대로 2유로를 내고 한 잔 부탁했더니 1유로를 더 내면 한 잔을 추가로 준다고 한다. 순간 혹했지만 그냥 한 잔만 시켜서 마셔보았다. 3유로 내고 두 잔 시켰으면 정말 억울할 뻔했다. 원래 와인은 내 취향이 아니라 그런지는 몰라도 시큼 쌉싸름한 맛이 내 입에는 영 맞지 않았다. 나중에 저녁 먹을 때 나는 맥주를 시켜먹어야겠다.

숙소로 돌아오니 자라옹이 근처에서 빨래방을 봤다고 빨랫감을 꺼내 정리하고 있었다. 가는 김에 내 빨래도 함께 부탁하고 빨래방에 다녀와서 곧바

길거리에서 파는 아펠바인이라 그런지는 몰라도 참... 별로였다...

로 슈바인학세를 먹으러 가기로 했다. 그동안 인터넷을 하면서 조금 전 먹었던 하겐다즈 사진을 올리기 위해 페이스북을 열었다. "하겐다즈는 역시 독일에서 먹어야 제맛!" 멘트까지 다 적어놓고 혹시나~~ 싶어서 하겐다즈를 검색해보았다. 그런데 세상에... 하겐다즈Haagen-Dazs라는 이름에서 오는 독일어 같은 느낌 때문에 지금까지 십수 년간을 독일브랜드라고 생각하고 살아왔는데 이제 보니 미국 브랜드였다. -_- 게다가 '하겐다즈'는 독일도 아니고 미국인이 보기에 유럽에서 온 브랜드처럼 보이도록 지어낸 국적 불명의 아무 뜻도 없는 말이었다. 갑자기 돈이 막 아깝기 시작하고 막...

약 3,40분 후 자라웅이 빨래를 마치고 돌아왔다. 그리고 청천벽력같은 한마디... "비 온다." 창밖을 보니 내가 들어올 때까지만 해도 맑았던 하늘이 어느새 천둥번개를 동반한 먹구름과 함께 소나기가 주룩주룩 쏟아졌다. 에휴... 그냥 한국 가서 장충동 왕족발이나 시켜먹어야지 학세는 무슨... 결국 저녁은 가지고 있던 식빵으로 해결을 했다. 그나마 다행인 것은 리셉션에서 오늘도 무료파스타를 내놓았다.

어제 한번 해봤으니 오늘은 자연스럽게 배식을 받아 테이블에서 먹고 있는데 옆 테이블에서 익숙한 언어가 들려왔다. 힐끔 쳐다보니 오늘 새로 온 한국인 여행자들이었다. 남자팀과 여자팀이 있었는데 어제 내가 그랬던 것처럼 저 파스타가 공짜인지 아닌지를 놓고 계속 눈치만 보고 있었다. 속으로 그 상황이 웃겼지만 니는야 친절한 오지랖er... "공짜에요~ 그냥 가서 이름 체크하고 드시면 돼요~"라고 알려주었다. 그러자 그 사람들은 화들짝 놀라며 "허걱! 일본사람 아니었어요?"... -_- 아니 어딜 봐서...

시원하게 쏟아지던 비는 밤이 되어서야 그쳤다. 바람도 쐬고 야경도 볼 겸 프랑크푸르트역 앞으로 나갔다. 역 앞에는 자매결연이라도 맺었나 싶을 만큼 금호, 기아, 넥센 등 한국기업들의 간판들로 도배가 되어 있었다. 한국의 위상이 좀 높아졌으려나... 하다가도 독일사람들은 과연 저 기업들이 한국

Germany

프랑크푸르트역 앞

한국기업들 프랑크푸르트를 정복ㄱㄱ

기업인지는 알까 하는 생각이 들었다.
비가 오고 난 후라 그런지 추워서 오래 있지 못하고 들어와 버렸다.

다음 목적지는 하이델베르크!
하이델베르크까지는 90km밖에 되지 않지만 평이 좋은 호스텔에 예약을 하려니 주말이라 오늘은 자리가 없다고 한다. 그래서 내일 체크인 하는 것으로 예약하고 오늘은 적당히 가다가 캠핑을 하기로 했다.
오늘도 아침 날씨는 아주 양호한 편이었다. 자라웅은 어제 밤늦게까지 휴게실에서 다른 여행자들과 술을 퍼마시더니 좀비가 되어 아침식사만 겨우 하고나서 다시 침대 속으로 기어들어갔다. 비몽사몽의 자라웅을 뒤로하고 나 혼자서 출발했다.

다름슈타트에서
하얗게 불태우다

전날 구글맵을 통해 찾아둔 길을 따라 하이델베르크로 달렸다. 미국의 도시 같은 경우 구글맵으로 길 찾기를 해보면 자동차 길 찾기와 도보 길 찾기 이외에도 대중교통 길 찾기, 자전거 길 찾기 등이 자세히 나오지만 유럽의 나라들은 아직 자전거 길 찾기 서비스가 되지 않았다. 자동차 길 찾기로 하면 최단거리를 찾아 자꾸만 고속도로로 안내하기 때문에 우리는 도보로 길 찾기를 이용해야 하는데 도보 길 찾기는 가끔씩 자전거가 가기 힘든 산책로를 안내하는 단점이 있었다. 그리고 그 단점은 오늘따라 자꾸만 나를 비포장 도로로 밀어 넣었다. 두어 번 비포장길을 달리고 난 후에는 길 찾기 결과를 무시하고 대충 방향만 잡아서 차도를 이용해 달렸다.

네덜란드가 자전거에 굉장히 관대하면서도 매우 엄격했던 반면 독일은 적당히 관대하면서 딱히 엄격하지는 않았다. 우리나라에서 탈 때와 마찬가지로 상황에 따라 그때그때 차도, 인도, 자전거 도로를 오가면서 30km정도를 달려 다름슈타트라는 도시에 도착했다. 호스텔에서 출발할 때 볼일을 보고 3시간밖에 지나지 않았는데 방광에서 급한 신호를 보내왔다. 가까운 곳에 공원이 보여 곧장 들어가서 한 바퀴 돌아봤으나 역시나 유료화장실이었다. 방광아... 네가 아무리 협박해봐라... 내가 화장실에 돈을 쓰는가... 어금니를 꽉 깨물고 버티면서 시내로 이동했다.

"도... 도날드... 맥도날드를 찾아야 해..." 눈에 불을 켜고 겨우겨우 페달을 밟아나갔다. 시내 중심가에는 자전거 금지 표지판이 서 있었고 모두들 자전거를 끌고 다니고 있었다. 하지만 난 멈출 수가 없었다. 모두가 어글리 코리언이라 손가락질하고 욕해도 좋다. 난 맥도날드를 찾기 전까지는 절대

Germany

다름슈타트의 중앙 루이젠 광장

내리지 않으리라... 그 이유는 놀라운 인체의 신비 때문인데 소변이 급할 때는 자전거에 올라타면 안장의 압박으로 인해 상당히 진정이 된다. 하지만 난 이미 안장에 올라탄 상태에서도 급한 위태로운 상황이었기 때문에 차마 내릴 수가 없었다.

마침내 저 멀리 맥도날드 간판이 보이기 시작했다. 분명 대낮이었음에도 내 눈에는 화려한 네온사인과 함께 화려한 불꽃놀이가 맥도날드 주변으로 펼쳐지며 하늘에서 한줄기 빛이 내려오고 매장 입구에서 천사가 얼른 오라고 손짓하고 있었다. 머릿속으로는 자전거를 세운 후 자물쇠로 잠그고 문을 열고 들어가는 최소한의 동선을 시뮬레이션하면서 매장에 도착했다. 문을 열고 들어가자마자 한 눈에 내부 인테리어 스캔!! 제길 화장실은 2층이다!!

점원들의 눈치 따위 무시하고 허겁지겁 계단을 올라가서 세이프! 모든 에너지를 쏟고 나니 온몸에 긴장이 풀렸다. 변기에 털썩 주저앉아 한참을 풀린 눈으로 멍하니 있다가 화장실을 나왔다. 지방 소도시에서 허름한 동양인의 비주얼은 역시나 모두의 시선을 끌고 있었다. 고개를 푹 숙인 채 도망치듯 빠져나왔다.

조금 전까지 아무것도 눈에 들어오지 않았던 다름슈타트의 사람들과 건물들이 이제

하얗게 불태워버렸어...

• 다름슈타트 거리 풍경 •• 일반적인 성당과 달리 독특한 내부의 싱루드비히 성당

야 속속 눈에 들어오기 시작한다. 자라옹보다 한참 먼저 출발했기 때문에 시간적 여유가 있어 도시 곳곳을 기웃거리며 구경을 좀 하고 다시 남쪽으로 페달을 밟아나갔다.

다름슈타트에서 시작된 이후의 길은 자동차 도로와 별개로 넓은 자전거 도로가 잘 마련되어 있었다. 신호도 거의 없고 쭉 뻗은 길인데다 등 뒤에서 바람까지 불어주니 멋진 경치를 감상하며 페달을 밟을 수 있었다. 넓게 펼쳐진 푸른 들판과 벤샤임, 헤펜하임 등 작고 아기자기한 마을들을 지나 헴스바흐Hemsbach라는 마을에 도착했다. 생전 처음보는 '개구리 조심' 표지판을 비롯해서 곳곳에 개구리로 된 조각과 모형이 눈에 띄었다. 오늘 이곳에서 캠핑을 해야 하는데 설마 밤새도록 개구리 울음소리에 시달리는 것은 아니겠지?

먼저 캠핑장에 도착해서 자리를 잡은 후 뒤늦게 도착한 자라옹과 늘 먹는 파스타로 저녁식사를 해결하고 잠자리에 들었다.

그날 밤... 조심해야 할 것은 개구리 울음소리가 아니라 자라옹의 코고는 소리였다...

• 자연과 함께한다는 것이 무엇인지를 보여주는 듯...
•• 헤헨하임 민가의 앙증맞은 굴뚝
••• 헴스바흐 마을 입구의 개구리 오케스트라
•••• 사슴이 그려져 있는 '야생동물 주의'는 자주 봤지만 '개구리 주의' 라니!!

대학도시 하이델베르크에서 사색에 잠기다

이제 완연한 봄이 온 듯하다. (낮엔 여름같지만...) 일어나자마자 캠핑장 옆에 있는 호숫가를 한 바퀴 돌면서 맑은 아침공기를 만끽했다. 텐트로 돌아오니 자라웅은 아직까지 꿈나라를 헤매고 있었다. 5월이 되어 날이 점점 풀릴수록 자라웅의 늦잠은 늘어만 갔다. "냉큼 일어나 밥을 해다 바치거라!!!" 텐트를 흔들어 자라웅을 깨웠다. 어제 저녁과 같은 메뉴로 아침을 먹은 후 후다닥 설거지를 해주고 나서 먼저 출발했다.
하이델베르크까지 남은 거리는 약 30km. 오전에 도착할 수 있는 거리였다. 열심히 달리다 보니 바람을 타고 달콤한 딸기냄새가 콧속을 자극했다. 냄새의 진원지를 찾아 고개를 돌려보니 근처 딸기밭에서 딸기를 따고 있는 사람들이 보였다. 농사짓는 복장도 아니고 대략 딸기농장 체험 같았다. 일정한 돈을 내고 자기가 수확하는 만큼 가져가는 뭐 그런... 이 좋은 환경에서 자란 녀석들을 자연에서 바로 따먹으면 정말 맛있을 것 같았지만 겨우 겨우 욕구를 억누르며 멈추지 않고 페달을 밟았다.
한 시간 조금 넘게 달려가니 드디어 큰 강과 함께 붉은 지붕의 건물들과 하이델베르크 성이 보이기 시작했다. 제일 먼저 예약을 해둔 스테피 호스텔을 찾아갔다. 18유로의 적당한 가격에 사설호스텔이지만 넓고 깨끗한 시설이 마음에 들었다. 특히 리셉션에서 일을 하는 아가씨가 아주 마음에 들었다. 그동안 여러 캠핑장과 호스텔에서 내 서툰 영어를 한 번만에 이해하는 사람이 없어 두세 번씩 진땀을 빼가며 의사소통을 했었는데 이 여자는 쑥떡처럼 이야기해도 찰떡처럼 잘 알아듣는 눈치 100단 센스쟁이였다. 계산은 일행이 도착하면 하기로 하고 먼저 내부를 둘러봤다. 밥솥, 전자레인지, 인덕션 등 조리기구도 넉넉하게 구비되어 있어 배낭여행자들에게 적합해 보였다. 객실 내부도 상당히 넓고 화사해서 가격대비 아주 만족스러웠다.

그나저나 두 분이 도착할 시간이 한참 지난 것 같은데도 아직도 오지 않는 것을 보니 분명 나 몰래 맛있는 것을 사 먹고 있는 것이 분명하다. 이젠 보지 않아도 3D로 그 모습이 눈앞에 펼쳐진다. 휴게실에서 인터넷을 하면서 기다리고 있으니 한참 만에야 도착했다. "오다가 딸기 사 먹고 왔지?" 얼굴을 보자마자 대뜸 돌직구를 날렸다. 대답을 회피하며 그냥 지나치는 자라옹을 붙잡고 다시 한번 물었다. "내 눈 똑바로 보고 대답해라. 먹었지?" 자라옹은 눈을 마주치지 못하고 파르르 동공을 떨면서 잡은 손을 뿌리치며 안으로 들어간다. 훗... 먹었네... 먹었어...

대충 짐 정리를 한 후 혼자서 시내구경을 나갔다. 두 분이서 좀 더 오붓한 시간을 보내라는 뜻이지 절대! 딸기 때문에 삐친 것은 절대! 아니다.

하이델베르크는 독일에서 가장 오래된 대학인 하이델베르크 대학교가 있으며 전체 인구(약 13만)의 약 20%가 대학생인 대학도시다. 이 학교는 노벨상 수상자를 무려 7명이나 배출했다. 지도를 보며 어디를 먼저 가볼지 생각하다가 칸트, 하이데거 등 여러 철학자들이 산책하며 명상에 잠겼다고 하는 '철학자의 길Philosophenweg'을 가보기로 했다. 다리를 건너고 있는데 반쯤 벗겨진 머리에 머리카락을 휘날리며 사각팬티만 입은 반라의 중년 아저씨가 자전거를 타고 옆을 지나갔다. ".......-_- ???" 대학도시라고 하더니... 풋풋한 금발의 청순여대생들을 볼 수 있지는 않을까... 눈곱만큼의 기대감을 가지긴 했지만 중년 아저씨의 세미누드라니... 얼른 올라가서 명상에 잠겨야겠다.

철학자의 길 자체는 딱히 특별하지 않았다. 생각했던 그 이상도 이하도 아니었지만 저 멀리로 보이는 하이델베르크 고성과 붉은 도시 전경이 무척 예뻤다. 사색하러 왔다가 이 멋진 경치를 보면 아무 생각도 나지 않을 것 같다. 끝까지 올라가니 등산로같은 산책로가 나타났다. 자전거로 갈 만한 곳은 아닌 듯해서 다시 되돌아 내려오는데, 나처럼 자전거를 타고 온 청년 한 명이 난간에 자전거를 기대어 놓고 휴대폰으로 자전거를 찍고 있었다. 분

위기를 보아 하니 곧 사진 찍어줄 사람이 필요할 것 같았다. 괜히 그 사람 근처에서 배회하며 흘깃흘깃 처다봤더니 역시나 나에게 다가와서 사진 좀 찍어달라고 하면서 휴대폰을 건네준다.

많은 대화를 나누었으나 내용을 알 수 없었던 브레멘 청년 토마스와...

토마스라는 이름의 이 친구는 독일 북부의 브레멘에서 왔다고 했다. 앞으로 자전거를 타고 모든 대륙을 다 돌아보는 것이 꿈이라면서 이것저것 뭔가 굉장히 말은 많이 하는데 알아먹질 못하니 그는 답답하고 나는 미안하고...

아래를 내려다 보니 카를 테오도어 다리쪽에 사람들이 많이 다니고 있었다. 다시 한 번 풋풋한 금발의 청순여대생들을 기대하며 철학자의 길을 내려가 곧장 다리로 향했지만 아쉽게도 대부분이 중년의 중국관광객들이었다. 다리 끝에는 자그마한 원숭이 모양의 동상이 있는데 이 동상의 투구부분에 머리를 넣으면 지혜가 넘치고, 손에 든

원숭님! 이 책 대박나게 해주세요~

동전 같은 것을 만지면 재운이 넘치며, 손가락을 만지면 이곳에 다시 오게 된다는 둥 여러 가지 전설이 있었다. 하지만 너는 이성적인 남자! 전설 따위는 믿지 않아!!!라고 말하면서 몸은 어느새 원숭이와 함께 셀카를 찍고 있었다.

시가지 내에는 일요일이라 그런지 사람들이 바글바글했다. 하이델베르크 고성에 올라가기 위해 복잡한 인파들을 피해 입구를 찾았는데 길을 잘못 들었는지 철창 하나뿐인 쪽문이 나타났다. 자전거를 가지고 갈까 묶어두고 갈까 고민하다가 독일 사람들을 믿어보자는 마음으로 그냥 입구에 묶고 올라갔다. 이 성에는 22만 리터짜리 세상에서 가장 큰 술통이 있다고 하는데

이것이 역사다!　　　　　　　　　　성 위의 공원에서 마냥 신이 난 아들바보

실내에서 사진도 잘 안 나올 것 같아서 내부는 패스하고 외부 풍경만 감상했다. 전쟁 당시 포탄을 맞아 파괴된 흔적들을 곳곳에서 찾아볼 수 있었다. 파괴된 모습 자체가 역사의 한 부분이라고 생각하고 복구를 하지 않았다고 한다. (개인적으로도 그대로 두는 것을 찬성한다) 성 주변의 풍경은 아주 자유롭고 평온해 보였다. 언덕 위 풀밭에선 양들이 평화롭게 풀을 뜯고 있었고 사람들도 공원에서 한가롭게 행복을 만끽하고 있었다.

6시가 넘어가자 노란 노을빛이 도시 전체를 감싸기 시작했다. 독일에서 가장 아름답다는 붉은 지붕들의 풍경을 바라보며 철학자의 길에서도 하지 않았던 사색에 잠겨 본다. 한참 동안 붉은색에 취해 있다가 7시쯤 밥 먹으러 숙소에 돌아간다는 자라옹의 문자를 받고 나도 성을 나섰다. 다행히 자전거도, 자전거에 그냥 걸어둔 신발도 그대로 있었다.

숙소로 돌아와 식당에 내려가니 자라옹이 저녁준비를 하고 있었다. 그런데 우리뿐만 아니라 식당이 시끌벅적하도록 사람들로 붐볐다. 모두 한국분들이었는데 회사에서 단체로 관광을 오셨다고 한다. (아마도 스테피 호스텔은 한국인이 많이 찾는 듯하다) 설거지를 끝내놓고 방에 올라가서 쉬고 있는데 한참이 지나도 두 분은 올라오지 않으셨다. 분명 조금 전 그 일행들과 놀고 계실 거라고 직감했다. 식당으로 내려가 보니 역시나 적중! 그분들 덕분에 여행 시작 후 처음으로 맛보는 소주 맛에 자라옹은 정신줄을 놓고 있었다. 이제 와서 같이 끼기에는 뭔가 타이밍이 적절치 못한 것 같아서 나는 그냥 올라왔다. 최근 들어 부쩍 소외되는 느낌을 받기 시작하는 것 보니 또다시 혼자 다닐 때가 온 것 같았다. 다음엔 어디로 갈까... 밤새 인터넷과 책을 뒤적이며 스위스로 가는 루트를 여러 방향으로 검색하던 중 단번에 내 마음을 사로잡는 곳이 있었으니... 바로 프랑스의 알자스 지방이었다. 예전부터 미야자키 하야오 감독의 애니메이션을 좋아했는데 '하울의 움직이는 성'을 만들 당시 그 몽환적이고 동화같은 만화배경을 위해 애니메이터들을 알자스 지방까지 파견시켜가며 작업했다고 한다. 물론 프랑스는 섣불리 들어갈 나라가 아니었다. 프랑스를 나올 때 워낙 개고생을 했기 때문에 두 번 다시 프랑스는 오지 않겠다고 말했지만 지옥의 네덜란드를 통해 나 스스로도 한 단계 더 업그레이드 되었다는 생각으로 자신있게 도전해보기로 했다.

또다시 홀로서기

다음날 식사를 하고 출발 준비를 하는데 두 분은 호스텔도 무척 마음에 들고 고성도 제대로 못 봤다며 하이델베르크에서 하루 더 묵겠다고 하셨다. 사실 두 분이 하루 더 머무는 데에는 슬픈 사연이 있나. 어제 나와는 따로 관광을 했던 자라옹은 펑크난 자전거를 끌고 가는 한 남자를 만났는데 그 자리에서 공구를 꺼내 자전거를 고쳐주었다. 제비는 다리를 고치고 박씨를 물어다 주었지만 이 남자는 자전거를 고치고 밥을 대접했다. 하이델베르크에서 레스토랑을 운영하는 그는 내일 자기 식당으로 놀러오라고 제안했고 말이 나온 김에 형수님은 그 자리에서 위치까지 받아 적으셨다. 그리고 그 일은 내가 한국에 돌아갈 때까지 비밀에 붙여졌다. 치사빤쓰라는 말은 이럴 때 쓰는 것이지…

두 분이 근사한 레스토랑에서 맛난 식사를 하는 줄도 모르고 나는 호스텔 1층에 있는 마트에서 늘 먹던 대로 식빵과 요플레와 바나나를 샀다. 그리고 가지고 있던 재활용품도 교환을 했다. 독일은 환경보호를 위한 자원 재활용 시스템이 아주 잘 갖추어져 있다. 빈 캔이나 병, PET 등 재활용이 가능한 제품들을 수거하기 위해 어지간한 대형마트에서 재활용품 수거 기계를 보유하고 있는데 기계 한 가운데 있는 구멍 안으로 빈 병이나 캔 등을 집어넣으면 안쪽에서 롤러가 마구 돌아간다. 그러면 투입했던 병이 빙글빙글 돌면서 기계의 센서가 투입한 빈 병의 바코드를 확인하고 인식이 완료되면 LCD창에 집어넣었던 병의 수량과 가격이 표시된다. 빈 캔이나 빈 PET병 하나에 0.25유로. 빈 캔 4개를 넣으면 1유로!! 무려 1,500원을 받을 수 있다. 기계에서 영수증을 뽑아서 마트에 가져다주면 현금으로 바꿔주거나 물건을 살 때 해당금액만큼 할인을 해준다. 주의할 점은 첫째! 용기포장에 재활용마크가 표시되어 있는지 꼭 확인해야 한다. 둘째! 바코드를 읽어야 하므로 바코드가 지워지거나 용기훼손이 심하면 인식이 안 된다. 셋째! 얼핏 보면 공돈이 생기는 것 같지만 사실은 물건을 살 때 이미 비용이 포함되어 있다. 환불 받으면 본전이고 받지 않으면 손해인 것이다. 이 시스템을 알고 난 이후부터 우리는 길을 가다가도 땅바닥에 빈 캔이 떨어져 있으면 놓치지 않고 줍고 다녔다. 해외여행 와서 빈 깡통이나 줍고 다니는 모습이 우습겠지만 이게 은근 재미있어서 끊을 수 없었다. 이제 헤어지면 자라옹과는 스위스에서나 만나겠거니 생각하고 다음 목적지를 향해 출발했다.

빈 병 줍기를 부끄러워하지 마라!!

재도전!
다시 찾은 프랑스

　　　　　　　　　　차도로 가지 않고 자전거 길을 따라 가다 보니 울창한 숲길로 들어섰다. 독일은 관광산업 육성 차원에서 독일의 많은 도시들을 죽 훑고 지날 수 있도록 루트를 짜서 각각의 루트에 로맨틱 가도, 에리카 가도, 메르헨 가도, 괴테 가도, 판타스틱 가도, 고성 가도 등의 이름을 붙여 관광효과를 누리고 있다. 하이델베르크에서는 바덴바덴으로 이어지는 판타스틱 가도가 있다. 울창하게 이어지는 짙은 숲으로 대표되는 판타스틱 가도. 하지만 열심히 검색해봤으나 디테일한 코스가 나오지 않아 그냥 내가 가는 길이 곧 판타스틱 가도라 생각하며 달렸다. 그리고 실제로도 울창한 나무들 사이로 햇살이 쏟아지는 숲길은 충분히 판타스틱해 보였다. 아무도 없는 길이었지만 비포장이라 어차피 빨리 달리지도 못하니 상쾌한 기분으로 노래를 흥얼거리며 룰루랄라 남쪽으로 내달렸다.

길게 이어진 숲길이 끝나면 작은 마을이 나왔다가 금세 또 긴 숲길이 나타났다. 숲, 마을, 숲, 마을을 반복하다 보니 어느새 마지막 도시 카를스루에 Karlsruhe에 도착했다. 숲을 빠져나오자마자 넓은 공원이 펼쳐져 있고 그 중심에 카를스루에 성 Schloss Karlsruhe이 우뚝 솟아 있었다. 공원 곳곳에는 다양한 미술작품들이 전시되고 있었고 여기저기서 운동을 하거나 휴식을 취하고 있는 시민들의 모습도 보였다.

도심 중앙 마르크트 광장으로 가보니 의외로 유동인구가 많았다. 지방에서는 나름 큰 도시라고 한다. 도로를 따라 달릴 때도 버스는 거의 보이지 않았는데 트램은 꽤 많이 지나다녔다. 조금 놀라웠던 점은 여성운전기사가 생각보다 많았다는 것이다. 내가 본 차량만 해도 거의 반반 수준이었다.

캠핑장까지 남은 거리와 시간을 계산해보고 아직 해가 질 때까지는 여유가

• 아마도 판타스틱 가도~ •• 간판이 예쁜 빵집 ••• 도로가에 세워진 작은 성당 •••• 카를스루에 성, 1715년에 카를 빌헬름(Karl Wilhelm von Baden-Durlach) 후작의 거처로 지어진 성은 제2차 세계대전 중 폭격으로 불에 타는 바람에 1955년에서 1966년에 걸쳐 재건되었다. ••••• 도심 중앙 마르크트 광장. 그렇게 큰 도시가 아닌 것 같은데 유동인구는 꽤 많았다.

있는 것 같아 근처를 대충 한 바퀴 둘러본 후 프랑스 국경을 향해 달렸다. 몇 번이나 건넜던 라인강을 또다시 건너 프랑스 국경에 거의 도착하기 직전에 여러 할인마트 중에서도 내가 가장 즐겨 이용하던 PENNY를 발견하고 장을 봤다. 아침에 어머니께 안부문자하면서 변비에 대한 문제를 호소했었는데 과일 많이 먹고 요플레 많이 먹으라고 하셨다. 나는 어른 말씀 잘 듣는 착한 여행자니까 큰맘 먹고 평소보다 럭셔리한 장을 봤다.

다시 마주하게 된 프랑스 국경. '이젠 괜찮을 거야! 지금의 난 그때의 내가 아니야!' 부푼 마음으로 캠핑장을 찾아갔다. 그런데 막상 도착한 캠핑장의 분위기가 뭔가 심상치 않다. 리셉션은 공사중인 듯 흐트러져 있고 문도 잠긴 채 창문의 블라인드가 내려가 있다. 벨을 누르자 개 짖는 소리만 요란하고 인기척이 없었다. 아... 시작부터 낭패구나... 역시 프랑스는 얕잡아볼 곳이 아니었는데... 여차하면 근처에서 노숙해야겠다고 생각하며 주위를 살피는데 갑자기 문이 열리며 잠옷을 입은 우람한 아줌마가 찌푸린 얼굴로 나타났다. 무섭게 노려보며 대뜸 손가락으로 표지판의 시간을 가리키고 알아들을 수 없는 프랑스어로 블라블라~ 거기엔 리셉션 오픈 시간이 오후 6시까지라고 써 있었다. 아직 해도 덜 졌는데 무슨 영업시간이 이렇게 짧아!! 하지만 어쩔 수 없이 불쌍한 표정을 지으며 "쏘리... 헬프 미... 캔 유 스피크 잉글리쉬?"라고 물었는데 말이 끝나기도 진에 손바닥을 들어 올리며 "노!!!" 단칼에 거부했다. 그렇다면!!! 내 비장의 무기인 더욱 불쌍한 표정을 지으며 한숨을 내쉬었다. 그것도 안 통하면 더 더욱 불쌍한 표정을...
하지만 아줌마는 말도 없이 리셉션 안으로 들어가 버렸다. "에이... 거 참 너무하시네..." 포기하고 노숙할 곳을 찾아봐야 하나 싶었는데 아주머니가 반대편 문을 열고 나와 통행문을 열어주셨다. 연신 고개 숙여 감사인사를 한 후 계산은 내일 하기로 하고 얼른 들어가 텐트를 쳤다. 샤워를 하러 준비

물을 챙겨 가보니 에너지 절약의 일
원으로 모든 샤워장의 전등이 센서
등으로 되어 있었다. 그런데 원래 그
런 것인지 고장난 것인지 모르겠지
만 반응시간이 굉장히 짧았다. 덕분
에 샤워하는 내내 2분 간격으로 샤워

하다 말고 문을 열고 나와 팔다리를 휘젓고 다시 들어가야만 했다. 밤늦은
시간이라 사람이 없었으니 망정이지 누가 봤으면 정말 흉했을 듯... 다시
텐트로 돌아와 식빵, 바게트 빵, 치즈, 주스, 샐러드, 요구르트, 바나나, 딸
기, 토마토, 맥주, 레드불까지! 나름 럭셔리한 저녁식사를 한 후 다시 시작
할 프랑스여행을 기대하며 잠이 들었다.

스트라스부르에서도 허술리스트의 삽질은 계속된다

새로 설치한 일기예보 앱을 통해 오늘의 날씨부터 검색했다. 지금은 비가
오지 않지만 11시부터 비가 온다고 나와 있었다. 비오기 전에 최대한 멀리
가야겠다는 생각에 서둘러서 짐을 정리한 후 계산을 하고 나왔다.
몇 개의 작은 마을들을 지나는데 평일 낮이라 그런지 사람구경을 거의 할
수 없었다. 날씨마저 흐리고 음산한 느낌이 들었다. 그리고 적절하게 나타
나는 공동묘지들... 유럽에는 마을마다 그 마을만의 공동묘지가 있고, 길을
가다가도 가끔씩 그곳에서 사망한 사람들의 추모비같은 것을 볼 수 있다.
마을, 벌판, 마을, 벌판이 계속 이어지는 가운데 아침에 일기예보앱이 예언
한 대로 정확히 11시가 되자마자 비가 쏟아지기 시작했다. 벌판을 달리던
중이고 앞을 봐도 마을이 나올 기미는 보이지 않는데 빗방울은 점점 굵어
지기 시작했다. 할 수 없이 길가의 작은 나무들 중에서 그나마 큰 녀석 밑으

• 각 마을의 교회, 성당에 마련된 공동묘지 •• 마을, 벌판, 마을, 벌판이 계속 되는 가운데 어플의 예언대로 정확히 11시가 되자마자 비가 쏟아졌다.

로 들어가서 방수대책을 세웠다. 양 손에는 고무장갑을 끼고 두 발에는 양말이 젖는 것을 막기 위해 모아둔 식빵 비닐을 뒤집어씌웠다. 그런데 얼마 전 프랑크푸르트 빨래방에서 세제를 넣고 돌려서 그런지 지금까지 수없이 많은 비를 맞으면서도 방수 하나만큼은 잘 되던 재킷에 물이 스며들기 시작했다. 싸구려도 아닌데 세탁 앞에선 장사가 없나보다. ㅜㅜ 어쨌든 나름 철저하게 방수대비를 마치고 출발!! 하자마자 비가 그친다... 허무하다...

비가 그쳤지만 실컷 준비한 것들을 다시 빼기 힘들어 그대로 남쪽으로 페달을 밟았다. 하지만 꽉꽉 막고 다녔더니 금세 습기가 차고 더워져서 멀리 못가 방수장비들을 해제했다. 가방에 주워 담고 다시 출발했는데 얼마 못가서 빗방울이 떨어지기 시작한다. 정말이지 구름 위에서 날 지켜보며 약올리기로 작정하지 않고서야 무슨 이따위 날씨가 다 있는지... 그나마 이번에는 때마침 작은 마을이 하나 나타났다. 게다가 영업을 하지 않는 주유소에 넓은 천장과 벤치가 놓여 있어 비를 피하기에 매우 좋았다.

비가 그치기를 기다리며 느긋하게 빵을 꺼내 먹고 있는데 나처럼 자전거여행중인 중년의 커플이 비를 피하러 들어왔다. 나는 추워서 패딩까지 껴입고 다니는데 어르신들은 반팔 티에 반바지를 입고 계셨다. 지금은 비를 맞으셔서 그런지 가방에서 긴팔 옷을 꺼내 갈아입으시고 함께 비가 그치기를 기다렸다. 빗방울이 조금 약해지긴 했지만 나는 만들어둔 샌드위치가 남아 있어 바로 일어설 수 없었다. 하지만 두 어르신은 기회를 놓치지 않기 위해 바로 자전거에 올라타서 출발하셨다. 어르신들이 떠나고 3분정도 지났을 때 갑자기

흐린 하늘과 맑은 하늘이 공존하는 프랑스 하늘. 기회를 엿보고 있다가 늘 나를 골탕먹인다.

천둥번개와 함께 폭우가 쏟아졌다. 역시 프랑스의 날씨는 조금이라도 긴장을 늦추면 안 되는구나.

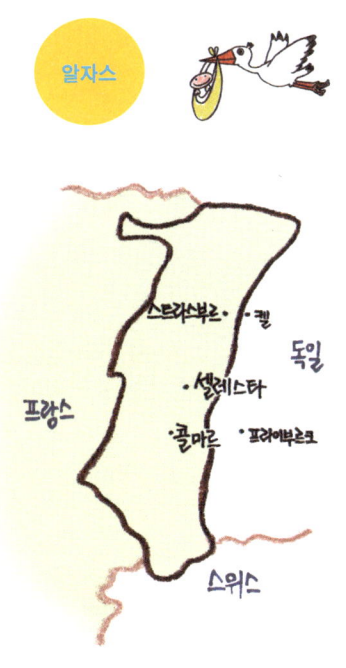

소나기가 그치고 나니 오전 내내 계속 흐렸던 하늘에 드디어 푸른 기운이 모습을 드러냈다. 그렇게 알자스 지방의 중심지인 스트라스부르Strasbourg에 도착했다. 우리나라에 전라도, 경상도, 강원도 등 8개 지역이 나눠져 있듯이 프랑스는 27개의 레지옹Regions으로 되어 있는데 그중 하나가 알자스다. 알퐁스 도데의 《마지막 수업》이란 소설의 배경으로도 유명한데 책 내용처럼 독일국경과 맞붙어 있는 탓에 전쟁 때마다 독일이 되었다가 프랑스가 되었다가 주인이 매번 바뀌었다. 그러다보니 이곳 알자스 사람들은 나라에 대한 애국심이나 자부심 같은 것이 별로 없다. 오죽하면 프랑스

스트라스부르역. 외관은 UFO처럼 신기하게 생겼지만 안으로 들어가 보면 옛날 모습 그대로 보존되어 있다.

인인지 독일인인지 물어보면 알자스인이라고 대답한다고 한다.

우선 숙소부터 찾아야 했다. 미리 검색해둔 곳을 찾아가 빈방이 있는지 물어보는데 평소 리셉션에서 듣던 귀에 익숙한 단어들이 나오지 않았다. 수차례 되물어가며 확인한 결과 이곳은 호스텔이 아니라 홈리스들을 위한 시설이라고 했다.(나도 집은 없는데... =ㅅ=) 할 수 없이 그곳을 떠나 두 번째 검색결과를 찾아 달려갔다. 두 번째 찾아간 곳에서는 다행히 빈방이 있었다. 한숨 돌리며 도미토리룸을 원했더니 이상하게 쳐다보며 여긴 호스텔이 아니라 호텔이라고 한다. 매일 하는 삽질이지만 어떻게 하면 할수록 쭉쭉 실력이 느는지...

원래 계획은 6시 전에 숙소 정해놓고 해 떨어지기 전에 사진 찍으러 나가는 것이었는데 사진이고 나발이고 또다시 잘 곳을 찾는 것이 최우선 과제가 되어버렸다. 이리저리 헤매다가 다시 라인강을 건넜다. 이번엔 공식 유스호스텔 마크가 찍힌 것을 보니 제대로 찾아온 것 같다. 하지만 이미 3일 후인 금요일까지 예약이 다 끝나 있었다. 다른 곳은 없는지 물어보니 바로 옆에 캠핑장이 있으니 그쪽으로 가보라고 했다. 비 때문에 캠핑은 피하고 싶었지만 시간이 너무 늦어 선택의 여지가 없어보였다. 체크인을 하고 최대한 잎이 많은 나무 아래에 텐트를 친 후 더 늦어지면 굶어야 할 것 같아 서둘러 장을 보러갔다. 아니나 다를까... 주위 상점은 다 문을 닫았다. 이러다 아침까지 꼬박 굶어야 할지도 몰랐다. 지금 가장 저렴하게 한 끼를 해결할 방법이 뭐가 있을까 생각하다가 맥도날드라도 찾아가서 치즈버거를 4개 사서 2개씩 저녁, 아침으로 먹기로 했다. 어두워진 길을 달려 겨우 맥도날드를 발견하고 들어가려는데 건물 뒤쪽으로 환하게 불이 들어온 PENNY가

Germany

보였다. 아니... PENNY는 독일 브랜드라 독일에만 있을 줄 알았더니 그게 아니었구나. 국경근처라 그런가? 어쨌든 지금 나에겐 땡큐한 상황이다. 신나게 장을 봐서 나왔다. 이왕 맥도날드를 만난 김에 지도 다운로드를 위해 건물 벽에 바짝 붙어서 접속을 시도해봤으나 어쩐지 와이파이는 잠겨 있었다. 내일 일은 내일 생각하자... 그대로 캠핑장으로 돌아왔다.

삽질의 극에 달한 자...

잠결에 들리는 빗소리와 천둥소리가 장난이 아니다. 일어나자마자 별일 없는지 텐트에서 고개를 슬쩍 내밀어 봤는데 나무와 나무 사이의 절묘한 위치에 자리를 잡은 탓에 텐트는 거의 비를 맞지 않은 듯 했다. 하지만 계속해서 내리는 비 때문에 짐정리를 하기에는 자리가 너무 비좁아 잔디밭에서 나와 건물 쪽으로 짐을 모두 옮긴 후 정리를 했다. 화장실과 샤워장이 옆에 있어서 사람들이 가끔 지나다녔다. 여행을 계속 하다 보니 이젠 사람과 마주하면 내가 먼저 인사할 때도 많아졌다. 세면장을 오가며 만나는 사람들에게 웃으며 "봉쥬르~♥" 하고 인사를 건네니 이상하게 쳐다보며 지나갔다. '아니... 인사하면 늘 웃으며 받아주던 사람들이 오늘따라 왜 이러지? 이상하게 생각하면서 짐을 꾸렸다. 그리고 캠핑장을 나오는데 캠핑장 입구에 독일국기가 펄럭펄럭!!!
아! 어쩐지!... 어젯밤 라인강을 건너면서 나도 모르게 프랑스에서 다시 독일로 넘어와 있었던 것이다. -ㅅ- 그래서 PENNY가 있었고 맥도날드 와이파이가 잠겨 있었고 사람들이 인사를... 오늘도 모닝삽질로 생뚱맞게 하루를 시작한다.

독일에서 아침을,
프랑스에서 점심을...

      스트라스부르 시내로 가려면 또다시 라인 강을 건너야 한다. 프랑스 도시 스트라스부르와 독일 도시 켈이 마주보고 있는 이곳에 '두 강변의 정원Le Jardin des Deux Rives'이라는 이름으로 큰 공원이 있고 두 개의 다리가 서로 연결되어 라인강을 이어주고 있다. 두 개의 다리 입구를 통해 건너다 보면 가운데 부분은 하나로 연결되어 있다. 좌우로 펼쳐진 라인강의 경치를 느끼며 천천히 페달을 밟아 나가는데 갑자기 우당탕탕!! 묵직한 진동이 손목을 통과해 대뇌 전두엽까지 타고 올라왔다. 이 다리는 두 개의 길이 있는데 한쪽은 자전거용 다른 한쪽은 사람용, 즉 계단으로 되어 있다. 자전거용으로 진입했기 때문에 별다른 의심 없이 다른 한쪽도 똑같을 거라 생각했는데 한눈팔다 정신차려 보니 내 자전거가 계단을 질주하고 있었다. 예전같으면 이 정도 계단은 쉽게 즐기듯 내려갔지만 지금은 엄청난 무게 때문에 스포크라도 부러지면 끝이므로 필사적으로 핸들을 부여잡고 조심스럽게 내려왔다. 역시나 독일 아니랄까봐 공원 내부는 여기저기 공사중이었다. 화장실만 얼른 이용한 후 스트라스부르 시내로 진입했다. 처음 맞닥뜨린 느낌은 지금까지 봐왔던 고풍스러운 유럽 건물들이 아니라 아파트같은 다세대 건물들이 여기저기 서 있었다. 한국에서 지겹게 보던 풍경인데 유럽에서 얼마나 살았다고 이젠 이런 건물들이 낯설다.
  프랑스로 넘어와서 제일 먼저 맥도날드를 찾아 들어갔다. 역시!! 프랑스의 맥도날드는 무료 와이파이가 잘 터졌다. 어쩌다 보니 독일에서 아침을 먹고 점심때는 프랑스에서 커피마시며 인터넷을 하는 글로벌한 라이프가 되어버렸다.
  스트라스부르의 볼거리를 검색하며 체크했다. 스트라스부르 노트르담 대

Germany

성당에 있는 큰 천문시계는 보통 때 한 개씩 움직이다가 매일 낮 12시 30분이 되면 전체가 작동된다고 한다. 시계를 보니 12시 5분... 거리도 가까워서 좀만 서두르면 볼 수 있을 것 같아 얼른 나와서 페달을 밟았다. 역시나 대도시는 지도를 봐도 길 찾기가 영 어렵다. 신호대기중에 지도를 보고 있는데 어떤 아저씨가 다가와서 도와준답시고 말을 걸어왔다. 어디를 찾는지 묻기에 손가락으로 내가 갈 방향을 가리키며 노트르담 대성당으로 가는 중이라고 했더니 그쪽이 아니란다. 자기가 지금 노트르담에서 오는 길인데 이쪽으로 이렇게 이렇게 가다가 몇 번째에서 꺾으면 나온다고... 막 설명을 해

• 천문시계와 천사의 기둥 •• 거대한 스트라스부르 노트르담 대성당

쳤다. 이상하다... 지도상에는 분명 이쪽인데...
하지만 며칠 전부터 계속 이어지는 삽질의 향연으로 이제는 내가 나를 믿지 못하게 되었다. 스스로를 믿지 못한 나는 아저씨가 가르쳐준 방향으로 냅다 달렸다. 하지만 5분정도 달리다 보니 아무리 봐도 구시가지로 가는 분위기가 아니었다. 조깅중이던 한 아가씨를 붙잡고 길을 물어보니 지금 거꾸로 달리고 있다고... 내가 달려왔던 방향으로 다시 돌아가라고 했다.
이런... 시간은 5분밖에 남지 않았다. 미칠 듯한 폭풍 페달링을 했지만 성당에 도착했을 때는 이미 35분... 혹시나 조금 오래 하는 것이면 눈곱만큼이라도 볼 수 있지 않을까 싶어 대충 자전거를 묶어놓고 헐레벌떡 성당 안으로 들어갔지만 이미 상황종료... 눈물을 삼키며 조용히 성당구경만 해야 했다. (나중에 알게 된 사실인데 제대로 시계관람을 하려면 11시에 입장해야 하고 따로 입장권을 사서 다른 문으로 들어가야 한다) 밖으로 나와서 성당 외관을 찍으려는데 1625년에서 1847년까지 약 200년간 높이로는 세계에서 짱을 먹어온 만큼 24mm 화각에는 어림도 없었다. (성당 주변이 상점들로 가득해 뒤로 물러설 공간도 없었다)
운하를 따라 5분정도 달려가면 '쁘띠프랑스'라 불리는 예쁜 동네가 모습을 나타낸다. 프랑스어로 '쁘띠'는 '작은, 귀여운'이라는 뜻을 갖고 있다. '작은 프랑스'라는 뜻의 이곳은 앙증맞은 이름만큼이나 예쁜 건물들이 가득했다. 쁘띠 쁘띠~ 이름은 참 예쁘지만 사연은 그렇지 못하다. 이곳 스트라스부르가 국경에 인접하다 보니 전쟁이 잦았는데, 당시 군인들의 성병을 치료하며 이름을 날린 병원의 이름을 따서 쁘띠프랑스가 되었다고 한다. 이름처럼 규모가 작아서 금세 돌아볼 수 있었다.
근처 기념품가게에는 알자스 지방의 상징인 '황새' 인형들이 많았다. 조금 높다 싶은 건물 꼭대기에는 어김없이 황새들의 집이 만들어져 있었다.

(위) 아기자기한 쁘띠프랑스의 풍경
• 운하는 '바토라마'라고 하는 유람선이 운행하며 한국어 오디오가이드도 지원한다. •• '아이를 물어다 준다'는 전설로 유명한 알자스의 황새들! 기념품가게마다 빠지지 않고 놓여 있다.

구텐베르크 광장에서 잠시 쉬면서 다음 목적지로 가는 길을 검색했다. 오늘 날씨는 프랑스답지 않게 정말 좋았다. 이 기회를 놓치지 말고 쭉쭉 내려가야겠다 싶어 다음 마을은 콜마르로 정하고 곧바로 출발했다. 푸른 하늘, 높이 떠다니는 구름, 시원한 바람을 만끽하면서 페달을 밟아 나갔다. 중간중간 지나게 되는 알자스의 작은 마을들을 그냥 지나칠 수 없어 마을마다 둘러보며 시간을 뺏기다 보니 콜마르까지 가기 힘들 것 같았다. 약 20km 거리에 있는 셀레스타란 마을에 도착해서 하루 묵기로 했다.

캠핑장을 찾아가보니 리셉션은 잠겨 있었고 관리인은 퇴근한 것 같았다. 안내판에는 7시까지 영업하는 것으로 나오는데 현재시간은 8시... 한숨이 절로 나왔다. 처음 겪는 일도 아니고 불과 이틀 전에 당했으면서도 같은 실수를 반복하다니... 우선은 캠핑장을 둘러보았다. 규모가 아주 작았다. 입구를 향해 어르신 네 분이 테이블에 일렬로 앉아 식사를 하고 계셨다. 다가가서 인사를 한 후 사정을 이야기하니 괜찮다면서 아무데나 텐트를 치고 내일 아침에 계산하라고 해주셨다. 감사 인사를 한 후 텐트를 치지 않고 그대로 캠핑장을 빠져나가 마트를 찾았다. 먹을 것이 거의 없었기 때문에 곧

정말 간만에 맞이하는 비 없는 하루

장 시내 쪽으로 달려갔지만 마트는 보이지 않았다. 작은 바 한두 군데를 빼고는 모두 문을 닫은 것 같았다. 현재 가진 것이라고는 바나나 한 개와 식빵 두 장뿐... 할 수 없이 아침까지 버텨보기로 하고 다시 캠핑장으로 돌아가니 그때까지도 어르신들은 자리를 지키고 계셨다. 서로 마주 앉아 있는 것도 아니고 긴 테이블에 일렬로 앉아 입구를 바라보는 모습이 조금 웃기다. 내가 도착하니 막 식사를 마치신 듯 테이블 정리를 하신다. "마트 못 찾았어요..." 고개를 절래절래 흔들며 제스처를 취하니 여긴 원래 그렇다는 눈빛으로 고개를 끄덕이신다.

자리를 잡고 텐트를 치기 시작하는데 지금까지 한 번도 보지 못했던 모기가 보이기 시작했다. 아... 그동안 밤마다 추위에 고생했는데 이제 여름이 시작되면 추위보다는 더위와 벌레 때문에 힘들겠구나... 미리 앞날을 걱정하며 짐정리를 하는데 할아버지들 중 한 분이 오셔서 내 팔뚝만한 바게트빵 하나를 웃으며 건네신다. 와... 역시 세상에 그냥 죽으란 법은 없나보다. 무지무지 감사를 연발하며 나는 뭐 드릴게 없나 생각해봤으나 마땅히 드릴게 없어 정성을 담아 인사를 한 번 더 했다. ㅋ 만약 다음에 또 여행을 할 기회가 생기면 이럴 때를 대비해 부피가 작은 우리나라 기념품을 챙기는 것도 좋을 듯하다.

정리를 마치고 씻으러 갈 준비를 하는데 어디서 날아왔는지 황새 한 마리가 캠핑장을 거닐고 있었다. 우리 집 근처에도 작은 하천이 흐르고 있어 가끔 이런 새들이 나타나는데 그 녀석들은 절대 접근을 허락하지 않는다. 멀리서도 내가 사진 찍는다고 걸음을 멈추고 자세를 취하면 바로 날아가버릴 만큼 예민한 녀석들이었는데... 이 녀석은 인간을 전혀 두려워하지 않았다. 오히려 할아버지께서 던져주는 빵조각을 받아먹는 놀라운 장면을 연출하기까지 했다. 이곳 사람들이 환경과의 공존을 얼마나 잘 해왔는지 다시 한 번 느낄 수 있었다.

지브리의 만화속 세상같은
알자스의 마을들

아침 일찍 일어나 리셉션에 가보니 아직도 문이 잠겨 있다. 천천히 짐 정리를 하고 어제 얻은 바게트빵을 뜯어 먹으며 여유를 좀 부리다가 9시가 되어 관리인이 오는 것을 보고 바로 계산을 한 후 캠핑장을 벗어났다. 알자스 지방의 작은 도시들 중 가장 부유한 도시라고 하는 셀레스타를 한 바퀴 돌아본 후 콜마르로 떠나기로 했다. 알자스 특유의 아기자기함은 조금 덜했고 성당 내부도 작은 도시라 그런지 소박한 편이었다. 광장에서는 작은 음악회가 열리고 있었는데 아일랜드풍의 합주를 들으며 잠시 여유를 부렸다.

프랑스로 다시 넘어온 이후 제대로 시간 맞춰 캠핑장에 도착한 적이 없다 보니 이번에는 기필코! 늦지 않고 캠핑장에 체크인하리라 마음먹고 콜마르를 향해 주행을 시작했다. 어김없이 그림같은 작은 마을들을 지나면서도 시간 분배를 신경썼다. 독일에선 무용지물이었지만 와이파이 잘 되는 프랑스에서는 언제 봐도 반가운 존재인 맥도날드를 후생(Houssen)이란 마을 입구에서 발견하고 잠시 들러 주변 검색을 했다.

캠핑장까지 약 7.5km 남은 상황에서 현재시간 3시! 시간은 충분했다. 6시 전까지 캠핑장에 도착해서 텐트치고 나면 딱 빛이 좋을 시간이니 마을 구경 나가면 완벽할 것 같았다. 7.5km는 한 시간이면 충분히 가고도 남을 거리니까 그전에 할 만한 것이 있는지 찾아보았다. 독일에서 6개의 가도를 거의 못 보고 내려온 것이 좀 아쉬웠으니 이곳 알자스 지방 와인가도를 가 보자! 조금 돌아가야 하지만 시간도 많이 남았으니... 와인가도는 끝없이 펼쳐진 푸른 포도밭이 포인트인데 아직 제철이 아니라 그런지 기대했던 만큼의 풍성한 그린은 볼 수 없었다.

• 랜드마크 건설~♥ 셀레스타의 저수탑　•• 광장 뒤 골목에서 리허설중인 악사들

콜마르에 도착하니 5시 반. 캠핑장을 향해 달리던 중 '인터마르쉘'이라는 대형 할인마트를 발견했다. 장보는 건 계산에 없었는데… 장을 보게 되면 시간이 조금 빡빡해진다. 하지만 캠핑장에서 다시 나와 문 닫기 전에 장을 보고 물건들을 계속 들고 다니기는 비효율적일 것 같아 후딱 장을 볼 생각으로 안으로 들어갔다. 그런데 생각 외로 마트가 너무나 넓었다. 크면 좋을 줄 알았는데 막상 너무 크니까 뭐가 어디에 있는지 찾기 힘들었다. 게다가 낱개로 파는 것이 별로 없어서 좀처럼 선택이 힘들어져 필요 이상의 시간을 소비해버렸다. 허겁지겁 나와 캠핑장으로 달려갔다. 도착했을 때는 5시 55분!! 리셉션에 붙어 있는 안내문에는 6시에 문을 닫는 것으로 나와 있는데 어째서인지 벌써 문은 닫혀 있고 아무도 없었다.

와… 진짜 안 될 놈은 뭘 해도 안 된다는 말은 이럴 때 하는 말인가 보다. 마침 지나가던 할아버지에게 상황을 설명해주니 괜찮다면서 그냥 치라고 하신다. 그래서 안으로 들어가 자리를 물색하는데 그 할아버지가 다시 부르더니 캠핑장 안이 아니라 밖에 치라고 한다. 주차장 옆을 가리키며…

흠… 아무리 생각해봐도 이건 아닌 것 같다. 바닥도 딱딱하고 쓰레기통 때문에 냄새도 나고… 그렇게 전전긍긍하고 있을 때 마침 나처럼 자전거에 짐을 가득 싣고 들어오는 커플이 보였다. 캐나다에서 온 이 여행커플도 대략 상황을 난감해 하기에 나도 같은 입장임을 밝힌 후 함께 들어가 텐트를

당장이라도 문을 열고 지브리의 캐릭터들이 뛰쳐나올 것만 같은 분위기~

치고 내일 계산하는 것으로 입을 맞췄다. 당초 계획보다 많이 어긋나버려 7시가 넘어서야 겨우 마을 구경을 하게 되었다. 기대했던 해질녘의 예쁜 빛은 어느새 구름 뒤로 숨어버렸다. 그럼 그렇지... 내가 짜 놓은 계획이 제대로 들어맞을 리가 없지...

허탈한 마음으로 콜마르 시내를 기웃거려본다. 해는 떨어졌지만 그래도 콜마르의 건물 풍경은 무척이나 예뻤다. 그러기에 마트에서 소비했던 시간이 더욱 더 아쉬웠다. 오늘 놓친 빛 좋은 그림은 내일 아침 일찍 다시 와서 보상받으리라 다짐하고 다시 캠핑장으로 돌아왔다.

요 며칠 날씨가 계속 좋아서 생각 없이 텐트를 쳤는데 갑자기 흐려진 하늘에 일기예보를 찾아보니 밤새 비가 올 것만 같았다. 귀차니즘과 걱정 사이에서 고민하다가 결국 자리를 옮기기로 결정하고 어두운 가운데 낑낑대며 나무 아래에 다시 텐트를 쳤다.

저녁을 먹고 샤워장에 갔더니 며칠 전 겪었던 샤워장 센서등보다 한층 더 급한 센서등이 달려 있었다. 거의 20초 간격으로 불이 꺼지는 데다 버튼을 누르면 나오는 물조차도 10초를 넘기지 못했다. 샤워 한 번 하기 위해 왼손으로는 버튼을 연타하고 오른손으로는 문 밖으로 휘저으며 그루브를 탔다. 샤워를 하면 기분이 상쾌해져야 하는데 스트레스만 더 쌓였다.

Germany

미스터리한 마을 뇌프브리작

간밤에 비가 살짝 오긴 했지만 아침이 오기 전에 그쳤다. 어제 해 지는 타임을 놓쳤으니 오늘 해 뜨는 타임은 절대 놓치지 않으려고 부랴부랴 준비를 해서 나섰다. 계산을 하러 리셉션으로 갔는데 아이고 맙소사... 리셉션 오픈시간이 9시였다. 음... 어쩌지... 돈을 놔두고 가기도 뭣하고... 그렇다고 9시까지 기다릴 수도 없는 노릇이고... 시간은 7시를 넘어서고 있었다.
음... 뭐... 좀... 그렇긴 하지만... 좀 미안하긴 하지만... 어쩔 수 없이... 그냥... 나가기로 했다... 죄송합니다. ㅜㅜ
그렇게 불편한? 불안한? 마음으로 콜마르 시내로 달려갔지만 어제 저녁과 비교해 별 차이 없이 우중충한 하늘이 계속되었다. 쨍한 사진은 글렀구나... 허무한 마음으로 콜마르 구석구석을 돌아다녔다. 얼추 마을을 둘러본 후 마을 어귀 광장 분수 앞 벤치에 앉아 아침 대용으로 마트에서 샀던 샌드위치를 우걱우걱 씹어 먹었다. 좀처럼 도와주지 않는 하늘을 원망하며 다음 목적지로 떠나려고 하는데 식사를 마치자마자 거짓말처럼 해가 나기 시작했다. 조금 전과 아주 다른 마을에 온 것 같았다. 이미 마을을 한 바퀴 돌아봤지만 색다른 느낌의 마을을 보기 위해 다시 한 바퀴 돌았다. 우중충했던 마을 운하도 빛이 비쳐지자 '쁘띠베니스'라는 이름에 걸맞는 모습을 드러냈다. 역시 컬러가 살아나니 한결 산뜻한 느낌이었다.
기분 좋게 마을 구경을 마치고 다음 목적지로 출발했다. 오늘 도착할 곳은 동쪽으로 약 50km 떨어져 있는 독일 최고의 친환경도시인 프라이부르크다. 콜마르를 빠져나와 넓은 들판을 배경으로 달리다 보니 또 하늘이 흐려지고 슬쩍슬쩍 비를 뿌리기 시작한다... 그래. 그냥 감사한 마음을 갖자... 적어도 콜마르의 예쁜 모습은 볼 수 있었으니... 서당개가 3년 만에 글을 쓴다면 프랑스 생활 석 달이면 보살이 될 수 있을 것 같다.

운하를 사이에 두고 자리잡은 레스토랑들.
알자스 스트라스부르에 쁘띠프랑스가 있다면 이곳 콜마르의 운하는 쁘띠베니스로 불린다.

시골 도로를 한참 달리다가 로터리부분에서 잠시 방향확인차 지도를 보는데 근처에 이상한 와플? 연꽃? 같은 모양의 지형이 보였다. 코스상으로 크게 돌아가는 길은 아닌 듯하여 호기심에 방향을 틀었다. 그곳은 뇌프브리작Neuf-Brisach이라는 마을이었다. 1698년 보방이라는 영주가 건설했다고 한다. 독특한 형태만큼 이곳은 유럽 전체에서 손꼽히는 방어력을 갖춘 난공불락의 국경요새다. 하지만 정작 지금까지 단 한 번도 공격같은 것을 받은 적이 없다고 한다... -_-

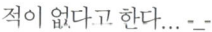
독특한 연꽃 형태의 마을, 뇌프브리작

마을 입구로 진입하려고 할 때 자동차 한 대가 와서 서더니 꽃다발을 든 남자가 내려서는 다리 아래로 뛰어내려 갔다. 으슥한 곳에서 기다리고 있는 연인에게 프로포즈라도 하려나 보다. 쳇! 커플 따위 부럽지 않아...

Germany

성곽 주위에는 이것이 과연 300년 전에 세워진 중세의 건물인가? 혹시 외계인이 지은 것은 아닐까? 라는 생각이 들 정도로 기묘한 조각과 문양들이 많았다. 마을 내부는 그냥 평범해 보이지만 중앙 광장을 비롯해 동서남북으로 연결된 모든 길들이 반듯한 정방형을 이루고 있다. 성벽 위로 올라가서 주변 경치를 살펴보다가 때마침 무척이나 아름다운 장면을 목격하게 되었다. 조금 전 꽃다발을 들고 내려갔던 청년이 꽃다발을 그대로 든 채 다시 되돌아 나오는 가슴이 따뜻해지는 그런 장면이었다.

성벽 위에서 보이는 건물들의 발코니에는 정말 좁은 공간인데도 불구하고 테이블과 의자가 놓여 있었다. 비록 한

• 꽃다발을 들고 뛰어가는 청년...
•• 이건 누가 봐도 외계인이다!

평 정도밖에 되지 않는 공간이지만 아침마다 여유롭게 커피 한잔을 마시며 신문을 보는... 머리는 반쯤 벗겨지고 늘어난 러닝셔츠를 걸친, 배나온 유럽 아저씨의 모습이 저절로 그려졌다.

뇌프브리작을 빠져 나와 다시 국경을 향해 달리자 라인강이 나타났다. 독일 여행을 시작하면서 한 번쯤 라인강을 보겠다고는 생각했지만 이렇게 수차례 넘나들게 될 줄은 몰랐다. 다리 한가운데가 국경이기 때문에 이젠 내 여행의 마지막 라인강이라고 생각하면서 다리를 건너 독일에 입성, 곧장 프라이부르크로 달려갔다.

운이 좋은 날엔 허허벌판에도
이런 나무가 하나쯤 나타나준다.

매일같이 비를 맞다보면 어떤 날은 운이 상당히 좋을 때가 있다. 허허벌판을 달릴 때는 비가 오지 않다가 비가 온다 싶을 때는 적절하게 비를 피할 만한 장소가 그때그때 나타나주는 날인데 오늘이 바로 그런 날이었다. 들판을 계속 달리다가 갑자기 빗방울이 쏟아지는데 정말 착한 타이밍에 비를 피할 건물이 나타났다. 출입구 앞쪽에만 비를 피할 수 있는 처마가 마련되어 있어서 자전거를 세워놓고 일기도 쓰고 간식도 먹으며 비를 피하고 있었다... 그러다 문득 출입문 유리를 보니 한 남자와 여자가 나를 쳐다보고 있었다. 깜짝 놀라서 같이 쳐다보고 있으니 그 남자는 나를 보고 씩 웃기 시작했다. 나도 따라 씩~ 웃어주며 손을 들어 인사했다. 잠시 정적이 흐르고 그 남자는 날 무표정하게 잠시 바라보더니 문을 똑똑 누드린다. 아...! 여닫이문이라서 내 자전거가 그 사람들의 퇴근길을 막고 있었다. 이런 여유 넘치는 양반들을 봤나... 진작 말을 할 것이지...

8시가 다 되어 하늘이 어둑어둑해져 갈 때쯤 프라이부르크 캠핑장에 도착했다. 와이파이로 접속해서 날씨 어플을 확인해보니 오늘, 내일, 모레... 계속해서 비가 온다고 나와 있었다. 게다가 천둥번개를 동반한 소나기... 캠핑장은 주로 캠핑카 위주로 공간이 배치되어 있었고 텐트를 칠 수 있는 공간은 매우 좁은 편이었다. 비를 막아줄 나무가 없어서 리셉션 뒤쪽 건물 벽에 바짝 붙여 텐트를 설치했다. 호수 바로 옆이라 좀 습하고 풀이 좀 긴 편이라 걸어 다니면 금방 신발이 다 젖어버리는 등 시설 면에서는 그다지 좋다고 할 순 없지만 리셉션에 가까이 있다 보니 텐트 안에서 와이파이가 잡힌다는 사실 하나만으로 모두 용서가 되었다. 텐트 안에 누워서 인터넷을 계속 하려면 배터리 충전에도 신경 써야 하기 때문에 샤워를 하고 나서 샤워장에 배터리 충전기를 그대로 꽂아 놓고 텐트로 돌아왔다. 여행 초반에는 도난에 대한 걱정을 굉장히 많이 했었는데 공용화장실이나 샤워장에 밤새 꽂아놓고 충전시키면서 한 번도 도난당한 적은 없었다. 내일은 또 뭘 하나... 비 온다는데 어디서 자야 하나... 걱정만 잔뜩 쌓아두고 잠이 들었다.

프라이부르크에서 각성하다

아침에 눈을 뜨자마자 샤워장으로 가보니 역시나 충전기도 배터리도 안전하게 잘 놓여 있다. 하지만 정작 사라진 것은 충전기가 아닌 샴푸였다. 어제 샤워를 마친 후 깜빡하고 샴푸와 클렌징폼을 그대로 놓고 왔는데 누군가가 내 샴푸통을 들고 가버린 것이다. 클렌징폼은 거의 다 써가던 거라 그대로 있었지만 가득 차 있던 샴푸통은 사라지고 그 대신 비슷한 크기의 빈 샴푸통으로 트레이드되어 있었다. 이것 참... 웃을 수도 없고 그렇다고 울 수도 없고... 그 샴푸는 독일에 입성하자마자 채워 넣은 애견용 샴푸다.
날씨가 무척 좋았음에도 불구하고 체크아웃 준비를 하며 흥이 나지 않았다. 변덕스러운 날씨에 숙박 고민까지 겹치니 매일매일 중점적으로 신경 쓰는 것이 '오늘은 어디에서 무엇을 볼까?'가 아니라 '오늘은 어디서 잘까?'가 되어버렸다. 독일에서는 와이파이가 가능할 때 최대한 일정을 정하고 지도를 저장해둬야 한다는 생각에 좀처럼 캠핑장을 떠나지 못하고 이후의 루트를 계속 검색했다. 남쪽으로 내려가서 스위스 바젤로 들어갈 것이냐, 동쪽으로 가서 티티제를 지나 취리히 쪽으로 들어갈 것이냐... 일기예보 어플을 보니 앞으로 5,6일 내내 비가 오는 것으로 나오는 데다 당장 오늘밤에는 천둥번개를 동반한 소나기가 예약되어 있었다. 비 때문에라도 호스텔에 묵어야 할 텐데... 주말이라 예약도 힘들고... 이러지도 저러지도 못하고 점점 머릿속이 복잡해져만 가는 사이 체크아웃 할 시간이 다 되어버렸다. 우선은 캠핑장을 벗어나 가까운 호스텔을 찾아가보기로 했다. 쾰른에서 자전거에 기름칠한 이후로 계속 비를 맞고 다니면서 정비를 전혀 못해 체인이 바짝 말라 있었는데 때마침 자전거샵이 눈에 들어왔다. 체인오일을 빌릴 수 있는지 부탁해보고 안 되면 오일을 한 통 사야겠다는 생각으로 문을 열고 들어갔다. 두 명이 있었는데 한 명은 다른 손님과 상담중이었고 다른 한 명은 자전거 정비중이었다. 정비중이던 남자에게 간단하게 상황설명을 해주니 걱정과 달리 흔쾌히 웃으며 오일을 내어준다. 오일을 들고 나와 체인에 한 방울씩 발라주고 있는데 정비하던 남자가 뒤따라 나와서는 물통케이지에 새 물통 하나를 꽂아주었다. 헛! 그 자리는 재활용을 위해 빈 캔을 주워 담는 곳인데... 하지만 성의를 무시하지 않기 위해 급히 표정관리에 들어갔다. 고마워 어쩔 줄 모르는 해맑은 표정으로 감사인사를 했다. 체인정비를 마치고 나서 멀지 않은 곳에 있는 '검은숲 호스텔'을 찾아갔다. '검은숲 Black Forest'이란

높고 짙은 상록수들이 하늘에서 보면 검게 보일 정도로 빼곡하게 들어차 있다고 해서 이름 붙여진 독일 남서부지역의 대표적인 삼림지역이다.《헨젤과 그레텔》의 배경이 된 지역도 바로 이 검은숲이다.

리셉션에서 숙박문의를 했으나 토요일이라 이미 예약이 다 찼다고 한다. 내일은 자리가 많은데 오늘은 이미 다 찼다고 하면서 혹시 예약해놓고도 오지 않는 사람이 있을 수도 있으니 6시쯤에 다시 한번 연락을 달라고 했다. 그럼 그렇지... 내가 하는 일이 다 그렇지 뭐... 어느 정도 예상했던 일이지만 막상 닥치고 나니 다른 호스텔을 뒤져보고 싶은 의욕마저 뚝 떨어졌다. 다른 곳에 가 봐도 비슷한 상황일 것 같아 그냥 될대로 되란 식으로 시내구경이나 하기로 했다.

호스텔에서 멀지 않은 곳에 구시가지가 있었다. 도시 내에는 '베히레Bachle'라고 하는 작은 수로가 곳곳에 흐르고 있었는데 이 수로는 자연적인 표고차를 이용하여 추운 겨울을 제외하곤 1년 내내 프라이부르크 시내를 흘러다닌다. 화재를 예방하고 가축들에게 물을 공급하며 건조한 유럽날씨에 습도조절 효과까지 있다고 한다. 전체 길이가 약 15km인데 그 위로 떠다니는 쓰레기를 찾아보기 힘들 정도로 관리가 잘 되고 있었다.

베히레에 떠있는 장난감들

구시가지 중심에는 프라이부르크 뮌스터 대성당이 있는데 잠시 프랑스에 다녀온 사이 잊고 있었던 독일의 모습을 상기시켜 주듯 첨탑부분은 공사중이었다.

토요일이라 성당 주위에는 큰 시장

역시! 독일 성당은 공사를 해줘야 제맛

이 열리고 있었다. 친환경 도시답게 대부분 나무로 만들어진 제품이었다. 한쪽엔 목제품, 한쪽엔 먹거리, 한쪽엔 꽃시장... 주변을 두리번거리다 성당사진을 찍고 있는데 카페테이블에서 커피를 마시던 금발의 멋쟁이 아줌마가 "사진 찍어줄까?" 물어보셨다. 엉겁결에 손을 내저으며 내뱉은 말이 "No, I like 셀카~" 와... 내가 말하고도 부끄러웠다. 이곳저곳 기웃거리고 다니다가 전혀 자전거와 어울리지 않는 패션으로 핸들에는 수북하게 장바구니들을 매단 채 질주하고 있는 아줌마를 발견했다. 도로도 울퉁불퉁한 돌바닥이었고 핸들에 매단 여러 개의 짐들 때문에 컨트롤이 힘들텐데 한쪽 어깨에 에코백까지 매달고 달리는 모습이 강렬했다. 남자도 쉽지 않은데 저렇게 자연스럽게 다니는 걸 보면 이곳 사람들의 생활 속에 자전거가 얼마나 깊숙이 녹아들어 있는지 새삼 느껴졌다.

시장에서 판매되는 대부분의 물건들이 친환경 제품~   시장 다녀오는 독일 아주머니의 강력한 포스

이래저래 구경을 하면서도 막상 머릿속이 복잡하고 걱정이 많으니 계속해서 기분이 다운되었다. 마침 근처에 자그마한 공원이 있어서 자전거를 세워놓고 벤치에 멍하니 앉아 사람들을 구경했다. 신나게 뛰어 노는 아이들, 아이들과 함께하는 엄마 아빠들, 황혼의 여유를 즐기고 있는 할머니 할아버지들까지... 무척이나 행복해 보이는 그들의 모습을 바라보고 있자니 당장 오갈 곳이 없는 내 신세가 처량해진다. '에라 모르겠다.' 그대로 벤치에 벌러덩 누워버렸다. 햇볕이 따가워 모자로 얼굴을 가린 채 온갖 잡념 속으로 빠져들었다.

'난 누군가? 또 여긴 어딘가? 내가 지금 뭐 하고 있지? 출발할 때는 그렇게 기대에 가득 차 있었는데...' '난 이번 여행에서 무엇을 얻어 갈 것인가? 얻는 것이 없으면 사진이라도 얻어야지! 유럽의 근사한 풍경들을 모조리 담아오겠어!' 의욕에 가득 차 카메라도 새로 사고... 그렇게 왔건만 현실은 매일매일 비를 피해 잠 잘 곳 걱정에 사진 찍기 좋은 시간에는 항상 숙소 찾느라 헤매고... 찍어 놓은 사진들은 부끄럽기 짝이 없고...

휴... 쌓여온 감정들이 한꺼번에 터지면서 급격히 우울해져 자포자기의 심정으로 벤치에서 잠이 들어버렸다. 한 시간 반 정도 잠을 자다가 문득 잊고 있었던 무엇인가가 뇌리를 스치며 눈이 떠졌다. 생각해보니 어젯밤에 내가 검은숲 호스텔에 예약을 한 것 같은데? 사설호스텔이라 다른 호스텔에 비해 부실한 예약방식 때문에 예약을 시도하다가 제대로 된 것인지 아닌지 알 수 없어 여태껏 생각도 안 하고 있었다. 곧장 호스텔로 돌아가서 혹시 그동안 취소된 방이 있는지 물어보니 없다고 한다. 그럼 혹시 예약자 명단에 내 이름이 있나 확인 좀 해달라고 했더니 역시나!!! 있다!!! 아침부터 내내 답답했던 숨통이 이제야 겨우 트이는 것 같았다. 가격도 아주 좋았다. 도미토리룸이 20인실로 좀 크긴 했지만 전부 1층 침대인데다 가격도 14유로밖에 하지 않았다. 숙박료가 저렴한 대신 베게와 이불은 따로 돈을 내서 추가

해야 했다. 나는 개인 침낭이 있으니 그냥 내 것을 쓰면 된다. 빨래 널기 좋도록 라디에이터가 있는 자리를 맡아서 세팅을 했다. 옆에 있는 침대에는 나보다 먼저 자리를 잡은 사람이 침낭까지 세팅해놓았는데 전부 깨끗한 신형 침낭들이었다. 내 침낭은 10년이 다 되어 가는데다 군데군데 구멍도 나 있고 펄럭일 때마다 오리털이 막 삐져나오니 조금 민망하다.

하루종일 그렇게 피곤했는데 당장 눈앞의 걱정거리가 해결되고 나니 에너지가 마구 충전되었다. 가벼운 마음으로 자전거를 끌고 장을 보러 갔다. 주말이라 이틀치 식량을 한가득 사서 호스텔 주방 관물대 한쪽에 이름까지 써서 잘 모셔놓고 프라이부르크 야경을 보러 나갔다 왔다.

돌아왔을 때는 자정이 다 되어가는 시간이었지만 다들 어디서 놀고 있는지 숙소에는 아무도 없었다. 덕분에 정신적으로 힘들었던 오늘 하루를 조용히 잘 마무리할 수 있었다.

파릇파릇한 청춘들이 삼삼오오 모여앉아 젊음을 즐기고 있는 아우구스티너 광장

Germany

반가운 재회

요 며칠 계속 새벽에 잠을 깼었는데 마음의 짐을 하나 내려놓아서 그런지 간만에 8시 반까지 푹 잠을 잘 수 있었다. 눈을 떴을 때 옆 침대의 아가씨가 파아란 눈을 동그랗게 뜨고 날 쳐다보고 있어서 깜짝 놀랬다. 괜히 코를 골진 않았을지, 입을 벌리고 자진 않았을지 급 신경이 쓰인다.

식당으로 내려가 아침을 대충 챙겨먹은 뒤 자전거를 이끌고 무작정 밖으로 나왔다. 평소 같았으면 오르막이라면 쳐다보지도 않았을 테지만 오늘은 어쩐지 높은 곳이 끌렸다. 가파른 길을 숨을 헐떡이며 겨우 올라가니 프라이부르크 전경을 볼 수 있는 넓적한 공간이 나타났다. 캬~ 역시 힘들게 올라와야만 볼 수 있는 이런 풍경은 아무나 볼 수 없지! 혼자 으쓱해 하고 있는데 "대디~!!" 아빠를 부르며 열 살쯤 되어 보이는 꼬마가 자전거를 타고 내 옆을 휭~ 지나간다. 내가 올라온 길은 도저히 애들이 올라올 만한 길이 아니었는데… 아무래도 쉽게 올라올 수 있는 다른 길이 있었나 보다. 쳇…

시내가 내려다보이는 벤치에 앉아 느긋하게 광합성을 즐기다 보니 어제처럼 또다시 생각이 많아진다. 평소 모험심이 뛰어난 편도 아니고 여행을 즐겨 다니는 편도 아니었던 내가 만리타향에서 혼자 돌아다니고 있는 이 상황을 정리해보았다. 아무것도 모르는 나 혼자서 과연 잘 지낼 수 있을까 걱정이 많았지만 일단 무슨 일이든 막상 닥치고 나면 어영부영 어떻게든 살아진다는 것을 깨달았다. 함께 다닐 때는 돈, 시간, 사진 등이 자유롭지 않아 떨어져 나왔지만 막상 혼자 다녀보니 3가지 모두 함께 다닐 때와는 또 다른 면에서 포기해야 할 부분이 많은 것 같았다. (물론 여행 전에 착실하게 준비를 해서 계획대로 진행한다면 이야기는 달라지겠지만…)

그래서 내린 결론은!!! '당분간 자라옹을 따라다니자!'

그동안 자라옹이 가는대로 따라다니면 내가 보고 싶은 것들, 찍고 싶은 것

산위에 마련된 공원 전망대와 그곳에서 바라보는 프라이부르크 풍경

들을 마음대로 못 보고, 못 찍을 것 같아 혼자 다녔으나 막상 혼자 다닌다고 더 많이 둘러보는 것도 아니었다. 루트선정부터 숙소문제로 고민하며 스트레스에 힘들어하느니 그 부분은 자라옹에게 맡기고 자라옹이 만든 루트 안에서, 주어진 환경 속에서 내 나름대로 최선을 다하기로 결론을 내렸다. 물론 같이 다니다 보면 또 티격태격하겠지만 그건 그때 가서 다시 생각하면 되었다. 생각을 정리하고 한층 편안해진 마음으로 광합성을 마저 즐긴 후 다시 호스텔로 내려왔다.

검은숲 호스텔의 최대 단점은 와이파이가 지원되지 않는 것이다. 유료가 아니라 아예 서비스 자체가 없었다. 대신 리셉션 앞에 마련된 데스크탑 PC를 이용하거나 유선 랜을 이용해 개인컴퓨터를 사용해야 했다. 별도의 요금을 내야 하긴 하지만 전산으로 통제되는 것이 아니고 이용자가 알아서 사용한 후 리셉션에 가서 대충 얼마나 썼는지 시간을 얘기하고 적당히 계산하는 아날로그 시스템이었다. 하지만 그마저도 대수가 적어 늘 사람들이 가득했다.

프라이부르크로 막 진입했다는 자라옹의 문자를 받고 기다리는 동안 휴게실에서 책을 보며 앉아 있는데 10대 초반으로 보이는 소년 하나가 내 옆에 있는 피아노에 앉더니 연주를 시작했다. 책을 보는데 음악까지 곁들여지니 잠이 솔솔~. 한 시간 가량 졸다깨다를 반복하다가 1주일만에 자라옹과 재회를 했다. 간단하게 호스텔 안내를 해준 후 밖으로 나왔다. 점심을 아직 못 먹어서 배고프다기에 숙소 바로 근처에 있는 케밥집으로 갔다. 간단하게 요기할 만한 메뉴로 하나 시키고 맥주도 시켰는데 주인이 맥주를 갖다 주면서 하는 말이... "맥주를 팔긴 파는데 가게 안에서 마시면 안 됩니다" 라고 한다. 단속에 걸린다고 했다. 그래서 테이블에서 케밥을 한 입 베어먹고는 맥주병을 들고 건물 밖으로 나가려니 그 모습이 안쓰러워 보였는지 그냥 앉아서 먹으라고 한다. 대신 가게가 1층이고 도로가에 오픈된 공간이

프라이부르크 대성당은 독일 내 대표적인
프랑스풍 고딕양식 건축물이다.

라 경찰이 지나가면서 보면 안 되니 숨겨서 몰래 먹으라고 했다.
케밥집을 나와서 시가지로 향했다. 나는 어제 한 번씩 둘러봤지만 두 분 가이드 해주는 셈 치고 다시 한 바퀴 돌았다. 어제는 사람이 많아 들어가보지 못했던 뮌스터 대성당 내부도 돌아본 후 프라이부르크 곳곳을 돌아다녔다. 이곳저곳 돌아본 후 저녁 먹을 곳을 찾다가 솔라타워 근처에서 'Wok n Go'라는 패스트푸드점(?)...같은 곳을 발견했다. 지금까지 이용했던 맥도날드나 서브웨이와는 달리 다양한 볶음밥류를 제공하는 아시안 푸드점이었다. 맛은 둘째 치고 독일에서 찾기 힘들었던 무료 와이파이가 빵빵 터지는 것이 가장 만족스러웠다. 밥을 다 먹고 나와 다시 자전거로 걸어가는데 갑자기 들려오는 자라웅의 안타까운 외침... "도...도둑이다!!!"
헉... 자전거를 도둑맞았나? 이게 무슨 날벼락이란 말인가!! 깜짝 놀라 뒤를 돌아보니 자전거는 3대 모두 그 자리에 얌전히 있었다. 알고 보니 우리 자전거에 달려 있던 물통들이 모두 사라지고 없었다. 이런... 마트에서 재활용하려고 힘들게 모아온 것들인데... 내다 팔면 1유로는 될 텐데!! 땅을 파도 나오지 않을 1유로인데!!! 땡기는 뒷골을 부여잡고 침착하게 상황을 다시 스캔해보니 단순 좀도둑은 아니었다. 속도계도 그대로 달려 있었고 어제 자전거샵에서 선물로 받은 물통도 그대로 있었다. 마트에서 돈으로 교환할 수 있는 재활용 물통들만 없어진 것을 보면 거지

프라이부르크는 친환경 도시답게 모바일(Mobile)이라고 하는 대형 자전거전용 주차장까지 운영되며 대여도 가능하다.

나 노숙자들의 소행이 분명했다. 더 큰 것 도둑맞지 않은 걸 다행으로 생각하며 그냥 오려고 했는데 불과 5m정도 떨어진 곳의 한 자전거에서 우리 물통을 찾을 수 있었다. 그 자전거에 매달려 있던 큰 비닐봉투 안에는 우리 물통 이외에도 빈 PET병들이 가득 담겨 있었다. 우리 물통들을 챙겨서 돌아서는데 우리 행동을 유심히 지켜보던 서양인 한 명도 그쪽으로 다가가서 비닐을 뒤적이더니 물통을 하나 꺼내어 간다. 아마 우리와 똑같이 당한 것 같다. 날이 저물어 맥주를 한 잔 하기로 했는데 낮에 형수님이 지나다가 봐둔 맥주집이 있다고 해서 찾아갔다. 나름 이 동네에서 유명한 집 같은데 술집 내부가 거대한 맥주공장 같은 이미지였다. 신기하긴 했지만 뒤셀도르프에서

마셨던 알트비어의 기억이 너무 강렬했기 때문에 맥주 맛은 기대에 약간 못 미쳤다. 물론 이 녀석만 놓고 본다면 썩 괜찮은 맛이었으므로 기분 좋게 마시면서 간만의 재회를 즐기고 호스텔로 돌아왔다.

맑고 투명한
빙하호수 티티제

인원수에 비해 샤워시설이 부족해 아침 일찍 일어나자마자 샤워를 먼저 한 후 식당으로 내려가 아침식사를 했다. 옆 테이블의 아줌마가 모카포트를 이용해 카푸치노를 만들어 먹는 것을 보면서 엄청 부러워했는데 식사를 마치더니 도구들을 그냥 두고 올라간다. 모카포트는 개별 도구인줄 알았는데 원래 이곳 호스텔 도구였나 보다. 취사가 가능한 호스텔에는 대부분 이전 이용자들이 남기고 간 음식들을 모아두는데 그것들은 보통 Free로 표시해서 필요한 사람이 마음대로 사용할 수 있도록 해둔다. 이곳도 예외는 아니라서 테이블 위에 쌓인 Free 품목을 살펴보니 곱게 분쇄된 원두커피가 놓여 있었다. 빙고! 곧바로 바리스타로 변신, 정성껏 에스프레소를 추출했다. 예전에 커피를 배울 때 모카포트를 샀다가 몇 번 써보고 내 입맛에 맞지 않아 바로 내다 팔았는데 모카포트로 뽑아낸 커피가 이렇게 맛있었던가 싶을 정도로 간만에 만족스러운 커피를 마실 수 있었다. 공짜라서 그런가? 아니지... 내가 잘 내린 거지... 훗...
호스텔에서 체크아웃을 하고 다시 시내 중심가로 갔다. 이제 독일여행도 거의 끝나가고 스위스에서는 유로보다는 스위스 프랑을 쓰는데다 당분간 우리가 거래하는 씨티은행이 없기 때문에 최대한 이곳에서 환전을 해야 했다. 예전에는 유럽에서 간간이 찾아볼 수 있었는데 지금은 모두 철수하고 타르고뱅크 Targo bank라는 이곳 은행에 통합되었다고 한다. 그런데 500유로밖에 환전이 안 된다고 해서 다른 타르고뱅크를 찾아갔다. 자라옹을 따라 간 곳에서는 아무리 찾아도 은행이 보이지 않았다. 흠... 뭐... 앞으로는 자라옹이 길을 잃고 헤매더라도 절대 열 받지 말고 내 마음을 다스리기로 했으므로... 잠자코 따라다녔다. 마침 근처에서 웍앤고를 발견, 조금 이른 점심도 해결하고 은행 위치도 다시 검색했다. 마지막 한 군데 남은 은행을 찾아 달려갔지만 오래된 은행의 흔적만 있고 빈 건물이었다. 더 늦어지면 안 될 것 같아 더 이상의 환전은 포기하고 곧장 다음 목적지인 티티제를 향해 출발했다.

굴다리 밑에서 서글프게 한 컷!

검은숲을 가로지르는 31번 도로를 따라 달렸는데 고속도로는 아니었지만 갓길이 거의 없다시피 해서 자전거로 달리기에는 좀 껄끄러웠다. 하지만 따로 자전거 도로가 있는 것도 아니고 안전하게 가려면 산속으로 올라가야 할 것 같아 멈추지 않고 계속 페달을 밟았다. 오전까지 화창했던 날씨는 점차 흐려지기 시작했고 결국 비가 부슬부슬 내리기 시작한다.

잠시 쉬어갈 겸 근처에 있던 굴다리 밑에 자리를 잡자마자 빗방울이 점점 거세지면서 폭우가 쏟아졌다. 식빵을 뜯어 먹으며 시간을 보내봤지만 좀처럼 그칠 기미가 보이지 않았다. 그동안의 경험에 따르면… 우리가 전투태세를 갖추고 방수에 신경 쓰며 출발 준비를 하면 비가 그치고… 그러다 다시 무장해제하면 기다렸다는 듯이 약 올리며 비가 내렸기 때문에 이번에도 옷을 갖춰 입으면 그치겠지 하는 마음으로 모자를 뒤집어쓰고 고무장갑에 양말비닐까지 신으며 전투준비를 했다. 그런데 비는 전혀 수그러들지 않고 더 힘차게 쏟아졌다. "최후의 방법을 쓰는 수밖에 없군…" 혼자 중얼거리며 자라웅이 주섬주섬 버너를 꺼내고 물을 끓인다. 이 정도 정성을 보이면 비가 그치겠지… 싶었는데 커피를 다 마실 때까지도 비는 그치지 않았다. 조용히 지켜보던 형수님 왈, "여보… 텐트칠까?" "……"

계속 기다리다가 문득 시계를 보니 헉… 벌써 5시가 넘어버렸다. 예상외로

시간이 엄청 많이 지났다. 더 이상 노닥거리다가는 숲속에서 밤을 맞이할 듯해서 어쩔 수 없이 그냥 비를 맞으며 출발했다.

포장도로가 끝나고 산 위로 올라가는 비포장 임도가 계속 되었다. 중간중간 배수로가 있었는데 비가 좀 내렸다고 폭포수처럼 물이 쏟아졌다. 문득 고등학교 수학여행 때, 이름에 비해 너무나도 실망스러웠던 설악산의 비룡폭포가 떠올랐다. 나름 우리나라의 유명한 관광지 중 하나일 텐데… 이곳은 비룡폭포 보다 훨씬 거대한 배수로가 곳곳에 있었다. 땅 크기만큼이나 스케일도 큰 것 같다. 비가 그칠 때쯤 정상에 있는 작은 마을에 도착했다. 마트는 없고 기차역 내의 매점에서 간단한 먹거리를 산 후 다시 달렸다. 마을 이후부터는 내리막인데다 포장을 마친 지 얼마 되지 않아 빗물이 굴러다닐 정도의 새 아스팔트였기 때문에 페달을 밟는 대로 쭉쭉 뻗어나갔다.

7시가 좀 넘어 티티제Titisee에 도착했다. 티티제는 알프스 산맥의 만년설이 녹아 흘러들어온 빙식호水蝕湖로 바닥이 다 보일 만큼 깨끗한 물로 유명하다.

흔히 티티제 호수라고 부르는
데 독일어로 'See'는 호수를 뜻
한다. '독도섬' '울릉도섬'이라
고 부르지 않듯 티티제 호수라
고 부르기보다는 그냥 티티제
나 티티호수라고 불러야 한다.
우리가 도착했을 때는 구름이

수영복만 입고 노는 모습은 쳐다보기만 해도 추웠다.

많아서 떨어지는 해를 모두 가리고 있었다. 파리에서처럼 막판에 스펙터클
한 한 방이 있지 않을까 살짝 기대해 봤지만 그대로 어두워진다.
호수 가장자리를 따라 캠핑장으로 이동했는데 이날 기온이 몇 도였는지 정
확히 모르겠지만 상당히 추웠다. 굴다리 밑에서 찍은 사진을 보면 우리 모
두 꽤나 두툼하게 입고 있다. 반팔, 긴팔, 패딩에 레인재킷까지 4겹이나 입
고 달려도 땀 한 방울 나지 않던 날씨였다. 그럼에도 불구하고 호숫가에는
수영복 하나만 입고 물놀이를 하는 아이들로 시끌벅적했다. 쳐다만 봐도
추워보이는데... 무서운 녀석들...
캠핑장 내에 운영되는 식당이 9시에 문을 닫는다고 해서 식사부터 한 후 텐
트를 치기로 했다. 간만에 제대로 된 음식을 주문해서 고기도 좀 썰고 맛있
는 맥주와 함께 배를 채우고 나니 또 비가 부슬부슬 내리기 시작했다. 서둘
러 텐트 칠 자리를 물색하는데 빗방울이 점점 더 굵어지기 시작했다. 이대
로는 텐트를 칠 수 없을 것 같았다. 그렇다고 휴게실에서 자다가 발각되면
쫓겨날 것 같고... 시간은 9시 반... 아직까지는 사람이 다닐 시간이라 섣불
리 짐을 풀지 못하고 휴게실에서 비가 그치길 기다렸다. 그러다 11시가 다
되어 사람들이 대부분 잠들고 직원들도 돌아다니지 않는 것을 보고 행동을
개시했다. 휴게실 내의 창고같은 방에 들어가서 바닥에 자리를 폈다. 난방
도 되지 않지만 세 명이 같이 있으니 크게 춥지도 않고 무엇보다 비오는 날

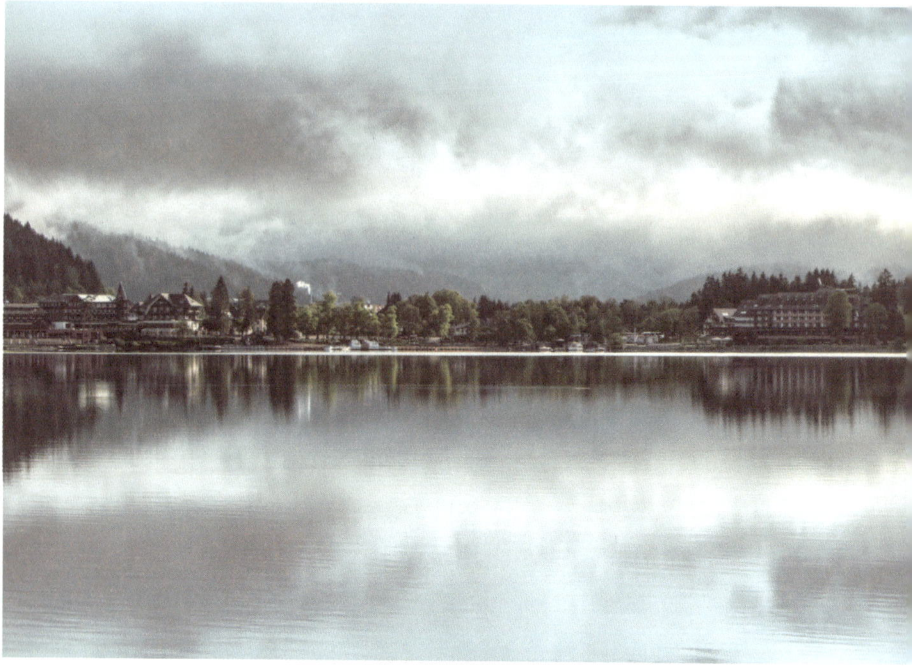

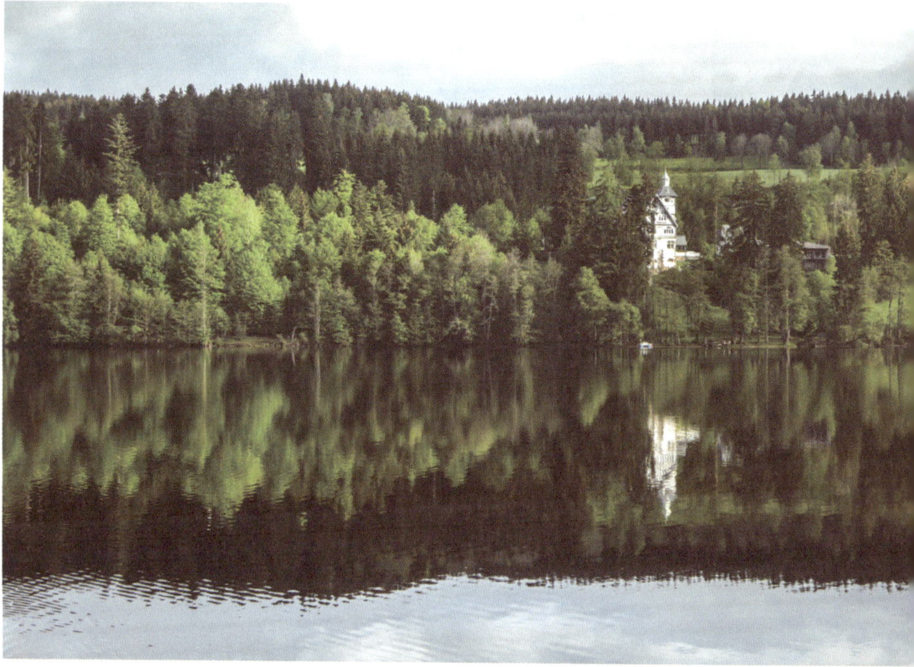

텐트를 치지 않는 것만 해도 훌륭한 숙소였다.

7번째 만난 라인강에서 독일을 마무리하다

밤새 비가 내렸기 때문에 누구의 방해도 없이 아침까지 단잠을 잘 수 있었다. 하지만 흔적을 남기지 않기 위해서 일찍 일어나 증거인멸을 한 후 먹을거리를 들고 호숫가로 향했다.

라인강을 건너면 곧바로 스위스다.

고도 850m 높이에 있는 빙하호수 티티제. 그 명성만큼이나 물도 깨끗하고 수면에 비치는 풍경들은 한 폭의 그림이었다.

체크아웃을 하고나서 계속 이어지는 검은숲을 따라 페달을 밟았다. 오르막길을 따라 한참 올라가니 대형 할인마트가 나왔다. 전혀 있을 것 같지 않은 곳에 마트가 있다니 좀 신기했지만 마트는 언제 봐도 반가웠다. 부실했던 아침식사를 어느 정도 만회하고 남쪽으로 달렸다. 10km정도 더 내려가자 티티제보다 10배는 더 커 보이는 슐루흐 호수가 나타났다. 이곳도 나름 유명한 관광지인지 배낭 여행자들을 쉽게 볼 수 있었다.

발트후트 거리 풍경

오후 4시가 좀 넘어서 드디어 국경 근처의 마지막 마을 발트후트Waldshut에 도착했다. 눈앞에 라인강이 흐르고 있었고 그 강의 건너편이 스위스였다. 다시 볼 일이 없을 줄 알았던 라인강을 또 건너게 될 줄이야… 우선은 강변에 위치한 캠핑장에 자리를 잡은 후 텐트를 치고 짐을 풀었다. 점심때부터 자라웅의 휴대폰이 맛이 가버려서 지도 어플이 전혀 작동하지 않았다. 테스트한다고 이것저것 하다가 다운받아놓은 지도가 모두 지워져버려서 와이파이가 필요했는데 이 캠핑장에서는 무료 와이파이가 되지 않았다. 우선 장도 볼 겸 나와 자라웅은 시내로 향했다. 그런데 자라웅은 계속해서 스포츠용품점에만 관심을 가진다. 알고 보니 낚시 바늘을 구하기 위해 이곳저곳 뒤지고 다니는 것이었다. 그동안 언급하진 않았지만 사실 여행하는 내

Germany

내 자라옹은 강이나 호수만 보면 낚시하고 싶다고 징징거렸었다. 그냥 하는 소리인 줄 알았는데 정말 하고 싶었나 보다... 하지만 결국 여기서도 낚시 바늘을 파는 곳은 찾지 못하고 근처 와이파이가 되는 바에 들어갔다. 맥주 한잔 마시며 휴대폰 테스트를 해보았지만 살아났다 죽었다를 반복하며 계속 말썽이었다. 결국 해결책은 찾지 못하고 어떻게든 되겠지 하며 마트로 향했다.

국경 근처라 그런지 이 근처에는 대형마트들이 종류별로 있었는데 그중 가장 커보이던 'Kaufland'로 들어갔다. 워낙 넓어서 마트 내에서 길 찾기조차 쉽지 않았다. 적당히 장을 본 후 계산대에서 줄을 서서 기다리고 있는데 우리 차례가 되기 직전 자라옹의 안색이 창백해지더니 괄약근의 압박을 이기지 못하고 화장실을 찾아 뛰쳐나갔다. 이런... 돈도 다 가지고 가버렸다. 결국 내 차례가 다가오는 것을 보고 뒤를 돌아보니 아주머니 한 분이 물통 두 개를 들고 서 있었다. 웃으며 먼저 계산하시라고 양보를 했더니 괜찮다면서 사양을 하신다. 자라옹이 올 때까지 기다려야 했기 때문에 물통 두개밖에 없는 그녀에게 먼저 계산하라고 재차 권했다. 그녀는 고맙다고 하면서 계산대에 서더니 가방에서 뭔가를 막 주섬주섬 꺼내기 시작한다. 도라에몽도 아니고 어디서 나왔는지 모를 만큼 계산대 한가득 물건을 올려놓았다. 역시... 보이는 것이 다가 아니다. 자라옹이 오고 나서도 한참 동안 시간을 잡아먹은 후 텐트로 돌아오니 갑자기 비가 쏟아졌다.

비를 피하는 동안 텐트 안에서 딱히 할 일도 없어 그대로 잠을 잤다. 8시쯤 다시 일어나 저녁식사를 해먹고 또다시 잤다. 오늘은 두 번이나 잠을 자다니... 신난다.

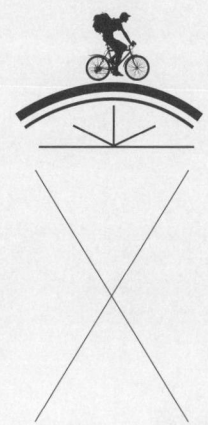

Switzerland

스위스

루체른 호수를 끼고 있는 이 기차길은 저 앞에 보이는 눈덮인 산 위까지 연결되어 있다.

청정무구한
스위스 속으로...

　　　　　　　　　독일에서의 마지막 날 아침은 금방이라도
비가 쏟아질 듯 우중충하게 시작했다. 어제는 우리 말고도 주변에서 캠핑을
하던 자전거 여행자들이 몇 팀 있었는데 이미 다들 사라지고 없었다. 날씨
가 안 좋다고 늦장 부리는 우리와 비교하면 굉장히 부지런한 여행자들이다.
아침식사를 마치고 나서 역시나 내가 제일 먼저 출발준비를 마쳤다. 하지
만 이미 마음을 다스렸으므로 전처럼 혼자 훌쩍 떠나지 않고 강가에서 사
진을 찍으며 자라웅을 기다렸다. 그런데 아무리 기다려도 오지 않아 다시
텐트 쪽으로 가보니 아무도 없었다. 아니 이 사람들이... -_-
마트에서 다시 만나긴 했는데 내가 강가에 있는 걸 못 보고 '당연히 혼자
먼저 출발했으려니' 생각하고 그냥 와버렸다고 한다. 역시 사람은 평소 행
실대로 대접받나 보다... 마트에서 어제 마신 맥주캔을 환급받은 후 간단
한 간식거리를 사서 마지막으로 라인강을 건너 스위스에 첫발을 내디뎠다.
(여기서 우리가 실수를 했는데... 스위스는 주변 국가들에 비해 물가가 엄청나게
높기 때문에 스위스로 들어가기 전 마트에서 최대한 많이 사서 들어갔어야 했다)

• 간만에 보는 국경다운 국경 •• 새로운 표지판에 적응해야 한다. ••• 다양한 그림이 그려진 소화전과 앙증맞은 소품들로 꾸며진 어느 가정집 정원

스위스로 넘어가는 길은 간만에 국경다웠다. 게다가 한 번도 본 적 없는 검문까지! 우리는 자전거라 갓길로 그냥 지나칠 수 있었다. 스위스의 표지판에는 자전거 도로에도 일일이 번호가 매겨져 있고 일반 자전거 도로와 산악용 오프로드, 그리고 인라인 길미저 따로 표시되어 있다. 역시 비싼 나라답다.

'스위스' 하면 청정한 대자연의 이미지가 제일 먼저 떠오르는데 기대에 걸맞게 마을 주변의 실개천마저도 맑고 깨끗했다. 그리고 길거리에서 흔히 볼 수 있는 소화전이나 가정집만 봐도 이 나라 사람들은 아기자기하게 뭔가 꾸미는 것을 무척 좋아하는 것 같았다.

오늘의 1차 목적지인 브루그Brugg에 도착할 때쯤 저 멀리 강가에 군인들 무리가 보였다. 유럽에서 처음 만나는 군인의 모습이다. 관심을 가지고 지켜

Switzerland

봤는데 포스가 예사롭지 않은 것이 잘 훈련된 최고의 정예병사임이 분명했다. 흐트러진 듯하면서도 빈틈을 찾을 수 없는 완벽한 자세!! 우리나라든 스위스든 역시 예비군의 위엄은 멀리서도 한눈에 알아볼 수 있었다.

브루그에 도착하자마자 은행을 찾아 프랑으로 환전하고 와이파이가 될 만한 곳을 찾았다. 그러나 작은 동네라서 그런지 맥도날드도 버거킹도 없었다. 와이파이는 포기하고 배가 고파 식사를 하러 케밥집에 들렀는데 독일에서 4유로(약 6,000원) 하던 케밥이 9프랑(약 10,000원)이나 한다. 체감물가가 다른 나라에 비해 거의 1.5~2배는 된다. 어쩐지 독일보다 훨씬 더 힘든 여정이 될 것 같은 예감이 든다.

오후 4시쯤 렌츠버그라는 마을에 도착했다. 작은 언덕 위로 이곳의 대표관광지인 렌츠버그 성이 보이기에 잠시 사진을 찍고 돌아서니 어느새 두 분이 사라지고 없다. 어디로 갔는지 짐작이 되지 않아 한동안 찾아다니다가 포기하고 그냥 달리기로 했다. 이후부터의 길은 직경 8.5km에 이르는 할빌러호수Hallwilersee를 끼고 달려야 하는데 자전거 전용도로가 없어지고 왼쪽으로는 자동차가, 오른쪽으로는 기차가 지나다니는 살짝 위태로운 길이었다. 형수님이 함께 계시니 멀리 가지는 못했을 거라 생각하고 열심히 뒤를 밟았는데 아무리 달려도 두 분이 보이지 않았다. 그렇다면... 두 분도 렌츠버그에서 날 찾아 헤매고 있는 것은 아닐까? 그러면 오히려 내 뒤에서 오고 있을 것 같다는 생각에 이번에는 한 번씩 뒤돌아보며 천천히 달렸다. 하지만 한참이 지나도 나타나지 않아 문자를 보냈더니 의외로 한참 앞에서 기다리고 계셨다. 내가 형수님의 다리를 너무 과소평가한 것 같다...

다시 페이스를 올려 자라옹이 있는 곳까지 쉬지 않고 달려가서 독일에서 사왔던 마지막 간식을 함께 나눠먹은 후 캠핑장으로 출발하려는 순간, 내 자전거 앞바퀴에 바람이 모두 빠져 있는 것을 발견했다. 타고 올 때는 괜찮았는데 불과 몇 분 만에... 자라옹이 한숨을 쉬면서 펑크수리 준비를 하는데

직경 8.5km의 할빌러호수

괜히 나 때문에 일정에 차질이 생기는 것 같아 미안해졌다. 그냥 내가 수리하면 되니까 얼른 캠핑장에 가서 자리나 잡으라고 등을 떠밀어 보내고 혼자서 점검을 시작했다. 이번에는 아무 참사 없이 무사히 분리에 성공했다. 그런데 타이어에도 튜브에도 펑크의 흔적을 찾아볼 수 없었다. 미세한 실펑크의 경우 제대로 확인하려면 물이 필요한데 지금 상태에서는 확인할 길이 없어 어쩔 수 없이 그대로 다시 조립을 했다. 문제는 다시 바람을 넣어야 했는데 까르푸의 거지같은 펌프 대신 새로 산 1유로 마트 펌프도 부실하긴 마찬가지였다. 열심히 땀을 내며 펌프질을 하다가 문득 옆을 보니 바로 길 건너편에 자전거샵이 있었다. 등잔 밑에선 장님이 된다더니... 그대로 바퀴만 뽑아서 샵으로 들고 갔다. 주인에게 양해를 구하고 샵에 비치된 큼지막한 스탠드 펌프로 몇 번 슉슉 눌러주니 금세 타이어가 빵빵해졌다. 역시 비싼 놈들은 돈값을 한다. 비지떡같은 내 펌프들... 버릴 수도 없고...

Switzerland

그곳에서 캠핑장까지는 약 3km에 걸쳐 길게 뻗어있는 내리막길이었다. 캠핑장에 도착해 텐트를 치고 나니 자라옹이 와서 장을 봐야 하는데 같이 가자고 한다. 그런데 마트 위치가 조금 전의 자전거샵 근처라고 한다. 즉, 장을 보려면 신나게 내려왔던 내리막길을 다시 힘들게 올라가야만 한다. "처음부터 미리 장을 봐서 내려왔으면 좋았잖아!!" 라는 말이 목구멍까지 올라왔지만 애써 마음을 다스렸다. 어쩔 수 없었다. 캠핑장에 들러서 취사시설을 확인한 후 그에 맞게 장을 봐야 했기 때문이다.

분명 오르막을 올라야 하기 때문에 형수님 대신 나에게 함께 갈 것을 요구했을 것이다. 나도 오르막은 올라가기 싫었다! 하지만 대놓고 반대하기엔 명분이 없다. 머리를 굴린 나는 지도를 펼쳐 보이며 "마트까지는 계속 오르막인데 그것보다는 호수 동쪽에 작은 마을이 있는데 거리도 절반밖에 안 되고 오르막도 아니니까 더 좋지 않겠냐?" 라고 자라옹을 설득했다. 지도를 보던 자라옹도 나의 말에 수긍을 하며 고개를 끄덕였다. 자라는 귀가 얇구나... 토끼가 자라를 용왕에게 데려갈 수 있었던 건 언변이 뛰어나서가 아니라 순전히 자라의 귀가 얇았기 때문임이 틀림없다.

그런데 막상 도착한 동쪽마을은 아무리 돌아다녀도 마트같은 게 보이지 않았다. 마침 지나가는 아줌마에게 물어보니 이 동네는 마트가 없다고 하셨다. 마트에 가려면 처음 우리가 가려고 했던 그곳으로 가라고 한다. 오 마이 갓!!! 자라옹은 대장의 책임감, 가족을 굶길 수는 없다는 일념으로 무서운 속도로 달려 나갔다. 괜히 여기로 오자고 말을 꺼내서 일을 힘들게 만든 것 같은 미안한 마음이 들어 나도 뒤따라 열심히 페달을 밟... 으려고 했는데 해질녘 노을빛이 쏟아지는 마을 풍경을 보니 생각이 바뀌었다. 그래 뭐... 어차피 마트에는 한 명이든 두 명이든 시간 내 도착하기만 하면 되니까... 자라옹 수고~

자라옹이 마트에 도착했을 때는 직원들이 마감을 하던 중이었는데 자라옹

멀어져가는~ 자라웅 뒷모습을 바라보면서~

이 5분만 시간을 달라고 부탁해서 간신히 장을 봤고, 그 덕분에 우리는 별 문제 없이 스위스에서의 첫날을 보낼 수 있었다.

살인적 물가에 떨며 루체른 시내관광

여기는 호숫가에 있는 캠핑장~. 이른 새벽의 몽환적인 풍경을 기대하며 6시에 카메라를 들고 나갔지만 예상보다 짙은 안개와 내공 부족으로 별다른 재미를 보지 못한 채 텐트로 돌아왔다. 아침을 라면으로 때우고 설거지를 하고 나와 보니 자라웅이 어느 외국인이랑 열심히 이야기를 하고 있었다. 그 남자는 지도까지 펼쳐놓고 앞으로 넘어야 할 산악코스와 날씨 등을 열

Switzerland

심히 설명해주었는데 굉장히 디테일한 그의 지도가 탐이 났다. 어디서 구할 수 있냐고 물어보니 자전거샵에서 샀다고 한다. 쉽게 구할 수 있는 거였으면 하나 얻어볼까 싶었는데...

텐트 정리를 마치고 나오니 자라옹이 자판기에서 뽑은 커피 한 잔을 들고 히죽거리고 있다. 자판기에 유로를 넣고 잔돈을 거슬러 받으면 프랑으로 나오는데 그게 유로로 거슬러 받을 때보다 환율을 계산해보면 더 이득이라는 것이다. 어쩐지 나도 모르게 설득당해 버려서 무려 2,500원 짜리 자판기커피를 사 먹었지만 너무 맛이 없어서 절반만 마시고 버릴 수밖에 없었다. 가요계에는 용감한 형제가 있고 유럽에는 귀얇은 형제가 있다.

• 짙은 안개에 싸인 이른 새벽의 호숫가
•• 가운데 희미하게 보이는 알프스의 위엄
••• 이제 확연히 알프스 산맥의 모습이 드러난다.

짐 정리를 마치고 나서 다음 목적지인 루체른을 향해서 페달을 밟았다. 어제 바람을 넣었던 바퀴가 쌩쌩한 것을 보니 실펑크가 아니었나 보다. 아마 패니어를 달거나 짐을 정리하면서 튜브밸브를 잘못 건드려서 바람이 샌 것으로 추측해본다. 약 20km를 달렸을 때 자라옹이 자전거를 멈추며 "저 멀리 우리가 오를 산이 보이는군" 라고 한다. 그 말을 듣고 자라웅이 가리키는 방향을 쳐다봤지만 여태까지의 풍경이랑 별 다를 바 없어 보여 눈만 끔벅이고 있으니 구름 사이를 자세히 보라고 했다. 아... 눈을 동그랗게 뜨고 자세히 쳐다보니 그제야 주위 산들이랑은 다른 무엇인가가 구름 속에 삐죽하게 솟아 있었다. 이것이 알프스의 위엄인가... 루체른에 가까이 갈수록 점점 산의 형태가 분명해지더니 루체른 시내로 들어서니 확연하게 모습을 드러냈다.

시작에 앞서 스위스 정보도 좀 얻고 우리가 오를 산에 대한 정보도 얻을 겸해서 한인민박을 이용하기로 했다. 검색결과 가장 많이 나오던 민박집을 찾아갔는데 빈방이 없었다. 그래서 근처 다른 호스텔을 찾아갔는데 그곳도 자리가 없었다. 주말도 아닌데 어째서인지... 세 번째 찾아간 민박집에는 주인은 없고 현관 메모지에 외출해서 4시 이후에 도착한다고 적혀 있었다. 우리도 연락처를 적은 메모를 꽂아놓고 나와서 기다리는 동안 점심을 해결했다. 4시쯤 주인과 연락이 닿았는데 도미토리는 없고 3인실에 160프랑(약 20만원)이라고 한다. 아무리 스위스라고 하지만 하루 숙박비로 쓰기에는 너무 비싼 것 같아 다른 곳을 검색하기 시작했다. 결국 우리가 올라야 할 산이 필라투스산이라 그곳에서 최대한 가까운 곳으로 숙소를 정했는데 대구에서 왔다고 하니 주인아줌마가 고향출신이라고 더 반갑게 맞아주셨는데 그게 다였다. 그냥 반가울 뿐이었다. 동향이라고 더 챙겨주는 것은 전혀 없었다. -_-
애초에 많은 정보를 얻어기려던 우리의 의도와 달리 그다지 얻어갈 것이 없었고, 쓸데없이 많은 숙소의 규제 때문에 썩 기분이 좋지 않았다. 뭣보다 가장 기분이 상했던 것은 자전거 보관이었다. 현관문을 열고 들어가면 나오는 반지하 창고 같은 곳에 자전거 몇 대는 충분히 들어가고도 남을 넉넉한 공간이 있었는데도 무조건 밖에 묶어두라고 했다. 도난 걱정도 있고 비를 맞을 수도 있으니 안에 보관하자고 부탁을 해도 이곳에 사는 사람들도 모두 집 밖에 그냥 놔둔다고... 그래도 도둑맞는 사람 한 명도 없다면서 끝

Switzerland

까지 허락해주지 않았다. (그날 저녁 주인집 가족으로 추정되는 사람이 자전거를 들고 집안으로 들어가는 것을 봤는데...-_-)

여튼 썩 마음에 들지는 않았지만 대충 짐을 정리하고 루체른 시내로 관광을 나갔다. 작은 어촌에 불과하던 루체른은 13세기에 독일과 이탈리아를 연결하는 상업중심지로 떠오른 도시다.

루체른 호숫가에는 사람들을 무서워하지 않는 백조들이 한가득이었다. 스위스하면 떠오르는 맑고 청정한 느낌에 순백의 상징 백조까지!! 눈이 정화될 줄 알았는데 시내 중심과 닿아 있어서인지 호숫가에는 쓰레기도 많았고 물도 더러웠다. 무엇보다 꼬질꼬질 때가 묻은 백조들만 봐도 청정함과는 거리가 멀었다. 호수를 지나 우리가 찾아간 곳은 루체른의 대표적 명소인 '빈사의 사자 상'. 1792년 프랑스혁명 당시 루이16세와 마리 앙투아네트를 지키기 위해 궁전에서 전사한 786명의 스위스용병을 기리기 위해 세워졌다고 한다. 오줌싸개동상이나 침 뱉는 소년처럼 시시한 조각상시리즈는 아닌가 싶었는데 예상외로 거대한 규모에 조금 놀랐고 스위스 용병들을 상징하는 사자의 고통스러운 모습이 아주 리얼하고 디테일하게 표현되어 있음에 두 번 놀라게 된다. 자리를 이동해 구시가지로 들어가 내일 먹을 식량을 사러 마트를 찾았다. 이것저것 장을 보고 나오는데 자라웅이 바나나가 비싸다고 투덜거렸다. 얼마나 비싸기에 투덜거리나

• 동네 비둘기도 너네보단 깨끗할 것 같다ㅜㅜ

•• 당장 어의를 불러주고 싶은 리얼한 표정

루체른 구시가지 풍경. 역시나 화려한 간판들이 인상적이다.

싶어 영수증을 봤더니 바나나 6개에 무려 11프랑(13,000원)!!! 그럴 리가 없다며 뭔가 잘못된 거라고 말했지만 자라웅은 스위스가 원래 비싸겠지 하면서 그냥 나가려고 했다. 하지만 내가 누구인가… 지금까지 수십 번 장을 보면서 늘 빠지지 않고 샀던 게 바나나인데… 유럽에 와서 50일간 내가 먹은 바나나만 해도 100개가 넘어가는데 이건 아무리 스위스 물가가 비싸다고 해도 말이 안 되는 가격이었다. 영수증을 들고 다시 계산대로 가서 클레임을 건 후 저울에 바나나를 올려놓고 무게를 다시 측정하려는데 직원 한 명이 오더니 미안하다고 하면서 저울 위에 놓여있던 플라스틱 박스를 들고 간다. 이제 보니 저울 위에 박스가 있는 줄도 모르고 그대로 무게를 측정했던 것이었다. 실제 바나나 가격은 약 3프랑! 차액을 다시 돌려받고 마트를 나오면서 "나 잘했지?" 하고 자라웅의 옆구리를 푹 찔렀다. 훗… 자존심은 있어가지고 대답을 하지 않는다. 계속 옆구리를 찌르면서 "잘했지?"… "잘했지?"… "대답해라. 잘했지?" 대답할 때까지 계속 쿡쿡 찌르며 되물으니 그제야 웅얼거리며 "뭐… 가끔은 쓸모가 있군…"이라고 한다. ㅋㅋㅋㅋㅋㅋㅋ

슬슬 배가 고파져서 저녁을 먹으러 갔다. 스위스 하면 생각나는 것! 스위스에서 꼭 먹어야 할 음식은? 꼬챙이에 빵이나 음식을 꽂아 치즈나 소스에 찍어 먹는 퐁듀 fondue. 가이드북에 나와 있는 나름 맛집을 찾아갔다. 근데 테이블에 앉자마자 느껴지는 냄새… 내가 너무너무 싫어하는, 오래된 행주로 닦고 나면 스멀스멀 올라오는 그 냄새가 코끝을 찔러왔다. 치즈냄새 아니

유럽을 통틀어 가장 길고 오래된 목재다리 카펠교(Kapellbrucke), 지붕에 매달려 있는 삼각형 판화들은 스위스 역사상 중요한 사건이나 루체른 수호성인의 생애를 표현했다.

냄새 그다지 신경 쓰지 않는 두 분과는 달리 나는 후각이 엄청 민감해서 바로 테이블 체인지를 요청했다. 다행이 테이블 바꾸고 나니 냄새가 나지 않았다. 잠시 후 눈앞에 놓인 퐁듀는 기대했던 것에 비해 그냥 이도저도 아닌 평범한... 딱 생긴 대로 맛이 났다. 뭔가 양에 차지는 않았지만 영업시간 때문에 그대로 식당을 나와 루체른 야경을 조금 감상하다가 숙소로 돌아왔. 내일은 오전에 봤던 필라투스산을 올라가야 하기 때문에 푹 잠을 자면서 체력을 비축해야 하는데 같은 방 여행자 한 명이 자라웅의 코골이는 비교도 안 되는 역대 최강의 코골이를 시전했다. 이어폰을 귀에 꽂고 음악도 틀어봤지만 모조리 뚫고 들어오는 것을 보니 분명 콧구멍을 통해 주화입마를 쓰는 것이 틀림없었다. 고수다...

용의 전설이 깃든
필라투스산을 정복

밤새 폭풍코골이를 한 여행자 덕분에 같은 방에 있던 사람들 모두가 퀭한 눈으로 아침을 맞이했다. 간만의 산행을 위해 좋은 컨디션을 유지해야 했는데 실패! 이번 숙소는 모든 면에서 마음에 들지 않았기 때문에 더 묵을 생각도 없이 바로 짐을 정리했다. 짐은 지하에 맡겨두고 산행을 다녀와서 찾아가기로 했다. 간단한 먹거리와 옷만 챙겨서 용의 산 필라투스로 출발!

필라투스산에는 필라투스와 용, 두 가지의 전설이 전해져오고 있다. 첫 번째는 예수 그리스도를 처형했던 빌라도(라틴식 이름은 필라투스)에 얽힌 이야기고 또 하나는 어떤 사람이 이 산에서 용을 만났다는 이야기다. 나는 전설 따위 믿지 않아! 하지만 루체른 시에서는 1509년 용의 존재를 공식적으로 인정했다고 한다. 관광수익금에 눈이 멀어 양심을 속이다니!!

민박집에서 조금만 올라가면 케이블카 승강장이 있는데 정상까지 편하게 갈 수 있는 최고의 방법이다! 하지만 길이 있는 곳이라면 어디든 갈 수 있다는 마음가짐으로 천천히 페달을 밟으며 오르막길을 올라갔다. 절반가량 올라갔을 때 숙소 같은 방에서 밤새 주화입마에 함께 시달렸던 청년을 만났다. 그 친구는 정상 구경을 마치고 막 내려오는 길이었다. 산 정상에 구름이 많이 끼어서 지금 올라가면 아무것도 안 보인다며 카메라를 꺼내 조금 전 찍은 사진을 보여주는데 LCD창에는 짙은 회색화면 말고는 아무것도 보이지 않았다. 여기까지 올라오는 내내 파란 하늘에 맑은 날씨였는데 지금 보니 산꼭대기에만 구름이 한가득 모여 있었다. 전설을 믿지 않는 나를 혼내려는 용과 필라투스의 장난질인가…

조금 더 올라가니 마지막 케이블카를 탈 수 있는 매표소가 나왔다. 필라투

- 니들이 땀 흘려 정상에 오르는 그 맛을 알아?
  (사실 나도 알고 싶진 않다 ㅡㅡ)
- 화창한 날씨가 정상의 멋진 풍경을 기대하게 만든다.
- 하지만 구름에 뒤덮여 아무것도 보이지 않는다.

스산의 고도가 2,132m인데 매표소가 있는 이곳의 높이는 약 1,400m. 전체 산 높이의 약 2/3 지점이었다. 더 이상 자전거로 올라갈 수 있는 길은 없었고 여기서부터는 케이블카를 타고 올라가야 했다. 산 밑에서 올라가는 것과 여기에서부터 올라가는 것이 같은 요금이었으면 무지 억울할 뻔했는데 다행히 구간별로 요금이 따로 책정되어 있었다. 왕복요금 35,000원을 내고 케이블카에 올라 정상에 도착했는데, 그야말로 한 치 앞도 내다볼 수 없는 상황이었다. 기대했던 필라투스의 장엄한 풍경이 오로지 회색뿐이라니… 구름 때문에 아무것도 못 보고 이대로 내려가야 하나… 30프랑이나 내고 올라왔는데!!

그 순간 모세의 기적처럼 한줄기 바람이 휘몰아치면서 구름들이 일제히 걷히고 필라투스의 봉우리들과 함께 루체른의 모습이 한눈에 들어왔다. 높은 산에서의 구름은 한순간이었다. 이후로도 순식간에 구름에 덮였다가 다시

HD급 생생한 컬러풀 풍경을 기대했는데 호수 너머는 희뿌연 풍경만 계속되었다.

사라졌다를 반복했다. 구름이 걷힐 때는 열심히 사진 찍고 다시 구름이 끼면 산 정상 휴게소로 들어가서 맥주와 함께 군것질을 했다. 이곳에서 스위스의 장점과 단점을 하나씩 느꼈는데, 장점은 장소에 따른 물가 차이가 심하지 않다는 것이다. 커피는 커피일 뿐... 평범한 카페의 커피나 호텔라운지 커피나 가격에 큰 차이가 없다. 그리고 단점은... 평범한 카페의 커피나 호텔라운지 커피나 둘 다 비싸다는 것이다. (-_-)

넋 놓고 구경하다 보니 4시. 더 늦기 전에 다시 케이블카를 타고 산을 내려왔다. 매표소에서부터 자전거를 타고 신나게 내리막을 내려가고 나니 처음 출발했던 그곳이 아니었다. 올라왔던 길 그대로 내려가면 되는데 도대체 어디서 길을 잘못 들었는지... 지도를 보니 민박집에서 2km나 떨어진 곳에서 나를 발견했다. 내가 이 정도로 심각한 길치였다니... 충격이다...

뒤늦게 민박집으로 돌아가니 두 분은 이미 출발 준비를 마치고 기다리고 계셨다. 짐을 챙겨 그리 멀지 않은 곳에 있는 TCS캠핑장을 찾아갔다. 캠핑장 주위로 오늘 올랐던 필라투스를 비롯해 알프스의 여러 산들이 보이는

제법 그림 좋은 캠핑장이었다. 자라옹은 호숫가 주위를 서성이면서 계속 낚시하고 싶다고 징징거린다. 나는 오늘 흘린 땀을 씻어내기 위해 샤워를 하러 갔는데 온수라기보다는 찬물에 가까운 미지근한 물만 나왔다. 바들바들 떨면서 샤워를 마치고 텐트로 돌아와 투덜거렸더니 형수님은 뜨거운 물 펑펑 쓰며 샤워 잘 하셨다고 한다. 다시 가서 확인해보니 수많은 샤워기 중 내가 들어간 곳만 문제가 있었나보다. 나란 남자 지지리도 복 없는 남자... 힘들었던 하루를 고기로 승화시키며 내일 루트를 짜기 시작했다. 이탈리아로 넘어가기 위해서 지금 있는 곳에서 남쪽으로 내려가야 하는데 구글맵으로는 길을 찾을 수 없었다. 길이 있긴 한데 이게 갈 수 있는 길인지 아닌지 통 알 수 없었다. 자동차 길 찾기로 검색하면 나오는데 도보로 검색하면 결과가 안 나오는 걸 보면 자동차 전용도로 같기도 하고... 스위스는 물가가 너무 비싸서 되도록 빨리 통과했으면 좋겠는데 도박을 할 수는 없으니 조금 돌아가더라도 안전하게 호수를 따라 가기로 했다.

피로를 잊게 만드는 아름다운 루체른 호수

다음날 캠핑장을 떠나 그저께 들렀던 루체른 시내로 갔다. 며칠 전 캠핑장에서 봤던 그 지도를 사기 위해 몇몇 자전거샵에 들렸지만 같은 지도를 찾을 수 없었다. 그 지도를 사기 위해 자라웅은 서점으로 가고 나는 빈사의 사자 상 근처에서 마냥 기다렸다. 그때 한 청년이 가방을 메고 지나가는데 가방에 낚싯대가 꽂혀 있는 게 아닌가! 착하디착한 동생은 낚시가 하고 싶어 매일 밤 눈물로 지새우던 철없는 형을 위해 곧장 그 청년에게 달려가서 낚시용품을 구하려면 어디로 가야 하는지 물어보았다. 청년은 멀리 있지 않다면서 직접 안내를 해주었다. 생각지도 못했는데 우리가 퐁듀를 먹었던 식당 바로 맞은편에 있었다. 총각 고마워~ 복 받게나~

한참 후 자라웅은 빈손으로 돌아왔다. 찾던 지도는 결국 못 찾고 다른 지도들을 보면서 필요한 부분만 머릿속에 넣어 왔다고 한다. 나는 전설 따위도 믿지 않지만 형의 전두엽도 믿지 않아!!

아무튼 선물이 있으니 조용히 따라오라고 하면서 자라웅의 손을 잡고 이끌었다. 선물이 뭐냐고 묻는 말에 대답하지 않고 그대로 낚시용품 매장으로 안내를 했다. 50여 일 만에 발견한 낚싯바늘을 보며 엄청난 폭풍 감동을 받았겠지만 자라웅은 애써 태연한 척, 무덤덤한 척, 시크한 척 한다. "고맙지?" 하며 옆구리를 쿡 찔러봤다. 저질로 올라가는 입 꼬리를 애써 감추려고 하니 안 그래도 못생긴 얼굴에 썩소가 지어진다. 메뚜기모양 미끼가 달린 앙증맞은 바늘세트를 사서 다음 목적지로 출발했다.

출발하고 얼마 달리지도 않았는데 자라웅은 배가 고프다면서 근처 호숫가로 내려가 자리를 잡아버린다. 배가 고프다는 것은 핑계일 뿐, 한시라도 빨리 낚싯바늘을 물에 담가보고 싶었던 것이겠지… 발가락 낚시라면서 발가락에 실을 묶은 후 물속으로 바늘을 던져 넣었다. 잡힐 리가 없지… 뭐… 덕분에 우리도 호숫가에서 잠시나마 여유를 만끽했다. 한참 동안 멍하니 수면을 바라보다가 포기하고 일어나는 자라옹...
"여긴 물이 너무 깨끗해서 고기가 살지 않는 것 같군!"
누가 봐도 비겁한 변명이다.

오늘은 별 다른 일 없이 호숫가만 계속해서 달렸다. 그저 달리기만 했다. 평소 같았으면 한 시간 정도 달리면 심심할 법도 한데 오늘은 다른 생각이 날 틈을 주지 않을 만큼 루체른의 풍경은 아름다웠다.

6시가 넘어 브루넨Brunnen이라는 마을에 도착했는데 캠핑장을 검색해보니 반경 200m 안에 두 개가 검색되었다. 형수님은 마을 안으로 들어가 마트를 찾기로 하고 나와 자라옹은 각각의 캠핑장에 가서 가격, 조건을 알아오기로 했다. 첫 번째 캠핑장은 와이파이는 지원하지만 온수샤워가 유료이고 두 번째 캠핑장은 온수샤워가 무료지만 와이파이가 유료였다. 환상적인 경치 덕분에 오늘 라이딩이 즐겁기는 했지만 그렇다고 마냥 편했던 것은 아니었다. 생각보다 오르락내리락하는 길이 많아서 땀을 좀 흘렸다. 하지만 와이파이를 포기할 수는 없어서 샤워를 포기하고 첫 번째 캠핑장으로 들어갔다. 캠핑장이 그리 크지 않은데다 이미 많은 사람들이 바깥쪽 좋은 자리를 선점하고 있어서 다른 텐트 사이를 비집고 들어가 겨우 텐트를 쳤다.

셋이서 옹기종기 모여앉아 밥을 먹고 있는데 갑자기 한 서양인 남자가 머리를 불쑥 들이밀며 "Hello!" 하며 인사를 건넨다. 우리도 엉겁결에 덩달아 인사를 하고 간단하게 우리 소개를 하며 몇 마디를 나눴는데 이 남자는 "Welcome to Switzerland!!" 라고 외치며 등 뒤에 숨기고 있던 맥주 3병을 꺼내 우리에게 내밀었다. 이야... 이런 땡큐한 스위스인을 봤나... 모 민박

Switzerland

집의 고향사람보다 훨씬 낫다!ㅎㅎ 뜻밖의 친절에 귀가 입을 잡아 당기다가도 한편으론 우리가 좀 불쌍해 보이나? 하는 생각도 들었다.
샤워를 포기하면서까지 와이파이를 선택했는데 정작 텐트에서 한참 떨어진 리셉션까지 가야 겨우 신호가 잡혔다. 카메라 배터리 충전도 할 겸 리셉션 앞에 죽치고 앉아 인터넷삼매경에 빠져들었다. 깊은 밤 캄캄한 캠프장 입구에는 휴대폰 액정 불빛에 비친 두 남자의 얼굴만 둥둥 떠다니고 있었다.

빌헬름 텔의 고장, 알트도르프

낮 시간대에는 강한 자외선이 수면에 반사되어 시야가 흐린 것일지도 모른다는 생각에 이른 아침에는 좀 다를까 싶어서 일어나자마자 호숫가로 나가보았다. 하지만 여전히 스모그가 가득한 듯 희뿌연 경치들과 촬영을 방해하는 날파리떼 뿐이었다. 텐트로 돌아와 자고 있는 자라옹을 깨워 식사를 종용했다. 누가 보면 개념없는 동생이 형을 부리는 것 같겠지만 절대 그런 게 아니다. 나도 요리하고 싶은데 자라옹이 요리하는 것을 너무나 좋아하기 때문에 내가 그 즐거움을 양보하는 것이다. 진짜다. 믿거나 말거나...
오늘 아침도 라면으로!! 보글보글 라면을 끓이고 있는데 곱게 생긴 여성분이 우유를 한 통 들고 나타나셨다.
"너네 혹시 우유 필요하면 이거 가질래?"
갑작스런 물음에 당황해서 빤히 쳐다보는데... 하필!! 어제 샀던 새 우유가 그녀 바로 밑에 놓여 있었다. 우리 우유를 발견한 그녀는 우유를 들어 가득 차있는

아이야... 내 부모님을 보아하니 넌 분명 착하고 바르게 자라겠구나.

것을 확인하고는 웃으며 가져왔던 우유를 다시 들고 가버렸다. 아...아쉽다... 생각하며 다시 라면에 집중하는데 그 여자분이 다시 나타나서는 "그럼 요거트 줄까?" 하면서 요거트 2개를 내민다. 요거트를 좋아하는 나는 해맑은 미소를 지으며 냉큼 받아들었다. 정말 우리가 불쌍해 보이긴 하나 보다...

식사를 마치고 텐트 정리를 하는데 자전거를 타고 막 출발하려는 가족이 보였다. 이제 보니 아빠는 어제 맥주를 준 남자, 엄마는 요거트를 준 여자였다. 오늘도 어제와 비슷하게 호숫가를 따라 오르락내리락 페달을 밟았다. 날씨도 좋고 경치도 무지막지하게 좋지만 3일째 같은 호수를 돌면서 비슷한 풍경만 계속 보니 슬슬 질려가기 시작한다. 어제까지만 해도 마냥 좋다고 헤벌레 했었는데 벌써...

2시가 조금 넘어 루체른 호수의 끝에 도달했다. 호수가 끝나는 지점에 캠핑장이 보였으나 시간이 너무 이른 것 같아 조금 더 이동하기로 했다. 5km정도 더 달리니 캠핑장같은 것이 하나 더 나타났다. 그래도 이른 시간이라 멈추지 않고 계속 달려 알트도르프 Altdorf에 도착했다. 시내에 들어서자마자 우리를 맞이한 것은 광장 한가운데 서 있는 커다란 동상이었다. 어제 캠핑장에서 아저씨에

사과를 맞혔으니 망정이지...

게 얻었던 맥주이름이 TELL이었는데 이제 보니 이 지역을 대표하는 이 동상의 이름을 딴 맥주였다. 동상의 주인공은 바로 전설로 전해져오는 스위스의 영웅 '빌헬름 텔(윌리엄 텔)'이었다. 이곳 알트도르프, 그리고 우리가 서 있는 이 광장에서 자기 아들 머리에 사과를 올려놓고 쏘았다고 한다.

잠시 마을을 둘러보다가 마을 지도가 그려져 있는 이정표를 발견했다. 셋이 모여 캠핑장을 찾느라 쳐다보고 있을 때 한 남자가 다가와서 도와주었다. 열심히 캠핑장 위치를 설명해주는데 듣고 보니 우리가 지나왔던 첫 번째 캠핑장 같았다. 그곳은 우리가 지나왔으니 반대편 방향으로는 캠핑장이 없는지 물어보니 한 군데가 있긴 했는데 영업을 안 하기 때문에 산을 넘기 전까지는 더 이상 캠핑장은 없다고 했다. 할 수 없이 먼저 봤던 캠핑장으로 방향을 돌렸다. 조금 이르긴 했지만 내일은 산을 넘어야 하니 컨디션 유지

차원에서 푹 쉬기로 했다.

돌아가는 길에 두 분은 마트에 들러 장을 보고 나는 두 번째 봤던 캠핑장에 가서 조건을 알아보기로 했다. 리셉션에서 주인을 불러 세 사람에 텐트 두 개 얼마인지 물어보니 종이에 숫자 30을 적어준다. 핫 워터, 와이파이 모두 무료인지 물어봤는데 고개를 끄덕이며 뭐라고 막 설명을 한다. 대충 어설프게 이해를 했는데 첫 번째 캠핑장과 이곳 캠핑장은 같은 업체인데 이곳은 워터파크 이용자들을 위한 콘도 형태로 운영되는 곳이고 우리처럼 텐트 이용자는 첫 번째 캠핑장으로 가라는 것이다. 뒤늦게 도착한 자라옹에게 대충 상황을 설명해주니 조건 나쁘지 않다고 하면서 첫 번째 캠핑장으로 다시 이동했다.

잠시 후 캠핑장에 도착해서 자라옹이 계산을 하고 오는데 표정이 좋지 않았다. 도대체 조금 전에 누구와 무슨 이야기를 하고 왔냐면서 투덜거렸다. 알고 보니 46프랑에 샤워도 유료, 와이파이도 유료라고 했다. 뭘까? 나는 그 아저씨랑 무슨 이야기를 했던 것일까? 어쨌든 조건이 나빴지만 딱히 다른 선택의 여지가 없었기 때문에 그대로 짐을 풀었다.

호수 위에는 사람들이 이상한 요트같은 것을 타고 미끄러지듯 나아가고 있었다. 어떤 원리인지는 모르겠으나 바람을 업고 한 번 나아가면 되돌아오기 힘들 줄 알았는데 자유자재로 왔다갔다 하는 것이 참 신기한 물건이었다. 문제는 이곳이 야영을 목적으로 하는 캠핑장이 아니라 수상레저 위주의 캠핑장이라는 것이었다. 근데 텐트를 칠 수 있는 장소가 호수 위를 돌아다니는 저 장비들을 보관하는 창고 앞에 있다 보니 사람들이 놀이를 다 끝낸 후 장비를 반납하고 나서야 텐트를 칠 수 있었다. 서핑은 6시까지라고 하니 그때까지 기다릴 수밖에... 자라옹은 이 틈을 놓치지 않고 신나게 낚시하러 가버린다. 나는 뜨거운 햇살을 피해 모자를 푹 눌러쓰고 벤치에서 졸다깨다 졸다깨다를 반복했다.

Switzerland

땡볕에서 졸다 보니 땀이 삐질삐질 나기 시작했다. 어제도 샤워를 못한데다 땀도 나고 해서 미친 척 찬물로 샤워를 하기로 했다. 샤워장으로 가서 주섬 주섬 옷을 벗고 샤워기의 물을 트는 순간… "흐!!& !!@#$…" 비명소리조차 제대로 나오지 않을 만큼 차디찬 물이 피부를 후려갈겼다. 빙하가 녹은 물이라 그런지 1분 1초라도 빨리 빠져나가고 싶을 만큼 차가운 얼음물이었다. 그럼에도 불구하고 이곳 아이들은 호수 속으로 풍덩풍덩 잘도 뛰어들었다. 6시가 지나서야 겨우 텐트를 치고 밥을 먹을 수 있었다. 자라옹은 대충 뚝딱 밥을 해놓고선 다시 낚시를 하러 갔다. 꼬질꼬질한 아시아인이 발가락으로 낚시하는 모습이 신기한지 꼬마 녀석 하나가 와서는 빤히 구경을 했지만 자라옹은 끝내 아무것도 낚지 못했다. 스위스는 물이 너무 맑아서 고기가 없다는 말도 안 되는 소리만 계속해서 늘어놓는다. 내일은 큰 산을 넘어야 하는 힘든 하루가 될 것 같아 서둘러 잠을 청했다.

알프스가 높다 하되
하늘 아래 뫼이로다

어제와 같이 적당한 해와 적당한 구름이 조화로운 아침이었다. 역시나 주위의 다른 팀들은 이미 다 떠나고, 우리 텐트만 남아 있었다. 우리도 서둘러 정리하고 다시 페달을 밟았다.
시내에 진입하기 전에 버거킹을 발견했는데 햄버거 안의 햄도 나름 고기라 생각하고 산에 오르기 전 고기로 체력을 보충하기로 했다. 버거킹의 주력 메뉴인 와퍼 세트가 12.5프랑... 우리나라에서는 6,500원정도 하던 녀석이 이곳에서는 약 15,000원. 역시나 살인적인 물가다. 그런데 안 될 거라 생각했는데 혹시나 싶어 와이파이가 되는지 물어보니 비밀번호를 가르쳐준다. 배만 채우고 출발할 생각이었는데 와이파이가 된다고 하니 곧바로 휴대폰을 꺼내 숙소검색에 나섰다. 산 위에서 캠핑하기는 춥고 호스텔은 비싸고... 산 넘어 아랫동네까지 가기에는 멀고... 다음 숙소를 확실히 잡지 못한 가운데 내가 괜찮은 숙소를 발견했다. 정상에 오르기 직전 호스펜탈 Hospental이라는 마을에 있는 호스텔이었다. 가격도 아침 포함해서 29프랑이면 썩 괜찮은 가격이었다.
목표가 정해졌으니 기합을 넣고 다함께 출발했다. 긴팔 저지를 입고 달리니 금세 더워졌다. 반팔 저지만 입고 달려보니 이번엔 쌀쌀한 바람에 춥게만 느껴졌다. 다시 또 옷을 꺼내 입기 귀찮아 그대로 달렸다. 우리가 가는 방향으로 산 위를 올려다보니 하얗게 눈이 쌓여 있다. 1년 365일 녹지 않고 남아 있다고 하는 만년설이다. 설마 저곳까지 올라갈 일은 없겠지...
우리가 넘어갈 산에는 세계에서 두 번째로 긴 터널이 있다. 약 17km의 이 터널을 자전거로는 지나갈 수 없다. 그곳을 지나가다 보면 자동차 때문에 위험하다기 보다는 아마 탁한 공기에 숨이 막혀 죽을 듯...

Switzerland

잔뜩 긴장하고 출발했는데 산을 오르는 길은 생각 만큼 힘들지 않았다. 길이 워낙 잘 닦여 있었고 경사도 그리 심하지 않았다. 짐을 가득 싣고 있으니 속도를 낼래야 낼 수도 없는 상황, 8~10km의 속도로 천천히 밟아 나갔다. 달리다 보면 반대편에서 넘어오거나 우리를 추월해 가거나 하는 라이더들을 종종 만날 수 있었다. 이곳 사람들에게는 흔한 운동코스인 것 같다. 모두들 지나가면서 우리에게 엄지손가락을 치켜세우며 응원해주었다. 한 번씩 우리를 추월해 지나가는 할머니, 할아버지 라이더를 보면 파이팅하지 않을 수가 없다...

중간중간 만년설이 녹아내려 계곡처럼 흘렀는데 자라옹은 흐르는 땀을 식힐 겸 세수를 하겠다고 자전거를 세웠다. 나도 잠시 멈춰서 사진을 찍고 있는데 "으아아아!!" 뒤에서 자라옹의 비명소리가 들려왔다. 세수한다고 고개를 숙였다가 머리 위에 올려놨던 고글이 떨어져 그대로 물에 휩쓸려 가버린 것이었다. 형제끼리 고글에게 참 몹쓸 짓만 하는 것 같다.

꼬불꼬불한 오르막이 계속 되었지만 워낙에 경치가 좋아 힘든 줄 모르고 계속 달렸다. 2/3 가량 오르니 큰 다리가 하나 나타났다. 이 험준한 산 위에 어떻게 이런 다리를 놓았는지 스위스인들 참 대단하다는 생각이 들었다. 더 놀라운 것은 현대기술로 만들어진 것도 아니고 무려 1800년대에 지어졌다는 사실. 하지만 이 다리에는 슬픈 전설이 있지... 전설에 따르면 이 다리는 사람이 아닌 악마가 3일 만

악마의 다리

에 만들었다고 한다. 먼 옛날 사람들이 이곳에 다리를 놓으려다가 힘난한 지형 때문에 멘탈이 붕괴되었는데 때마침 악마가 나타나서 "3일 만에 만들어주는 대신 이 다리를 최초로 건너는 자의 영혼을 가져가겠다!" 라고 조건을 내걸었다. 다리가 필요했던 인간들은 두말 않고 콜~!! 하지만 악마가 진짜 3일 만에 뚝딱 완성해버리자 간사한 사람들은 제일 먼저 염소를 건너게 하는 꼼수를 썼고 이에 화난 악마가 다리를 부숴버리려고 하자 마을 노파가 나타나 악마를 제압했다고 한다. 사악한 인간들에게 농락당하고 짓밟힌 순수한 악마의 슬픈 이야기에 눈가가 촉촉해진다.

6시간 이상 계속되었던 긴긴 오르막을 지나서 오늘의 목적지 호스펜탈에 도착하여 내가 봐두었던 호스텔을 찾아갔다. 입구 한편에 조그맣게 붙어 있는 공식 호스텔 마크가 아니었다면 호스텔이라고 믿기 힘들 만큼 허름해 보이는 외관이었다. 4시가 조금 넘은 시간이었는데 문이 잠겨 있었다. 5시

이젠 알프스의 중년 아줌마가 되어 있을 하이디가 금방이라도 문을 열고 뛰어나올 것만 같다.

오픈이라고 적혀 있었다. 설마 영업을 안 하는 건 아니겠지? 살짝 걱정하며 기다렸다. 자라옹은 땀도 많이 흘렸으니 시원한 맥주나 한캔 하자면서 근처에 있는 바에 맥주를 사러 갔다. 운이 좋게도 그곳에서 술 한잔 하고 있던 호스텔

군대 내무반같은 독특한 느낌의 호스텔

관리인과 만나서 규정보다 이른 시간에 체크인 할 수 있었다.
다른 손님들도 없고 관리인도 한가하게 낮술이나 하고 있는 것을 보면 이곳은 주로 스키나 트래킹 등 레저 관광객 위주의 시즌 장사를 하는 곳 같다. 그러다보니 지금은 시즌이 아니라서 평소에도 텅텅 빈 건물에 들어섰는데 생각보다 시설이 괜찮았다. 최신 시설은 아니지만 여태 지내왔던 호스텔들과 달리 객실 내부가 마치 산장에 온 것처럼 색다른 분위기를 연출하고 있었다. 짐을 풀고 밀린 빨래를 한 후 저녁을 먹어야 하는데 호스텔이 제공하는 식사의 가격이 16프랑(약 18,000원)이라고 나와 있다. 싼 가격은 아니었지만 나가서 사먹게 되면 더 비쌀 듯해서 일단 메뉴가 무엇인지 물어보니 오히려 무엇이 먹고 싶은지 우리에게 되물었다. 따로 정해진 메뉴 없이 아저씨가 있는 재료로 손님이 원하는 걸 직접 만들어주는 것 같았다. 오오!! 그렇다면 이 아저씨가 설마 7성급 호텔에서 16년간 요리만 하다가 은퇴 후 산속에서 은둔중인 초 절정 특급쉐프… 일 리는 없으므로 그냥 나가서 먹겠다고 했다.
호스펜탈은 얼핏 봐도 전체 건물 수가 100여 개 남짓해 보이는 작은 마을이었다. 작고 아기자기한 건물들을 구경하며 돌아다니다 보니 어느덧 하나둘 영업중이던 건물들이 문을 닫는 분위기였다. 서둘러 숙소 인근의 한 식당에 들어가서 메뉴를 정했다. 메뉴는 다양했지만 배가 부를 만한 건 20프

25,000원정도면 강남이랑 비슷한가?

랑 안팎이었다. 오늘도 장시간 오르막만 달리느라 힘을 좀 썼기 때문에 제대로 된 메뉴로 주문했다. 두툼하게 구워져 나온 고기는 나름 먹을 만했지만 역시나 비싼 가격을 생각하면 썩 만족스럽지는 않았다. 괜히 호스텔 아저씨의 실력이 궁금해진다... 그냥 아저씨가 해주시는 대로 먹을 걸 그랬나 싶기도 하고...

다시 호스텔로 가보니 아무도 없었다. 아저씨도 퇴근했는지 보이지 않고 큰 건물에 우리만 달랑 남은 것 같았다. 정리를 마치고 자라웅이 인터넷을 하는 동안 알프스의 고요함을 느끼며 먼저 잠자리에 들었다.

알프스를 가득 품고 에스프레소 한 잔

한숨 푸욱~ 자고 나면 고요한 알프스의 아침과 함께 새들의 지저귐 소리가 기다리고 있을 줄 알았는데, 우리를 깨운 것은 아스팔트 포장하는 공사차량들의 굉음이었다.

아침을 먹으러 식당으로 내려가니 테이블에 음식이 세팅되어 있었고 역시나 손님은 우리밖에 없었다. 괜히 우리 때문에 아저씨를 아침 일찍부터 깨워 식사준비를 시키는 것 같아 조금 미안한 마음도 들었다. 그런데 이곳 사람들이 원래 아침을 적게 먹는 것인지, 물가가 워낙 비싸서 아끼려고 그런 것인지는 몰라도 양이 너무 적었다. 솔직히 나 혼자서도 다 먹을 수 있을 것 같은 양을 세 명이서 먹으라고 내 놓았으니... 절반정도 먹고 있을 때 아저씨가 오셔서 "빵 좀 더 줄까?" 물어보시길래 생각할 틈도 없이 냉큼 더 달

떠나는 길에 뒤돌아본 호스펜탈. 보이는 게 전부인 마을이다.

라고 했더니 몇 조각 다시 갖다 주셨다. 예의상 물어본 것이었던지 한 번 리필을 해주신 뒤 다시는 오지 않으셨다. 스위스의 비싼 물가를 생각하면 더 달라고 징징거리기도 뭣하고... 모자란 부분은 산을 넘어가는 길에 메꿔 넣기로 하고 조금 남은 알프스를 마저 넘기 위해 출발했다.

출발 시간도 어제보다 훨씬 이르고 고도 자체도 훨씬 높은 관계로 시작부터 쌀쌀한 공기가 온몸을 휘감았다. 어제보다 조금 더 흐리긴 했지만 라이딩하기엔 더할 나위 없이 좋았다. 얇은 긴팔 저지 하나만 입고 달리다가 더우면 멈췄다가 사진 찍고 추워지면 다시 달렸다. 사실 처음 알프스를 지나서 이탈리아로 간다는 말을 들었을 때도 어느 정도 높이 오를 것은 예상했지만 적당한 높이에서 오르내리다가 지나갈 거라 생각했지, 설마 눈이 쌓인 산 위쪽까지 올라오게 될 줄은 미처 몰랐다.

설경에 푹 빠져 페달링을 계속 한 끝에 드디어 고도 2,106m 고트하르트 고개Gotthard pass 정상에 등극했다. 정상에는 우리 외에도 몇몇 팀이 올라와 우리

처럼 기념사진을 찍고 있었다. 이제 곧 마흔을 바라보는 우리 형제는 어느새 30년 전으로 돌아가 언제부터 쌓여 왔을지 모를 만년설 위를 뒹굴며 놀기 시작했다. 난 영화〈러브스토리〉를 생각하며 내 키만큼 쌓인 눈 위로 몸을 날리면 푹 파묻힐 거라 생각했는데... 만겁의 세월을 지내온 녀석은 날 비웃듯 튕겨냈다. ㅜㅜ 옷과 양말이 축축하게 젖도록 놀다보니 어느새 추위에 오들오들... 옷을 껴입고 내려갈 준비를 했다. 상의는 두툼하게 껴입었으나 하의는 올라올 때 그대로 반바지만 입고 내려갔는데 뼛속까지 뚫고 들어오는 듯한 찬 바람 때문에 500m도 못가서 긴바지를 꺼내 입어야 했다. 2,106m의 높이에서 시작된 내리막은 신이 난다기보다 무서울 정도였다.

Switzerland

브레이크에서 손을 떼면 순식간에 시속 50km를 넘어버릴 정도였기 때문에 계속해서 브레이크를 잡아줘야 했다. 브레이크를 잡은 채로 너무 오래 달리게 되면 마찰열로 인해 금속부분이 달아올라 펑크가 날 수도 있다. 하지만 알프스의 환상적인 풍경은 계속 달리려야 달릴 수 없게 만들었다. 조금 내려가다 찰칵! 조금 내려가다 찰칵! 연신 카메라를 꺼내야 했으니 말이다.

정상에서 3km정도 내려가니 코너 한편에 작은 휴게소가 나왔다. 부실했던 아침을 대신해 카페에서 핫도그와 커피를 주문했는데 원래 음식이 맛있는 것인지 이 멋진 환경에서 먹었기 때문인지는 알 수 없으나 정말이지 끝내주는 맛이었다. 특
히나 알프스를 가득 품은 채 마시는 한 잔의 에스프레소는 여태껏 마셔왔던 그 어떤 것보다 맛있었다. 지금이라면 맨밥만 퍼 먹어도 달콤할 것 같았다. 정상에서부터는 페달을 밟지 않고 순전히 무동력으로 내려오는데도 20km 이상 달릴 수 있었다. 중간중간 나타난 작은 마을들을 지나면서 잠시 페달 밟은 것을 제외하면 거의 50km 이상을 힘 안 들이고 죽 내리막길만 달린 셈이다. 30km쯤 내려왔을 때 할인마트를 발견하고 잠시 목도 축일 겸 쉬어가기로 했다. 음료수를 사서 계산을 하고 나오니 점원들이 "그라찌에~" 하면서 이탈리아어로 인사를 한다. 스위스는 자국어가 따로 없고 독일어, 프랑스어, 이탈리아어, 로망슈어를 사용하는데 알프스산맥을 기준으로 가까운 나라의 언어를 사용한다. 비율로 따지면 독일어 64%, 프랑스어 20%, 이탈리아어 8%, 로망슈어 1% 정도인데 그나마 스위스에서만 사용되는 로망슈어는 실제 사용자가 노년층이라 곧 사라질지도…

383

앗! 이런 솔로풍경 좋아..♥

산을 내려와 달리다 보니 만년설이 녹아 산줄기를 타고 흘러내리고 있는 모습이 눈에 띈다. 물줄기가 작은 폭포로 변해 쏟아지는 모습은 곳곳에서 쉽게 찾아볼 수 있었고, 흔한 동네풍경 같은데도 이루 말할 수 없이 장관이었다. 산을 내려와서도 여전히 아름다운 풍경들을 보며 사진을 찍다가 또 두 분과의 거리가 벌어졌다. 열심히 쫓아도 안 보여서 문자를 보내니 한참 진 내가 지나쳤던 자전거샵에서 매장 구경을 하고 있었다고 한다. 밖에 자전거 세워놨는데 왜 못 봤냐고 하면서 먼저 간 김에 캠핑장이나 찾아보라고 한다.

오늘의 종착지는 스위스 속의 이탈리아로 불리는 도시 벨린초나 Bellinzona다. 다행이 도시에 진입하자마자 곧바로 TCS 캠핑장 간판을 발견할 수 있었다. 필라투스에서도, 알트도르프에서도, 이곳에서도 TCS인 걸 보면 캠핑장도 프렌차이즈인가 보다. 자리를 잡은 후 나는 텐트를 치고 자라웅은 그 사이 장을 봐왔다. 마트에서 돌아오자마자 물건들은 텐트에 내팽개치듯 던져놓

Switzerland

고 맥주 한 캔과 땅콩만 들고 강가로 달려가 버리는 자라옹. 이젠 포기할 때도 되었건만 흐르는 강물 속으로 늘어진 낚시줄만 부여잡고 허송세월을 보내고 있다. 모기가 있는지 가끔씩 스스로에게 귀싸대기를 날린다...

캠핑장 손님들은 대부분 할아버지, 할머니들이셨다. 짐정리를 마치고 샤워를 하러 가는데 저녁식사를 위해 요리

흐르는 강물처럼

준비를 하고 계시던 두 어르신이 지나가는 나를 보며 흐뭇하게 웃어주셨다. 두 분 앞에 세팅된 바비큐 장비를 보아하니 두 분의 메뉴는 고기가 분명했다. 혹시나... 맛 좀 보라고... 같이 와서 먹자고... 불러주지는 않을까 하는 마음으로 나도 같이 씨익~ 웃어드렸으나 말은 없으셨다. 샤워를 마치고 나오니 두 분은 이미 식사를 끝마친 상태였다. 후훗... 내가 무슨 생각을 하는 건지... 이놈의 거지근성을 빨리 버려야 할 텐데...

스위스 속의 이탈리아, 벨린초나와 루가노

알프스를 넘어 남쪽으로 내려오자 날씨가 급격히 따뜻해지는 것 같아 본격적으로 반팔, 반바지를 입기 시작했다. 출발 전에 캠핑장에서 제공해준 벨린초나 지도를 보니 이곳의 주요 관광명소는 15세기에 건립된 3개의 성이었다. 우리에게 벨린초나는 그냥 지나치는 도시이므로 대충 훑어볼 수 있도록 코스를 짜고 라이딩을 시작했다. 성이라고 해서 조금 외곽에 있을 줄 알았는데 의외로 시내를 지나치면서 쉽게 볼 수 있었다.

짧은 벨린초나 관광을 마치고 본격적으로 이탈리아를 향해 달리는데 갑자

벨린초나의 건물 양식들은 대부분 이탈리아식에 가깝다고 하지만 아직 이탈리아로 가기 전이라 어떤 점이 차이가 나는지 감이 오지 않았다.

기 오르막이 떡하니 나타났다. 예상치 못한 오르막에 당황했지만 자라웅은 금방 끝나겠지 하며 앞서 나갔다. 하지만 페달을 밟을수록 점점 멘탈이 붕괴되기 시작했다. 대략 500m정도의 높이에 길이도 6km밖에 되지 않는 작은 산이었지만 어제 2000m의 알프스를 넘는 것보다 훨씬 힘이 들었다. 어제까지만 해도 따뜻했던 햇살이 오늘은 피부가 따끔할 만큼 뜨거워서 더 힘들었다. 알프스를 넘을 때는 그늘도 많았고 크게 덥지 않아서 일부러 햇볕을 피하지 않았지만 지금은 반팔 저지가 흥건하게 젖을 정도로 온몸이 땀에 뒤범벅이 되었다. 유럽은 습도가 낮기 때문에 기온이 높더라도 그늘에만 있으면 시원할 정도로 양지와 음지에서의 체감온도 차이가 크다. 하지만 하필 우리가 가는 방향이 햇볕에 노출되어 있었다. 맞은편에는 조금이긴 하지만 그늘이 져 있었는데 그리로 가려면 차량 진행방향과 반대가 되어 위험한 역주행을 해야 한다.

넘어갈까 말까 한참 고민을 하며 달리다가 타들어가는 내 소중한 피부를 지키기 위해 결국 미친 척 넘어가버렸다. 다행히 갓길이 넓어 위험부담은 줄었으나 올라가는 내내 수많은 차량들이 클랙션을 울리며 우리에게 주의를 주었다. 좁은 그늘에서 어떻게든 태양을 피해보려고 벽에 바짝 붙어 깨

Switzerland

작깨작 페달을 밟아 나갔다. 체감상 몇 시간을 달린 듯한 피로를 느끼며 한참 만에 산을 넘어 남쪽으로 달리다 보니 독일에서만 보던 마트인 ALDI가 보였다. 스위스에도 있는 것을 보니 글로벌 브랜드인가 보다. 세 명 모두 더위에 지쳤던 터라 큰 아이스크림을 한 통 사서 나누어 먹었다. 그 동안은 아이스크림이 생각날 만큼 덥지 않아서 사 먹을 일이 없었는데 유럽은 의외로 아이스크림 값이 무척 쌌다. 물론 하겐다즈같은 브랜드제품이나 젤라또는 비쌌지만 마트에서 판매하는 유지방 제품들은 저렴했다.

새로운 깨달음을 얻고서 다음 도시 루가노 Lugano에 도착했다. 벨린초나도 스위스 속의 이탈리아라 불리지만 루가노야 말로 진정한 스위스 내의 이탈리아 문화의 중심지다. 실제로 루가노 호수에는 작은 이탈리아 영토가 있기도 하다. 호수 근처 식당에서 케밥으로 점심을 해결하고 호수를 따라 남쪽으로 내려갔다. 호수 반대편에는 건물들이 산비탈 위에 촘촘히 서 있었다.

반대편 풍경을 보면서 계속 달리다 보면 이탈리아가 나타난다. 스위스가 끝나고 이탈리아가 시작되는 것이 아니라 캄피오네 디탈리아 Campione d'Italia라고 하는 스위스 영토 내에 자리잡고 있는 이탈리아 영토에 진입하게 되는 것이다. 이곳은 카지노로 유명한 곳이라 뭔가 좀 으리으리하고 특별함이 있을 줄 알고 은근히 기대를 했는데 막상 와보니 다른 풍경과 별 차이가 없었다. 내적인 차이라면 스위스 내의 카지노는 베팅 시 금액제한이 있지만 이곳의 공영카지노는 무제한이라는 것이다.

루가노 호수를 가로지르는 큰 다리를 건너는데 다리 밑으로 팔뚝 만한 물

카지노로 유명한 스위스 속의 이탈리아 영토, 캄피오네 디탈리아

고기들이 막 돌아다니는 것이 보였다. 자라웅이 저것을 본다면 또 허황된 꿈에 빠지겠구나... 아니나 다를까 다리를 건너자마자 피곤하다면서 빨리 캠핑장을 찾으라고 닦달하기 시작했다. 그렇지 않아도 오늘은 예상치 못했던 업힐 때문에 다들 지쳤으니 가장 먼저 나오는 캠핑장을 찾아 들어갔다. 어제와 같이 나는 텐트를 치고 자라웅은 장을 봐왔는데 피곤하다고 징징거리더니 장을 봐서 오자마자 금세 어디론가 사라져버렸다.

또 어딘가에서 세월이나 낚고 있겠지... 텐트를 마저 치고 주변을 둘러보는데 근처 캠핑카 밑에서 일광욕을 즐기고 있는 누군가가 눈길을 확 사로잡았다. 눈부신 금발!! 호피무늬의 섹시한 비키니!! 큼지막한 선글라스를 착용하고 비치의자에 누워 멋진 포즈로 책을 읽고 있는!!... 할머니였다. 서양 여성들은 나이가 들어도 스타일이 워낙 좋아서 주름까지 제대로 보지 않으면 깜박 속는 일이 허다했다.

곧바로 시선을 돌려서 호숫가로 갔다. 언어도 건물도 모두 이탈리아에 가깝다고 하지만 공식적으로는 스위스다. 여태껏 추위 때문에 물에는 들어가 보지 못했는데 스위스에서의 마지막 날이니만큼 발이라도 담가보고 싶어 신발을 벗고 호숫가를 거닐었다.

이 캠핑장은 와이파이는 무료, 온수샤워는 유료였다. 하지만 오늘은 땀을

Switzerland

호수는 무척 맑으면서도 얼음처럼 차가웠다.

인기척에도 아랑곳하지 않고 노니는 백조들

너무 많이 흘려서 샤워를 꼭 하고 싶었다. 어차피 돈을 내도 오랫동안 하지도 못할 샤워라면 그냥 찬물로 대충 씻고 말아야겠다는 생각으로 샤워장으로 갔다. 알트도르프에서 찬물로 샤워를 했다가 입이 돌아갈 뻔 했던 기억을 떠올리며 마음의 준비를 단단히 한 후 어금니를 꽉 깨물고 물을 틀었다. 그런데 건물 시설이 너무 노후해서 그런 건지… 돈도 안 넣었는데 온수가 나온다!!! 오오오!!! 감격의 눈물이 터져 나왔다. 단순히 온수가 나와서가 아니라 재수에 옴이 덕지덕지 붙어왔던 나에게 이런 일이 생기다니… 후끈후끈 핫한 샤워를 마치고 기분 좋게 나와서 옆 칸 샤워기를 틀어보니 찬물만 콸콸콸 쏟아졌다. 분명 다른 칸에 먼저 들어갔다면 의심의 여지없이 찬물로 씻고 나왔을 텐데… 행운의 샤워 덕분에 하루의 피로를 말끔하게 풀 수 있었다. 자라웅에게 말을 해줄까 말까 하다가 오늘도 빈손으로 돌아오는 자라웅의 처진 어깨가 안쓰러워 비밀을 전수해줬다. 이쯤 되면 무척이나 쓸모있는 착한 동생임이 분명하다.

저녁을 먹은 후 리셉션 앞에서 인터넷을 하는데 빗방울이 뚝뚝 떨어진다. 어쩐지 굉장히 오랜만에 비가 내리는 느낌이다. 서둘러 자전거를 빗방울이 닿지 않는 곳으로 옮겨놓고 스위스의 마지막 밤을 마무리지었다.

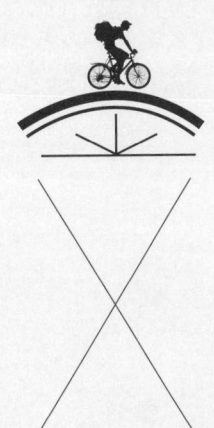

Italy
이탈리아

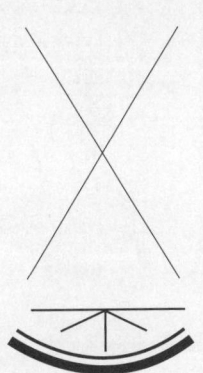

피렌체 대성당 근처의 이쁜 카페, 노란색 벽과 빨간 오토바이... 전체적인 조화가 넘 이뻐 보였다.
이런 데서 커피 한잔 마셔줘야 되는데... 돌이켜보면 맨날 별로인 곳에서 커피마시고
예쁜 곳에서는 사진만 찍은 것 같다... 바보...ㅜㅜ

쉽지 않아 보이는 이탈리아,
좋아! 가는 거야!

밤새 비가 좀 오는가 싶더니 아침에는 맑은 하늘이 반겨준다. 국경까지 남은 거리는 15km. 부지런히 달려 금세 이탈리아 국경을 통과했다. 막연하게 '유럽=선진국'이라는 고정관념을 가지고 있었고 네덜란드, 독일, 스위스를 지나오면서 크게 의문을 품지 않았었다. 하지만 이탈리아는 좀 달랐다. 특히 'made in Italy'가 상징하는 명품 이미지 때문에 이탈리아 역시 고급스러운 느낌의 선진국으로 생각했는데 국경을 넘은 지 10분 만에 그 이미지에 물음표가 생겼다. 건물 분위기도 허름하고 도로 상태가 굉장히 불량했다. 여기저기 부서진 파편들, 갈라진 건물 외벽, 사람들 옷차림까지… 여태 지나온 유럽과는 또 다른 느낌이었다. 운이 좋아서인지 지금까지는 한 번도 소매치기나 도둑을 만나지 않았지만 이탈리아는 다르다면서 몇 배는 조심해야 한다던 사람들의 충고를 다시 한번 곱씹으며 코모 호수를 향해 달렸다.

코모 호수는 헐리웃 스타들이 뽑은 베스트 휴양지에 선정될 만큼 아름답기로 유명한데 막상 도착해보니 어제 봤던 루가노 호수의 풍경과 비슷했다. 길이 56km의 거대한 호수를 따라 놓인 도로 난간 아래는 수심도 얕고 깨

어제 본 루가노 호수와 비슷해 보이는 코모 호수 풍경

끝해서 고기들 노니는 모습이 훤히 보였다. 이 정도면 아무리 자라웅이라도 한 마리 정도는 낚을 수 있을 것 같아서 특별히 낚시 시간을 할애해주기로 했다. 형수님은 가이드북에 나와 있는 장풍 쏘는 손 모양의 동상을 보고 싶다고 하셔서 그 동상도 찾아볼 겸 자라웅이 낚시를 하는 동안 호수 가장자리의 산책로를 따라 돌아보았다. 30분가량 근처 공원을 돌아봤지만 그런 동상은 찾지 못했고, 그때까지도 자라웅은 빈손이었다. 왜… 왜… 눈앞에서 팔뚝 만한 고기들이 꼬리를 흔들며 왔다갔다 하는데 왜 잡지를 못하니 왜… 괜히 시간만 잡아먹은 후 자리를 떴다.

오늘의 목표지점은 세계적인 패션의 도시 밀라노. 스위스를 빠져나온 이후 급격히 더워진 날씨 때문에 이젠 평지만 달려도 땀이 쏟아진다. 잠시 그늘을 찾아 휴식을 취한 후 두 분이 출발하고 곧바로 따라가려는 순간 문득 선크림을 발라야겠다는 생각이 들어 출발을 멈추고 피부관리에 들어갔다. 선크림을 바르고 곧바로 따라갔기 때문에 금세 두 분을 따라잡을 줄 알았는데 불과 1km 앞에 큰 갈림길이 있었다. 한쪽은 왕복 4차선에 쭉 뻗은 고속도로같은 길이었고 다른 한쪽 길은 마을을 가로지르는 일반도로였다. 형수

Italy

지나가는 사람들에게 가이드북에 나온 사진을 보여주며 물어물어 동상을 찾아갔다. 이탈리아에서의 여행을 무사히 마칠 수 있길 바라며 "좋아!! 가는 거야!!"

님도 계시고 하니 안전한 일반도로로 진입했을 거라 생각하고 그 길로 달렸다. 결과는 또다시 꽝! 자라웅은 큰길로 냅다 달렸다고 한다. 내가 선택한 길은 가뜩이나 좁은데다 온통 공사를 하느라 파헤쳐져 있어 좀처럼 속도를 낼 수 없었다. 왕복 2차선에 갓길은 없고 인도는 공사중… 앞에선 버스 한 대가 계속해서 길을 막고 있는 답답한 상황이었다. 그에 반해 두 분은 차들이 쌩쌩 지나다니긴 했지만 넉넉한 갓길이 있어 쾌적한 라이딩이 가능했다고 한다. 오늘 묵을 호스텔 위치를 나만 알고 있었기 때문에 여유를 부릴 수가 없어 카메라는 꺼낼 생각도 하지 못하고 40여km를 부리나케 달려서 드디어 밀라노 외곽에 진입했다.

밀라노에 도착하면서 또 한번 느꼈다. 그동안 만나왔던 유럽인들은 대부분 밝은 머리색과 하얀 피부를 가진 백인이었는데 이탈리아에서 접한 사람들은 검은 곱슬머리에 까무잡잡한 피부, 왠지 좀 빈티가 났다. 우리는 흔히 이탈리아에서는 거지들도 모델 뺨칠 만큼 멋있다고 생각하는데 내가 보기엔 거지가 참으로 거지다운 모습을 하고 있었다. 정직한 거지들... 게다가 다른 곳도 아니고 이곳은 섬유, 패션, 명품의 도시 밀라노가 아닌가... 거리에서 쉽게 볼 수 있는 패션 스타일은 늘어진 하얀 러닝셔츠에 허름한 카고반바지가 대부분이었다. 하여간 이탈리아의 첫 느낌은 그동안의 고정관념을 다 무너뜨렸다.

나보다 조금 먼저 도착한 자라옹과 합류해 호스텔을 찾아갔다. 검색했을 때 시설이나 위생 등 평가가 그닥 좋지는 않았지만 가격이 싸다고 찾아간 곳이었다. 이탈리아에서 처음 묵는 호스텔인데 생뚱맞게도 호스텔 이름이 캘리포니아호스텔이었다. 가격도 저렴하니 이틀간 이곳에서 묵기로 했는데 가격이 저렴해서 그런지 이상한 손님들도 간혹 보인다. 특히나 내 옆자리에는 비닐봉투를 한가득 갖고 다니시는 조금은 이상한 할머니가 계셨다. 호스텔 맨 위층에 휴게실이 있었는데 취사시설이 마련되어 있어서 근처의 마트에서 대충 장을 봐서 식사를 했다. 장비들이 넉넉한 편은 아니었는데 우리 앞 팀이 먼저 좋은 장비들을 선점하는 바람에 준비과정이 순탄하지는 않았다. 물론 자라옹이 다 하니까 나에게는 해당 없었지만... 무료 와이파이가 가능해서 인터넷이나 좀 하려고 했더니 휴게실은 흡연공간인지라 이미 너구리굴이 되어 숨쉬기가 힘들었다. 흡연자인 자라옹만 남겨두고 혼자 방으로 돌아와 이탈리아에서의 첫날을 마감했다.

패션, 명품, 쇼핑의 도시 밀라노

창 틈으로 스며드는 따뜻한 햇살을 맞으며 이탈리아에서의 아침을 시작했다. 이젠 제법 날이 따뜻해져서 자면서 흘리는 땀 때문에 아침에도 샤워를 해줘야 했다. 이곳도 인원수에 비해 샤워시설이 모자란 것 같아 미리미리

Italy

샤워를 하고 아침을 먹으러 갔다. 어제 이야기 듣기로는 호스텔에서 제공하는 식사가격이 1.3유로라고 했다. 엄청 저렴한 가격이다. 그런데 위층 휴게실에서 먹는 게 아니라 티켓을 주면서 식당위치를 가르쳐준다.

자고 있던 두 분을 깨워 함께 호스텔에서 200m정도 떨어진 곳에 있는 식당으로 찾아갔다. 중국인처럼 보이는 동양인이 주인인데 영어를 전혀 못해서 의사소통이 아예 되지 않았다. 이러지도 저러지도 못하고 한참을 실랑이를 하다가 때마침 들어온 호스텔 직원의 도움으로 겨우 식사를 할 수 있었다. 식사는 그동안 이용했던 호스텔의 뷔페식이 아니라 그냥 크로와상 1개와 커피 한잔이 전부였다.

허탈한 아침을 뒤로하고 패션의 도시 밀라노 시내를 향해 출발했다. 제일 먼저 찾아간 곳은 밀라노의 대표적인 관광지인 밀라노 대성당이었다. 번화가 중앙에 있다 보니 대성당으로 가는 길은 어제의 기억과는 조금 다르게 깨끗하고 고급스러워 보였다. 고딕양식 건물 중 세계에서 가장 큰 규모를 자랑한다고 하는 밀라노 대성당 앞에는 사람들이 북적였고 경찰들도 곳

고딕양식 건물 중 세계에서 가장 크다는 밀라노 대성당과 미이라가 전시되어 있는 성당 내부

곳에 배치되어 있었다. 또 하나, 한동안 볼 수 없었던 흑형들이 호객행위를 하고 있었다. 이곳에서는 공짜 혹은 선물이라고 하면서 손목에 팔찌를 채 워주고 나중에 돈을 뜯어내는 수법이 유명하다. 역시나 나에겐 아무도 접 근하지 않았지만 형수님이 당해버렸다. 그런데 흑형과 잠시 실랑이를 하던 형수님은 돈도 내지 않으시고 오히려 팔찌까지 하나 챙겨 오셨다. 이것이 한국 아줌마의 위엄인가…

우선 자전거를 묶어놓고 성당 안으로 들어갔다. 무지한 탓인지 여러 성당 들을 돌아다녀도 내부는 다 거기서 거기인 듯하다. 그나마 이곳에서는 성 인들의 미이라를 만들어 전시하고 있다는 것이 조금 특별하다고나 할까… 성당을 나와 출출한 배를 채우기 위해 근처 골목으로 들어갔다. 가이드북 에 밀라노의 유명한 맛집이라고 나와 있던 '루이니' 빵집을 찾아갔다. 판제 로티Panzerotti라고 하는 피자빵같은 것이 이 집의 주력메뉴다. 워낙 유명한 곳 이라 줄을 서서 먹어야 한다고 나와 있었는데 오전 11시쯤 갔더니 손님은 서너 명뿐이었다. 젊은 아가씨 세 명이 판제로티를 맛있게 먹고 있었는데 생각보다 밍밍한 맛이 내 입맛에는 만족스럽지 않았다.

나름 밀라노 맛집이라는 루이니

생각 외로 밀라노는 도시의 명성에 비해 관광 거리가 별로 없었다. 관광보다는 쇼핑에 더 무게가 실려 있는 듯 보였다.

시내 중심에서 빠져나와 밀라노 북서쪽의 셈 피오네Sempione 공원으로 향했다. 공원 잔디밭 에는 남자든 여자든 상관없이 상의 정도는 훌 러덩 벗고 다니는 모습이 곳곳에서 눈에 띄었 다. 타인의 시선 따위는 아랑곳하지 않고 비 키니만 입고서 일광욕을 즐기는 모습이 이들 에겐 너무나도 자연스러운 일상이었지만 쉽

Italy

게 적응하지 못한 우리는 곁눈질로 흘낏흘낏…
다음엔 어디로 가야 할지 마땅한 곳을 정하지 못한 상태에서 이후부터는 각자 알아서 구경하기로 했다. 스페인에서 FC바르셀로나의 홈구장 '누캄프'를 보고 실망했었는데 이곳

공원에서 비키니라니!!

밀라노의 축구장은 어떤지 확인해보고 싶어졌다. 서쪽으로 5km정도 달리자 거리의 담장 외벽에 끝없이 펼쳐진 그래피티가 보였다. 예상치 못했던 그림들을 감상하며 천천히 밀라노 축구장에 도착했다.

오늘 역시 경기가 없어서인지 주위는 조용했다. 이 경기장은 특이하게 두 개의 이름으로 불린다. 밀라노의 대표적인 축구팀 AC밀란과 인터밀란. 축구를 잘 모르더라도 한 번쯤은 들어봤음직한 세리에 A 명문구단들이며 두 팀 모두 이곳 밀라노에 적을 두고 있어서 이 경기장을 함께 사용한다. 그래서 각자 이 경기장을 부르는 이름이 다른데 AC밀란은 '산시로', 인터밀란은 '주세페 메아짜'라고 부른다. 이 둘의 경기는 단순한 축구팀의 대결이 아닌

한눈에 축구장이 가까워졌음을 알 수 있었다.   이런 그래피티가 1km정도 이어져 있다.

밀라노의 홈구장인 '산시로' 혹은 '주세페 메아자'

좌익과 우익, 노동계층과 부르주아계층의 대결이라고 할 수 있다. 그래서 이 두 팀이 경기를 벌이는 날을 '밀란 더비'라고 하는데 유럽 최고의 라이벌전으로 손꼽힌다. 그래도 우리 한일전보다 치열하진 않겠지?

경기장 주변 구경을 마치고 돌아오는 길에 다시 대성당 앞을 지나게 되었다. 오전보다 한층 사람들이 많아졌고 경찰들도 추가된 것 같았다. 성당 앞 광장에는 무대장치까지 설치되고 있고, 검은 정장을 입은 사람들이 몰려다니는 것을 보니 어디 좀 높은데 있는 사람들이 방문한 것 같았는데 나중에 알고 보니 교황이 왔다 갔었다고 한다.

대성당 옆에는 비토리오 에마누엘레 2세 갤러리아가 있다. 밀라노의 자존심이라고 하는 이곳은 아케이드 밑으로 진입하면 패션의 도시라는 이름답게 수많은 명품브랜드가 즐비한 밀라노 최고의 쇼핑몰이다. 명품 좋아하는 사람이라면 넋을 잃고 돌아다닐 듯한 곳이었다. 하지만 밀라노가 패션의 도시니 어쩌니 하는데 나는 크게 공감하지 못했다. 사실 밀라노에 처음 들어왔을 때부터 사람들이 그닥 패셔너블해 보이지 않았고 그나마 패션의 도시라는 것을

오전보다 부쩍 많아진 시민들과 경찰들

가상 실감할 수 있었던 곳이 바로 여긴데 솔직히 이곳도 워낙 유명한 관광지다 보니 편안한 여행복장으로 다니는 사람이 대부분이었다. 정말 멋지다고 생각되는 사람들은 약 20%밖에 되지 않았다.

Italy

윈도우쇼핑으로 대리만족하다가 호스텔로 돌아가는 길에 가이드북에 나와 있는 젤라또 매장을 찾아갔다. 자전거를 묶어두고 매장에 들어서자 카운터에 있던 아가씨 표정이 굳어지며 날 경계하기 시작했다. 주문을 하고 카운터에서 계산을 하는데 계속 내 팔을 흘낏 쳐다보곤 했다. 내가 한국에서 사온 암워머(팔토시)가 문신이 그려진 제품이었는데 그것을 보고 야쿠자정도 되는 줄 알고 지레 겁을 먹었던 것이다.

자꾸 힐끔힐끔 쳐다보기에 손가락으로 워머 끝을 잡고 쭈욱 잡아당겨

밀라노의 자존심, 비토리오 에마누엘레 2세 갤러리아

문신이 아님을 보여주자 갑자기 혼자 빵 터져서 배를 잡고 웃기 시작하더니 급기야 매장 안의 다른 직원들까지 다 불러서 구경하라고 난리였다. 내가 빅 재미를 선사해줬지만 그렇다고 젤라또 양을 많이 주지는 않았다. 밖에 있는 테이블에 앉아서 먹으려고 하는데 직원이 오더니 여기서 아이스크림을 먹으면 안 된다고 한다. 유럽의 카페들은 앉아서 먹으면 자릿세가 따로 붙는다더니 젤라또 가게도 마찬가지인가 보다. 치사한 녀석들... 내가 그렇게 웃겨줬는데... 매정해...

숙소로 돌아와 빨래를 하고 이래저래 정리를 하고 있는데 자라웅의 문자가 왔다. 지금 장을 보고 있으니 먼저 식당에 올라가서 냄비와 칼을 사수하라고 했다. 착한 동생은 곧바로 올라가서 시키는 대로 자리를 선점한 후 기다렸다. 잠시 후 자라웅이 도착했고 우리는 제일 먼저 식사준비를 했다. 우리

뒤를 이어 일본인 여성 둘이 왔는데, 좋은 칼과 프라이팬은 우리가 먼저 선점했기에 그녀들은 상대적으로 준비가 늦어졌다.

나의 요리 실력은 아주 뛰어나지만 정작 요리하는 것을 좋아하지 않는 관계로 (절대 못해서 하지 않는 게 아니다. 자라옹이 요리하는 것을 너무 좋아하기 때문에 양보하는 것이다) 여행을 시작한 후 지금까지 모든 것을 자라옹에게 다 맡기고 직접적으로 요리에 도움을 준 적은 거의 없었다.

그런데 왜 자꾸 눈물이 날까…? 정신을 차리고 보니 난 어느새 일본 여성의 양파를 썰어주고 있었다. 차갑지만 미인에겐 따뜻한 도시남자의 천성을 버리지 못하나 보다. 어이가 없다는 듯이 쳐다보는 형수님과 자라옹의 시선을 피해 대화를 시도했디. 아아… 조금이나마 일본어를 배워 놓길 잘했다는 생각이 들었다. 그런데 약 두 달간 계속 영어만 생각하고 살아오다가 갑자기 일본어를 하려니 굉장히 헷갈렸다. 특히 문법의 순서가 완전히 뒤바뀌어서 내 입에서는 영어와 일본어가 섞인 이상한 언어가 흘러나오고 있었다. 뭐… 그래도 다 알아먹는다…

막상 이야기를 해보니 이 아가씨들 의외로 우리와 비슷한 점이 많았다. 직업이 유치원 선생인데 나처럼 다니던 회사 그만두고 여행을 왔다고 한다.

여행기간도 우리처럼 3개월인
데다 출발한 날도 우리와 겨우
이틀 차이. 순서는 우리와 조
금 다르지만 코스도 얼추 비슷
했다. 한참 동안 이런저런 이야
기를 나누다가 시간이 늦어 각
자의 방으로 돌아갔다. 내 옆의

일본 여행자 요코와 마야

이상한 할머니는 내 시선 따위는 아랑곳하지 않고 내가 보는 앞에서 훌렁
훌렁 옷까지 갈아입으신다. 보고 싶지 않았는데!!! 그러더니 어디서 가져왔
는지 오늘도 비닐봉투를 잔뜩 침대 한구석에 챙겨놓는다. 어쩐지 경계하고
싶어지는 할머니다.

침대에 누워 눈을 감고 잠을 청하는데 자라웅의 코고는 소리가 점점 커지
기 시작하며 방 전체를 뒤흔들기 시작했다. 소리가 멈출 생각을 않고 계속
되자 자라웅의 옆 침대에서 자고 있던 외국인이 벌떡 일어나더니 자라웅을
흔들며 "STOP!! Hey~ STOP!!"을 외쳤다. 잠시 침묵이 흐르긴 했지만 얼마
가지 못했다. 다시 울려 퍼지는 코고는 소리에 그 외국인은 일어나 괴로워
한다. 나는 일행이 아닌 척 조용히 이어폰을 꽂고 눈을 감았다.

은밀하게 소심하게... 두 번째 노숙

다음 목적지를 정하기 위해 아침부터 머리를 싸맸다. 꼭 가보고 싶었던 곳
은 피렌체 Firenze 인데 밀라노에서 피렌체로 어떻게 가느냐가 문제였다. 남쪽
으로 가서 해안도로를 따라 동쪽으로 가든지, 동쪽으로 가서 남쪽으로 가
든지 둘 중 한 가지 방법을 선택해야 했다. 지형상으로는 동쪽으로 가는 것
이 넓은 평야를 지나기 때문에 라이딩이 조금 더 쉬울 것 같았다. 하지만 5

월 말부터 시작해서 연일 이탈리아를 들썩이게 하는 뉴스가 있었으니... 바로 지진소식이었다. 동쪽으로 이동하게 된다면 피아첸차를 거쳐 파르마, 모데나, 볼로냐를 지나가야 하는데 그쪽 지역이 완전 박살났다고 한다. 괜히 집 잃고 힘든 사람들에게 한가하게 여행하는 우리가 곱게 보일 것 같지도 않고 분위기도 흉흉할 것 같은 생각에 남쪽으로 내려가서 제노바를 거친 후 피사를 통해 이동하기로 결정했다.

밀라노 도시 남쪽으로 길게 이어진 작은 수로를 따라 다음 마을을 찾아 달리기 시작했다. 스위스에서 맑은 물에 익숙해져 있다가 이탈리아의 물을 보니 심하게 더러웠다. 눈으로 보기에도 탁한 색에 군데군데 떠다니는 부유물들 하며, 심지어는 돼지 사체도 떠다니고 있었다. 그렇게 더러워 보여도 큼지막한 물고기들이 여기저기 헤엄치고 다녔다. 쭉 뻗은 수로를 따라 30km 이상을 달려야 하는데다 곳곳에 낚싯대를 드리우고 앉아 있는 이탈리아 강태공들의 모습은 자라옹의 눈을 뒤집어 놓기에 충분했다. 낚시는 하고 싶은데 그러면 일정에 차질이 생기니 선뜻 말은 못하고... 달리는 내내 계속 우리 눈치만 보던 자라옹이 안쓰러워 얼마간의 시간을 할애해주기로 했다. 여기저기, 이 나라의 백성들은 어찌 이리 헐벗고 다니는지... 곳곳에서 반바지 하나만 입고 다니는 사람들이 수두룩했다. 낚시하는 사람들도 온통 상의를 벗은 채 땡볕에 노출되어 있었다.

자라옹이 준비하는 동안 먼저 와서 앉아 있던 아저씨의 실력을 구경했다. 거의 3분에 한 마리씩 낚아 올리는 실력에 감탄사가 절로 나왔다. 아저씨는 구더기를 미끼로 사용했고 자라옹은 메뚜기모양 플라스틱이 붙어있는 바늘이 전부였다. 자라옹은 결국 물고기를 못 잡는 이유가 미끼의 문제라며 비루한 변명을 대기 시작했다.

붙임성 좋은 형수님이 아저씨에게 가더니 블라블라~ 구더기를 한 움큼 얻어오셨다. 이젠 빼도 박도 못하겠지. 그러나 한참을 앉아 있어도 자라옹의

Italy

수시로 낚아 올리는 아저씨와 손맛 한번 보지 못한 자라옹

찌는 소식이 없었다.

"왜... 고기가 저렇게 많은데, 미끼까지 얻어다 줬는데 왜... 잡지를 못하니... 왜..." 빨리 잡아보라고 다그치니 이번에는 핑계거리로 추를 들먹이기 시작했다. 남들이 사용하는 납추는 무거우면서도 부피가 작지만, 자기는 돌멩이를 묶어서 던지는데 부피가 크다 보니 첨벙 하고 물에 들어가는 소리에 고기들이 놀라서 도망간다는 것이다. 아... 예~ 퍽이나요...

가망이 없다고 생각한 나는 미련을 못 버리고 앉아 있는 자라옹을 뒤로하고 먼저 출발했다. 10km 정도 달려서 대학도시 파비아에 도착했다. 내가 앞서 가는 입장이었으므로 느긋하게 시내 구경을 하다가 가기로 했다. 물론 일부 모습이겠지만 적어도 내가 지나다닌 길들은 밀라노보다 규모는 작지만 한층 깨끗하고 정리가 되어 있었다. 제노바로 가는 길에는 마땅한 숙소가 검색되지 않았다. 캠핑장이 하나 있긴 했는데 확실하지 않았다. 그렇다고 이곳에서 묵기에는 시간이 이른 것 같아 계속 남쪽으로 달렸다.

750ml 한 통이 겨우 3,000원!

불과 며칠 사이에 엄청 더워졌다. 태양은 뜨겁고 땀은 흐르는데 마침 대형 할인마트가 기다렸다는 듯이 나타났다. 다른 것 다 필요없고 오직 아이스크림!! 혼자서 허겁지겁 한 통 다 먹고 나니 머리가 띵했지만 이내 기운을 되찾고 다시 열심히 페달링~.

캠핑장은 없고 트랙터에 날린 흙먼지만이 우리를 덮쳐왔다.

예정했던 캠핑장 근처에서 자라웅과 합류해서 캠핑장을 찾아보았지만 예상 지점에는 아무것도 없었다. 아직 시간도 좀 남아있으니 일단 남쪽으로 20km정도 더 내려가 보게라 Voghera로 가보기로 했다. 하지만 이 지역도 캠핑장은 물론 호스텔마저 전혀 검색되지 않았다. 노숙의 기운이 엄습해오는 가운데 일단은 무작정 가는 데까지 가보기로 했다. 자라웅의 꽁무니를 따라가다 보니 언제부터 길을 잘못 들었는지 낯선 마을로 들어와 버렸다. 살리체 테르메 Salice Terme라고 하는 이 마을에는 늦은 시간인데도 마을 광장에 사람들이 많았다. 사람들에게 물어봐도 호텔뿐이고 마을 안내 표지판이나 여행자사무실도 찾아가 봤지만 쓸 만한 정보를 얻을 수 없었다. 더 이상 영양가 없는 검색은 그만두고 날씨도 많이 풀렸으니 오늘은 그냥 노숙을 하기로 합의를 봤다. 시내를 벗어나 인적이 드문 곳을 찾아 산 위 언덕쪽으로 들어갔다.

대충 적당한 곳을 찾아 자리를 잡으면 될 것 같은데 지리웅은 괜히 사유지에서 자다가 신고당할 수 있다면서 계속해서 신중을 기했다. 마을과 점점 더 멀어져가던 중 때마침 동네사람으로 보이는 할아버지 한 분을 만났다. 영어가 전혀 통하지 않는 분이라 손짓발짓해가며 근처에 텐트를 쳐도 되는지 물으니 사유지라 안 된다며 직접 안내를 해주셨다. 100m 정도 따라가니 낮은 언덕 위에 적당한 자리가 보였다. 몇 번이고 안전한 곳임을 확인 받고 텐트를 쳤다. 뒤쪽으로 나무 덤불이 있긴 했지만 산자락이라 그런지 바람이 많이 불어 힘들게 텐트를 친 후 저녁을 먹고 자리에 누웠다. 날이 더워지면 노숙에 문제가 없을 줄 알았는데 땀을 많이 흘리고 샤워를 못하니 참으로 찝찝했다. 두 달 전 비행기 안에서 챙겼던 소중한 물티슈를 곱게 개봉해서 대충 얼굴과 목덜미만 닦아내고 잠을 청했다.

뜻밖의 횡재! 생생한 대회 현장을 경험하다

다행이 밤새 아무 일 없이 하룻밤을 보내고 지나다니는 사람들 소리와 차 소리에 잠을 깼다. 밥은 마을로 내려가서 먹기로 하고 대충 짐을 정리한 후 자리를 떴다. 내려가는 길에 근사한 자전거 부대와 자주 마주쳤다. 처음엔 '이 길이 꽤나 알려진 운동코스인가?' 하는 생각을 했는데 간혹 자전거에 번호판까지 붙이고 다니는 사람들도 있었다. 그러고 보니 불과 며칠 전 이탈리아 최대의 자전거 대회인 '지로 디 이탈리아 Giro d'Italia'가 밀라노에서 성황리에 막을 내렸었다. (우리가 3일만 일찍 이탈리아에 들어왔어도 대성당 앞에서 그 현장을 느낄 수 있었을 텐데...) 그 대회가 끝난 지 얼마 안 돼서 아직까지 번호판을 달고 다니는가 보다... 하며 마을로 내려왔다.

마을로 들어서는 순간 천여 명의 라이더들이 몰려 있는 모습이 눈에 들어왔다. 헐!! 생각지도 못한 곳에서... 그것도 어제 길을 잘못 들어서 온 곳인데 이런 이벤트를 만나게 되다니... 지로 디 이탈리아와는 비교가 안 되는 대회겠지만 참가자가 천여 명은 되어 보이는 걸 보니 나름 이곳에서는 알아주는 대회가 아닐까 싶다. 경찰들, 촬영하는 사람들, 견인 바이크들... 있을 건 다 있는 대회였다. 앞쪽으로 가서 기다리고 있으니 잠시 후 붕붕거리는 위압적인 바퀴회전 소리와 함께 수많은 선수들이 달리기 시작했다. 남성부, 여성부 따로 없는지 남녀노소 구분 없이 달린다. 선수들이 모두 떠난 후 출발선으로 돌아와 보니 어느새 출발선이 피니쉬라인으로 바뀌고 있었

다. 감독관으로 보이는 사람이 이것저것 사람들에게 지시를 내리고 있었는데 이것도 기념이랍시고 흔적을 남기기 위해 여기서 사진 찍어도 되는지 물어봤더니 카메라를 덥석 받아들더니 직접 찍어주셨다.

근처 공원에서는 여느 자전거대회와 마찬가지로 여러 부대시설들이 만들어져 있었다. 화장실에 들어가 어제 씻지 못한 찝찝함을 어느 정도 해소한 후 벤치에 앉아 빵을 뜯어먹었다. 자라옹은 스위스에서 잃어버린 선글라스를 새로 마련하기 위해 부스들을 둘러본다고 가더니 쓸 만한 게 없다고 빈손으로 돌아왔다. 제노바로 가는 길에 대형 아울렛이 있으니 그곳에서 다시 찾아보기로 하고 코스를 점검한 후 다시 출발~.

두 분보다 앞서 달리다가 길가에 있는 마트를 발견했다. 얼래? 오늘은 일요일인데도 마트가 영업을 하고 있네? 역시 이탈리아는 여태 지내왔던 유럽의 다른 나라들과는 뭔가 미묘하게 차이가 있다. 자전거를 세워 놓고 마트 안으로 들어가서 이것저것 고르는 동안 두 분이 지나가다가 내 자전거를 발견하고는 멈춰섰다.

형수님 : 이슈 자전거네... 또 뭐 사러 들어갔을까?
자라웅 : 뻔하지... 아이스크림, 바나나, 요거트 사 들고 나오겠지.

아니! 어떻게 알았지? 두 분의 대화가 끝나자마자 기대에 부응하듯 내가 아이스크림과 바나나를 사 들고 나왔다. 만난 김에 같이 나누어먹고 땀을 식힌 후 다시 출발했다. 자라웅의 선글라스도 볼 겸 제노바 가는 길에 있는 유명한 대형 아울렛에 들르기로 하고 달리는데 오늘따라 맞바람이 장난이 아니다. 사진 찍을 여유도 없이 앞만 보고 이를 악물고 달렸지만 평균시속 10km를 넘기 힘들었다. 분명 내리막인데도 페달을 멈추면 자전거가 멈춰버릴 정도였다. 자라웅은 저만치 앞서가기 시작했고 나와 형수님은 한참 뒤처져서 달리고 있었다. 바람 때문에 더 빨리 달리기도 힘들고 굳이 무리해서 달려야 할 이유도 없었기에 내 페이스에 맞춰 계속 달려나갔다. 자라웅은 점점 멀어져 급기야 시야에서 사라져버렸지만 형수님이 내 뒤에 계신 이상 혼자서 멀리가지는 못하겠지... 하는 생각에 안심하고 달렸다. 그런데 내 뒤에서 나랑 같이 힘들게 달리고 있는 줄로만 알았던 형수님이 "어머... 자라랑 너무 떨어졌네..." 하시더니 갑자기 앞으로 치고 나가신다. 믿을 수 없는 속도로 형수님이 점점 더 멀어져간다. 부창부수라더니...

1시가 좀 넘어 세라발레 아울렛에 도착했다. 들어서자마자 입이 떡 벌어질 만큼 어마어마한 사람들과 차량들에 놀랐다. 사람들을 가득 태운 관광버스들도 수없이 지나다녔다. 특히나 동양인들, 한국사람들도 심심찮게 볼 수 있었다. 대부분 명품을 사러 온 사람들일 텐데 세상에는 돈 많은 사람들이 참으로 많구나 싶었다. 프라다매장은 미처 들어가지 못한 사람들이 줄까지 서서 입장을 기다리고 있었다.

사람이 너무 많아 자전거에서 내려 끌고 가는데 관리요원들이 자전거는 들어갈 수 없다고 제지를 한다. 타고 다닐 것이 아니라 끌고 다닌다고 했지만 허락해주지 않았다. 매달린 짐이 많아서 묶어두고 다니기에는 문제가 있는데… 애처롭게 쳐다보다가 할 수 없이 발길을 돌리는 순간 아저씨가 무전기로 누군가와 대화를 주고받더니 절대 타지 말고 끌고만 다니라고 한 번 더 주의를 주고 사라졌다.

자라웅은 선글라스를 구경하러 스포츠용품 매장 쪽으로 가고 나는 바지를 보러갔다. 그동안 바르셀로나, 파리 등에서 자전거를 타지 않을 때도 자전거 복장으로 다녀서 좀 그랬는데 로마에서는 그러지 않으려고 청바지를 샀다. 그런데 막상 사고 나니까 또 신발이 문제였다. 청바지에 왼발이 오른발이는 도저히 매치가 되지 않을 것 같았다. 그렇다고 신발까지 사려니 마음에 드는 건 사이즈가 없고 비싸기도 해서 그냥 포기했다. 결국 바지는 귀국할 때까지 한 번도 못 입고 그대로 들고 다녔다. (사실 이후부터는 날씨가 너무 더워서 청바지를 입고 싶어도 못 입었을 듯 하다)

어영부영 아울렛에서 3시간이나 소비한 후에 맥도날드에서 간단하게 요기를 하고 곧장 제노바를 향해 달렸다. 여기서부터 제노바까지는 높진 않아도 작은 산악 구간을 오르내려야 한다. 힘든 주행이 시작되었지만 사실 오르막은 별 문제 없었다. 진정 우리를 힘들게 만든 것은 오전부터 계속된 맞바람이었다. 지금까지 맞아본 어떤 바람보다 강한 맞바람으로 인해 눈도 제대로 뜨지 못하고 페달을 밟아야 했다. 주변의 풀밭과 나무들은 미친 듯이 헤드뱅잉을 했고 페달을 밟다가도 바람이 한번 불면 자전거가 그 자리에서 멈춰버릴 정도였다.

제노바까지는 50km. 쉼 없이 달렸지만 도착했을 때에는 이미 날이 저물어 캄캄해진 상태였다. 밀라노를 떠나면서부터 인터넷 접속을 못했기 때문에 예전에 다운받아둔 지도를 이용해 숙소를 찾아야 했다. 제노바는 상업적인 무역도시다 보니 대부분의 숙박업소가 호텔과 B&B bed & breakfast였다. 호스텔 한 곳은 거리도 멀고 고지대에 있는 것 같아서 패스했다. 어제 노숙을 했기 때문이기도 하지만 이곳이 바닷가다 보니 습도가 장난 아니게 높아서 온몸이 끈적끈적했다. 밤이 되어 공기가 쌀쌀해진 덕분에 덥지는 않았지만 끈적끈적함은 어쩔 수 없었다. 지도에서 본 B&B 한 곳을 향해 달리고 있을 때 캐리어를 끌고 걸어가는 한 여자를 봤다. 스쳐지나가는 순간 본능적으로 예쁘다! 하는 생각이 들어 쳐다봤는데 한눈에 봐도 한국사람 같았고 어두운 가운데 찰나의 순간이었지만 꽤나 미인이었다.

구글맵이 아닌 핸드폰에 내장된 기본 지도는 디테일이 조금 떨어져서 건물들의 위치에 조금씩 오차가 있었다. 지도를 보고 찾아간 위치에는 B&B대신 호텔이 있었다. 조금 더 찾아보기로 하고 자라웅은 아래쪽으로, 나는 위쪽으로 올라갔다. 지도에 나오는 또 다른 B&B를 찾아갔지만 간판이 없어 긴가민가하고 있다가 때마침 건물 도어가 열리고 쓰레기를 버리러 나온 남자에게 도움을 청했다. 지도를 보여주며 여기가 맞는지 물어보니 주소는 맞는데 이곳이 B&B인지는 자기도 잘 모르겠다고 한다. 이것저것 물어보는데 그 남자는 잠시 고민하더니 "우리 집에서 잘래? 네가 원한다면 우리 와이프에게 한 번 이야기해볼게..."라며 친절을 베풀었다. 아... 이렇게 현지인의 집에서 묵어보는 것이 정말 여행의 낭만 중 하나인데... 이럴 때는 동료가 짐이 되는구나... 정말 아깝고 고마웠지만 일행이 두 명 더 있다고 사양을 했다.

뒤늦게 처음 찾으려 했던 B&B를 발견했다는 자라웅의 문자를 받고 다시 처음 장소로 돌아갔다. 하지만 빈방이 없었다. 예약한 사람들이 아직 다 오지 않았기 때문에 빈방이 생길 가능성도 있지만 마냥 기다릴 수 없어서 근처에 있던 2성급 호텔에 들어가 가격흥정을 했다. 호텔에서는 식사별도 3인실에 75유로를 달라고 한다. 75유로면 크게 비싼 가격은 아니었으나 식사가 좀 걸린다... 최대한 불쌍한 표정으로 디스카운트를 부탁했는데 난색을 표하며 고개를 가로젓는다. 그러면 디스카운트 없이 75유로 다 낼 테니 식사를 포함시켜달라고 한 번 더 부탁했다. 어차피 그냥 빈방으로 놀리느니 그 돈이라도 받는 것이 낫다고 생각했는지 내내 난감한 표정을 짓던 아저씨는 결국 손을 들고 말았다. 핫핫핫... 이것이야말로 살을 주고 뼈를 치는 것이지... 만약 아저씨가 내 식성을 안다면 절대 허락하지 않았을 텐데... 우리 3명 식사비면 최소 10유로는 디스카운트 한 것이나 마찬가지다...

4시쯤에 아울렛에서 먹은 햄버거가 전부인데 시간은 벌써 10시를 넘었다. 모두들 배가 고파 얼른 짐정리를 마치고 식사를 하러 나갔다. 호텔주인이 소개해준 골목 안 레스토랑으로 들어가 자리를 잡고 앉았는데... 아까 지나가다가 우연히 봤던 그 아가씨가 옆 테이블에 혼자 앉아 책을 보고 있었다. 내 생각엔 분명 한국인같은데 보고 있는 책이 알아볼 수 없는 글씨로 된 원서인 것을 보면 섣불리 묻기도 뭐하고... 눈치만 보고 있는데 종업원이 메뉴판을 가지고 왔다. 메뉴판은 이탈리아어로 되어 있어 뭐가 뭔지 알 수가 없어서 우리끼리 머리를 맞대고 이건 어쩌고 저건 어쩌고 상의를 했다. 두 분의 신경은 메뉴판에, 내 신경은 그 아가씨의 정체에 계속 집중되어 있었다. 우리가 메뉴를 정하지 못해 이런저런 이야기를 하고 있는 와중에 그 아가씨는 계속 우리쪽을 힐끔힐끔 쳐다보면서 뭔가 말은 하고 싶은데 타이밍을 못 잡는 눈치였다. 그러다가 나와 눈이 마주치자 드디어 입을 열었다. "May I help your menu select?" 뜬금없는 영어질문에 자라웅도 영어로 대답을 하자 그 아가씨는 메뉴 하나하나 가리키며 이건 뭐가 들어갔고 저건 뭐가 들어갔고 하면서 열심히 영어로 설명을 하기 시작했다. 내가 가만히 쳐다보고 있다가 그냥 "한국사람 아니세요?" 하고 툭 던졌더니 그 아가씨는 깜짝 놀라 뒤로 물러나면서 "어머나! 일본사람인줄 알았어요..." 라고 한다. "우리끼리 여태 한국어로 대화하는 것 못들었어요?" 하고 물어보니 일본어로 말하는 줄 알았다고 한다. 그리고 보니 자라웅의 사투리가 특히 좀 심한데 얼핏 들으면 일본말과 상당히 비슷하다.

 예를 들어... "그러니까... 이게 조금 전의 것과 같다니까!' 라는 말을 자라웅이 하게 되면 "카이까네... 이기 아까랑 맹 같다카이..." 가 되어버린다. 어디서 이상한 사투리를 배워서는 참... 어쨌거나 나의 눈은 틀리지 않았어! 이야기해보니 그녀는 우리가 처음 가려고 했던 B&B에서 묵고 있었다. 참으로 안타까웠다. 이런저런 이야기를 하다가 그녀는 먼저 돌아가고 우리는 식사를 마치고 호텔로 돌아가서 이틀간 쌓였던 찝찝함을 말끔하게 씻어내고 잠을 청했다.

지중해를 달린다!
제노바에서 피사로...

62일째 아침. 어느덧 두 달이 지나가고 한 달 남짓한 기간밖에 남지 않았다. 그동안 참으로 많은 날을 비를 맞았지만 비는 질리지도 않고 계속 내린다. 창문을 세차게 두드리는 빗방울 소리가 눈을 뜨는 것마저 짜증나게 만드는 아침이었다.

한참을 뒤척거리다가 부스스 일어나 식당으로 내려갔다. 2성급이지만 나름 호텔이라고 있을 건 다 있는 아침식사였다. 돈 안 내고 먹는 기분이라 괜시리 주인의 눈치가 따갑게 느껴졌다. 식사를 마치고 짐정리를 마칠 때까지도 짙은 회색하늘은 계속해서 소나기를 퍼부었다. 체크아웃 시간 때문에 더 기다리지 못하고 짐을 챙겨 로비로 내려갔다. 자전거가 로비 앞에 놓여 있었기 때문에 오래 있을수록 호텔 측에 민폐인 듯하여 비를 맞으며 가더라도 빨리 자리를 비워줘야 할 것 같았다.

한동안 꺼낼 일 없었던 비닐들을 꺼내 가방에 씌우고 설거지용으로 바뀌었던 고무장갑도 다시 착용했다. 방수대비를 완벽하게 마치고 출발!! 하려는데 조금 전까지 그렇게 퍼붓던 폭우가 거짓말같이 그치고 햇살이 쏟아지기 시작했다. 열심히 방수대비를 했기에 엄청 허탈했지만 이런 허탈이라면 언제든 기쁜 마음으로 용서해주리라...

탐험가 콜롬버스가 태어난 곳이자 이탈리아 제1의 항구도시인 제노바는 유년시절에 즐겨 봤던 만화 〈엄마 찾아 삼만리〉의 배경이 되는 곳이다. 해안에는 크고 작은 배들이 정박해 있었는데 특히 영화에나 나올 법한 해적선 같은 큰 배 한 척이 눈길을 끌었다. (실제 이곳에서 촬영도 이루어진다고 한다) 범선에 가까이 가 보니 배보다 더 눈길을 잡아끄는 것이 있었는데... 바로 배 앞에서 삼삼오오 모여 우산을 팔고 있는 흑형들이었다. 정말이지 관광지

- 1992년 엑스포 유치 당시
  제노바 출신 건축가
  렌조 피아노가 리뉴얼한
  제노바의 중심항구
  포르토 안티코(porto antico)
- • 해적선? Galleon Neptune
- •• 어김없이 나타난 생존왕들!

의 흑형들은 세상 어디를 가도 꿋꿋하게 호객을 하고 있을 것만 같다.

구시가지 안쪽으로 들어가 하얀 대리석에 검은 줄무늬가 독특한 스타일의 산 로렌초 성당을 비롯해 제노바의 관광거리를 둘러보았다. 제노바는 관광보다 상업, 무역도시라 관광객이 별로 없을 줄 알았는데 예상보다 유동인구가 많았다. 제노바의 중심 번화가 페라리 광장에서 은행을 찾아 환전을 한 후 점심식사를 하러 갔다. 명동 느낌이 물씬 나는 거리에서 식당 하나를 골라 들어갔는데 영어메뉴가 없어서 손가락으로 대충 찍어 주문을 했다. 막상 주문한 음식이 나왔는데 내 것은 달랑 훈제 닭가슴살 두 쪽에 레몬 반쪽이 전부였다. 음식이든 뭐든 내가 선택하는 것은 정말로 운이 안 따라주는 것 같다. 커피 한잔 하며 입가심을 하고 다음 목적지인 피사로 출발했다.

프랑스 남부에서 잠깐 본 이후로 거의 두 달 만에 보는 탁 트인 바다, 지도

제노바의 구시가지 풍경
• 하얀 대리석에 검은 줄무늬가 인상적인 산 로렌초 성당 •• 조각이 아닌 그림으로 꾸며진 시청 건물 Palazzo San Giorgio ••• 제노바 개선문(Arco della Vittoria a Genova) 앞에서 우리의 나아갈 방향을 의논하고 있다.

에서만 봐오던 지중해가 모습을 드러냈다. 나도 자라웅도 형수님도 간만에 보는 시원함에 빠져 사진을 찍느라 가다서다를 반복하며 해안도로를 따라 신나게 달렸다. 4시 넘어서부터는 하늘이 살짝 흐려지기 시작하며 간간이 빗방울이 떨어졌다. 가까운 마을 해변가에서 시원한 생맥주 한잔 하면서 쉬어가기로 했다.

아직 시즌 개장 전이라 해변은 한적했다. 진한 맥주를 시원하게 들이켜고 잠시 숨을 돌린 후 다시 해가 나는 것을 보고 페달을 밟기 시작했다. 또다시 오르락내리락 하는 길이 이어지겠거니… 했는데 어쩐지 계속 오르기만 했

다. 오늘 하루 그럭저럭 쉽게 잘 왔다고 생각했는데 또 산을 넘게 되다니… 생각지도 못했던 오르막에 맥주 한잔의 알딸딸함과 뜨거운 태양, 멈춰버린 바람의 적절한 하모니로 인해 순식간에 체력이 방전되어버렸다. 산 위에 마을을 만든 사람들을 원망하며 겨우겨우 고개를 넘었다. 오르는 시간에 비해 내려오는 것은 순식간이다. 시원한 바닷바람을 느끼며 잠시 내려왔나 싶더니 또다시 오르막이다. 게거품을 물고 끙끙 오르고 있으니 자라웅에게 문자가 왔다. 이 산을 넘으면 나오는 키아바리Chiavari라는 마을의 캠핑장에 도착해서 가격을 알아보는 중인데 장도 봐야 하니까 우선 그쪽으로 오고 있으면 다시 연락을 준다고 했다. 비 오듯 쏟아진 땀을 얼른 씻어내고 싶어서 부랴부랴 달려갔다. 키아바리에 도착하니 해가 저물기 시작하는데 한참 기다려도 자라웅에게 소식이 없어 어디냐고 다시 문자를 넣었다. 그랬더니 어이없게도 이미 마을을 떠났다고 한다. 캠핑장 아저씨의 눈빛이 영 마

산 위에서 바라보는 키아바리 도시 전경

음에 들지 않아 그냥 나와서 계속 달렸다고 한다. 갈거면 간다고 연락을 줬어야지!! 으으... 압력밥솥마냥 땀구멍에서 짜증스팀이 푹푹 터져 나왔지만 겨우 가라앉히며 서둘러 뒤쫓았다.

지중해의 일몰을 배경삼아 다음 캠핑장 위치를 향해 달렸다. 다음 캠핑장은 산중턱에 있는 것으로 아는데 산 아래쯤 도착했을 때는 이미 해가 완전히 저문 상태였다. 자라옹과 합류를 하니 캠핑장까지 가지 말고 노숙을 하자고 한다. 조금 전 지나온 길기에 용도를 알 수 없는 넓은 공터가 있었는데 그곳에서 어떤 여행자가 텐트를 치는 것을 봤다고 한다. 온몸이 찝찝했지만 돈을 아낄 수 있다는 생각에 노숙 콜!

크로아티아에서 온 데니스라는 청년이 혼자서 텐트를 치고 있었다. 이 친구는 우리와는 반대로 피사에서 제노바로 가는 중이었다. 어제 비를 쫄딱 다 맞아버리는 바람에 일찍부터 이곳에서 텐트를 말리고 있었다고 한다. 우리도 옆자리에 텐트를 치고 저녁준비를 하는데 주위의 풀밭에서 무엇인

Italy

가 반짝이는 것을 발견했다. 뭔가 싶어 자세히 살펴보니 반딧불이였다. 책에서만 보고 실제로 본 적은 한 번도 없었는데... 조금 전까지 한 마리던 것이 어느새 텐트 뒤쪽 수풀 가득 반짝이기 시작했다. 참으로 낭만적

말로만 듣던 5불여행자, 데니스

인 밤이었다. 온몸을 감싸는 찝찝한 분비물의 느낌만 제외한다면 말이다. 자라웅의 텐트 안에 네 명이서 모여 앉아 식사를 했다. 데니스의 메뉴도 우리처럼 파스타였다. 데니스는 토마토 소스, 우리는 크림소스. 어설픈 영어로 이런저런 이야기를 나누었는데 나는 현재의 내 모습이 나름 헝그리한 여행자라고 생각했는데 데니스에 비하면 내 여행은 호화여행이었다. 데니스는 우리에게 진지한 표정으로 "너네들... 피자 먹어봤어?"라고 묻는다. 그 진지함이 궁서체로 묻는 듯했다. '피자 까짓것 얼마 한다고 그걸 물어보지?' 당연히 먹어봤다고 하니 자긴 비싸서 아직 못 먹어봤다고 한다. 자기는 하루에 5달러 이상 쓰지 않는다고 했다. 어이쿠... 무조건 노숙만 하고 식사는 우유에 씨리얼 혹은 파스타만 먹는다고 한다. 지독한 녀석... 당장 우리 먹기에도 부족했으나 우리 식량과 맥주를 나눠 마시며 하루를 마무리했다.

그린아티스트 피에트로 아저씨

저녁에는 그렇게 습도가 높아 모든 것이 축축하더니 아침이 되자 뜨거운 햇볕이 작열한다. 덕분에 최근 들어서는 텐트를 쳐도 아침에 순식간에 말라버려 준비도 빨라졌다. 텐트를 걷고 나란히 서서 데니스와 함께 기념사

여기서 기념촬영을 한 후 삼각대를 그대로 놓고 와버렸다. ㅜㅜ

진 한 장 찍고 각자의 방향으로 출발했다.

공터를 천천히 빠져나오면서 속도계 리셋을 하기 위해 잠시 오른손을 핸들에서 놓은 사이 그대로 기우뚱하더니 옆으로 넘어져버렸다. 바닥이 아스팔트가 아닌 작은 돌들로 덮여 있어서 그대로 슬립다운 해버린 것이다! 여행 시작 후 처음으로 넘어지는 사고가 이런 어이없는 사고라니… 뒤를 돌아보니 데니스가 엄지손가락을 치켜든다. 갈 길이나 가지 그걸 또 보고 있었냐…-ㅅ-

피사 방향으로 10여 분정도 달려가니 또 오르막길이 시작되었다. 데니스가 피사까지 가는 길은 큰 오르막이 있어 힘들다고 하더니 본격적으로 시작되려나 보다. 시작에 앞서 오르막 입구에 있는 작은 카페에 들어가 에스프레소 한잔씩 들이켜고 출발 준비를 했다.

노숙의 찝찝함을 달래기 위해 카페 화장실에서 수건에 물을 적셔 간단히 끈적함을 씻어냈다. 유럽의 수돗물에는 석회가 함유되어 있어 되도록이면 생수를 사 먹으라고 하지만 천년만년 살 것도 아니고 죽기야 하겠나 싶어 물통에 수돗물을 가득 채워 넣고 신을 올랐다. 오르락내리락하는 힘든 길을 예상했는데… 오르막만 계속되는 더 힘든 길이다. 10km 이상 계속 오르다가 슬슬 진이 빠질 무렵 작은 바가 나타났다. 시원하게 맥주나 한잔 마시고 싶었지만 안전한 주행을 위해 아이스크림으로 대체했다. 출발할 때 받았던 물은 이미 뜨끈뜨끈해져 이곳에서 다시 시원한 물로 교체했다. 바에서 3km 정도 더 달려가니 도로의 가장 높은 곳임을 알려주는 팻말이 있었는데 아주 힘들게 오른 것 치고는 높이가 615m밖에 되지 않았다… 더위 때문에 체감상 피

로도가 무지하게 올라갔나 보다.

올라온 만큼 한참을 다시 내려가니 데니스 말대로 다시 또 오르막이 나타난다. 다른 방법이 없으니 죽자사자 삐질삐질 올라갈 수밖에... 그렇게 오르락내리락 한참을 달리자 터널이 나타났다. 길이가 약 2.5km. 자전거로 지나기엔 꽤 긴 터널이었다. 산을 넘어가는 것보단 낫다고 생각하고 위험을 감수하면서 필사적으로 페달을 밟았다. 터널을 빠져나가 또 다른 항구 도시 라스페치아 La Spezia 에 도착하자 조금 전까지 계속 흐렸던 하늘이 서서히 개면서 맑고 화창하게 바뀌었다.

이곳에서 점심을 먹어야 하는데 자라옹과의 소통이 원활하지 않았다. 어제처럼 이쪽으로 오라고 해서 가보면 이미 그곳을 떠나 다른 곳에 가 있고, 다시 그쪽으로 가보면 또 다른 곳으로 가 있었다. 이왕 똑같은 돈 내고 보내는 문자인데 한 번에 40자 꽉꽉 좀 채워서 디테일하게 보내면 될 것을 매번 되묻게 만드는 것이 마음에 들지 않아 나도 대꾸없이 심통을 부리는데 아무래도 2:1이기 때문에 결과는 늘 이래저래 나 혼자만 속이 타들어간다. 어쨌든 괜히 심통이 나서 식사는 나 혼자 알아서 해결할 테니 두 분도 알아서 해결하라고 한 후 가까운 마트를 찾아갔다.

나도 모르게 스트레스를 먹을 것으로 풀려고 했던 것인지 이것저것 먹고 싶은 것들을 보이는 대로 가득 담아 계산을 했다. 그런데 바다가 잘 보이는 한적한 곳에서 여유 있게 먹으려고 자전거를 끌고 가는 순간 짐받이에 짐들을 묶어두었던 고무튜브가 끊어지며 짐이 와르르 쏟아져버렸다. 약 두 달간 하루가 멀다 하고 비와 직사광선을 번갈아 맞다보니 어느새 고무가 다 삭아버린 것이었다. 끊어진 튜브를 대충 묶어서 이동하다가 다시 풀려서 와르르... 아이스크림은 점점 녹아가고... 풀려고 했던 스트레스는 몇 배로 쌓여갔다. 이 상태로는 멀리 갈 수가 없어 마트 옆 골목 바닥에 주저앉아 우걱우걱 먹어버렸다. 먹으면서 주변 쓰레기통 등을 둘러봤지만 마땅한 대체품을 찾기가 쉽지 않다.

할 수 없이 자존심을 굽히고 자라웅에게 도움을 청했다. "간만에 쓸모있는 형이 한번 되어 보게나!!" 현재 위치를 찍어 문자로 보내줬더니 금세 찾아왔다. 형수님의 자전거 짐이 아무래도 부피가 작았기 때문에 짧아진 내 튜브를 형수님이 쓰시고 형수님의 튜브를 내가 쓰기로 했다. 우선 급한 불을 끈 후 5km정도 달리다가 작은 자전거샵을 발견했다. 두 분을 먼저 보내고 나는 길을 건너가서 쓸모없는 튜브 있으면 하나만 달라고 부탁을 했다. 무엇에 쓸 것인지 물어보기에 짐받이를 보여주니 흔쾌히 튜브를 하나 건네주었다. 생각보다 훨씬 깨끗한 튜브였다. 감사의 인사를 한 후 열심히 페달을 밟았다. 두 분은 생각보다 멀리 가지 못했는데 버너의 기름이 다 떨어져 길 건너 주유소에서 기름을 사고 있는 중이었다.

자라옹이 기름을 사는 동안 나는 자전거를 세워 놓고 주변을 살폈다. 길 건너편 어느 집 농장에 투명한 녹색 항아리 같은 것이 마당 가득 진열되어 있는 걸 보고 호기심에 가까이 다가가서 사진을 찍었더니 마당에

어느 집 마당 한가득 진열된 이상한 항아리들

있던 아저씨 한 분이 나를 발견하고는 황급히 달려오며 알아듣지 못할 말로 블라블라 소리를 치신다.

사진을 찍으면 안 되는가 보다 싶어 "Sorry" 하다고 손을 들어주며 자리를 떠나려고 하니 다시 블라블라~ 나에게 달려온다. 뭐지? 카메라 뺏기는 거 아냐? 여러 생각을 하며 아저씨와 대면했다. 영어가 거의 통하지 않는 아저씨였는데 일단 밝게 웃는 표정에서 적대감은 전혀 찾아볼 수 없었다. 계속해서 "비노!" "비노!"를 연발하며 자기 집을 가리키며 같이 가자는 손짓을 했다. 비노 Vino는 이태리어로 와인을 말한다. 아저씨의 손짓발짓을 해석해 보니 아무래도 들어와서 와인 한잔 하라는 소리 같은데 이것이 호객행위인지 선심인지가 확실치 않아 선뜻 대답을 할 수 없었다. 일행이 기다리고 있어서 곤란하다며 기다리고 있는 두 분을 가리켰더니 괜찮다고 다 데려오라는 손짓을 한다. 아저씨 눈이 참 착해보여서 두 분과 함께 아저씨를 따라 농장으로 들어갔다.

아저씨는 '피에트로'라고 자신을 소개했다. 그리고 부끄러워하는 표정으로 자신을 조금... 아주 조금 '아티스트!'라고 소개하셨다. 뭘 만드시는 것인지는 모르겠지만 마당 곳곳에서 볼 수 있는 그의 작품들을 보니... 역시나 아티스트는 난해하다...

의외의 방문객에 신이 나신 피에트로 아저씨는 이곳저곳 자신의 작업장을

• 그린아티스트 피에트로 아저씨.
점심을 먹고 온 것을 후회할 만큼
푸짐한 대접을 받았다.

•• 따서 바로 먹으니.. 살아 있네~

구경시켜 주시더니 이내 음식이 가득 놓인 테이블로 안내하셨다. 오늘 행사가 있어서 이곳에서 회식같은 것을 하고 음식이 많이 남았다고 하시며 이것저것 내주셨다. 오늘따라 왜 그렇게 점심을 많이 먹었을까 하는 후회감이 쓰나미처럼 몰려왔다. 여행 이후 바나나 빼고는 과일을 자주 먹지 못했는데 여러 과일 중 특히 앵두가 맛있어서 엄지손가락을 한번 치켜세웠더니 마당 한켠에 있던 앵두나무를 가리키며 따 먹으라고 하신다. 정말이지 금방이라도 터질 듯 새빨갛게 잘 익은 앵두들이 주렁주렁 많이도 열려 있었다. 즉석에서 따 먹는 앵두의 맛은 일품이었다.

피자, 빵, 고기, 와인... 너무 많아서 먹다 지쳐버렸다. 아저씨는 계속해서 와인을 권하셨는데 운전을 해야 하니 그만 먹겠다고 했는데도 어느새 새 병을 따고 계셨다. 너무 오래 시간을 보낸 것 같아 그만 일어나고 싶었으나 적당한 타이밍을 못 잡고 계속 머뭇거리고 있는데 때마침 아저씨의 친구

Italy

로 보이는 우락부락한 대머리아저씨가 나타났다. 그 틈을 타 바로 떠나려고 했으나 어쩌다 보니 또 이야기에 동참하고 있었다. 앞으로의 일정을 물어보시기에 대략 피사, 피렌체, 로마, 나폴리 등을 거론하자 고개를 가로저으며 피사와 나폴리는 별로라고 하셨다. 추천해줄 만한 곳이 있냐고 물으니 아저씨는 눈을 감고 감상에 젖은 듯 흐뭇한 표정으로 "I love Lucca~"를 연발한다. 정말 아름다운 곳이라고 연신 칭찬을 하시기에 우리는 꼭 루카에 가보겠노라 약속을 하고 일어났다. 아저씨와 함께 기념사진을 찍고 나니 아저씨는 자기 홈페이지와 페이스북에 사진을 올려달라고 하시며 명함을 쥐어주셨다.

그렇게 기분 좋은 만남을 뒤로하고 남쪽으로 약 10km 떨어진 캠핑장에 자리를 잡았다. 내일은 그 유명한 피사의 사탑을 볼 수 있다. 피사에서 묵을 호스텔을 예약하기 위해 홈페이지에 접속했다. 체크인 시간을 입력하는 곳이 있었는데 일찍 도착하는 것으로 적었다가 혹시라도 늦어지면 캔슬당할까봐 아예 넉넉하게 9시로 입력했다. 피사의 사탑에서 어떤 포즈로 사진을 찍을 것인지 서로 이야기하며 하루를 마무리했다.

돈 싫어~ 명예 싫어~ 따분한 포즈 우린 정말 싫어~

아침식사를 마치고 먼저 출발준비를 끝냈다. 기다렸다가 함께 가면 또 이런저런 스트레스를 받을 것 같아 혼자서 먼저 출발하기로 했다. "나 먼저 간다~~" 라고 말을 하고 떠났는데 두 분은 그 말을 못 듣고 한참 나를 기다렸다고 한다. 피사로 가기 위해서는 마그라강을 건너야 하는데 다리 입구에서 길이 막혀 있었다. 공사중이어도 자전거는 괜찮겠지 싶어 그냥 가려고 하자 인부가 길을 막아서며 지난번 지진의 여파로 다리가 유실되어 길 자체가 없다고 했다. 배를 타고 건너거나 돌아가야 했다. 다리를 건너면

3,4km만 가도 되는 곳을 20여km나 돌아갈 수밖에 없었다.

미우나 고우나 그래도 형이니까... 길이 끊어졌으니 다리 쪽으로 내려오지 말고 곧장 왔던 길로 되돌아가라고 친절하게 안내 문자를 넣어줬다. 이렇게 착한 동생의 배려 돋는 문자를 보고도 뭐가 못 미더웠는지 자라웅은 기어이 다리까지 갔다가 되돌아왔다고 한다. 피사까지 남은 거리는 약 50여km인데 대부분 평지인데다 절반은 일자로 쭉 뻗은 해안도로였기 때문에 찾아가는 길은 어렵지 않았다. 다만 그늘을 피할 만한 가로수가 거의 없어서 일부러 시내 안쪽 거리를 넘나들며 그늘을 찾아 달려야 했다.

저 멀리 피사의 사탑이 보이기 시작한다.

숙소 도착시간은 넉넉하게 9시로 예약을 했는데 현재 페이스를 보아 하니 여유있게 가도 7시에는 도착해서 해가 지기 전에 탑 구경을 할 수 있을 것 같았다. 하지만 내가 예약했으니 자라웅보다 먼저 도착해야겠다는 생각으로 쉬지 않고 달렸다. 호스텔에 도착해서 수속을 마치고 자리를 배정받은 후 자라웅을 기다렸다. 빨리 정리하고 해가 떨어지기 전에 사진을 찍으러 가고 싶은데 두 분은 올 생각을 하지 않았다. 한참 발을 동동 구르고 있으니 8시가 다 되이 두 분이 도착했다. 왜 이렇게 늦었냐고 버럭하니 예약한 시간인 9시까지 오면 되는 줄 알고 오는 길에 피사의 사탑에 들러 지금껏 둘이서 사진 찍으며 놀다가 왔다고 한다. -ㅅ- 게다가... 어젯밤 이야기했던 포즈 중 내가 하려고 했던 자전거로 탑을 오르는 퍼포먼스마저 형수님이 해버렸다고 한다. 아 진짜... 뭐라 말은 못하고 쭉쭉 차오르는 분노게이지를 혼자서 씩씩거리며 삭혔다. 배고프다고 저녁 먹으러 가자는 것을 뿌리치고 혼자 피사의 사탑으로 달려갔다. 해가 거의 넘어갔지만 탑 앞에는 아직도 많은 사람들이 사진을 찍고 있었다. 모두 다 한결같이 두 팔을 내밀고 탑을 미는 이른바 '피사 공식포즈'를 취하고 있었다.

아... 나는 어떤 포즈로 찍어야 하나... 평소 남들과 똑같은 것을 싫어하는 편이었다. 늘 다른 모습을 보여주기 위해 고민하며 살아왔는데 탑을 미는 저 공식포즈를 취한다면... 나를 아는 모든 사람들의 실망하는 탄식 소리가 귓가에 울려퍼지는 듯 했다. '뭘 할까... 그냥 자전거 세우고 누워서 찍을까? 아니지... 이미 했던 것은 용납할 수가 없어!!' 혼자서 아이디어를 짜본다.

혼자라서 찍어줄 사람도 없었기 때문에 선택의 폭은 한층 줄어든다. 고민 끝에 채택한 포즈는...

두 발로 탑세우기!!

혹시나 혼자서 바닥에 누워 흉한 포즈로 사진 찍고 있는 이 모습을 다른 누가 찍어서 인터넷에 올리지는 않겠지? 살짝 걱정하며 주위를 두리번거려 보니 정작 나를 신경 쓰는 사람은 아무도 없었다. 다들 자기들 사진 찍

피사의 사탑이 넘어지지 않는 이유, 천사의 발길질!

ㅋㅋㅋㅋㅋ

이미 해가 뉘엿뉘엿 넘어가버린 아르노강의 야경

느라 바쁘다. 몇 장 찍지도 않았는데 해는 완전히 사라 져버려 야경을 조금 보다가 호스텔로 돌아와서 다음 목 적지인 피렌체를 놓고 고민 을 했다.

피에트로 아저씨 친구의 말을 믿고 루카를 들렸다 갈 것인가 그냥 갈 것인가... 지도를 보니 루카로 가는 길은 녹색지형에 꼬불꼬불해서 100% 힘든 산길같았다. 결국 아저씨에겐 미안했지만 루카는 포기하고 곧장 피렌체로 가기로 했다.

아이스크림 먹으며 피렌체로 페달페달~

두 분은 곧장 피렌체를 향해 출발하셨고, 나는 어제 제대로 보지 못한 피사의 사탑을 한 번 더 보고 싶어 혼자 시내로 들어갔다. 사람들은 어제보다 더 많았다. 어제는 급한 마음에 탑만 눈에 들어왔는데 바로 옆에 있는 피사 대성당 Duomo di Pisa도 나름 웅장하고 볼 만했다. 탑 주변에는 세계 각국에서 온 다양한 인종의 사람들이 이제처럼 너 나 할 것 없이 허공을 밀고 있었다. 탑 위에 올라가려면 15유로라는 나름 비싼 입장료에 탑 보호를 위해 한 번에 많은 인원을 올려 보내지 않기 때문에 대기시간도 길어 패스~

근처의 매점에서 간단한 먹거리를 사서 탑 아래 그늘진 잔디밭에 자리를 깔고 앉았다. 공원에 앉아 탑을 배경으로 사진 찍는 사람들을 구경하는 것도 나름 재미가 쏠쏠했다. 어느덧 시간은 1시가 넘어가고 있었다. 한참 먼저 출발한 자라옹을 쫓아가려면 부지런히 밟아야 했다.

피사 대성당(Duomo di Pisa), 300여 년이나 걸려 만들었다고 하는데
그렇게 오래 걸린 이유가 장인정신이 아니라 단지 돈이 없었기 때문이라고...
• 10년간의 보수로 이젠 무너질 염려가 없다. •• 피사 공식 포즈!

피렌체를 향해 2시간정도 앞만 보고 달리다가 더위를 식힐 겸 아이스크림을 하나 먹고 가려고 마트를 찾아 들어갔다. 하나를 골라서 계산대로 가서 줄을 섰는데 줄이 꽤나 길었다. 전쟁이 난 것도 아닌데 사람들이 뭘 그리 사재기를 하는지 장바구니마다 물건들이 넘쳐났다. 내 차례가 되기도 전에 아이스크림이 다 녹을 것만 같았다. 앞쪽에 줄 서 있는 아주머니의 뒤통수를 매섭게 노려보며 텔레파시를 보냈다. 돌아봐라.. 돌아봐라.. 돌아봐라... 약 30초간 신호를 보냈더니 그제야 아주머니는 뒷통수가 따가운 것을 느끼셨는지 고개를 돌리셨다. 아주머니와 눈이 마주침과 동시에 아이스크림을 두 손에 쥐고 슬픈 눈으로 아주머니를 바라보았다. 아주머니는 내 얼굴 보시고, 손에 든 아이스크림 한번 보시고, 다시 내 얼굴을 보시더니 그것 하나뿐이냐고 물어보셨다. 해맑게 고개를 끄덕였더니 내 뒤에 계시던 할아버지께서 앞으로 가라고 등을 떠미셨다. 양해를 구할 필요도 없이 줄 서 있던 모두가 웃으시며 자리를 양보해주셨다. ㅎㅎ

잠시 땀을 식힌 후 다시 피렌체로 달려갔다. 이후에는 마트가 보일 때마다 들어가서 아이스크림을 하나씩 사 먹었는데 계산할 때마다 카운터의 캐셔가 나를 보고 웃어주었다. 내가 좀 귀엽게 생기긴 했지... 하며 혼자만의 망상에 빠져 있다가 마침 마트 안에서 보기 드문 공중화장실이 보여 세수나 한번 하려고 들어갔다. 그리고 거울을 보는 순간 그동안 캐셔들이 보여주었던 웃음의 비밀이 밝혀졌디. 선크림과 땀으로 범벅이 된 내 얼굴에는 가미가제를 방불케 하는 날파리떼들의 폭격이 한가득 이루어져 있었다. 수십 마리의 날파리들이 안면 곳곳에 덕지덕지... 앞으로는 마트에 가더라도 반드시 안면상태를 확인한 후 들어가야겠다.

냉정과 열정 사이,
그림같은 피렌체

　　　　　　　　　　피렌체에 도착하니 슬슬 해가 넘어갈 준비를 하고 있었다. 피렌체의 일몰은 워낙 아름답기로 유명하다. 놓치고 싶지 않은 마음에 허겁지겁 페달을 밟았다. 마침 피렌체에서 묵기로 한 캠핑장이 일몰 감상 포인트인 미켈란젤로 언덕 근처였기 때문에 곧장 미켈란젤로 언덕을 향해 달려갔다. 하지만 막상 도착해보니 구름에 가려 기대했던 불타는 일몰은 볼 수 없었다. 정말 보고 싶었는데... 안타까운 마음에 속이 쓰릴 정도였다. 그때 어디선가 길쭉한 검은색 리무진차량 한 대가 나타났다. 탱크탑에 핫팬츠 차림의 초 섹시한 여자 9명이 우르르 내리기 시작하더니 광장을 활보하며 섹시한 포즈로 촬영을 하기 시작했다. 차량에 붙은 문구를 보니 피렌체의 어느 섹시 디스코 레스토랑의 홍보이벤트였다. 난데없는 쭉쭉빵빵 글래머들의 난입에 어느덧 쓰리던 속은 편안해졌다. 아무렴~ 세상엔 일몰 말고도 볼 것들이 참 많지...

• 미켈란젤로의 숨막힐 듯한 뒷태
•• 가...감사합니다.

먼저 도착해 자리를 잡은 자라웅을 찾아 캠핑장으로 들어갔다. 피렌체에서 캠핑장을 잡을지 호스텔을 잡을지 검색하다가 우연히 발견한 이곳 미켈란젤로 캠핑장은 무척이나 신기한 숙박지였다. 캠핑장이긴 한데 일반 캠핑장처럼 우리 텐트를 칠 필요없이 천막식 대형 텐트가 마련되어 있고 그 안에 간이 침대가 놓여 있었다. 캠핑장과 호스텔의 시스템을 섞어놓은 신기한 곳이었다. 우리에게는 호스텔보다 저렴한 비용에 텐트를 치는 불편함 없이 지낼 수 있는 좋은 곳이었다. 게다가 4인1실의 도미토리를 택했는데 다른 손님이 없어서 나 혼자 아주 편안한 밤을 보낼 수 있었다.

일상이 화보이자 영화같은 피렌체의 모습들

아침 6시. 일몰을 놓쳤으니 일출은 꼭 담아야겠다는 생각으로 일어나자마자 주섬주섬 옷을 챙겨 입고 다시 미켈란젤로 언덕으로 올라갔다. 그런데 가장 명당자리에 이미 중국인 한 명이 일찌감치 삼각대를 펼쳐놓고 자리를 잡고 있었다. 이 친구는 5시부터 와서 기다렸다고 한다. 역시 일찍 일어나는 새가 벌레를 잡는구나!! 하지만 기다리는 내내 흐린 하늘과 구름 때문에 8시쯤 해가 다 뜰 때까지 좋은 그림이 나오지 않았다. 역시 일찍 일어나봤자 새 되는구나!! ┌(-_-)┐

일찍부터 애쓰는 중국사진가

8시가 넘어서야 아침햇살이 도시를 비춘다.

이곳이 조토의 종탑. 발음은 살살~

나를 비롯해 수많은 사람들에게 (특히 여자들!) 피렌체에 가보고 싶다! 라는 막연한 소망을 심어준 데에는 피렌체를 배경으로 한 유명한 일본 영화 〈냉정과 열정 사이〉의 영향이 아주 크다. 특히 영화의 중요한 배경이 되는 피렌체 대성당에는 꼭 가보고 싶어 할 것이다.

영화의 감동을 느끼는 방법에는 두 가지가 있는데 하나는 대성당의 꼭대기인 쿠폴라에 올라가 주인공의 시점으로 감상하는 것이고 또 하나는 대성당 바로 옆에 있는 조토의 종탑에 올라 관찰자의 시점으로 감상하는 것이다. 쿠폴라에서는 쿠폴라를 볼 수 없다는 생각으로 나는 조토의 종탑을 선택했다. 8시 30분에 오픈한다고 하기에 제일 먼저 오를 생각으로 곧바로 달려갔다. 도착해보니 먼저 기다리고 있는 외국인들이 있었고 내가 3번째였다. 정확히 30분이 되자 관리인이 나와서 입구를 열어주었고 티케팅을 시작했다. 아무도 없는 탁 트인 정상의 공간을 담고 싶어서 부리나케 올라갔다. 나이 때문에 천천히 올라가는 앞 팀을 여유 있게 제치고 히겁지겁 올라갔나. 터실 듯한 심장을 부여잡고 꼭대기까지 미친 듯 올라가니 땀이 비오듯 쏟아진다. 마지막 계단을 딛고 정상에 도착했는데 이런... 내가 생각했던 옥상의 구조가 아니었다. 가운데는 지붕으로 막혀 있고 가장자리로만 길이 있는데 그마저도 철창으로 둘러싸여 있었다. 괜히 뛰어올라와서 땀만 뺐네... 잠시 숨을 고른 후 그림 같은 피렌체의 전경에 푹 빠졌다.

이래저래 구경하던 중에 나중에 올라온 동양인 여자 둘이 눈에 들어왔다.

• 맞은편 쿠폴라의 전망대에도 사람들이 하나둘 올라와서 관람을 하기 시작했다.
•• 탑의 계단을 오르는 중간중간 보이는 쿠폴라
••• 탑 위에서 바라보는 거리의 그림자 풍경

손에 쥔 가이드북이 한글로 되어 있는 것을 보고 반가운 마음에 인사를 건네며 말을 걸어보았다. 그런데 뚱 씹은 듯한 표정으로 아래위로 사삭 훑어보더니 "네" 한마디 하곤 자리를 뜬다. 땀에 뒤덮인 내가 거지같아 보였나? 일행으로 오해받을까 봐 그러냐!! (이후로 한국인을 만나도 선뜻 말을 못 붙이게 되었다. -_-)

한 시간가량 탑 위에서 보낸 후 배가 고파서 내려왔다. 중간에 오래된 종이 하나 있었는데 온통 사람들의 낙서로 도배되어 있었다. 탑 정상의 외벽에도 어글리 코리언의 저렴한 사랑을 논하는 한글낙서들이 있었는데 이곳에는 전 세계 언어가 다 적혀 있는 듯 했다. 통쳐서 어글리 지구인… 나도 어글리 앞에 떳떳할 수는 없지만 그래도 낙서는 안 한다…

대성당 바로 앞에 있는 카페에서 간단하게 배를 채우고 영화 속 남녀주인공 준세이와 아오이의 족적을 떠올리며 구석구석 돌아다녔다. 잠시 걸을 때도 그늘을 찾아다니는 나와 다르게 백인들은 참으로 햇빛을 좋아했다. 대부분 시원시원한 복장으로 거리에 내리쬐는 햇볕은 신경도 쓰지 않았다. 특히나 샤방한 원피스를 입고 자전거를 타는 여성들은 마치 영화의 한 장면처럼 멋있었다.

일상의 모습도 영화의 한 장면처럼 근사하다.

어느덧 저녁이 되었다. 이번에는 일몰을 놓치지 않기 위해 일찌감치 미켈란젤로 언덕으로 향했다. 언덕에는 이미 수많은 사람들이 몰려 난간에 기대 떨어지는 해를 감상하고 있었다. 무리 사이에 끼여 이래저래 사진을 찍을수록 집에서 잠자고 있을 DSLR이 아쉬웠다. 잠시 후 해가 산 너머로 완전히 넘어가자 구경하던 사람들 모두 약속이라도 한 듯 일제히 박수를 치기

시작했다. 뜬금없는 문화충격 ㅎㅎ

'오늘은 고기파티'라는 자라웅의 문자를 받고 저녁을 먹으러 캠핑장으로 복귀했다. 사연인즉 캠핑장에서 7살짜리 딸과 함께 캠핑카로 유럽여행중인 한국인 부부를 만났는데 유럽에 와서 직접 담근 김치를 나누어주셨다고 한다. 덕분에 얼마만인지 모를 신나는 저녁식사를 할 수 있었다. 설거지를 끝내놓고 피렌체의 야경을 보러 다시 시내로 달려갔다.

피렌체의 대표적 명소인 베키오 다리는 먼 옛날 푸줏간, 대장간 등이 대부분이었는데 악취를 비롯한 위생상의 문제로 1593년에 모두 추방당하고 금세공업자들이 들어섰다. 휘황찬란한 보석가게들이 모두 문을 닫은 지금, 다리 한가운데서는 젊은 아티스트들의 공연이 벌어지고 있었고 밤거리를 즐기러 나온 수많은 관광객들로 북적였다. 구경을 마치고 캠핑장으로 돌아가서 내일 아침에는 꼭 맑은 하늘 아래 예쁜 일출을 담을 수 있기를 기대하며 잠자리에 들었다.

베키오 다리의 낮과 밤

〈인생은 아름다워〉를 촬영했던 아레초

아침 일찍 일어나려던 계획은 후드득후드득 떨어지는 빗소리와 심장을 후벼 파는 천둥소리에 여지없이 무너져버렸다. 결국 해가 중천에 뜨고 나서야 일어나 짐을 정리했다. 피렌체의 해 뜨는 모습은 담지 못했지만 비가 그친 것만 해도 다행이었다.

다음 목적지는 여러 도시 중에서 두 곳으로 좁혀졌는데 한 군데는 영화〈레터스 투 쥴리엣〉의 배경이었던 시에나, 다른 한 군데는 영화〈인생은 아름다워〉의 배경이었던 아레초. 두 영화 모두 재미있게 봤지만 시에나와 아레초는 방향이 완전히 달라 둘 다 볼 수는 없었다. 두 군데 중 어느 곳으로 갈지 생각하며 영화의 장면들을 떠올려 보았다. 먼저 눈을 감고 레터스 투 쥴리엣의 아만다 사이프리드의 상큼하고 화사한 미소를 떠올리니 나도 덩달아 입꼬리가 씰룩거리며 올라간다. 곧 이어 사람을 찾기 위해 넓게 펼쳐진 초원을 땡볕에 돌아다니는 모습이 떠오르며 나도 모르게 힘든 고행의 냄새가 팍팍 느껴졌다. 아무래도 시에나로 가면 고생을 심하게 할 것 같은 예감이 들어 나는 아레초를 선택했다. 형수님은 로맨틱한 시에나를 선택하셨다. 사실 꼭 영화 때문만은 아니다. 독일에서부터 계속 자라옹과 함께 달려왔지만 이탈리아로 넘어온 이후 급격한 기온상승으로 인해 주행 스타일에 변화를 주고 싶었다. 자라옹은 늘 하던 대로 해가 중천에 뜰 때까지 잘 만큼 푹 자고 해가 지기 전까지 한낮 내내 달렸다. 나는 한낮의 뜨거운 태양을 도저히 감당하기가 힘들어 아침 일찍부터 오전까지만 달리고 뜨거운 대낮에는 어디든 들어가서 몇 시간 쉬다가 오후에 다시 달리는 그런 라이딩을 하고 싶었다. 그래서 이참에 다시 두 분과 떨어져 홀로 여행을 하기로 했다. 모든 길은 로마로 통한다고 하니 로마에서 다시 만나기로 하고 형제는 각자의 길을 떠났다. 그런데 막상 헤어지고 보니 오늘 날씨가 꽤나 좋았다.

한창 더울 시간인데도 적절하게 그늘을 만들어주는 구름과 시원한 바람 덕분에 어쩌다보니 계속 달렸다. 크고 작은 언덕과 마을을 수없이 넘은 끝에 6시가 조금 넘어 아레초에 도착했다.

아레초는 제2차 세계대전 중 토스카나 지방에서 가장 많이 파괴된 도시 중 하나지만 지금은 토스카나 지방의 손꼽히는 부자동네다. 마을 입구에 있는 안내지도를 보고 대략적인 이동경로를 전두엽에 저장했다. 아레초는 평지의 마을이 아니라 산비탈에 지어져 있어서 초반부터 빡센 업힐을 해야 했다. 꽤 가파른 경사를 올라가면 아레초의 대성당이 나타난다. 6시가 넘어서인지 이미 문이 닫혀 있었다. 성당 뒤쪽으로는 작은 공원이 있는데 중고등학생 정도로 보이는 남녀들이 무리지어 담배를 피우고 있었다. 한국이나 유럽이나 떼로 몰려다니는 학생들이 제일 무섭다. ㅜㅜ 내 쪽을 힐끗힐끗 쳐다보면서 자기들끼리 낄낄대며 떠들기에 못 들은 척 애써 무시하고 얼른 공원을 떠났다. 때론 비굴해질 줄도 알아야 사람이지...흠흠...

시가지 안쪽 그랜드광장 Piazza Grande 으로 내려가자 금방이라도 로베르토 베니

로베르토 베니니가 가족과 함께 자전거를 타고 달리던 그랜드광장 앞

니가 아들과 부인을 자전거에 태우고 휙 지나갈 것만 같은 낯익은 풍경이 펼쳐졌다. 때마침 근처 식당가에서는 잔치가 벌어지는 듯 요란스러웠다. 지나면서 흘깃 보니 결혼식이 있었나 보다. 사진 한 장 찍고 잠시 구경하다가 돌아서 가려는데 뒤에서 누군가가 내 어깨에 노크를 한다. 뒤돌아보니 할아버지 한 분과 손자로 보이는 8살 남짓한 꼬마 하나가 서 있었다. 고사리같은 손으로 와인 잔을 내민다. ㅎㅎ 결혼식이냐고 물어보니 영어를 잘 못 알아 듣는지 고개를 갸웃거리기에 "딴 딴 따단~ 딴 딴 따단~" 결혼행진곡을 흥얼거려 주니 고개를 끄덕끄덕한다. 귀여워서 머리를 쓰다듬어주고 원 샷! 정신없이 마을을 헤집고 다니다 보니 어느덧 8시... 그러고 보니 잘 곳도 정해놓지 않았다. 슬슬 잘 곳을 찾아 떠나야 했다. 캠핑장도 호스텔도 찾기 힘들어서 무작정 남쪽으로 내려가기로 했다. 가다 보면 뭐라도 나오겠지 싶었는데 페달을 밟으면 밟을수록 노숙의 기운이 밀려왔다.
10시가 넘어 주변이 캄캄해졌지만 좀처럼 묵을 만한 곳이 나오지 않았다.

Italy

흐르는 땀만큼 걱정도 점점 커져갔고, 일단 배를 좀 채우기 위해 어느 가게 벤치에 앉아서 빵을 뜯어먹었다. 그때 근처에서 사람소리가 들리더니 이곳 주민으로 보이시는 할아버지와 할머니 두 분이 지나가시다가 나와 눈이 마주쳤다. 곧바로 Feel이 왔다! '그래! 오늘은 이분들 집이다!!' 하며 나를 불쌍히 여긴 어르신들이 집으로 초대를 해주는 상상을 했다.

애써 기쁜 마음을 감추며 작업에 들어갔지만 커뮤니케이션이 전혀 이루어지지 않는 언어의 장벽만이 기다리고 있었다. 알아들을 수 있는 것은 간간이 들려오는 지명과 기초단어 몇 개뿐이었다. 어떻게든 손짓발짓 해가며 지금 피렌체에서 오는 길이고 로마로 가고 있다고 하니 깜짝 놀라며 할머니께 통역을 해주시며 "오... 젊은 친구가 대단하군!!" 하는 듯한 눈빛으로 쳐다보셨다. 한참 서로 횡설수설하며 각자의 이야기만 쏟아 붓는 도중 귓가를 스치고 지나가는 단어 "sleep!" 할아버지가 드디어 잠은 어디에서 자는지 물어보셨다. 속으로 '올 것이 왔구나...' 하면서 쾌재를 불렀지만 그렇다고 냉큼 "잘 곳 없으니 재워주셈~" 하는 것은 동방예의지국의 한 사람으로 용납할 수 없지. 암~ 그렇고말고... "아하하하하! 나에게는 텐트가 있어요! 내가 가는 곳 어디든 나의 잠자리죠! 아하하하하!" 하면서 슬쩍 허세를 부려본다. 할아버지와 할머니는 연신 감탄한 듯한 눈빛으로 나를 바라보며 엄지손가락을 치켜세우시더니... "역시 젊으니 좋구먼... 할멈, 우린 그만 가세...(개인적 체감 해석) 건투를 비네 젊은이~" 하고는 자리를 뜨셨다.

'아... 아니 저 그게 아니라...' 멀어져가는 어르신들의 뒷모습을 향해 손을 뻗어보지만... 할 수 없다... 달리자...

어두운 밤길을 다시 달려가다 보니 길 건너편에서 또 다른 노인 세 분이 걸어가고 계셨다. 상처받은 마음이 아물지 않아 이번엔 그냥 지나쳐 계속 달렸는데 어느 순간 길이 끊긴 듯한 어둠이 나타나버렸다. 가로등이 없어 시계확보가 전혀 되지 않는 칠흑같은 어둠이 펼쳐진 길이었다. 도저히 더 이상은 무리일 것 같아 왔던 길을 되돌아가다가 조금 전에 보았던 노인 세 분을 다시 만났다. 혹시 근처에 하루 묵을 만한 곳이 있냐고 물어보니 근처에 성당이 있다고 가보라고 하신다.

성당에 도착해 문을 두드리니 위에서 창문이 열리며 신부님이 고개를 빼꼼 내미셨다. 간단하게 소개를 하고 하루만 신세질 수 있냐고 하니 거절하시는 눈치였다. 굴하지 않고 재차 부탁을 하는데 그대로 창문을 닫고 들어가버리셨다. 에이... 아예 처음부터 말하지 말고 구석에서 자다가 아침 일찍 가버릴 것을 괜히 물어본 것 같다는 생각이 들었다. 혼자서 난감해하고 있을 때 들어가신 줄 알았던 신부님이 문을 열고 나오셨다. 내일이 일요일이라서 일찍부터 사람들이 오기 때문에 재워줄 수 없다는 것 같은데 안에서 자는 것이 아니라 텐트가 있으니 구석에 작은 공간만이라도 좀 허락해달라고 부탁해서 겨우 주차장 옆 풀밭에 자리를 얻었다.

자정이 다 되어가고 있었고 얼른 쉬고 싶어서 서둘러 텐트를 치고 자리에 누웠다. 긴 옷을 꺼내 입으려다가 씻지도 못한데다 이젠 어느 정도 날이 풀려 전혀 춥지 않았기 때문에 반팔 반바지 그대로 눈을 붙였다. 하지만 아직까지 새벽공기는 차가웠고 몇 번을 덜덜 떨며 뒤척이다 결국 새벽에 옷이랑 침낭을 꺼내 뒤집어 쓴 후에야 잠이 들었다.

Italy

바위산 위의 슬로우시티
오르비에토

　　　　　　　　　다음날 아침 일찍부터 사람들의 인기척과 자동차 소리에 잠이 깼다. 생각보다 이른 시각에 예배를 보러 오는 사람들이 많아 허겁지겁 잠자리를 정리하고 성당을 빠져 나왔다.
작은 마을들을 지나며 보니 도로가에 벤치들이 놓여 있어 늦은 아침식사를 하기로 했다. 벤치가 우리나라 버스 정류장처럼 차도를 향해 오픈된 것이 아니라 인도 쪽으로 향해 있어 지나다니는 사람들과 어쩔 수 없이 마주치면서 먹었다. 낯선 동양인 청년의 거리 만찬이 신기한지 지나가는 사람들 모두 빙그레 미소를 지으며 쳐다본다. 뭐 어때... 또 볼 사람들도 아니니 이젠 창피할 것도 없지. 나도 함께 배시시 웃어주며 식사를 마쳤다.
오전이라 적당히 구름도 떠다니고 선선한 바람이 불어주어서 움브리아 지방으로 가는 길을 편하게 도와준다. 달리는 길 왼편으로 큰 호수가 보여 잠

토스카나 지방을 벗어나 움브리아 지방으로 접어들었다.

시 방향을 틀어보았다. 호수 중 마을과 인접해 있는 부분은 공원이 마련되어 있어 마을 사람들이 아이들, 반려동물들과 함께 휴일 여유를 즐기고 있었다. 호수 구경을 마치고 길을 되돌아 나오며 조금이나마 햇볕을 피하기 위해 오른쪽 벽쪽에 바짝 붙어서 페달을 밟았다. 그런데 우회전

트라시메노 호수(Lago Trasimeno). 여의도 15배 규모지만 가장 깊은 곳 수심이 겨우 8m 정도다.

하는 커브 지점을 도는 순간 오른쪽에서 오토바이 두 대가 갑자기 나타나더니 비명을 지르며 종이 한 장 차이로 내 옆을 스치고 지나갔다. 깜짝 놀라 그 자리에 멈춰 섰고, 곧바로 그 오토바이들도 유턴해서 되돌아와 내 앞을 막아섰다. 건장한 두 청년이 서양인 특유의 리얼한 손짓, 발짓 등 각종 리액션에 침을 튀겨가며 나에게 소리친다. 그들이 가리키는 곳의 표지판을 보니 일방통행 길이었다. 촌뜨기 여행자가 뭘 안다고... 진심을 담아 사과하며 어르고 달래 애써 진정시킨 후 자리를 떴다. 분명 심한 욕을 했을 텐데 알아듣질 못하니 딱히 기분은 나쁘지 않았다. ㅎㅎ

아무튼 아무 일이 없어서 참 다행이었다. 만약 사고라도 났다거나 혈기왕성한 이탈리아 총각들에게 몰매라도 맞았더라면 어떻게 되었을까 상상하니... 아마 보험금을 왕창 타서 기분 좋다고 소고기 사먹었겠지...

다시 가던 길을 재촉했다. 이 나라 도로상태가 좋지 못한 것은 이탈리아로 넘어오자마자 알았지만 이곳은 좀 더 심했다. 가난한 동네라 아스팔트를 다시 깔 여력이 없는 건지 곳곳

왜 내가 가는 방향만 난장판이냐...

에 부서지고 갈라지고 땜질해놓은 흔적이 가득하다.

시원했던 오전이 끝나고 1시가 넘어가자 심하게 더워지기 시작했다. 마을 외곽에서 작은 식당을 발견하고 들어가니 중국인으로 보이는 동양인 여성이 카운터에 앉아 있었다. 하지만 밀라노의 식당 주인처럼 영어는 전혀 하지 못하는 듯했다. 어렵게 어렵게 와이파이 가능 여부를 물어보니 이곳에서 메뉴를 주문하면 가능하다고 했다. 제일 먼저 어제 못했던 휴대폰과 카메라 충전부터 시작했다. 식사를 하고 밖을 내다보니 나가기 싫을 정도로 태양이 이글거리고 있었다.

낮에는 이곳에서 쉬기로 하고 오늘 숙박할 만한 곳을 찾아봤다. 현재 페이스로 가면 오르비에토 Orvieto에서 하루를 보내야 할 것 같은데 아무리 검색해도 저렴한 숙소가 없었다. 캠핑장은 아예 찾아볼 수 없고 호스텔도 검색이 되질 않는다. 대부분 호텔과 B&B 뿐이고 가격도 센 편이었다. 한참 검색하다 보니 잠도 오고 만사가 귀찮아지기 시작했다. 에이 뭐 어떻게든 되겠지... 그대로 테이블 위에서 꾸벅꾸벅 졸다가 눈을 떠보니 4시. 오르비에토

까지는 약 45km가 남았다. 너무 지체한 것 같아 계산을 하고 다시 출발했지만 여전히 태양은 뜨거웠다. 그저 구름 한 조각이라도 나타나서 해를 좀 가려줬으면 하는 바람뿐 주위 풍경도 눈에 들어오지 않고 다른 생각도 들지 않았다.

30km정도 남긴 시점에서 또다시 오르막이 시작되었다. 뭔 놈의 마을이 죄다 산꼭대기에 있는 것이냐… 이탈리아 사람들이 원망스러웠다. 날이 더우니 어지간한 산들도 알프스 못지않게 힘이 드는 것 같다. 식당에서 너무 여유를 부려서인지, 아니면 예상보다 힘든 오르막을 만났기 때문인지 아직 산을 내려가지도 못했는데 해가 저물기 시작했다.

이왕 늦은 거 예쁜 사진이나 찍자면서 카메라를 꺼내들었다. 사진가들이 가장 사랑하는 해질녘의 따뜻한

전쟁과 질병을 피해 산 위에 만들어진 도시 오르비에토

빛이 사방에 펼쳐질 시간이었다. 그에 맞춰 한창 더울 때는 코빼기도 안 비치던 구름놈들이 이제야 기어 나와 빛을 가린다.

산 정상에서 내려오다 보니 저 멀리 떨어진 큰 언덕 위에 도시가 보였다. 16세기에 교황이 로마의 침략을 피해 도망왔던 곳이자 오늘의 종착지인 오르비에토였다.

직통으로 가는 고가도로라도 있으면 곧장 달려가고 싶었지만 실컷 산을 내려갔다가 오르비에토에서 다시 오르막을 올라야 한다.

오르비에토 시내로 들어서니 9시가 훌쩍 넘어버렸다. 날은 이미 캄캄해졌

고 어디로 가서 무엇을 해야 할지 막막한 심정으로 길거리를 배회했다. 그러다 어느 카페에서 노트북을 사용하는 사람을 보고 와이파이가 될 것 같아 저녁도 해결할 겸 들어갔다. 옆에서는 대형 TV를 통해 축구경기를 관람 중이었다. 시끄러워서 실내로 들어가고 싶었지만 자전거 도난 걱정으로 소음 속에서 오르비에토를 검색해보았다. 이곳 움브리아 지방은 와인으로 유명하고 특히 오르비에토의 와인이 엄청 유명하다고 한다. 나는 와인을 좋아하지도 않고 잘 모르지만 어쩐지 굉장한 네임밸류에 호기심이 발동하여 3유로를 내고 화이트와인을 한 잔 주문해 시음해보았다. 역시... 난 와인 체질은 아닌가 보다. 남들이 맛있다고 권해주는 와인을 마셔 봐도 정작 내 입맛에는 시큼시큼 물음표 투성이...

시간은 점점 흘러 떠들썩하게 축구를 보던 사람들도 하나둘 자리를 뜨고 나처럼 폰을 만지작거리던 다른 관광객들도 숙소로 돌아가는 듯 자리를 뜨면서 어느덧 나 혼자 남아버렸다. 11시 반이 되자 주인이 문 닫을 준비를 하기 시작했다. 홀로 외로이 자전거를 끌고 오르비에토의 밤길을 거닐었다.

어디 잘 만한 곳 없을까... 두리번거리며 돌아다니던 중 대형 실내주차장을 발견했다. 건물이 통째로 주차장이었는데 들어가 보니 늦은 시각이라 주차된 차량은 총 3대! 관리인도 보이지 않았다. 처음엔 주차장 외벽 아래에 자리를 깔고 텐트를 칠까 생각했지만 혹시라도 사람들 눈에 발각될 것 같아 구석구석을 더 둘러보기로 했다. 그러다 건물 모서리 끝부분에서 화장실을 발견했다.

홈... 화장실이라... 문득 몇 년 전에 본 〈행복을 찾아서〉라는 영화에서 윌 스미스가 공중화장실에서 노숙하던 장면이 머릿속에 그려졌다. 공중화장실에서 노숙이라... 위생상의 문제도 있고 선뜻 결정하기 쉽지는 않았지만 스스로에게 마인드컨트롤을 하기 시작했다. "그래! 내가 갈 곳이 없는 거지라서 이러는 게 아냐! 밤늦게 들어가서 아침 일찍 나오는데 비싼 비용 지불하며 숙소를 잡는 건 그닥 합리적이지 못해!! 나는 지금 영화 속 주인공 코스프레를 하는 것일 뿐이야!! 나는 윌 스미스다!! 윌!스!미!스!'

그렇게 스스로를 세뇌한 후 화장실을 살펴보았다. 하지만 비좁은데다 바닥도 더러워 도저히 누울 공간이 나오지 않았다. 문을 닫고 옆 칸의 장애인 마크가 붙어 있는 문을 열어보았다. 헛! 장애인 화장실은 이용하는 사람이 거의 없었던지 냄새도 나지 않고 바닥은 깨끗하며 공간도 휠체어를 고려해 무척 넓었다. 한 번 더

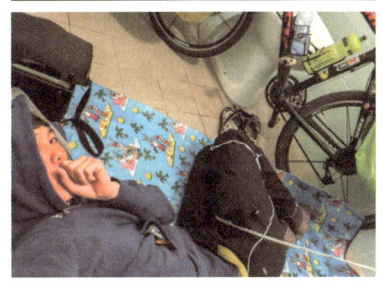

지인들아!! 이 모습을 보고도 멋지단 소리가 나오는가!!

주위를 살핀 후 화장실 안으로 자전거와 함께 들어갔다. 텐트를 칠 필요가 없으니 취침 준비도 수월했다. 곧바로 바닥에 매트를 깔고 누웠다. 혹시라도 자다가 누가 들어오면 즉각 반응할 수 있도록 문고리에 신발끈을 묶어 손목에 연결시켜 두는 치밀함까지 놓치지 않았다.

만리타향의 공중화장실 바닥에 누워있으니 만감이 교차했다. 잘 다니던 회사 그만두고 자전거에 몸을 싣고 여행중이라고 하니 모두들 부럽고 멋지다고 하는데 과연 화장실 바닥에 누워 있는 지금 내 모습을 보고도 그런 말이 나올까 궁금했다. 사실 내 나이 또래들은 호텔에서 호의호식하며 여행다닐 텐데 나는 고작 화장실에서 이러고 다니는 것이 어찌 보면 참으로 부끄러운 일이다. 그래도... 살면서 이런 경험 한 번쯤 해보는 것도 크게 나쁠 것은 없지 않은가... (라고 말하지만 이미 한 번을 훨씬 넘어섰다)

주사위는 던져졌다. 로마로 진격!

다음날, 눈을 뜨자마자 후다닥 자리를 정리하고 누가 오기 전에 얼른 화장실을 빠져나왔다. 주차장이라 CCTV가 달려 있었지만 별 문제는 없으리라... 아무튼 덕분에 조용하게 하루 잘 묵었다.

주차장을 나와 오르비에토 북쪽 맨 끝으로 올라갔다. 작은 공원 벤치에 앉아 산 밑으로 펼쳐진 마을들을 구경하며 변함없는 아침식사 식빵을 꺼낸 뒤 여행 내내 필수품으로 자리잡은 누텔라 잼을 발라서 한입 베어 물었다. 두 달 넘도록 그만큼 먹었으면 질릴 만도 한데 아직까지 맛있는 것을 보면 내 입맛이 특이한 것인가?

두 달째 먹으면 질릴 만도 한데 여전히 맛있다.

식사를 마칠 때쯤 빗방울이 하나둘 떨어지기 시작해서 서둘러 정리하고는 여행자사무실을 찾았다. 오르비에토의 대표적 관광상품인 지하도시를 구경하려면 이곳에서 미리 예약을 해야 한다. 11시 15분 타임을 예약했는데 지하라서 자전거는 가지고 갈 수 없었다. 다행이 친절한 직원이 사무실 안쪽에 보관할 수 있도록 허락해주어서 가벼운 발걸음으로 오르비에토를 둘러볼 수 있었다.

최근 세계적으로 각광받고 있는 슬로우시디 Slow City의 발상시가 바로 오르비에토다. 느림과 여유의 가치를 지향하고 지역이 가진 본래의 자연환경과 고유음식, 전통문화 등을 지키며 지속가능한 발전을 추구하자는 뜻을 담아 시작된 운동이다. 그래서인지 고즈넉한 분위기가 마치 시간이 멈춘 듯 보였다.

월요일이라 그런지 마을 북쪽 외곽에서는 사람 구경하기가 쉽지 않았는데 중심 번화가로 들어가니 그제야 사람 사는 동네 느낌이 났다. 특히 와인

Italy

시간이 멈춰버린 듯 고즈넉한 오르비에토의 풍경들

을 판매하는 상점들이 굉장히 많았다. 형수님이 와인을 좋아하시는데 시에나로 가셨으니 움브리아 지방은 접할 기회가 없을 것 같아서 맛이라도 보여드리고자 떠나기 전에 한 병 사 가기로 했다. 오르비에토는 도시직경이

1.5km도 안 되는 작은 마을인지라 마을구경을 금세 마치고 지하동굴 관람을 위해 오르비에토 대성당 앞으로 이동했다. 관광객들이 문전성시를 이루며 대성당 외벽의 독특한 부조 조각들을 구경하고 있었다.

얼룩말같은 스트라이프 무늬가 어쩐지 이집트 분위기가 나는 듯했던 오르비에토 대성당은 실내에 있는 프레스코화가 유명하다고 하는데 (어째서 들어가 볼 생각을 하지 않았는지 모르겠지만) 나는 외관만 감상하다가 가이드를 따라 지하도시로 들어갔다. 예전에 바다였는데 물이 빠지면서 솟아난 듯한 대략적인 생성과정이 그림으로 설명되어 있었다. 가이드가 영어로 열심히 설명을 해주지만 알아듣질 못하니 그저 오라면 오고 가라면 가고 남들 웃을 때 따라 웃고...

Italy

어제 이곳을 검색할 때는 지하 '도시'라고 하면서 가이드 없이는 절대 출입할 수 없다기에 미로처럼 뭔가 굉장하고 복잡한 어떤 것을 기대했었는데 완벽한 판단미스였다. 전체를 공개하지 않고 일부만 공개하기에 실제 볼 수 있는 것은 지하에 굴 몇 개 파놓은 것이 전부였다.

약 40분간의 투어를 마치고 동굴을 빠져나와 자전거를 다시 찾은 후 점심은 가이드북에 소개된 'Cocco'라는 레스토랑에서 하기로 했다. 책에 소개된 바로는 이 레스토랑에는 15유로짜리 여행자메뉴라는 것이 있는데 가격은 비싸지만 다양한 메뉴가 정말 잘 나온다고 되어 있었다. 이틀간 노숙을 해서 돈도 많이 굳었으니 큰 맘 먹고 Cocco 레스토랑을 찾아갔다.

가는 길에 새빨간 드레스를 입은 베티붑이 인상적인 레스토랑을 발견했는데 가이드북만 아니었다면 이곳에서 먹고 싶을 만큼 아기자기한 인테리어가 몹시도 마음에 들었다.

돌고 돌아 겨우 식당을 발견했다. 가이드북에 소개되어 있을 정도면 손님도 좀 있어야 할 텐데 1시 점심시간임에도 불구하고 손님은 나 혼자 뿐이었다. 아줌마가 메뉴판을 내미시는데 그냥 "여행자메뉴로 주세요" 했더니 아줌마는 그런 메뉴

베티붑이 유혹하는 예쁜 레스토랑

없다고 하셨다. 엥? 내가 잘못 들어왔나 싶어 다시 밖으로 나가 주소를 확인하고 위치를 확인했다. 이름도 맞았다. 몇 번이나 확인을 했으나 자기 가게에는 그런 메뉴가 없다고 한다.

대부분 한국남자들의 고질병이라 할 수 있는 한 번 앉으면 다시 나가기 민망한 습성 때문에 다시 나가지도 못하고 할 수 없이 그냥 주문을 했다. 영어

메뉴판도 없어서 대충 아줌마에게 설명을 들었다. 치킨 어쩌고 하기에 그냥 그걸로 달라고 해버렸다. 잠시 후 요리가 나왔는데 훈제 닭가슴살 두 덩이에 레몬 반 쪽이 둥근 접시 위에 초라하게 놓여 있었다. 이... 이것은... 제노바에서 한 번 당해놓고 또 당하다니 분해서 눈물이 날 지경이었다. 개같이 벌어서 정승같이 쓰라고 배웠는데 나는 어찌하여 개같이 아껴서 병신같이 쓰고 있냔 말이다!! 텁텁한 닭가슴살 때문인지 돈이 아까워서인지 목이 메어와 가슴을 치며 우걱우걱 씹어 삼켰다. 돈은 돈대로 15유로나 나왔다. 차라리 조금 전의 그 예뻤던 가게에서 먹었으면 이렇게 억울하지는 않았을 것을... 머피의 법칙은 나를 위해 만들어진 것 같다.

식사 한 끼에 급격히 우울해져서 최근 며칠간의 행보를 떠올려보며 다음 루트를 생각했다. 땡볕에 이글거리는 아스팔트를 달리던 기억, 땀을 쏟아내며 오르막을 오르던 기억, 잘 곳이 없어 밤마다 헤매던 기억이 주마등처럼 머릿속을 돌아다녔다. 나 혼자 다니면서 하루 60km정도 달리며 적당히 쉬엄쉬엄 가겠다는 생각으로 자라옹을 떠나왔는데 그저께는 108km, 어제는 112km... 어째 함께할 때보다 혼자 다니면서 이동거리가 훨씬 늘어나버렸다. 시원한 맥주를 한잔 히며 곰곰이 생각을 해본다. 나는 지금 여기서 무엇을 하고 있는가? 내가 여행을 온 것이지 훈련을 온 것은 아니지 않은가... 또다시 비슷비슷한 풍경을 보면서 뜨거운 태양과 씨름할 필요가 있을까? 허허벌판을 달리는 시간을 줄이고 로마에서 하나라도 더 보는 것이 합리적이지 않을까? 등등 여러 가지 생각이 들었다.

결국 심신이 미약해진 상태에서 급하게 내린 결론을 마음 바뀌기 전에 자라옹에게 문자로 알려주었다.

Italy

"난 여기서 기차를 타고 바로 로마로 가겠어!"

그랬더니 웬일로 통했는지 자기들도 같은 생각이라 기차 시간 알아보고 있다고 답장이 온다. 알프스도 웃으며 넘었던 형수님이 오르막을 오르다 눈물 쏟을 뻔했다는 것을 보면 그쪽도 나름 고생깨나 한 것 같았다.

곧바로 로마로 가는 차편을 알아보던 중 뜬금없이 내 통장으로 100만원이 입금되었다는 문자가 왔다. 어제 저녁에 페이스북을 통해 농담 삼아 "미칠 듯한 직사광선 때문에 하루에 아이스크림 큰 통으로 네댓 개는 먹는 듯... 아이스크림 맘껏 사먹게 누가 100만 원만 줘~"라고 하며 계좌번호를 적어놨는데 절친한 친구가 진짜로 돈을 입금해준 것이다. 그리고 깨알같은 지인들의 100원 입금도... 당연히 나중에 되갚아야겠지만 우선은 감사한 마음으로 오르비에토역에서 젤라또를 사 먹으며 첫 스타트를 끊었다.

오르비에토역의 젤라또로 첫 스타트를 끊었다.

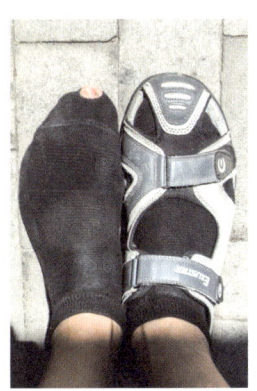

험난한 여행의 증거 제1호

자라옹은 시에나에서 로마로 바로 가는 기차가 없어서 그로세토에서 한 번 갈아타고 로마로 온다고 했다. 기차를 기다리며 벤치에 앉아 있으니 색이 바랜 듯 얼룩덜룩한 양말이 눈에 들어왔다. 분명 새 양말이었는데 두 달 만에 구멍이 숭숭 뚫린 넝마가 되어 있었다. 양말을 보며 고생은 할 만큼 했으니 앞으로는 조금 편하게 여행을 해야겠다는 생각이 들었다.

잠시 후 모든 길이 통한다고 하는 '로마'행 기차에 몸을 실었다.

로마에선 로마법을,
숙소에선 한국밥을!

약 1시간 10분 조금 넘게 달려 로마 테르미니역에 도착했다. 소매치기 끝판왕이라고 하는 이탈리아 로마. 한껏 경계심을 높이고 절도에 주의했다. 자라웅이 언제 도착할지 몰라 역에서 멀리 가지는 못하고 배회했다. 기다리다 보니 눈에 띄는 청년이 하나 있었는데 좀 예쁘다 싶은 여자가 지나가면 어김없이 다가가서 대화를 나누고는 같이 사진을 찍는다. 예쁜 여자만 보면 말도 헛나오고 어버버거리며 등신이 되는 나로서는 진심으로 부러운 스킬이다.

한참 만에 자라웅과 합류하여 로마에서 묵을 민박집을 찾기 시작했다. 연이어 노숙을 했기 때문

키도 작은데.. 능력자같으니..

에 숙소 찾기가 지겨워서 자라웅에게 선택권을 주고 뒤만 따라갔다. 다행히 역에서 그리 멀지 않은 곳에 위치한 한인민박에 방을 얻을 수 있었다. 4인실 도미토리가 1인당 30유로였는데… 우리가 짐도 많고 자전거도 있어서 그냥 4인실 방 하나를 100유로에 쓰기로 했다.

제일 먼저 며칠 동안 씻지 못한 몸부터 정화시킨 후 저녁식사를 했다. 이곳에서는 조식과 석식 모두 한식으로 제공되는데다 각자 먹고 싶은 만큼 알아서 퍼 먹는 뷔페식이어서 양을 중요시하는 나에게는 무척이나 좋은 환경이었다. 게다가 아주머니 솜씨도 나무랄 데 없이 훌륭했기에 이곳에서 지내는 며칠 동안 살을 듬뿍 찌울 수 있었다.

저녁을 먹으면서 다른 손님들 이야기를 들어보니 자기들이 오늘 다녀온 가이드업체가 홍보차원에서 시내 야경 가이드를 무료로 해준다고 했다. 대머

Italy

산탄젤로성과 천사의 다리

로마의 블랙홀 에마누엘레 2세 기념관

리가 될 때 되더라도 공짜는 놓칠 수 없지... 서둘러 외출 준비를 하고 따라 나섰다. 우리 외에도 여러 숙소에서 묵고 있는 사람들이 속속 모여서 다 함께 투어를 떠났다.

맨 처음으로 산탄젤로 성 Castel di Sant'Angelo과 그 앞에 있는 천사의 다리를 구경한 후 두 번째로 비토리오 에마누엘레 2세 기념관 Monumento di Vittorio Emmanuele을 방문했다. 이곳은 내가 로마에 있는 동안 가장 많이 들른 곳이 아닌가 싶다. 오고 싶어 온 것이 아니라 길을 잃어 헤매다보면 어느새 이곳에 서 있는 나를 발견하게 되는... 아주 블랙홀같은 곳이었다. 세 번째로는 너무나도 유명한 콜로세오 Colosseo였다. 세 곳 모두 동행했던 가이드님이 열성적으로 설명을 해주셨지만 사진 찍는데 정신이 팔려 거의 기억에 남지 않았다.

(사진 안 찍고 들었어도 기억을 잘 못하겠지만) 그렇다고 정작 사진을 잘 찍은 것도 아니었다. 저녁시간이었지만 수시로 지나다니는 사람들과 차량 때문에 좀처럼 사진을 건지기 힘들었다. 오늘

은 맛배기라 생각하고 내일부터 본격적으로 구경해주리라... 지하철을 이용해 다시 숙소로 돌아왔다. 내가 사온 오르비에토 와인으로 간만에 한잔 하면서 며칠간 겪었던 각자의 신세를 한탄하며 밤을 보냈다.

대표유적지 콜로세오와 포로로마노

역시 한국인은 밥심인가! 아침부터 푸짐한 한식이 나오니 확실히 시작부터 든든하다. 테르미니역으로 가서 1인당 30유로를 내고 로마패스권을 구입했다. (2013년 5월부터 34유로로 인상) 기간 내에 모든 곳에 입장이 가능했던

바코드가 잘 지워지니 주의!

파리 뮤지엄패스와는 조금 다르게 로마패스권은 어디든 처음 두 곳만 무료입장이고 이후로는 장소마다 개별적으로 일부만 할인된다. 게다가 로마의 필수코스인 바티칸은 정작 로마가 아니기 때문에 로마패스로는 입장이 불가능하다. 대신 로마패스권을 구입한 날부터 3일간은 로마의 대중교통인 버스, 지하철, 트램을 무제한으로 이용할 수 있다.

티켓을 구매한 후 가장 먼저 찾은 곳은 어젯밤에 들렀던 콜로세오였다. 정식 명칭은 '플라비우스 원형극장.' 입구부터 관광객들의 줄이 길게 늘어서 있었다. 하지만 로마패스를 기진 우리는 가운데 뻥 뚫린 길을 통해 곧바로 하이패스~ 무료로 입장하는 것보다 땡볕에서 줄을 서지 않고 바로 입장할 수 있다는 게 진정한 로마패스의 장점이 아닐까...

콜로세오가 지어지고 처음 100일 동안은 건립 기념으로 수천 마리의 동물들과 검투사들이 이곳에서 매일같이 혈투를 벌였다고 한다. 의외였던 건 발굴된 뼈 중에 기린도 있었다는 것이다. 순하디 순할 줄만 알았던 모가지가 길지만 슬프지는 않은 기린이 결투라니!! 나중에 NGC 다큐를 보니 기린이 맹

Italy

(위) 아저씨 혼자 콜로세오 갈아엎을 기세...

수는 아니지만 어지간한 맹수들도 기린에게 섣불리 덤비지 못한다고 한다. 콜로세오 내부는 옛날의 영광스러운 모습은 온데간데없이 온통 뜯기고 헐려 있었다. 콜로세오가 지금처럼 심하게 황폐하지는 않았었는데 한때 로마에 건축 붐이 일면서 너도나도 달려와서 콜로세오의 질 좋은 돌들을 가져다 써버리는 바람에 지금과 같은 흉한 꼴이 되었다고 한다. 그럼에도 불구하고 어마어마한 그 규모만큼은 보는 이를 압도했다.

구경을 끝내고 나니 두 분은 어디론가 사라져버려서 혼자서 다음 관람지인 포로로마노로 향했다. 콜로세오 티켓은 통합권이라서 포로로마노와 팔라티노 언덕까지 모두 볼 수 있다. 한참을 걷다 보니 이름 모를 작은 성당이 길을 막고 있었다. 어쩨 길을 잘못 든 것 같다 싶더니... 역시나 입구, 출구가 따로 있었는데 여전히 정신 못 차리고 출구 쪽으로 와버린 것이다. 걸어만 다녀도 숨이 턱턱 막히는 불볕더위 아래서 터벅터벅 되돌아 나와 다시 입장을 했다.

원래 고대유물같은 것에는 관심이 없었던지라 곳곳에서 보이는 옛 흔적들

(위) 팔라티노 언덕의 유적들 (아래) 포로로마노의 유적들

Italy

이 나에겐 무척 심심하게 다가왔다. 영화〈벤허〉에서 보던 멋진 경기장을 기대했던 대전차 경기장은 그저 잡초가 무성한 길쭉한 공터에 지나지 않았고 포로로마노를 가득 메운 수백년 역사의 잔재들은 그저 하나의 돌무더기 일 뿐이었다. 이 땡볕에 내가 왜 이런 돌무더기들을 보고 있어야 하나... 싶은 생각과 함께 시원한 아이스크림만이 눈앞에 아른거렸다. 그 와중에 귀에 익은 언어가 들려 돌아보니 우리나라 어르신들이 단체로 출사를 오셨는지 큰 카메라에 큰 렌즈를 달고 무거운 삼각대까지 가지고 다니셨다. 어르신들도 저렇게 열정이 넘치도록 돌아다니시는데 똑딱이 하나 달랑 들고 다니면서 힘든 티를 내면 안 되지!! 라고 말은 하고 싶지만 발걸음 수를 늘려나갈 때마다 그런 각오는 안드로메다로 날아갔다.

포로로마노에서 다시 자라옹을 만나 점심을 먹기 위해 인근 식당가로 갔다. 어디에서 먹을까... 두리번거리며 지나가는데 한 식당에서 웨이터가 나와서 우리를 맞이했다. 그곳에서 먹을 생각이 없었는데 너무나도 자연스럽게 호객을 하며 자리에 앉히기에 우리는 예약이라도 하고 온 사람들처럼 얼떨결에 앉아서 주문까지 마쳐버렸다...-ㅅ- 무서운 녀석들... 주문했던 피자는 식당을 나오면서 후회하기에 충분한 맛이었다. 왜 여기서 먹었냐며 서로에게 책임전가를 하며 아웅다웅 다음 장소로 이동했다.

이동한 곳은 어제 저녁 투어를 했던 비토리오 에마누엘레 2세 기념관이었다. 계단 위로 올라가면 건물 중앙에 비토리오 에마누엘레 2세가 말을 타고 서 있고 그 아래에 전쟁에서 죽어간 무명용사들을 기리는 공간이 마련되어 있는데 24시간 내내 활활 타오르는 불꽃이 있다. 이름은 '꺼지지 않는 불꽃'이지만 비가 오거나 바람이 세게 불면 한 번씩 꺼진다고 한다. 솔직하게 '가끔 꺼지는 불꽃'이라고 했으면 인간미 넘치고 좋았을 텐데...

날씨는 덥고 다리는 아프고... 자라옹은 기둥 옆 계단에 퍼질러 앉아 태양을 피하고 있었다. 그러자 총을 멘 파수꾼이 달려와서 일어나라고 다그쳤

다. 여기선 앉지도 못하게 하는구나... 빈정 상한 우리는 그대로 그곳을 벗어나 무작정 걸어 다니다가 테르미니역 근처 성모 마리아 성당으로 이동했다. 어제는 자라웅을 기다리느라 겉모습만 구경했기 때문에 오늘 함께 관람한 후 로마패스의 두 번째 무료입장을 사용하기 위해 바로 뒤에 있는 로마 국립박물관으로 향했다.

로마 국립박물관은 4개의 박물관으로 나누어져 있는데 입장권을 끊으면 3일간 사용할 수 있으므로 계획적으로 구경할 수 있다. 우리는 위치상 가장 가까운 디오클레치아노 욕장 Terme di Diocleziano 국립박물관으로 먼저 들어갔다. 이곳은 로마 최대의 공중욕장으로 3천 명 이상 수용할 수 있었다고 하는데 지금은 파괴되고 다양하게 리모델링되어 있다.

박물관 내부에는 다양한 유물들이 전시되어 있었지만 역시나 내가 관심을 가지고 볼 만한 것은 없었다. 그나마 곳곳에 세워진 조각상들을 보며 미술학원에서 데생을 하던 추억을 떠올릴 정도... 흥미를 느끼지 못하는 것은 자라웅도 마찬가지였다.

얼추 구경을 마치고 길 하나만 건너면 이 티켓으로 이용할 수 있는 마시모 궁전 국립박물관이 있었지만 저녁식사 시간도 다가오고 박물관은 좀 지겹

Italy

- 천사와 순교자의 성모 마리아 성당 입구
- 성당 내부에는 어쩐지 기분나쁜 조각상들이 많이 있었다.

기도 하고 내일 바티칸 박물관도 봐야 하므로 그냥 숙소로 돌아가 하루 일정을 마무리했다.

또 하나의 나라, 바티칸

오늘의 목적지는 세계에서 가장 작은 나라인 바티칸시국 State della citta del vaticano 이다. 자라웅도 그렇고 나도 그렇고 "박물관은 이제 그만~" 하고 싶었지만 바티칸 박물관은 꼭 봐야 한다는 어머니의 간절한 문자 메시지를 자식들이 못 본 척할 수가 없었다.

바티칸시국은 로마 시내에 있지만 로마도 아니고 이탈리아도 아니다. 교황이 지배하는 하나의 독립국이다. 그래서 로마패스권을 사더라도 여긴 다른 나라이기 때문에 무용지물이다. 버스를 타고 바티칸에 도착하니 제일 먼저 길게 줄을 서 있는 사람들의 모습이 눈에 들어왔다. 땡볕에 줄을 서서 기다릴 생각을 하니 벌써부터 정신이 혼미해지고 가슴이 답답해온다. 아침식사를 한 지 몇 시간 지나지 않았지만 박물관 내로 들어가면 제대로 사 먹을 곳도 없을 것 같아 근처에서 배를 조금 채우고 들어가기로 했다. 빵을 먹으며

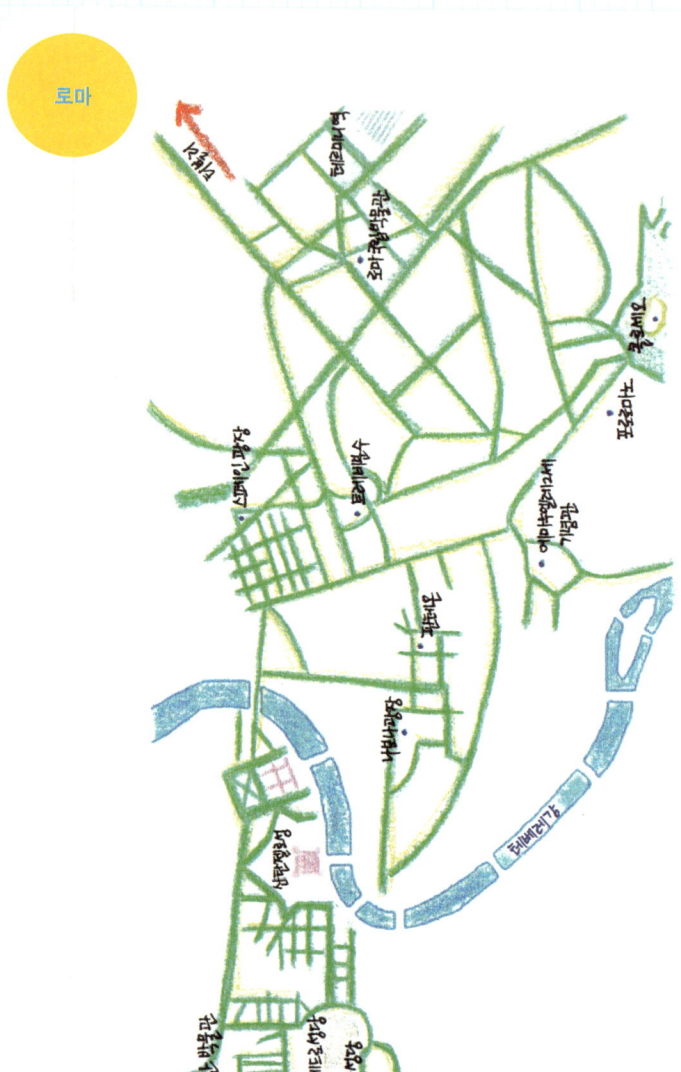

• 누구나 한번쯤은 보거나 들어봤을 법한 라오콘 군상은 그리스 신화 속 라오콘이 두 아들과 함께 뱀에 몸이 감겨 죽어가는 모습을 묘사한 조각상이다. (트로이의 사제였던 라오콘은 트로이 전쟁 당시 트로이 성 안에 몰래 가져다 놓은 목마는 그리스가 꾸민 계략이므로 이를 파괴해야 한다고 '신기'를 누설해 이에 분노한 아테네 여신이 보낸 뱀에 몸이 감겨 죽었다)

라오콘에는 슬픈 전설이 있다... 간단하게 요약하면... 1506년 한 농부의 제보로 미켈란젤로가 발견 〉 발견 당시 오른팔이 없었음 〉 복원을 위해 의견을 수집함 〉 다른 사람들은 팔이 뻗었다고 예상하고 미켈란젤로만 팔이 굽었다고 예상함 〉 라파엘로가 최종 결정해서 뻗은 팔로 복원함 〉 400년이 지난 1905년에 오른팔이 발견되었는데 미켈란젤로의 예상과 같은 형태였음 〉 1960년 현재 모양으로 재복원됨

이어 2005년에는 "라오콘은 미켈란젤로가 피렌체의 갑부 메디치가에서 후원금을 받아내려고 위작을 만들어 묻어놓고 발견한 척했다" 는 주장이 제기되기도 했다.

•• 포모도로란 사람이 1960년 로마올림픽을 기념하여 제작한 구리 지구본. '지구 안의 지구' 라는 이름으로 오염되어 가는 지구를 형상화했다.

지도를 보니 조금 전 우리가 봤던 줄은 박물관으로 가는 줄이 아니라 피에타상이 있는 성베드로 대성당으로 들어가는 줄이었다. 박물관 입구로 가는 길에는 (누가 정했는지는 알 수 없지만) 로마 3대 젤라또 중 한 곳이라는 '올드 브릿지'가 있다. 직원이 한국말도 한다. 예쁜 여자가 주문하면 "너 예쁘다" 그러면서 더 많이 준다. 외모지상주의자같으니… 그저께 아이스크림값 100만 원이 생긴 터라 두 분에게 젤라또 하나씩 쏘기로 했다. 그런데 형수님은 아침식사 때 먹은 것이 잘못 되었는지 배가 아프다고 하시며 사양을 하신다. "형수님… 제가 돈 쓰는 일이 자주 있을 것 같나요?"라고 한마디하니 잠시 고민하시다가 결국 메뉴를 고르셨다.

바티칸 박물관 앞에 도착해 보니 예상보다 한산했다. 바티칸 박물관을 보려면 기본 30분은 기다려야 한다고 들었는데 12시 조금 전에 도착한 우리는 줄 서지 않고 곧바로 입장했다.

에스컬레이터를 타고 위층으로 올라가 라오콘 군상을 시작으로 본격적인 관람을 시작했다. 같은 민박집에 묵었던 친구들도 오늘 바티칸 박물관을 보기로 했는데 그들은 모두 가이드를 신청했다.

많은 업체들이 가이드가 없으면 바티칸에서 아무것도 보지도, 느끼지도 못할 것이라고 광고한다. 입장료 등 부대비용 다 빼고 순수하게 지식의 전달 비용이 3만 원선이었다. 사람마다 다르고, 필요에 따라 3만 원의 가치는 다르겠지만 우리에게는 비싸게 느껴셨다. 그도 그럴 것이 우리 형제는 (지방에서는 나름 알아주던) 미대를 다녔다. 나는 끝까지 마치지 않고 자퇴를 했지만 자라옹은 서양화과를 졸업 후 대학원에서 석사과정까지 마스터하면서 어지간한 서양미술사는 꿰고 있으니 3만 원을 써가며 설명을 들을 필요를 못 느꼈다. 물론 내가 가이드를 외면한 가장 큰 이유는 실컷 설명을 들어도 아~ 그렇구나! 하고 고개를 끄덕끄덕 흔들다가 들은 내용을 다 털어버리는 내 전두엽을 믿지 못해서다… 그리고 어차피 가이드를 신청하더라도 모든 작

Italy

품의 설명을 다 듣는 것이 아니라 주요 작품들만 골라 다닐 것이고 주요 작품들에 얽힌 이야기들은 이미 어느 정도 알고 있는 상태였기 때문이다.

그렇게 수많은 작품들을 관람하다가 바티칸 박물관 최고의 백미, '천지창조'가 그려진 시스티나 성당에 도착했다. 모자를 쓰고 들어갈 수도 없고 안에서는 사진을 찍을 수도 없다. 정장을 입은 사내들이 사진을 찍지 말라고, 조용하라고 외치면서 정작 본인들이 제일 시끄럽다는 것은 알고 있는지... 미디어를 통해서만 보던 것을 눈앞에서 직접 봤지만 폭풍감동이 밀려오거나 하지는 않았다. 오히려 천장이 너무 높아 디테일한 부분이 제대로 보이지 않았다. 목을 꺾어서 한참 동안 천장을 바라보았다. 5분도 채 안 되는 짧은 시간 바라보는 것만으로도 목이 아픈데 이것을 미켈란젤로는 4년 동안 혼자서 그렸다고 하니... 영국 BBC에서 천지창조 관련 다큐멘터리를 제작한다고 화가를 모집해서 천장화 작업을 재연시켰는데 며칠 못가 모두 포기했다고 한다. 4년간 누워서 그림을 그렸다니 정말 대단하긴 하다.

이곳 박물관의 피에타상은 모조품이고 진품은 성베드로 대성당 안에 유리창으로 격리되어 있다.

같은 민박집에 묵었던 한 친구는 미켈란젤로 이야기를 듣고 천지창조를 보다가 너무 감동을 받아서 눈물이 다 날 지경이었다고 한다. 그림에 얽힌 이야기나 미켈란젤로가 고생한 에피소드 같은 것은 나도 이미 다 알고 있는 상태에서 봤는데... 내 감정이 메마른 것인가? 아니면 가이드가 도대체 무슨 이야기를 했기에 사람을 울릴 뻔한 것일까... -ㅅ-

시스티나 성당을 나가면 천지창조와

마찬가지로 유명하기로 둘째가라면 서러울 피에타상을 비롯해 라파엘로 같은 유명 작가들의 그림도 많이 전시되어 있다. 이곳도 작품들을 제대로 하나하나 보려면 한 달이 꼬박 걸린다는 곳이지만 우린 4시간 만에 빠져나 왔다. 박물관 관람을 마친 후에도 형수님은 계속해서 안색이 창백했다. 그렇지 않아도 속이 좋지 않았는데 반강제로 먹은 젤라또 덕분에 한층 컨디션 난조에 빠지신 것 같았다. 할 수 없이 형수님 혼자 버스를 타고 숙소로 돌아가시고 나와 자라웅은 둘만의 관광을 시작했다. 나보나 광장으로 가보기로 하고 함께 버스에 올랐으나 우리는 나란히 길을 잃었다. 가요계에는 용감한 형제가 있고 로마에는 길잃은 형제가 있다...

몇 번의 환승 끝에 겨우 나보나 광장에 도착했다. 로마에서 가장 아름답고 낭만적인 광장이라더니 광장 가장자리는 카페들의 야외테이블로, 중앙에는 그림을 판매하는 길거리 화가들만 가득했다. 광장에서 200m쯤 떨어진 곳에는 아그리파가 로마의 모든 신들에게 바쳤다는 판테온 신전이 있었다. 내부로 들어가려다 우리끼리 보지 말고 내일 형수님과 다시 오기로 했다.

다음 목적지는 커피에 관심이 많은 내가 정했다. 판테온에서 불과 10m가량

로마에서 가장 아름답고 낭만적이라는 나보나 광장과 로마시대 신들에게 바쳤다는 판테온

떨어진 곳에 '타짜도르'라고 하는 카페가 있는데 나름 로마에서 전통 있고 유명한 카페다. 사실 이탈리아가 커피대국이기 때문에 막연하게 기대를 좀 했는데 의외로 지금까지 로스터리샵을 한 번도 보지 못했다. 우리나라는 지방의 소규모 개인 카페에서도 직접 로스팅을 하는 곳이 수두룩한데 이탈리아에서는 좀처럼 찾아볼 수 없었다. 그런 와중에 찾은 로스터리샵이 이곳 타짜도르였다. 잔뜩 기대를 하고 에스프레소 한 잔과 카푸치노 한 잔을 주문해 맛을 보았지만 머리에는 물음표가 둥둥… 게다가 사람이 많아서인지 불친절한 모습까

'황금잔'이라는 뜻의 카페 '타짜도르'

현지인들이 가장 좋아하는 젤라또가게 '지올리띠'

지… 실망감을 안고 카페를 나와서 골목골목 약 200m를 걸어가다 보니 애든 어른이든, 정장차림의 신사든, 샤방샤방한 숙녀든 누구나 아이스크림을 손에 들고 다니는 모습을 볼 수 있었다. 로마 3대 젤라또의 한 곳인 '지올리띠'는 로마 현지인에게 가장 사랑받는 젤라또 가게라고 하니 그냥 지나칠 수 없어 하나씩 맛을 보고 식사하기 위해 숙소로 돌아왔다.

식사 후에는 다시 컨디션을 회복한 형수님과 함께 〈로마의 휴일〉에서 오드리 할머니가 젤라또를 씹어 잡수시며 열연을 펼치셨던 스페인 광장Piazza di Spagna과 트레비 분수Fontana di Trevi를 구경하러 갔다. 트레비 분수에는 뒤돌아서 동전을 던져 넣으면 다시 로마로 오게 된다는 전설이 있다. 많은 사람들이 동전을 던진 덕분에 트레비 분수 바닥에는 전 세계 동전이 다 모여 있다고

• 스페인 광장. 로마에 있는 이 광장은 영화 〈로마의 휴일〉에 나오면서 유명해졌는데, 17세기에 교황청 스페인 대사가 이곳에 본부를 두면서 붙은 이름이다.
•• 트레비 분수. 많은 사람들이 분수대 앞에서 등을 돌리고 서 있는 것을 볼 수 있다.

한다. 난 전설 따위 믿지 않는다... 동전을 던져 다시 로마로 오게 된들 누가 공짜로 보내주는 것도 아니고 어차피 내 돈 내고 올 텐데 돈이 있으면 그냥 오고 싶을 때 오면 되지 뭘 구차하게 동전까지 던지나. (나도 참... 이런 메마른 감성으로 무슨 사진을 찍는다고... 쯧쯧...)

고급휴양지 티볼리의 화려한 분수정원 빌라 데스테

로마에서의 3일째... 로마패스의 부료입장도 끝났으니 오늘은 로마 외곽의 티볼리 Tivoli에 가보기로 했다. 티볼리는 옛날 로마시대 부유한 귀족들의 고급휴양지로 각광받았던 곳인데, 특히 이곳의 빌라 데스테 Villa d'Este라고 하는 정원에는 수백 개에 달하는 분수들이 대표적인 명소라고 한다. 지하철을 타고 Ponte Mammoro 역에 내려서 버스로 갈아타고 4,50분정도 더 달려서 티볼리에 도착했다. 근처에서 샌드위치를 하나씩 사 들고 빌라 데스테 관람을 시작했다. 분수 때문에 왔으니 볼 것도 분수밖에 없었다...-ㅅ-

Italy

빌라 데스테의 다양한 분수들과 풍경. 이런 곳은... 연인과 함께 와야 할 것 같다.

수백 개의 분수들을 관람하고 나서 다시 로마로 돌아가는 버스를 탔는데 올 때와는 달리 만원버스였다. 자리가 없어 한참을 서서 가다가 맨 뒷자리에 자리가 생겨 겨우 비집고 들어가 앉았다. 버스 안은 이곳 마을 젊은이들이 가득 타는 바람에 무척이나 소란스러웠다. 그런데 뒤늦게 버스에 승차

한 청년 한 명이 맨 뒤에 앉아 있던 내 옆자리 청년과 눈이 마주치더니 손을 번쩍 들며 인사를 한다. 친구인가 보다 하고 대수롭지 않게 생각했는데 그 청년은 복잡한 버스 내에서 사람들 틈을 비집고 끼어들어 한참 만에 겨우 겨우 맨 뒤로 올 수 있었다. 그렇게 힘들게 오더니 기어이 내 옆에 있던 남자랑 끌어안고 양쪽 뺨에 키스를 했다.
음... 뭐랄까... 개방적인 문화이니 남녀가 그렇게 인사하는 것은 당연하게 생각했고 많이 봐왔지만 남자끼리 그러는 것은 처음 보는지라 무척이나 당황스러웠다. 설마 내가 내릴 때 등짝을 보려고 하진 않겠지...?
다시 테르미니역에 도착해 어제 형수님이 못 가보신 나보나 광장과 판테온 쪽으로 다시 가기로 했다. 나는 해질녘 사진을 찍으려면 삼각대가 있어야 할 것 같아서 숙소에 들러 삼각대를 찾아 따로 가기로 했다. 판테온으로 가기 전에 어젯밤에 얼핏 봤던 분수대가 생각나서 버스를 타고 찾아갔다. 기억을 더듬어가며 여기쯤인가? 하면서 버스에서 내렸더니 비토리오 에마누엘레 2세 기념관이 나타났다. 왜 길을 잃고 헤매다 보면 항상 이곳으로 오게 되는 것인지 알 수 없었지만 이왕 온 김에 캄피돌리오 광장을 비롯해 기념관 주변을 한 번 돌아보고 판테온으로 갔다. 그런데 연중무휴라고 알고 있었던 판테온이 오늘 휴관이다. 역시 뭐든 기회가 있을 때 잡아야 한다. 오늘 할 일을 내일로 미뤘다가 망한 좋은 케이스...
커피나 한잔 하려고 어제 들렸던 타짜도르에 다시 가보니 두 분이 함께 커피를 마시고 계셨다. 에스프레소를 한 잔 시켰는데 어제와는 달리 오늘은 꽤 괜찮은 에스프레소를 뽑아 주었다. 역시나 전통이든 뭐든 결국은 누가 뽑아 주는가도 무시 못할 요소다. 여기까지 온 김에 지올리티에서 젤라토 한 번 더 사먹고 진실의 입을 비롯해 그동안 못 봤던 이곳저곳을 더 둘러본 후 두 분은 숙소로 돌아가셨다. 나는 파리에서 에펠탑을 찍었을 때처럼 해질녘의 콜로세오 사진을 찍기 위해 이동했다.

Italy

괜찮은 포인트를 찾아 돌아다녀보지만 좀처럼 느낌 오는 곳은 없고, 사람들은 계속 왔다갔다 하면서 거슬리고... 배는 고파오고... 뭘 찍어야 할지 모르는 서글픈 실력에 머리를 쥐어뜯다가 촬영을 포기하고 숙소로 돌아왔다.

숙소로 돌아오니 단속 이야기가 한창이었다. 이곳에서 숙박업을 하려면 규정상 방 하나에 침대 몇 개, 이런 제한이 있는데 이 규정대로 하면 수지타산이

• 파시는 리쪼(쌀맛) 젤라또가 가장 유명하다.
•• 11시가 다 되어가지만 손님들로 북적인다.

안 맞는다고 한다. 그래서 많은 민박집에서 약간 편법을 써서 운영하고 있는데 내일 관공서에서 사람이 온다고 아침 일찍 자리를 좀 비워달라고 하신다. 일단 나갔다가 검사만 끝나고 다시 들어오면 된다고 하는데 우리는 짐이 워낙 많으니 그냥 챙긴 김에 바로 체크아웃하기로 했다.

저녁을 먹고 나서 디저트삼아 숙소 근처에 있는 로마 3대 젤라또의 마지막인 '파시'를 찾아갔다. 파시는 Palazzo del Freddo라고 하는 로마에서 가장 오래된 젤라또 가게다. 지올리띠는 앉아서 먹으려면 자리값을 따로 내야 하는데 여긴 매장도 훨씬 넓고 좌석도 무료다. 전 세계에 3군데가 있는데 로마와 상하이, 그리고 예상치도 못한 서울이었다. (여행이 끝난 후 서울의 파시를 찾아가 먹어봤지만 로마에서 먹던 그 느낌이 나지 않는 것을 보면 역시 환경의 영향이 크긴 큰가 보다) 다시 숙소로 돌아와서는 다른 방 사람들도 다 같이 모여 각자 아껴오던 주류들을 꺼내 술잔을 기울이며 마지막 로마의 밤을 불태웠다.

나폴리에서
피자를

민박집 사정상 아침 일찍 식사만 마친 후 짐을 정리해서 테르미니역으로 향했다. 주인아줌마랑 같이 엘리베이터를 타고 내려오는데 "아이구... 자전거 타고 다니려면 힘들 텐데... 내가 간식이라도 좀 싸줘야 되는데 참..." 이라고 하신다.
그러게요... 왜 안 그러셨어요...
아테네 공항에서 한국으로 돌아가는 비행기표를 예매해두었고 그리스에서는 배를 타고 왔다갔다 해야 하는데 기상문제가 생길 수도 있으니 조금 여유 있게 다니는 것이 좋을 것 같아서 앞으로의 여정은 무리하지 않기로 했다. 자라웅은 어젯밤 숙취가 풀리지 않은 듯 바닥에 주저앉아 꾸벅꾸벅 졸기 시작했다.

형님 댁에 모자 하나 놔드렸어요...

나와 형수님은 커피 한잔 하면서 기차를 기다렸다. 이탈리아는 연착이 잦기로 유명하다더니 우리 기차는 10여 분을 기다려서야 탈 수 있었다. 차창 밖으로 이국의 풍경을 여유롭게 감상하며 나폴리에 도착했다.
역 밖으로 나와 나폴리의 기운을 좀 느껴보려고 폼을 잡는 찰나,
"빵!!-빵---!!!!" 지나가는 차들이 비키라고 신경질적으로 클랙슨을 울린다. 어우! 깜짝이야... 정신을 차리고 주변을 둘러보니 이건 뭐 무법천지가 따로 없다. 역 앞이라 그렇겠지만 사람이든 차든 신호무시하고 일단 먼저 들이밀고 조금만 머뭇거려도 빵빵 울리는 경적소리와 터프한 드라이빙까지... 원래 나폴리는 따로 둘러보지 않고 바로 지나칠 예정이었는데 주변상

태를 보아 하니 최대한 빨리 벗어나야겠다는 생각이 들어 곧장 페달을 밟아 폼페이가 있는 동남쪽으로 향했다.

2시가 넘어가니 슬슬 배가 고파졌다. 나폴리를 그냥 지나치긴 하지만 그래도 여기까지 와서 나폴리 피자를 안 먹고 갈 수는 없지! 나폴리에서 좀 유명하다는 피자집은 모두 나폴리역을 기준으로 서쪽에 위치해 있는데 우리는 이미 동쪽으로 이동중이었다. 까짓거 뭐... 나폴리에서 파는 피자는 다 나폴리 피자 아니겠어? 좋게좋게 생각하고 달렸는데 의외로 피자전문점은 눈에 잘 띄지 않았다.

그러다가 어느 허름한 동네 피자집을 발견하고 들어갔다. 정해진 메뉴가 있어서 무슨 피자 주세요 하면 딱 나오는 것이 아니라 메뉴판 보면서 치즈는 이것, 토핑은 저것, 하나하나 골라야 했다. 주문하고 몇 분 걸리지 않아 피자가 나왔다. 본토의 맛은 어떨지 잔뜩 기대했으나... 기름이 굉장히 많아 느끼하면서도 유럽 특유의 엄청 짠 맛에 조금 실망했다. 역시 피자는 한국인 입맛에 맞게 개발된 한국 피자가 최고인 것 같다. 게다가 한 판 시키면 한 판을 더 주지 않는가!

이름 없는 동네 피자집이라서 별 맛이 없나 싶었는데 매장 인테리어를 돌아보니 이 집의 창립자처럼 보이는 사람의 옛날 사진들이 곳곳에 걸려 있었다. 게다가 카운터에도 유명인사들이 왔다간 것처럼(정작 누군지는 알 수 없었지만) 사진들이 많이 붙

• 그야말로 동네 구멍가게같은 피자집
•• 피자는 역시 한 판 사면 한 판 더 주는 한국 피자가 최고다.

이래도 이태리 남자의 환상을 깨지 않을텐가!

어 있었다. 오호라... 그렇다면 우리가 숨어 있던 전통있는 피자집을 발굴한 것인가?
영어를 거의 못해서 꽤나 애를 먹었지만 여차저차해서 직원에게 언제 오픈했는지 물어보니 1972년, 즉 올해로 40년이 된 나름 전통 있는 피자집이었다. (나중에 알고 보니 나폴리에서 좀 유명하다는 피자집은 대부분 100년 이상의 전통이 기본이었다)

우리가 매장 내부 여기저기 사진을 찍고 있으니 이 사람들도 덩달아 관심을 보이면서 사진 많이 찍으라고 하면서 술도 한잔씩 서비스로 주며 피자를 한 박스 더 들고 왔다. 오...!! 설마 가다가 먹으라고 피자 한 판 서비스를? 여기도 1+1?

...... 빈 박스였다. 이거 도대체 왜 주는 것일까...? 묻기도 뭣하고 안 받기도 뭣하고... 함께 사진을 찍자 그래서 섰더니 또다시 그 박스를 우리 손에 들려주었다. 계산을 마치고 메모지에 가게 주소까지 적어서 손에 쥐어주는 것을 보면 어디든 올려서 홍보를 해달라는 것 같다. 박스의 정확한 의미는

유럽 유일의 환화산 베수미오산

알 수 없었지만 주는 걸 마다할 수도 없어서 일단 챙겨들고 폼페이를 향해 페달을 밟았다. 가다가 쉴 때 깔고 앉는 용도로 써야지 뭐...

로마에서 민박집에 머물며 며칠 편하게 놀았더니 몸에 긴장이 풀렸었는지 금세 축축 처지기 시작한다. 폼

Italy

페이로 향하는 길 왼편으로는 유럽 유일의 활화산인 베수비오산이 보인다. 얼마 전까지 이탈리아에 지진이 난리였는데... 아무리 내가 재수가 없어도 설마 화산이 터지진 않겠지...

폼페이 유적 바로 옆에 캠핑장이 있어서 그곳으로 들어갔다. 좋은 자리는 이미 바닥났고 화장실 근처에 조촐하게 텐트를 친 후 자라옹과 형수님은 장을 보러 가시고 난 마을 구경을 나갔다.

골목길을 지나다가 슬러시같은 것을 팔고 있는 한 아이를 발견했다. 얼음을 대패로 갈아서 컵에 넣은 후 콜라나 환타 등을 넣어주는 것이 전부인데 가격은 1.5유로. 절대 싼 편이 아니다. 소년의 뒤에는 서너 살 남짓 되어 보이는 코흘리개 동생이 혼자 놀고 있었다. 열심히 살아가는 소년 가장의 모습이 기특하기도 하고 녀석이 워낙 잘 생겨서 한 잔 주문했다. 난 미인에게도 약하지만 미남에

그놈 참 잘생겼네...

게도 약하다. 어쨌든 미남은 미남이고... 맛은 드럽게 없네...

6시... 사진을 찍기에 딱 좋은 시간대인데... 언제부터인지 점점 사진에 대한 자신감이 막 떨어지기 시작했다. 무엇을 찍어야 할지도 모르겠고 무슨 생각으로 찍고 있는지도 모르겠고 어떻게 찍어야 할지는 더더욱 모르겠고... DSLR 들고 왔으면 좀 더 나았을까? 실력 없으니 장비 탓으로 돌릴까? 아님 애초에 그냥 재능이 모자란 것은 아닐까? 액정을 통해 그간 찍은 사진들을 보니 한숨만 나온다. 난 아직 멀었나 보다.

축 처진 어깨로 캠핑장으로 돌아가니 자라옹이 열심히 저녁식사를 준비하고 있었다. 며칠 한식을 먹다 보니 간만에 먹는 자라표 파스타가 별미처럼 느껴진다...

슬럼프 중...

Italy

누구에겐 역사적 유적, 나에겐 돌무더기들...

여행 74일차... 이젠 진짜 한여름이다. 8시만 되어도 텐트 안이 더워져서 일어나지 않고는 못 버티는 날씨가 되었다. 이탈리아로 넘어오고 나서부터는 거의 비 구경을 못했는데 오늘도 구름 한 점 없는 쨍쨍한 날씨가 이어진다. 보통 캠핑장이든 호스텔이든 오전중에 체크아웃을 하는데 이곳은 바로 옆에 4시까지 관람이 가능한 폼페이 유적이 있어서 그런지 오후 4시까지 체크아웃이 가능하다. 캠핑장 입구 카페에서 커피를 한잔씩 하면서 카페에 놓여 있는 홍보전단들을 보니 관광코스가 두 가지 있었다. 하나는 폼페이 유적지를 돌아보는 것이고 또 다른 하나는 베수비오산을 보러 가는 것이었다. 둘 다 보기에는 시간상 좀 무리였고 둘 중 하나를 선택해야 했다. 사진을 보니 베수비오 화산은 그야말로 산꼭대기라 햇빛을 피할 공간이 없어보였다. 폼페이 유적지도 공간이 없어 보이기는 매한가지였지만 그래도 건물 벽에 딱 붙어 다니면 좀 낫지 않을까 싶은 생각이 들었다. 게다가 베수비오는 산 아래쪽까지 버스를 타고 간 후 다시 지프차로 갈아타서 정상으로 가야 했다. 먼지도 많이 날릴 것 같고 화산재 마셔봐야 좋을 것 없다 싶은 생각에 나와 형수님은 폼페이 유적지를 보기로 했고 자라옹은 혼자 베수비오 화산으로 갔다.

한창 잘 나가다가 화산 폭발 한 방으로 한순간에 잿더미로 변해버린 도시 폼페이. 고대 로마시대의 생활상을 그대로 살펴볼 수 있다고 하는 역사적으로나 고고학적으로나 매우 중요한 곳이다. 폭발 당시의 긴박한 상황을 보여주는 인간화석들, 곳곳에서 볼 수 있는 고대인들의 흔적, 그 먼 옛날 어떻게 이런 문화를 이루어냈는지 감탄을 자아내야 할 텐데... 감탄은 개뿔... 피부가 익어버릴 것만 같은 열기에 이미 반쯤 정신이 나간 상태... 풀린 눈으로 끝이 보이지 않는 출구를 향해 터벅터벅 발걸음을 옮겼다. 화산이고

• 시신을 앞에 두고 유리에 하트를 그려가며 사랑을 약속하는 사람도 있다. •• 개더움 ••• 폼페이에서 발굴된 고대 생활 유물들 •••• 원형경기장으로 들어가는 입구 ••••• 고대의 공중목욕탕

Italy

뭐고 그저 포로로마노의 확장판, 폐허가 좀 넓어졌고 돌무더기도 좀 더 많아졌구나... 하는 생각뿐이다.

입장한 지 30분도 되지 않아 뜨거운 태양 아래 몸도 마음도 새까맣게 굽혀버린 듯하다. 따지

산은 산이요 물은 물이며 돌은 돌일 뿐...

고 보면 폼페이든 우리나라든 아무렇게나 굴러다니는 논밭의 돌들도 나름대로 만겁의 세월을 살아온 대단한 놈들이 아닌가... 누군가에 의해 의미를 주느냐 마느냐의 차이일 뿐 근본은 똑같지 않을까...? 라는 말도 안 되는 궤변으로 빨리 나가고 싶은 현 상황을 합리화시켰다.

누군가는 나에게 말하겠지... "캬~ 도대체 그 옛날에 어떻게 이런 것을 만들었을까... 이런 걸 보고도 아무런 생각이 들지 않는다면 도대체 뭘 보고 감동할래?" 그러면 나는 말한다. "옛날에 옛날답게 만들었구만 이게 뭐가 신기하지? 조선시대에 콘크리트 건물이라도 지으면 신기한 거지만 조선시대에 한옥 짓는 게 신기할 게 뭐가 있어?" 내가 이상한 건가?

폼페이 관람을 마치고 캠핑장으로 돌아오니 두 시가 넘었다. 오늘의 목적지는 소렌토. 먼저 관람을 끝내고 기다리던 자라옹과 형수님은 이미 떠날 준비를 마친 상태였다. 어차피 또 헤어질 텐데 기다리지 말라고 하며 가시는 길 편안히 배웅해드렸다. 두 분을 먼저 보내고 혼자서 아이스크림 하나 사 먹으며 느긋하게 길을 찾아보고 출발했다.

폼페이에서 소렌토로 가는 길은 해안도로로 이어져 있다. 복잡한 도심을 지나 간만에 탁 트인 바다를 보며 페달을 밟아나갔다. 카프리 섬을 비롯한 이 근처 일대가 대표적인 휴양지다 보니 무역도시인 제노바 근처에서 봤던 바다보다 한층 깨끗해 보였다. 그리고 한 고개 한 고개 지날 때마다 나타나

는 해수욕장에는 시원한 수상레포츠를 즐기는 사람들과 명품 몸매를 자랑하는 젊은 남녀들로 가득했다. 마음은 시원한 바닷속으로 풍덩 뛰어들고 싶었으나 수영복도 없고, 설사 있다 하더라도 저들 앞에서 비루한 D라인 몸매를 드러낼 자신이 없다...

로마 민박집에서 이곳을 다녀온 사람들에게 듣기로는 이곳 해안 절벽 도로가 버스 한 대 겨우 지날 수 있을 만큼 좁다고 해서 위험하지 않을까 걱정을 많이 했는데 지나친 과장이었다. 걱정했던 것만큼 좁지는 않았고 차들도 지들이 알아서 잘 피해 다녔다. 계속된 해안 절벽의 고개들을 오르락내리락 달리다 정상에 다다르자 주변경관을 감상할 수 있는 뷰포인트가 마련되어 있었다.

저 멀리 소렌토를 보며 잠시 숨을 가다듬은 후 내리막을 달려 먼저 도착한 자라옹을 찾았다. 해안 절벽 위에 있는 캠핑장이라 그런지 바닥이 딱딱해 팩이 잘 박히지 않고 뭣보다 개미가 엄청 많아서 가만히 있어도 온몸이 근

질근질한 기분이다. 최대한 좋은 자리를 골라 텐트를 치고 일몰을 구경하러 해변가로 내려갔다.

붉게 물든 노을빛이 저 멀리 베수비오산을 비롯해 모든 것을 노랗게 물들이고 있었다. 무슨 열 받는 일이 그리 많은지 한낮 내내 이글거리던 태양도 깊은 바다 속으로 몸을 숨기며 하루의 끝을 알렸다.

하지만!! 다른 것 다 끝나도 절대 끝나지 않는 불굴의 의지를 지닌 자가 있었으니... 못다 이룬 강태공의 꿈을 가진 자라웅은 또다시 바늘을 들고 선착장으로 나섰다. 미끼 없이는 안 된다는 것을 깨달았는지 근처에서 낚시를 하고 있던 낚시꾼에게 다가갔다.

참... 구걸할 게 없어서 구더기를 구걸하다니... 통통하게 살이 오른 구더기들을 가리키며 벌레를 좀 얻을 수 없냐고 부탁을 하자 그 낚시꾼은 놀란 눈을 동그랗게 뜨고 자라웅을 아래위로 훑어보더니 진지하게 이야기했다. "이봐... 이건 낚시할 때 쓰는 거야... 먹는 게 아니야..." ㅋㅋㅋ 자라웅의 몰골이 벌레라도 잡아먹을 것처럼 생겼나 보다.

오해를 풀고 한 줌 얻어낸 구더기를 낚시 바늘에 꿰어 바다 속으로 던져 넣은 지 10여 분... 한국을 떠난 지 74일 만에... 낚시 바늘을 구입한 지 23일 만에 드디어... 믿기 힘들지만 자라웅이 물고기를 잡아 올렸다!! 오오오!! 모두들 기쁨의 눈물을 흘리며 감동의 도가니탕에 빠졌다. 그런데 인증샷을 남기려고 보니 차마 생선이라고 말하기가 민망할 정도의 엄지손가락 만한 물고기가 파닥거리고 있었다. 그래도 자라웅은 좋다고 웃고 있다. 그간의 세월을 생각하면 고래를 잡아 올려도 모자랄 판에 멸치같은 놈 하나 잡았다고 입이 귀에까지 걸려 있었다.

낚시를 끝내고 뿌듯한 자라웅과 저녁을 어떻게 해결할 것인지 고민하면서 텐트로 돌아오려고 하는데 해변가에서 사람들이 매대같은 것을 펼쳐놓고 있었다. 그 위에는 각종 음식들이 마련되어 있었다... 딱 봐도 급식소처럼 음식 나눠주게 생겼는데 무료인지 아닌지 확실치 않은 상황. 눈치만 보다가 물어보니 약 30분 후부터 시작하는 무료행사라고 했다. 50센트에 한 잔

꿈은 이루어졌다. 행운의 식사!!

마실 수 있는 맥주코너도 있었고 환타, 콜라 등 음료는 마음대로 먹을 수 있게 마련되어 있었다. 공짜라서 그런지 맛은 별로 없었지만 배부를 만큼 먹었다는 것만 해도 엄청난 행운이라 생각했다.

죽기 전에 꼭 가봐야 할 곳 1위, 아말피해안

날이 밝았음을 깨닫고 부랴부랴 일어나 준비를 했다. 최대한 햇살이 덜 뜨거울 때 많이 이동해야 한다는 생각으로 서둘러 텐트를 정리했지만 자라옹은 아직도 쿨쿨 잠만 자고 있다. 텐트 안은 찜통일 텐데 땀을 삐질삐질 흘리면서도 어찌 저리 잘 자는지... 일어나거나 말거나 두 분을 뒤로하고 먼저 출발했다.

어제 왔던 길을 4km 정도 되돌아가서 짧은 거리지만 정면으로 산을 넘어 올라갈 것인지 아니면 조금 먼 길을 돌아가더라도 해안선을 따라 갈 것인

• 이른 아침의 노란 햇살은 언제 봐도 기분이 좋아진다.　•• 소렌토 해안 마을의 아침 풍경

지 고민하다가 그냥 산을 넘기로 결정했다. 돌아간다고 마냥 편한 것도 아니고 높으나 낮으나 어차피 힘든 오르막인데 조금 더 힘들더라도 빨리 끝내는 게 나을 것 같았다.

7시인데도 달린 지 얼마 되지 않아 금세 더워지고 땀이 나기 시작한다. 본격적으로 오르막을 향해 달리기 시작하니 삐질삐질 나던 땀이 줄줄줄 흐르기 시작하고 더운 날씨에 숨은 턱턱 막힌다. 그래도 한낮의 뜨거운 태양에 비하면 확실히 아침의 라이딩은 살 만하다. 그냥 더운 것과 살이 타는 듯 뜨거운 것과는 천지 차이다. 정상에 도착하니 식수대와 함께 작은 구멍가게가 보였다. 일요일인데도 다행히 영업을 하고 있었다. 늘 그렇듯 빵과 바나나 등을 사서 벤치에 앉아 우걱우걱 씹어 먹고 있는데 노란 저지와 파란 저지를 맞춰 입은 자전거 한 무리가 올라와 식수대 앞에서 휴식시간을 갖기 시작했다. 그 중 한 명과 눈이 마주쳤다. 그는 벤치에 기대앉아 바나나를 먹고 있는 나를 보더니 오른쪽 다리를 들고 허벅지를 찰싹 두드린 후 엄지손가락을 치켜들며 "빠나나!!"라고 외친다. 무엇을 말하려 하는지는 모르겠지만 같이 엄지손가락을 치켜 들어줬다. 다 먹고 나서 나도 물통에 물을 받기 위해 식수대로 다가가자 그 남자는 다시 한번 자기 허벅지를 찰싹 때리며 "빠나나!! 굿!!"이라고 외친다. 바나나가 다리강화에 좋다는 걸 온몸으로 말하려는 듯하다. 포지타노를 거쳐 아말피로 간다고 하니 정말 예쁘다면서 연신 엄지를 치켜든다.

땀을 쏟아 붓다시피 힘들게 올라온 만큼 시원한 내리막이 기다리고 있었지만 탁 트인 바다의 그림같은 모습을 그냥 지나칠 수는 없었다. 그런데 생각보다 내리막은 길지 않았고 이후부터는 크게 힘들지는 않은 은근한 오르막 내리막이 계속 이어졌다. 자전거에 몸을 싣고 아등바등 달리고 있는데 수시로 관광객들을 태운 버스들이 옆을 스쳐 지나간다. 편하게 앉아서 돌아다니는 버스를 보니 살짝 부러워진다. 해안 절벽을 달리며 그림이 좀 잘나

Italy

• 배를 타고 이곳을 지나가던 안젤리나 졸리가 브레드 피트에게 "저 섬 갖고 싶어!" 했더니 바로 질러줬다는 그 섬 •• 아말피까지 남은 거리 25km

올 것 같다 싶은 곳은 어김없이 관광버스들이 멈춰 서서 사람들을 내려준다. 우르르 내려 제대로 구경도 못하고 허겁지겁 사진만 찍고 다시 가버리는 모습을 보니 역시 느긋하게 구경할 수 있는 자전거 여행이 최고구나... 하는 생각이 든다. 하지만 자전거는 에어컨이 없잖아? 다시 관광버스가 부러워진다...... 덥다...

10시쯤 되어 포지타노 Positano에 도착했다. 길가의 한 카페를 지나는 순간 앞치마를 두르고 테이블에 앉아 계시는 한 할아버지를 발견했다. 그동안 카페에서 커피를 마시면 대부분 젊은 사람들이 커피를 내려 줬는데 수염마저 하얗게 나 있는 할아버지를 보니 어쩐지 오랜 경력에서 묻어나는 맛있는 커피를 마실 수 있지 않을까... 하는 기대감이 생겨나서 잠시 발길을 멈추고 쉬어가기로 했다. 시원하게 펼쳐진 바다와 함께하는 에스프레소 한 잔은... 생각보다 맛이 없었다... 알프스 정상에서 마셨던 커피 이후로는 줄줄이 기대 이하였다. 내 입맛이 너무 까다로운 것일까...?

로마에서 이곳까지 둘러보고 오는 가이드코스가 상시 운영될 만큼 이곳 포지타노는 꽤나 인기있는 휴양지다. 해안 절벽을 빼곡하게 수놓은 각양각색

깎아지른 듯한 해안 절벽에 그림같이 펼쳐진 포지타노 풍경들

Italy

의 건물들, 걸음을 내딛을 때마다 달라 보이는 에메랄드빛 지중해의 모습에 카메라를 놓지 못했다.

구경은 구경이고... 1시가 넘어가니 머리 꼭대기에 쏟아지는 강한 햇빛이 슬슬 부담스러워지기 시작했다. 어떻게든 태양을 피하고 싶은 나와는 달리 도로 밑으로 보이는 해변에서는 많은 사람들이 열심히 태양을 느끼고 있었다. 독일, 스위스에서 우리는 춥다고 옷을 다 껴입고 있는데 그곳 사람들은 얼음장같은 물 속으로 뛰어들더니... 도대체 서양인들의 피부는 무엇으로 만들어졌을까 정말 궁금하다.

아침 일찍부터 달렸으니 해가 중천에 뜬 지금은 잠시 쉬어주는 것이 예의인 것 같아 자라옹도 기다릴 겸 도로가에 있는 작은 카페로 들어갔다. 와이파이가 된다고 해서 바로 자전거를 묶어 놓고 에스프레소를 한 잔 시켰으나 와이파이는 비밀번호가 걸려 있어 사용할 수 없었다. 주인도 왜 그런지 모르겠다고 하는데 애초에 더위를 피해 쉬는 것이 목적이었으므로 바다를 보며 밀린 일기를 썼다. 꾸벅 꾸벅 졸면서 시간을 보내고 있으니 자라옹이 도착했다. 두 분은 캠핑장을 나와서 나와는 반대로 먼 길을 돌아오셨다고 하는데 나중에 알고 보니 그 길이 멀기만 한 것이 아니라 오르막도 훨씬 더 많고 더 높은 험난한 길이었다. 두 분도 음료수 한 잔씩 하며 휴식을 취한 후 일어나려고 폼을 잡자 그제야 주인이 노트북을 들고 와서 이것저것 만지더니 와이파이 연결을 시켜준다. 잠시 근처 캠핑장을 검색해봤지만 마땅한 숙소가 나오지 않았다. 늘 그렇듯 되든 안 되든 무작정 가보기로 했다.

아말피 해안은 아말피 마을 앞에 있는 해안에 국한된 것이 아니라 조금 전 지나왔던 포지타노에서 동쪽으로 약 25km정도 이어지는 해안을 통틀어 부르는 명칭이다. 1997년 유네스코가 지정한 세계유산에 선정되었고 2011년 내셔널지오그래픽 선정 '죽기 전에 가봐야 할 50곳' 낙원부문 1위를 차지했던 곳인 만큼 여기까지 오는 내내 그 이름값에 걸맞은 멋진 풍경을 보여

Italy

줬지만 막상 아말피 마을 자체는 다른 해안 마을을 지나오며 분위기가 눈에 익숙해져서인지 의외로 평범한 모습이었다.

해변의 벤치에서 잠시 배를 채우고 곧바로 이동했으나 마을을 몇 개 더 지날 때까지도 우리가 잘 만한 곳은 보이지 않았다. 슬슬 고민을 해야 할 시간인데 자라웅은 무작정 앞으로 앞으로 달려가기만 했다. 이 기세로 달리면 지구는 둥그니까 온 세상 어린이들 다 만나고 올 것만 같다. 20km 정도만 더 가면 살레르노라는 나름 큰 도시가 나오는데 거기 가면 뭐라도 있을 거란 생각에 형수님과 나는 말없이 자라웅을 뒤쫓았다. 조용히 바다를 감상하며 달리고 있는데 "우와아악!!!" 하는 괴성에 깜짝 놀라 정신을 차리니 동네 양아치로 보이는 두 녀석이 오토바이를 타고 내 옆을 지나가면서 장난을 친 것이다. 어딜 가나 이런 애들은 꼭 하나씩 있지...

꼬불꼬불한 해안도로의 코너부분 중 전망이 좋은 지점에 관람이 용이하도록 만들어놓은 전망대에서 바라보는 자연의 모습은 황홀할 만치 아름다웠다. 하지만 주변 환경은 화날 만치 지저분했다. 특히나 땅바닥 여기저기에서 쉽게 발견할 수 있는 쓰레기들(특히 콘돔...-_- 정말 많았다...)을 보면 타 유럽국가에 비해 이탈리아의 국민의식은 그만큼 따라주지 못하는 듯하다. 아말피 해안이 끝나가는 지점에서 비에트리 술 마레 Vietri sul Mare라고 하는 마을에 도착했다. 마을의 첫 인상은 매우 독특했는데 곳곳에 있는 건물들은 화려한 세라믹 그림으로 뒤덮여 있었고 대부분의 상점에서 세라믹 관련제품을 판매하고 있는 것으로 봐서 마을 전체가 세라믹으로 유명한 곳임을 짐작할 수 있었다. 이곳이라면 내가 원하던 예쁜 에스프레소 잔을 구할 수 있을 것 같았는데 해는 저물어가고 당장 잘 곳이 급해 쇼핑을 포기하고 떠날 수밖에 없었다.

살레르노에 도착했지만 이미 캄캄해져버려 숙소 찾기는 점점 힘들었다. 할 수 없이 저녁도 먹을 겸 와이파이가 되는 식당을 찾아보기로 했지만 문을

• 계단에 테이블을 세팅해둔 레스토랑
•• 진한 노란색이 인상적인 꼬마자동차

• 여행하면서 이런 데서 한번쯤은 묵어 봤어야 했을까...
•• 비에트리 술 마레, 포지타노에서 시작해서 이 마을까지가 아말피 해안이다.

닫기 시작하는 가게가 많아 그마저도 쉽지 않았다. 그러다가 어느 술집 앞에서 담배를 피우고 있던 덩치 큰 남자에게 잘 만한 곳을 물어보았다. 그 남자는 고민을 하다가 영어로는 설명이 힘들 것 같았는지 직접 안내를 해주겠다고 했다. 자라웅이 따라갔다가 약 20분 후에 왔는데 그 남자는 큰 덩치로 걸어다녀서 그런지 갈 때는 멀쩡했던 옷이 땀에 흠뻑 젖어 숨을 고르고 있었다. 고생한 남자에게 보답이라도 할 겸 이곳에서 저녁을 해결하기로 했다.

자라웅은 아무거나 먼저 주문해 놓으라면서 형수님과 함께 그 남자가 가르쳐준 B&B로 계산을 하러 갔다. 메뉴를 봐도 읽을 수가 없어 대충 고기종류나 소시지 같은 것을 달라고 하니 고개를 끄덕이며 OK사인을 보내왔다. 이윽고 자라웅이 돌아와 맥주 한잔씩 하면서 음식을 기다렸고 먼저 큰 소시지 6개가 바짝 굽혀서 나왔다. 그 다음은... 없었다. 내가 뭘 시켰는지는 모르겠지만 달랑 소시지 6개가 전부였다... 뭔가 좀 부족하긴 했지만 시간도 늦었고 해서 그대로 숙소로 들어갔다.

살레르노 나들이

눈을 뜨니 6시... 일출은 이미 놓쳤지만 아침공기로 기분 좋게 콧구멍이나 정화시킬 겸 바닷가를 거닐었다. 어젯밤 숙소 안내를 해줬던 덩치 큰 남자가 큰 개를 데리고 산책을 하고 있었는데 어제 옷이 흠뻑 젖도록 땀을 흘렸었는데 오늘도 그 복장 그대로였다. 나폴리 피자집 총각들도 그렇고 우리나라 여자들의 이탈리아 남자에 대한 환상이 좀 깨져야 할 텐데...

한 시간가량 산책을 하고 돌아가니 자라웅은 아직도 꿈나라에서 허우적거리고 있었다. 모닝샤워를 하고 자라웅을 깨워 밥을 먹으면서 의논한 결과 우선 오늘 하루는 살레르노에서 더 머물고 내일 기차로 이탈리아 동쪽의

Italy

항구도시 '바리'에 가서 배를 타고 그리스로 넘어가기로 했다.
짐 정리를 마치고 밖으로 나오니 벌써 10시... 좀 더 저렴한 숙소를 찾기 위해 와이파이가 되는 곳을 찾아다니기 시작했다. 그런데 발음문제인지 다른 문제인지 이곳 사람들은 좀처럼 와이파이를 쉽게 알아듣지 못했다. '와이파이'가 아니라 '위피'라고 해야 이해하는 사람도 있고... 그래서 특단의 조치를 취했다. 메모지에 와이파이 그림을 그려 보여주니 따로 말할 필요도 없이 바로 예, 아니오 대답이 나왔다. 그렇게 해서 찾아낸 호스텔로 이동해 숙박 수속을 마쳤다. 형수님과 나는 어제 그냥 지나쳐온 비에트리 술 마레 마을에 구경 가기로 했다. 자라웅은 덥고 귀찮다고 그냥 숙소에서 인터넷이나 하면서 쉰다고 한다. 버스 티켓을 구입한 후 버스정류장에서 버스를 기다렸다. 한참 동안 버스가 오지 않아 기다림에 지쳐 가는데 형수님은 어느새 버스를 기다리던 현지 아줌마들과 친구가 되어 여태 찍어온 사진들을 보여주며 희희낙락 수다를 떨고 계셨다... 물론 수다를 입으로 떠는 것이 아니라 몸으로 떠셨다. 형수님은 이론상으로는 나보다 영어를 못하시는 것 같은데도 실제 의사소통 능력은 몇 배나 더 뛰어나셨다. 해외에서는 어설픈 문법보다는 자신감 넘치는 바디랭귀지가 훨씬 잘 먹힌다는 사실을 형수님을 보며 깨달았다.
'비에트리 술 마레'는 마을 전체가 기념품 가게인 듯한 착각이 들 정도로 수많은 도자기제품 판매점이 있었다. 도자기 마을답게 간판이나 주소 표시까지 모두 도자기로 만들어져 있다. 가게마다 들러보며 우리나라에서는 구하기 힘들 것 같은 예쁜 에스프레소 잔을 하나 사려고 했으나 정작 뒤져보니 전반적으로 디테일이 많이 떨어지는데다 썩 마음에 드는 제품이 없었

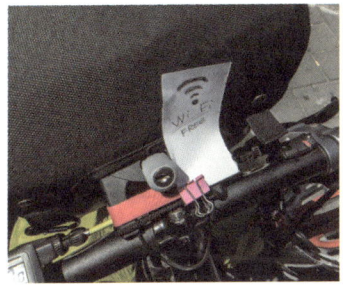
와이파이 그림이 가장 효과만점이다.

도자기로 유명한 '비에트리 술 마레'. 수북하게 쌓인 도자기 제품들

다. 여유 있게 둘러보고 싶었으나 버스 티켓이 체크 후 한 시간 이내에 다시 타면 무료였기 때문에 아무것도 득템하지 못하고 숙소로 돌아왔다. 이번엔 내가 인터넷을 하는 동안 두 분이 밖으로 나가셨다. 이것저것 하다 보니 해가 저물 시간이 되어 해안가로 나갔다. 일몰을 감상하며 사진도 좀 찍으면서 저녁이나 먹으려고 두 분을 찾아 나섰다. 살레르노가 나름 큰 도시이긴 하지만 기어봤자 자라일 뿐... 생각할 필요도 없이 바닷가 어딘가에서 낚시를 하고 있을 것이다.

역시나 요트 선착장 맨 끝에서 자라옹을 발견할 수 있었다. 소렌토에서의 경험으로 감을 찾았는지 오늘은 조금 더 큰놈으로 잡아 올렸다. 해맑은 표정으로 갓 낚아 올린 물고기를 자랑스럽게 내놓는 것이 영락없는 초딩이다.

불혹의 해맑음

저녁이나 먹으러 가자고 했더니 두 분은 벌써 피자를 사먹었다고 하셨다. 이런... 혼자 먹어야겠군... 낚시하는 자라옹을 뒤로하고 혼자서 숙소 쪽으로 돌아가면서 혼자 먹을 만

노을지는 살레르노의 요트 선착장 풍경

한 식당이 있나 기웃거리는데 레스토랑마다 손님들이 한가득이었다. 모두들 TV앞에 모여 있는 것을 보니 축구라도 하나보다. 소란스러운 것이 싫어 호스텔 근처에서 케밥을 하나 사 들고 호스텔 휴게실로 갔는데 휴게실도 낮과는 달리 사람들이 잔뜩 모여 시끌벅적했다. 그들이 보고 있는 TV화면을 보니 역시나 축구였다... 유로2012 조별 리그가 열리는 날인데 마침 이탈리아와 아일랜드의 경기가 있었다. 게다가 이탈리아가 2:0으로 승리했다. 창밖으로 축제 같은 분위기의 소음이 들려와서 '오늘밤 잠자기는 글렀구나...'싶은 생각이 들었지만 피곤 앞에 장사 없다고 밖에서 아무리 소리 지르고 떠들어도 기절하듯 그대로 잠이 들어버렸다.

연착의 대명사!
악명높은 트랜이탈리아

아침 늦게까지 푹 쉬고 일어나니 나도 모르게 스케줄이 변경되어 있었다. 어젯밤 형수님이 이리저리 검색하며 알아본 결과 당초 계획했던 바리에서 배를 타고 가는 것보다 브린디시에서 가는 것이 뱃삯도 싸고 시간 맞추기도 쉽다고 해서 바리로 가려던 계획을 급작스럽게 변경하게 되었다.

어젯밤 잠들기 전에 부킹사이트를 이용해 바리의 호스텔 예약을 해놓았는데, 다시 접속해보니 예약일 24시간 전부터는 취소가 되지 않는다는 멘트가 떴다. 예약하고 반나절도 지나지 않은 시각이었지만 취소가 어려울 것 같았다. 일단은 부킹업체와 호스텔 두 군데 모두 취소 요청 메일을 보냈다. 되면 좋고 안 되면 할 수 없고... 아깝긴 하지만 손해 보는 비용만큼 이득도 봤기 때문에 마음을 비우기로 했다.

살레르노에서 브린디시까지는 약 320km. 구경은 둘째 치고 열심히 자전거만 타고 달려가도 최소 3일은 걸리는 거리였다. 우리에게 남은 시간은 약 열흘뿐인데 배를 타고 건너가는데 하루 걸리고 아테네에서 섬 구경이라도 가려면 왔다갔다 이틀을 또 배에서 보내야 하기 때문에 브린디시까지 기차로 여유 있게 이동하기로 했다.

살레르노역에서 1시 50분에 출발하는 기차로 티케팅을 하고 식사도 할 겸 마을 구경을 나섰다. 자라웅은 상점에 들어가 요상한 물건 하나를 사 가지고 오더니 재미있는 것을 보여준다면서 히죽히죽 거리며 그 기계로 담배를 말아 보여준다. 자라웅은 한국에서 가져온 담배를 모두 피우고 나서는 비용절감을 위해 말아서 피우는 잎담배를 이용해 왔다. 처음 한 달 동안은 카페에서든 식당에서든 틈만 나면 쭈그리고 앉아서 담배를 말던 자라웅이 어

Italy

느 순간부터 점점 담배를 마는 속도가 빨라지면서 두 달째에는 걸어 다니면서 담배를 말기 시작했다. 그러더니 이제는 도구를 쓰기 시작한다. 인간은 진화하는 동물이 분명하다. 우리 자라웅이 달라졌어요…

시간 맞춰 살레르노역으로 돌아가서 기차를 기다렸다. 살레르노에서 브린디시로 바로 가는 방법은 없었고 포텐자까지 가서 기차를 갈아타고 타란토에서 내린 후 다시 브린디시로 이동해야 했다. 그런데 이번에도 전광판에 기차가 10분 연착된다는 메시지가 뜬다. 이탈리아 기차의 악명은 익히 들어 알고 있으므로 그냥 그러려니 하고 기다렸다. 20분이 지나자 다시 20분 연착된다는 메시지가 떴다. 그때까지도 그러려니 했는데 다시 30분 지연된다는 메시지가 뜨더니 급기야는 기차가 교체된다고 다른 기차를 타라고 한다. 황당했지만 사람들 움직임을 따라 눈치껏 이동했다. 기차 중에서 제일 저렴한 등급인 '레지오날레'로 끊었더니 역시나 허름해 보이는 기차가 왔다. 자전거 때문에 추가비용도 지불했는데 여기는 자전거 전용차량이 따로 없어 맨 앞쪽 차량의 셔터를 올려 좁은 공간에 자전거 3대를 겨우겨우 구겨 넣고서야 출발할 수 있었다.

로마에서 탔던 기차는 나름 쾌적했는데 여긴 에어컨도 나오지 않는다. 찜통 속에 있는 듯한 불쾌한 기분으로 덜컹거리는 기차에 몸을 맡기고 느릿느릿 포텐자로 달려갔다. 10분쯤 지났을까… 기차역도 아닌데 차량이 멈춰버렸다. 5분정도 그렇게 서 있다가 다시 출발하더니 5분 만에 멈춰 선다. 가다서다를 반복한 기차는 결국 어느 작은 역에서 완전히 멈춰서고 이탈리아어로 블라블라 방송이 나오더니 사람들이 우르르 다 내려버렸다.

이탈리아는 연착의 나라. 정상운행이 드물다

499

아마 기차 고장으로 다른 기차로 또 갈아타야 하는 것 같은데 마음은 급하고 말은 안 통하고 땀은 비 오듯 쏟아지는데 자전거를 내리려니 셔터문도 안 열린다. 누가 따로 열어줘야 하는 것인가 싶어 지나가던 역무원에게 우리 내려야 된다고 빨리 문 열어달라고 했지만 그 사람은 계속 무전기를 붙잡고 통화만 계속 한다. 우리 차 놓친다고 빨리 열어달라고 계속 어필했더니 그제야 손잡이를 잡고 문을 열려고 낑낑거리기 시작했다. 아저씨는 따로 잠금장치를 해제하지 않고 힘으로 들어 올리려고 몇 번 시도하다가 열리지 않자 그냥 가버렸다. 다급해진 자라웅이 폭주하면서 꿈쩍도 하지 않던 문을 붙잡고 으아아아! 기합을 넣더니 번쩍 열어버렸다. 역시 위급상황에서 인간의 잠재력은 무궁무진한 것 같다.

서둘러 자전거를 내리고 분위기를 살피며 사람들을 따라가 보니 역 밖에 고속버스가 대기하고 있었다. 출발부터 많이 늦어졌고 다음 기차로 갈아타도 시간이 많이 늦어질 것 같아 준비한 선택인 것 같았다. 기차는 구닥다리였지만 고속버스는 꽤나 괜찮아 보였다. 짐칸이 커서 자전거를 분리할 필요도 없이 통째로 3대가 넉넉하게 들어갔고 에어컨도 빵빵해서 기차보다 훨씬 쾌적하게 포텐자로 이동할 수 있었다. 기차가 애먹이는 바람에 계획이 틀어지면 어쩌나 걱정했는데 버스로 포텐자에 도착하니 오히려 약간의 시간 여유가 생겼다. 역 안의 바에서 커피 한잔하면서 끼니도 때울 겸 샌드위치를 시 먹었다. 말이 샌드위치지 딱딱한 바게트빵을 씹을 때마다 수시로 입천장을 찔러 뿜어져 나오는 피를 소스삼아 먹어야 했다.

포텐자에서 타란토로 가는 기차도 처음에 탔던 것과 같은 기종이었다. 똑같이 자전거를 억지로 구겨 넣고 에어컨도 나오지 않는 객실에서 땀을 뻬질뻬질 흘리며 창밖만 바라보았다. 그나마 가끔 지나다니는 승무원을 제외하면 객실에는 우리 셋뿐이라 눈치 보지 않고 편한 자세로 올 수 있었다. 그것만 해도 다행이라 생각하고 마음을 비웠는데 나중에 알고 보니 다른 칸

Italy

에는 사람들도 많았고 에어컨마저 빵빵하게 나오고 있었다. 말이라도 좀 해주지 승무원은 지나다니면서 더위에 허덕이고 있던 우릴 보면서 무슨 생각을 했을까... 조금이라도 더위를 식히려 뒤늦게 자리를 옮겼다.

어쨌든 7시 좀 넘어서 타란토역에 도착~

7시 조금 넘어 타란토역에 도착했다. 곧장 매표소로 가서 브린디시로 가는 기차 편을 찾아보았다. 그런데 지금 바로 탈 수 있는 기차는 바리행 뿐이고 브린디시행은 10시 넘어야 있었다. 숙소도 예약해놨는데 그냥 바리로 가버릴지 아니면 기다렸다가 브린디시로 갈지 고민하는 사이 형수님이 보이지 않으신다. 형수님은 어느새 역 밖에서 막 출발하려는 고속버스 기사님과 딜을 하고 계셨다. 1인당 6유로로 합의 봤다며 빨리 오라고 손짓하신다. 황급히 자전거를 싣고 버스에 올라탔다. 막상 수금하러 와서는 7유로씩 받아갔지만 3시간 기다리는 것 생각하면 우리에게 유리한 조건인 건 분명하니 1유로는 팁이라 생각하기로 했다.

9시가 넘은 캄캄한 밤에 브린디시역에 도착했다. 형수님이 미리 검색해두신 호스텔로 찾아갔다. 낮길도 찾기 힘든데 밤길이다 보니 역시나 살짝 헤매주시는 센스~ 언제나 한결같은 자라옹... 긴가민가 하며 전혀 호스텔같지 않는 분위기의 장소에서 헤매고 있을 때 오토바이를 탄 한 남자가 지나간다. 그에게 물어보니 자기도 목적지가 여기인지 벨을 누른다. 요란한 개 짖는 소리가 들리더니 거구의 흑형이 나와 문을 열어준다. 도미토리룸에 아침을 포함한 가격이 17유로다. 우선 짐을 풀고 내려와 허기를 달래려 했으나 이곳에는 술만 팔고 따로 음식이 없다. 자라옹이 귀찮다며 그냥 술로 배를 채우자고 하길래 뭐 그러려니.. 했는데... 자라옹 정말 맥주로 배를 채

운다. 내가 한 병 마시는데 자기는 혼자 6병을 마신다. 하지만 이것도 식비라고 공금으로 계산! 에잇! 속은 쓰리지만 할 수 없다!
그리스 가는 배편을 알아보느라 각자 휴대전화를 붙들고 열심히 검색하며 이탈리아에서의 마지막 밤을 보냈다.

브린디시 항구를 떠나며... 굿바이 이탈리아

길다면 길고 짧다면 짧은 우리의 여정도 슬슬 끝이 보이는 듯하다. 개인적으로는 점점 뜨거워지는 날씨 때문에 힘든 여행은 이탈리아를 끝으로 접고 그리스에서는 그저 푹 쉬면서 휴양이나 하다가 돌아가고 싶은 마음이다. 호스텔의 숙박비는 아침식사 포함 17유로였는데 막상 제공된 아침식사를 보니 참담했다. 작은 빵조각 두 개에 시들어버린 수박 한 조각... 그리

아침이랍시고 받아들자 나도 모르게 "이런 슈박!!!" 욕이 나올 뻔 했다.

고 커피 한잔... 게다가 손님이 적어 소비량이 많지 않았던지 커피그라인더 안에 담긴 원두는 기름이 잔뜩 배어 있는 게 볶은 지 한참 된 것 같았는데 역시나 내려진 에스프레소의 크레마는 실종되고 시큼떫터름한 것이 영 마음에 안 든다. 이따가

밖에 나가서 제대로 된 커피를 사 마셔야지. 그러고 보니 이탈리아에 와서 아직 일리 illy 커피를 한 번도 못 마셔봤으니 떠나기 전 일리커피를 꼭 마셔봐야겠다.

리셉션 옆 창고에 짐을 키핑해둔 뒤 배편을 알아보러 시내로 나갔다. 우선 부실했던 아침식사를 바닷가의 한 카페에서 핫도그로 보충하고 배편을 알아보러 다녔다. 길거리 티켓오피스에서도 문의해보고 여행자사무실에서도 문의

Italy

해봤지만 결국 선착장 터미널에서 바로 알아본 가격이 1인당 44유로로 제일 저렴했다. 저녁 7시에 출발하는 티켓을 끊은 후 호스텔로 돌아가 맡겨둔 짐을 되찾고 각자 브린디시 구경을 하다가 선착장에서 만나기로 했다. 나는 기어이 일리커피를 찾아 맛을 본

이탈리아에서 일리를 마셔주는 것도 일리가 있지!

후 좀 돌아다니다 선착장으로 갔다. 자라웅은 바닷가에서 세월만 낚다가 아무것도 없이 빈손으로 왔다. 분명 배 안에서 파는 음식은 비쌀테니 오늘 저녁부터 내일 점심때까지 배에서 먹을 것들을 미리 사 놔야겠다고 이야기를 했었기 때문에 공금을 갖고 있는 두 분이 뭐라도 좀 사올 줄 알았다. 그런데 당당하게 빈손이라니... 시에스타* 때문에 문을 연 마트가 없었다고 한다. 비싸면 얼마나 비싸겠냐며 그냥 배에서 사 먹자고 했다. 헐... 공금이라고 너무 함부로 말하는 거 아님? 내가 여행하는 내내 가장 돈을 아껴왔던 부분이 식비였다. 비싼 돈 내고 그 값을 한다면 말이 다르지만 선상에서 대용량으로 제공되는 식사가 그리 좋을 리 없다. 고작 배에서 파는 비싸고 부실한 음식을 사 먹으려고 악천후에 개고생하면서도 식빵에 잼 발라 먹으며 다닌 건 아닌데... 자라웅을 원망하며 나는 굶기로 마음을 굳혔다.

자전거를 묶은 후 중요한 짐들만 가지고 내부로 올라갔다. 우리 자리는 당연히 가장 저렴한 데크석... 기차로 치면 입석이다. 우리보다 먼저 온 사람들은 이미 메인 홀의 푹신한 소파 쪽 자리를 선점해놓고 있었다. 이런... 우

---

* 낮에는 더워서 일의 능률이 안 오르니 낮잠을 자고 오후에 다시 일하는 지중해 연안, 라틴 아메리카 쪽에서 볼 수 있는 풍습

우리를 그리스로 안내해줄 여객선 소렌토호!

이탈리아가 점점 멀어져간다.

리도 미리 승선해서 자리 맡아놓고 기다릴 것을 괜히 밖에서 빈둥거렸다. 그나마 자리는 좀 불편해도 콘센트 옆 테이블을 확보했다. 7시가 되자 배는 서서히 움직이기 시작해 이탈리아 반도에서 점점 멀어져갔다.

출발 후 얼마 지나지 않아 조리복을 입은 승무원들이 나타나더니 식사 준비를 시작했다. 우리처럼 데크석을 구매한 사람들은 한결같이 자기 가방에서 이런저런 음식들을 주섬주섬 꺼내어 먹기 시작했다. 선측에서 차려놓은 음식들 앞에는 사람들이 차례차례 티켓을 보여주며 접시에 음식을 담았다. 매의 눈으로 사람들을 관찰해보니 객실 티켓이 있는 사람은 기본 제공되는 양을 받고 추가로 더 먹는 부분만 결제하는 것 같다. 나머지 사람들은 그냥 자기가 고른 만큼 음식 값을 계산하면 되는 것 같았다. 하지만 정확한 금액을 알 수 없어 눈치만 보고 있는데 형수님이 대표로 가서 간단하게 몇 가지를 들고 오셨다. 고기, 감자튀김, 파스타 한 접시, 맥주 두 캔, 빵 두 개에 24.5유로였다. 이 정도면 비싼 편이 아니니까 그냥 먹으라고 하시는데 내가 보기엔 충분히 비싸거든요!! "비싸... 안 먹을래!!" 나이 서른일곱에 먹을 것 때문에 심통이 나서 토라져 앉았다. 두 분은 일부러 나 들으라고 그런지 쩝쩝 소리를 내며 평소보다 훨씬 맛있게 잘도 드신다. 그래도 등 돌리고 앉아 굶고 있는 막내도련님이 안쓰러웠는지 형수님이 살살 달래며 유혹을 하신다. "내일 점심때에나 도착하는데 그때까지 배고파서 못 견딜건데... 간

Italy

단하게라도 뭣 좀 먹지?"
싸나이 자존심에 내뱉은 말이 있기 때문에 선뜻 먹겠다고 못하고 한 번 더 "안 먹을래욧!" 앙탈을 부려본다. 마음속으론 '한 번 더! 논리적으로! 내가 반박할 수 없게 제대로 날 설득해

고작 이것이 약 35,000원!!

주세요!! 제발!!' 이라고 생각하고 있었다. 형수님은 다시 한번 내게 음식은 좀 비싸도 빵은 안 비싸니까 간단하게 빵 몇 개랑 음식 한 접시 정도면 그렇게 많이는 안 비싸다고 하시며 귀가 솔깃하게 설득해주셨다. '흠흠... 뭐... 딱히 제가 먹고 싶진 않지만... 형수님께서 그렇게까지 절 생각해서 말씀해 주시니 안 먹을 수가 없군요...' 혼자서 그렇게 명분을 만들고 곧바로 가서 물과 빵과 밥을 9.3유로에 저녁식사로 해결했다. 먹기는 했지만 배도 많이 안 부르고 부실한 식사인 만큼 언제 배가 꺼질지 모른다. 그런 참사가 일어나기 전에 서둘러 잠이 들어야 하는데 마땅한 자리가 없다. 우선 양치라도 할 겸 찝찝함이나 좀 덜기 위해 화장실로 갔다. 이를 닦은 후 세면대에서 세수를 하고 있었는데... 단지 얼굴에 물만 묻혔을 뿐인데... 문을 열고 들어온 서양여자애가 날 보더니 "Oh My GOD!!" 을 외치더니 나가버린다... 남녀공용인데 내가 뭘...

테이블에 앉아 엎드려보지만 영 자세가 불편했다. 어떻게 할까 고민하다가 다시 한번 나 자신을 버리기로 했다. 공중화장실에서도 자 봤는데 어딘들 못 잘까... 그냥 테이블 아래 땅바닥에서 자기로 하고 주차장으로 내려가 돗자리와 침낭을 가지고 왔다. 의자들을 옆으로 치우고 그대로 바닥에 누웠다. 눈을 뜨면 그리스에 도착해 있겠지? 눈을 가리고 이어폰을 꽂으니 시공을 초월한 기분이었다. 그렇게 지중해 바다 위에서의 밤은 깊어만 갔다.

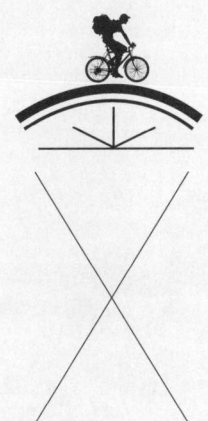

Greece

그리스

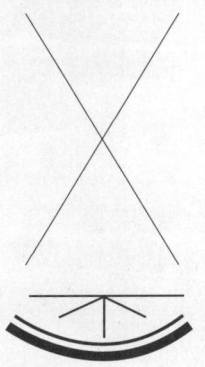

신화의 나라 그리스의
뜨거운 여름속으로

몇 시간이나 흘렀을까... 웅성거리는 소리와 함께 요란한 안내방송이 흘러나왔다. 실눈을 뜨고 상황을 살피니 사람들 다리가 왔다갔다 하는 것이 보였다. 시계를 보니 새벽 3시. 아직 도착시간이 한참 남았기에 신경 끄고 다시 눈을 감고 잠을 청했다. 그때 자라웅이 와서 날 깨우며 소파에 자리가 났다고 한다. 배는 그리스의 이구메니짜 Igoumenitsa란 곳에 정박해 있었다. 이곳에서 사람들을 내려주고 다시 우리 목적지인 파트라 항으로 이동하는 것 같았다. 대부분의 사람들이 내리고 나니 데크에는 우리를 제외하고는 거의 사람이 없었다. 바닥 정리를 하고 주섬주섬 짐을 챙겨 소파쪽에 다시 영역을 꾸렸다.

이왕 잠이 깬 김에 사람 많을 때 못 했던 배 구경을 했다. 객실 쪽에는 사람들이 빠져나간 후로 미처 정리가 되지 않아 여기저기 객실 문이 활짝 열려 있었다. 아마도 지금은 이대로 놔뒀다가 최종목적지인 파트라 항에 도착해서 모든 승객이 빠지고 나면 정리를 하겠지? 활짝 열린 빈 객실들을 보는 순간 이것은 천재일우의 기회임이 분명하다는 생각이 뇌리를 스치고 지나갔다. 재빠르게 주위를 살핀 후 아무도 없는 것을 확인하고 손님들이 모두 빠져나간 빈 객실 안으로 들어갔다. 4인실이었는데 몇 명이 묵었는지는 모르지만 바닥에 두 장의 수건이 널브러져 있었다. 그리고 사용하지 않은 새 수건도 침대 위에 고이 놓여 있었다. 샤워장 문을 열고 들어가 수도꼭지 손잡이를 잡았다. 심호흡을 한 번 하고 손잡이를 올리는 순간 "쏴~!!" 하는 경쾌한 소리와 함께 강력한 물줄기가 터져 나온다. 쏟아지는 물줄기로 천천히 손을 뻗어 본다. 손바닥에 느껴지는 물방울들의 힘찬 두들김... 따뜻했다. 아니 뜨거웠다. "유레카!!!" 순식간에 거추장스러운 옷을 벗어던지고 샤워장 안으로 뛰어 들어갔다. 누가 쓰던 비누인지는 모르지만 북적북적 거품도 잘 나는구나~ 에헤라디아~ 니나노~.

바닷바람으로 내내 끈적짭짜름찝찝했던 몸을 깨끗이 씻어내리고 상큼한 기분으로 자리로 돌아왔다. 두 분에게도 이 기회를 놓치지 말라고 이야기했지만 두 분은 샤워보다 잠을 원했다. 나도 다시 자리에 누워보지만 한 번 깬 잠은 쉽게 다시 오지 않았다. 뜬눈으로 뒤척이다가 이오니아해의 일출을 맞이하기 위해 밖으로 나왔다. 한여름 새벽바다의 공기는 몹시도 차가워서 안 그래도 시린 옆구리를 더욱 후벼팠다. 저 멀리서 붉은 기운이 조금씩 피어 올랐지만 언제 뜰지는 모르는 상황... 하지만 해가 뜨고지는 것은 한순간이기 때문에 다시 들어가지 않고 갑판 구석에 웅크리고 앉아 해가 떠오르기를 기다렸다. 후훗... 3대가 덕을 쌓아야만 잡을 수 있다는 오메가(일출시 태양이 수평선과 분리되기 직전의 모양이 그리스문자 오메가 Ω 모양을 닮았다고 해서 붙여진 이름)를 잡아주겠어!!

5시 20분쯤 되자 드디어!! 시뻘건 태양이 떠오르기 시작했다. 오메가는 개뿔... 태양은 산에서 떠오르고 있었다... 어쨌든 이국의 바다에서 처음 맞이하는 일출이니만큼 경건한 마음으로 아주 소박한 나만의 소원을 살짝기 빌어본다. "해님이시여! 올해는 꼭 로또 1등 당첨되게 해 주세요~."

10시쯤 완전히 해가 뜨고 푸른 하늘과 바다를 보니 어젯밤까지 심란했던

Greece

많은 것 안 바래요… 로또 1등 한 번만 부탁요…

마음이 차분해졌다. 배는 예상시간보다 30분정도 일찍 파트라 항구에 도착했다. 배에서 내리면 곧장 터미널로 가서 버스를 타고 아테네까지 이동해야 한다. 배에서 내린 우리를 가장 먼저 당황시킨 것은 동그라미, 네모, 세모들이 복잡하게 섞인 그리스어 표지판이었다. 스페인어, 프랑스어, 독일어, 이태리어 모두 어설프게라도 읽어가며 뜻을 유추했지만 그리스어는 아예 읽을 엄두조차 나지 않는 그림 글자였다. 여기서는 까딱 잘못하면 국제 미아 되겠구나 싶은 생각이 들어 익숙해질 때까지 당분간은 조금 더 신경 써서 자라웅을 따라다니기로 마음먹었다. 하지만 항구를 벗어나 터미널과 반대방향으로 한참을 달려가다가 결국 현지인에게 길을 물은 후에야 다시 핸들을 돌리는 자라웅의 천부적인 방향감각을 어디까지 믿고 따라야 할지 혼란스러워진다.

터미널에 도착하니 아테네까지 바로 가는 기차는 없고 이곳에서 키아토 Kiato까지 버스를 타고 가서 기차를 타야 했다. 30분 후 출발하는 버스의 티켓을 끊고 나와 보니 대합실 바로 앞에 버스가 있었다. 곧바로 짐칸에 자전거를 싣는데 짐칸이 꽤 좁은데다 다른 승객들의 짐도 많아 자전거 바퀴까지 분리시킨 후에야 겨우 실을 수 있었다. 조금만 더 늦었더라면 짐을 못 실어서 다음차를 기다려야 할 뻔했다.

15분정도 시간이 남아 근처에서 간단하게 요기를 한 후 버스에 올랐다. 보기만 해도 시원한 해안도로를 따라 키아토까지 이동했다. 키아토에 도착했을 때는 우리가 탈 기차 시간이 10분밖에 남지 않았다. 부랴부랴 자전거를 재조립하고 기차에 올랐는데 이곳에도 자전거를 보관할 공간이 따로 없었다. 다행히 승객이 별로 없어 대충 빈 공간에 기대어 놓았다. 덜컹덜컹 창밖 풍경을 보며 천천히 아테네로 달려가는 기차에는 조금씩 승객들이 많아지기 시작했다. 계속해서 에게해를 옆에 끼고 달리다 보니 근처 해수욕장에서 놀다 오는 것으로 추정되는 젊은 청춘남녀들이 요란스럽게 기차에 올라탔다. 아직 머리에 물기도 다 마르지 않은 상태로 돌아다니는데 남자들의 상의탈의는 기본이고 여자애들도 비키니 수영복에 짧은 반바지만 입은

에메랄드빛으로 반짝이는 에게해의 해변풍경

채로 돌아다니고 있었다. 그리스가 최근 들어 과도한 재정적자와 정부부채로 나라 꼴이 말이 아니라고 한다. 국가부도의 위험까지 거론되고 있는 상황이긴 하지만 정치, 경제와 문화를 동일선상에 놓아서는 안 된다. 이런 아름다운 문화는 빠른 시일 내에 국내 도입이 시급하다는 생각을 했다.
한참 동안 산과 들을 달리던 기차가 도시에 들어서 서울의 1호선처럼 정차 간격이

검은 머리의 아시아인이 신기한 듯 연신 뒤돌아보며 쳐다보는 꼬마아가씨

잦아지기 시작하더니 어느 순간 사람들이 가득 탑승했다. 자전거가 자리를 많이 차지하다 보니 괜히 눈치가 보이기 시작한다. 그렇게 몇 정거장 더 가고 있는데 내릴 곳을 지나쳤다며 형수님이 신호를 주셔서 갑작스레 열차에서 내렸다. 아테네로 가고 있었기 때문에 그리스의 수도이니만큼 좀 번화한 모습일 줄 알았는데 주변 풍경은 황량하기만 했다. 알고 보니 조금 전 사람들이 잔뜩 탔던 SKA라는 역에서 내려 아테네로 가는 차량으로 환승했어야 했는데 우리가 엉뚱한 방향으로 15km 이상이나 달려온 것이었다. 다시 반대편으로 넘어가 기차를 타고 되돌아가도 되지만 자라웅이 그냥 자전거를 타고 가자고 한다. 솔직히 요 며칠간 자전거를 거의 안 탔기 때문에 순순히 자라웅의 말을 따라줬다. 아테네로 가는 길에 배가 고파져서 우선 와이파이가 되는 식당부터 찾기로 했다. 몇몇 가게에 들러 와이파이 여부를 물어보았으나 안 된다는 대답만 돌아온다. 와이파이는 포기하고 배나 채우자며 구디스 GOODY'S에 들어갔다. 버거킹이나 맥도날드의 짝퉁같은 느낌의 패스트푸드점이었다. 그런데 그리스는 놀랍게도 물과 얼음이 공짜였다. 우리가 겪어온 유럽에서는 식당에서도 물은 돈을 내고 사 마셔야 했는데 이곳은 아예 식수대가 따로 설치되어 있어 얼마든지 물을 마실 수 있도록

되어 있었다. 게다가 직원에게 물통을 주면서 얼음 좀 달라고 했더니 별 말 없이 가득 담아주었다. 우리나라에서는 정말 별것 아닌 일들이 이곳에서는 신세계를 본 것 마냥 기분 좋은 일이었다. 시원한 얼음물로 심신을 재정비한 후 아테네를 향해 다시 출발했다. 물론 30분도 지나지 않아 얼음물은 모두 녹아 미지근해져버릴 만큼 그리스의 여름은 뜨거웠다.

거미줄처럼 하늘을 뒤덮은 아테네의 트램 전선들

해가 저물어갈 때쯤 아테네 시내에 진입했다. 자라옹이 대충 골라놓은 저렴한 가격대의 호스텔이 몰려 있는 곳으로 찾아갔다. 그런데 근처 지하철역 이름이 오모니아 Omonia 였다. 불현듯 며칠 전 아테네를 검색하다가 본 글들이 떠올랐다. 오모니아 지역은 치안이 안 좋기로 엄청 유명하다는. 밤만 되면 무서운 흑형들과 마약쟁이들이 활개를 치며 경찰들도 어쩌지 못한다는 그런 곳이라고 했다. 그 이야기를 해주니 자라옹도 찜찜했던지 다른 곳을 더 찾아보기로 하고 결국 아크로폴리스 근처의 한 호스텔에 자리를 잡았다. 3인실이 아침 포함 50유로라고 하는데 그리스에서의 첫 날이다 보니 시세를 잘 몰라서 비싼지 싼지 가늠을 할 수 없었다. 근처에서 제일 싸다고 하면서 못 믿겠으면 다른 곳에 가보라고 배짱부리는 주인아저씨의 말을 믿고 하루만 묵기로 했다.

위태로운 그리스, 불안한 아테네

다음날 아침, 식사를 마치고 곧바로 아크로폴리스로 향했다. 숙소의 공유기가 고장 나서 인터넷 접속을 하지 못한 관계로 아침부터 와이파이가 되는 카페를 찾아다녔다. 간판 아래에 와이파이 표시가 있는 한 요거트 가게에 들어가서 주문을 하니 영수증에 와이파이 비밀번호가 찍혀 나왔다. 하지만 접속이 되지 않았다. 설정상으로는 아무 문제가 없는데도 연결이 되지 않았다. 게다가 호기심에 시킨 전통 요거트는 그냥 집에서 흔히 만들어 먹던 시큼한 요거트와 별 차이가 없는 그저 그런 맛이었다. 화가 난다…
다른 가게를 찾아가서 또 뭔가 사먹기도 그렇고 해서 그냥 밤늦게 다니는 일만 없도록 조심하기로 하고 오모니아 지구로 가보기로 했다. 돈 버리고 입맛도 버리고 아무것도 얻은 것이 없는 지금이라면 마약하는 흑형들이든 좌약하는 흑형들이든 다 때려잡을 수 있을 것만 같았다.
아크로폴리스의 담벼락 너머 저 멀리 파르테논 신전이 보였다. 신전의 외관은 공사에 들어간 듯 온통 철골에 덮여 있었다.

아… 저곳을 또 올라가야 하나? 로마에서, 폼페이에서… 누군가에겐 엄청난 역사적 유물일지 몰라도 나에게는 아무런 감동도 주지 못한 돌무더기들을 질리도록 봐 왔는데 그리스라고 달라질 것이 있을까? 게다가 저렇게 공사중이라 사진 찍기도 별로일 텐데… 그래도 아테네까지 와서 파르테논 신전을 보지 않으면 남들이 비웃지 않을까?…… 그래 결심했어!! 결국 그리스에서는 아무것도 보지 않기로 했다. 저것들은 돌이

• 공사중인 파르테논 신전의 모습이 살짝 보인다.
•• 3가지 언어로 표시된 아테네 시내 이정표

여... 바위여... 이탈리아에서 봤던 놈들을 색상만 하얗게 칠해놓은 똑같은 녀석들이여... 혼자 중얼중얼 스스로를 세뇌하며 오모니아 지구로 달려갔다. 우리가 찾아간 곳은 아테네 인터내셔널 유스호스텔. 어제 묵은 곳도 그 동안의 유럽 물가를 생각하면 크게 비싸지 않은 요금이었는데 이곳에서는 식사가 빠지기는 하지만 4인실을 통째로 쓰는데 겨우 30유로였다. 그리고 아직 대낮이라 그런지 생각만큼 거리가 위험해 보이지도 않았다. 바로 체크인하고 짐을 풀고는 로비로 나와 아테네에서의 일정을 짜기 시작했다. 그러던 중 홀로 여행하고 있는 20대 중반의 한국 청년 K군을 만나게 되었다. 예전에 혼자 여행을 다니다가 퍽치기를 당하는 등 사건사고를 많이 당해서 부모님이 혼자 여행 가는 것은 절대 허락해주시지 않기에 핸드폰까지 정지시키고 몰래 여행중이라고 한다. 옷차림도 그렇고 겉보기엔 그저 평범한 학생처럼 생겼는데 노트북 하나 들고 이리저리 잘도 돌아다니는걸 보며 난 저 나이때 뭘 하며 인생을 낭비했었나... 싶은 생각이 들었다. 음... 생각해보니 내가 저 나이때는 한창 자전거에 빠져서 허구한 날 페달만 밟고 다녔구나... 어쩌면 그 덕에 지금 여기에서 이러고 있는 것일지도... 그렇다면 나의 20대 중반도 완전 쓸모없었던 것만은 아닐지도...

여튼 K군은 이곳에서 얼마나 있었는지 모르겠지만 식당은 어떤 집이 메뉴가 어떻고 블라블라, 산토리니 갈 때는 어느 배가 얼마고 회사마다 어떻고 블라블라, 밤에 동네 어디는 위험하고 어디는 괜찮고 블라블라, 몇 년째 그리스에 살고 있는 사람마냥 쉴 새 없이 이것저것 가르쳐준다. 한참을 쏟아 붓고 나서 그는 약속이 있다며 자리를 떴고, 우리는 방으로 올라가 밀린 빨래 및 이것저것을 하다가 잠시 씨에스타를 즐겼다. 그러다 노크소리에 문을 열어보니 누굴 만나러 간 K군이 그새 돌아왔는데 혼자 온 것이 아니라 아가씨를 한 명 데리고 왔다. 그런데 어쩐지 낯이 익다 싶더니 이게 누구야... 독일 프랑크푸르트에서 처음 만났다가 며칠 후 하이델베르크에서 다

Greece

시 만나 같은 방에 묵었던 그 아가씨가 또다시 나타난 것이다. K군과 점심 약속이 있어 만났다가 자전거 여행중인 3인의 이야기를 듣고 어쩐지 우리일 것 같아서 인사하러 왔다고 한다. 돌고 돌다 이제 막 그리스 여행을 끝내고 잠시 후 버스를 타고 터키 이스탄불로 넘어갈 예정이라는데 참 우연도 이런 우연이 다 있을까 싶었다. 아가씨는 버스 시간이 다가와서 인사만 하고 곧바로 떠나고 우리는 조금 늦은 식사를 하러 나갔다.

여러 블로그에서도 아테네 맛집으로 소개되었고 K군도 조금 전 이곳에서 먹고 왔다면서 강력하게 추천해준 '스콜라리오 Scholarhio'라고 하는 레스토랑을 찾아갔다. 이 가게의 독특한 점은 요리당 얼마씩 따로 계산하는 방식이 아니라 1인 요금 14 유로를 내면 18가지 요리 중 두 가지를 선택할 수

• 그리스 전통 레스토랑 스콜라리오
•• 최대한 양이 많아 보이는 녀석들로 5개를 골라 먹었다.

있고 음료와 빵과 물과 디저트가 제공된다. 2인 요금 28유로를 내면 5가지, 3인 42유로에 7가지, 4인 56유로에 10가지, 5인 70유로에 12가지, 6인 84유로에 14가지 그런 식이었다. 술집에서 맥주를 마실 때마다 500cc 6잔이 싼지 3000cc가 싼지 비교하길 좋아하는 나로서는 어쩐지 비합리적인 것 같아 곧바로 계산해 보니 2인 혹은 4인 메뉴를 시키는 것이 메뉴 1개당 5.6 유로로 가장 합리적인 주문방법이었다. K군의 말로는 2인 메뉴만 시켜도 3명이 충분히 배부르게 먹을 수 있다고 해서 2인 메뉴로 시켰는데 여자 3명이라면 모를까 내 식성에는 턱 없이 부족했다. 식사를 마치고 나서는 각자 구경하다

국회의사당   근무교대

가 알아서 호스텔로 돌아가기로 했는데 그나마 대도시라 그런지 표지판에 영어가 같이 표기되어 있어 길을 찾을 수 있었다.

신타그마 광장에 있는 국회의사당을 지나다 보면 인형처럼 꼼짝도 하지 않고 서 있는 위병들을 볼 수 있는데 많은 관광객들이 위병들을 배경으로 사진촬영을 한다. 위병들은 아무리 힘들고 땀이 흘러내려도 절대 스스로 움직이지 못하고 근처에서 감독하는 상관이 와서 해결해줘야 한다. 또한 매시간마다 근위병들의 교대식이 있는데 절도는 있지만 느릿느릿한 그 모습이 (멋있다고 하는 사람도 있지만...) 꽤나 우스꽝스러웠다. 움직이지 않고 가만히 서서 관광상품으로만 이용되는 것을 보면서 과연 저들의 본연의 임무

뭘 알고 저렇게 서 있는 것일까?

가 무엇일지 궁금해진다. 눈앞에서 범죄가 일어나도 꼼짝 않고 있으려나?

국회의사당을 벗어나 신타그마 광장을 지나는데 시끌벅적한 소리가 들려 돌아보니 사람들이 잔뜩 모여 집회를 벌이고 있었다. 최근 그리스 경제가 파탄이 날 지경이라더니 정말 문제가 많긴 많은 것 같았다. 괜히 여기서 얼쩡거리다가 폭동이라도 일어나서 휘말리는 것은 아닐

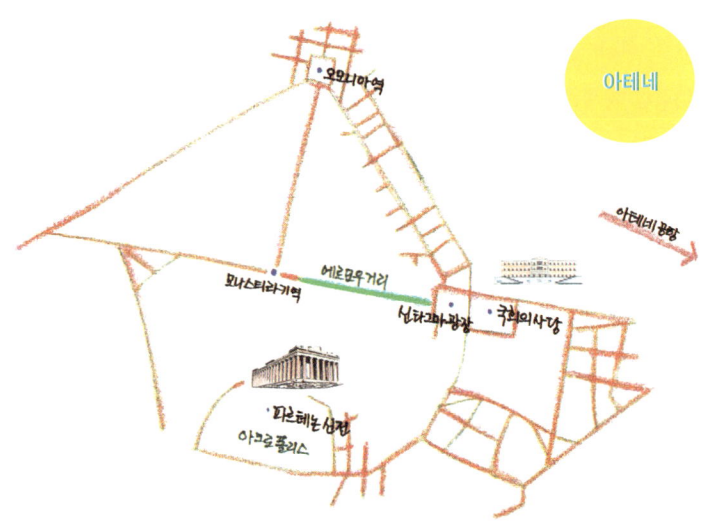

아테네

까... 잠시 걱정했는데 주변에 아이들도 깃발을 들고 함께하는 것을 보니 무력시위는 아닌가 보다.

굳이 시위현장이 아니더라도 이곳저곳 돌아다니다 보니 그리스가 힘든 상황이라는 것을 몸으로 느낄 수 있었다. 같은 유럽이라고 하지만 사람들의 행색이나 거리 상태 등 북서유럽과는 완전히 다른 느낌이었다. 그나마 에르모우 Ermou거리나 모나스티라키 Monastiraki역 근처에는 아테네 최고의 번화가라는 이름답게 활기찬 모습이었으나 그것은 관광객들로 붐비는 것일 뿐 그리스 본연의 모습과는 거리가 멀어 보였다.

한참을 돌아다니다가 보니 8시... 해는 사라지고 금세 어둑어둑해져버렸다. 잊고 있었던 오모니아 지구의 명성이 떠올

영업이 끝난 모나스티라키 시장 풍경. 낮에는 성황리에 영업하고 있었는데 그새 문을 닫고 외로운 신발 한 짝만 대롱대롱...

랐다. 아차 싶은 마음에 서둘러 호스텔로 달려갔는데 막상 지나가 보니 별 위험한 낌새는 전혀 느낄 수 없었다. 살짝 의구심이 들었지만 조심해서 나쁠 것은 없으니까...

관광하며 쇼핑하며

이른 아침 댓바람부터 K군이 문을 두들긴다. 형수님이 K군과 함께 모 여행사에서 진행하는 아테네 가이드투어를 신청하셨기 때문인데 늦잠을 자는 바람에 K군이 직접 깨우러 온 것이다. 형수님은 헐레벌떡 준비해서 나가시고, 나와 자라옹은 푹 쉬고 점심때가 다 되어 일어났다. 호스텔에 에어컨이 빵빵하게 나오는 바람에 우리처럼 지친 여행자들은 게을러지기 딱 좋았다. 점심을 어떻게 해결할까... 하다 시장구경이나 할 겸 함께 숙소를 나섰다. 아테네 중앙시장 앞의 한 음식점에 들러 그리스의 대표 음식인 '기로스' 를 주문해서 먹었다. 기로스는 고기를 바짝 구워 피타 pita 라고 하는 빵에 지중해식 야채, 소스를 함께 싸 먹는 음식으로 그동안 자주 먹었던 케밥과 비

아테네 중앙시장의 청과물 코너와 길 건너 정육 코너

숫하다. 그런데 기로스를 먹다가 우연히 서빙중인 여종업원을 봤는데 그녀의 뒤로 후광이 날 정도로 가히 절세미인이었다. 배우 한가인의 얼굴에 약간 이국적인 스타일이 가미된... 여신 포스... 기로스를 먹는 내내 힐끗힐끗 쳐다보며 카메라를 만

이것이 기로스다!

지작거리다가 용기 내어 당당하게 찍기로 하고 식사를 마치자마자 다가가서 말을 걸었다. 그리고 입에서 말이 다 나오기도 전에 보기 좋게 거절당해 버렸다. 정말 예뻤는데... 사진을 못 찍어서 표현할 방법이 없네...

식사만 마치고 자라옹은 앞으로 시작될 혼자만의 여행을 위해 이것저것 찾아볼 것이 많다며 곧장 숙소로 돌아갔고 나는 모나스티라키역 주변 시장을 좀 돌아다녔다. 시장 근처는 전부 기념품 판매점이었기 때문에 쇼핑 말고는 딱히 할 것이 없었다. 혼자서 쇼핑하려니 어쩐지 바가지 쓸 것 같아 오늘은 윈도우 쇼핑으로 만족하기로 했다.

돌아가는 길에 시장 인근에서 대형 로스터기로 원두를 볶고 있는 카페를 발견했다. 로마의 타짜도르에서도 원두를 사고 싶었으나 사 봤자 한국에 돌아갈 때쯤이면 이미 먹을 수 없는 지경이 될 것 같아 패스했는데 의외의 로

• 거대한 로스터기로 직접 볶는 카페
•• 걸쭉하게 끓여주는 그리스식 커피

스터리샵을 발견했다. 매장을 반으로 나누어 한쪽에서는 원두 판매를, 한쪽에서는 카페가 운영되고 있었다. 귀국하기 바로 전날 들러 원두를 사갈 생각으로 미리 눈도장을 찍어 놓고 바로 옆에 있는 카페로 들어갔다. 여러 커피 메뉴가 있었지만 전통 그리스식 커피를 시켜보았다. 그런데 이름만 그리스식이지 제조 과정이나 맛 모두 터키쉬 커피와 다를 바 없었다. 기로스와 케밥도 흡사했는데 커피도 똑같은 것을 보면 확실히 그리스와 터키는 비슷비슷한 문화가 많은 것 같다. 하지만 실제 두 나라 간 사이는 몹시 좋지 않다.

어슬렁거리며 걸어다니는데도 푹푹 찌는 찜통더위 때문에 1시쯤 다시 숙소로 돌아왔다. 역시 이 시간에는 에어컨 빵빵한 숙소에서 시에스타를 즐기는 것이 최고인 것 같았다. 낮잠으로 체력을 보충한 후 5시쯤 되어 다시 숙소를 나섰다. 그리스에 와서 젊은 여자들이 터키식 바지(흔히 우리나라에선 몸뻬바지라고 부르는 그것)를 입고 다니는 모습이 굉장히 세련되고 멋있어 보였는데 어쩐지 내가 입어도 잘 어울릴 것 같은 생각이 들어 모나스티라키역 시장으로 향했다. 때마침 자라옹도 여행 내내 두건으로 쓰고 다녔던 손수건이 어느새 낡고 헤져서 새로 사야 했기 때문에 함께 시장을 돌아다녔다. 시장 입구쪽은 비싸게 부르는 것 같아 계속 안쪽으로 들어가다 보니 거의 마

어쩐지 확 꽂혀버린 몸뻬바지들...

지막 가게에서 물건을 고르게 되었다. 자라옹의 손수건은 첫 번째 가게에서 5유로였는데 마지막 가게에선 똑같은 제품이 1유로였다. 무려 5배 바가지... 자라옹은 5유로에 파는 것을 1유로에 싸게 샀다면서 연신 싱글벙글이다. 그런데 손수건을 골라도 하필 손수건 가득 GREECE라는 글자가 적힌 손수건을 골랐다. 이제 곧 터키로 여행을 떠나는 사

Greece

람이 터키사람들이 제일 싫어하는 나라의 이름을 달고 다니다니 무슨 생각인지... 같은 매장에서 나도 마음에 드는 바지를 하나 골랐는데 바지만 입기 뭣해서 덩달아 상의까지 사버렸다. 형수님이 계셨다면 아마도 말렸거나 흥정을 해서 왕창 깎았거나 하셨을 텐데... 어쨌거나 옷은 마음에 든다...

6시 반에 신타그마 광장에서 가이드를 끝마친 형수님과 K군을 다시 만났는데 이따가 8시 반에 오늘 가이드를 해주셨던 분이 무료로 야경투어를 진행해준다고 했다. 우선 근처 식당에서 기로스로 저녁을 해결하고 이런저런 이야기를 하다가 K군이 유명한 신발가게 이야기를 해주었다. 아테네에서 제일 유명한 집이라며 올림픽때 성화봉송하는 여인네들이 신는 신발도 이곳에서 만들고 각종 유명인들도 애용하는 가죽 장인의 신발가게라고 했다. 그러고 보니 조금 전 구매한 몸빼바지에 왼발이 오른 발이를 매칭하기에는 많이 언밸런스 했으므로 이참에 가죽 샌들도 하나 장만하기로 했다. 게다가 그냥 사이즈대로만 판매하는 일

이 분이 바로 그 장인이다.

반 집들과 달리 개개인의 발에 꼭 맞게 제작해준다는 말에 기대를 가득 안고 신발가게를 찾아갔다.

규모는 매우 작았으나 여기저기에 유명 인사들의 사인이 가득하다. (사실 내가 알 만한 사람이 없었기 때문에 진짜 유명한 사람들인지는 알 수 없었다...) 메뉴판에 있는 여러 디자인 중 한 가지를 선택하라고 한다. 마음에 드는 녀석으로 골랐더니 발 치수를 물어온다. "280이요~" 했더니 사이즈에 맞는 해당 모델을 가져다주었다. 신어보라고 해서 신어봤더니 사이즈가 맞는지 묻는다. 딱히 불편하지는 않은 것 같아서 고개를 끄덕이며 OK사인을 해줬

• 하라는 공부는 안 하고!!! 데이트중인 커플 •• 필라파푸 언덕에서 바라보는 아테네 야경

다. 장인은 구멍뚫는 도구로 샌들의 끈에 빵빵 구멍을 뚫기 시작했다. '오호... 이제 장인의 커스터마이징이 시작되겠군... 실력 한번 볼까나~' 잔뜩 기대하고 장인의 움직임을 지켜보았다. 구멍을 뚫은 장인은 그대로 일어나 손을 두어번 털고 자리로 돌아가며 말했다. "다음 손님~."
???.. 이게 끝??? 이게 무슨 맞춤 제작이라고... 제작과정은 기대에 미치지 못했지만 신발이 딱 맞았기 때문에 더 이상 딴소리 하지 않고 물러났다. 새로 산 샌들로 갈아 신고 가이드를 만나 버스에 올랐다. 가이드는 자기만 아는 명당을 소개해준다며 필라파푸 언덕 Filopappou Hill으로 우리를 데리고 올라갔다. 새 신발을... 그것도 샌들을 신었는데 첫 스타트를 산길로 끊다니... 어쨌든 언덕 끝에 다다르니 아테네 시내의 야경이 멋지게 펼쳐졌다. 음악을 틀어놓고 이런저런 아테네 이야기를 나누었는데 안내를 해준 가이드분이 그리스어를 하지 못한다는 게 좀 아이러니했다.
야경투어를 마치고 아크로폴리스 번화가에 있는 호프집에서 맥주 한잔씩 마시고 헤어졌다. 숙소로 복귀하기 위해 지하철을 이용하기로 했는데 신화의 나라답게 지하철 역사가 하나의 박물관이었다. 공사 당시 발견된 각종 유물들이 역사 내에 전시되어 있었다. 땅만 팠다 하면 유물들이 튀어나와서

Greece

지하철 공사도 함부로 할 수 없었다고 한다.

시간은 자정이 다 되어가고 우리가 머물고 있는 곳은 악명 높은 오모니아. 역을 나와서 숙소까지 가는 길을 K군이 직접 안내하겠다면서 먼저 앞장서서 걸어가는데 밤길이라 그런지 K군도 결국 헤매기 시작했다. 혹시라도 마약하는 흑형들의 공격을 받으면 어쩌나 걱정했던 것과는 달리 지나가는 흑형의 도움을 받아 겨우 숙소로 복귀했다. ㅎㅎ

팠다 하면 노다지

워낙 자주 많이 헤매고 다녀서 길 찾기에 있어서는 누구도 원망하지 않는 경지에 이르렀기 때문에 정작 우리는 신경도 안 쓰는데 길 안내에 실패한 K군은 무척이나 민망해하며 몇 번이나 미안해했다.

호스텔 로비 휴게실에는 사람들이 잔뜩 몰려나와 TV를 보고 있었다. 그러고 보니 어제부터 유로2012의 8강경기가 시작되었는데 오늘은 마침 그리스와 독일의 경기가 있는 날이었다. 독일이 선제골을 넣는 순간 경기를 관람하던 한 젊은 아가씨가 두 팔을 번쩍 들고 환호를 지르며 일어남과 동시에 자기 입을 틀어막고 놀란 토끼눈을 하며 주위를 두리번거렸다. 이곳이 그리스라는 것을 뒤늦게 깨달은 것이다. 하지만 대부분 다른 나라 여행자들일 뿐 아마도 유일한 그리스인이었던 호스텔 관리자아저씨는 괜찮다는 표정으로 손을 흔들며 미소지어주셨다. 우리는 내일 산토리니로 떠날 준비를 하기 위해 방으로 올라갔다.

살아생전 꼭 한번은
산토리니

오늘은 꿈에 그리던 산토리니로 가는 날! 다른 나라는 모르겠지만 적어도 우리나라 사람들에게만큼은 산토리니는 죽기 전 꼭 한번 가보고 싶은 곳 중 하나로 꼽히지 않을까 싶다. 그만큼 손예진 씨의 이온음료 CF영상이 인상적이었다. 산토리니에서는 사진을 많이 찍을 것 같아서 자전거 가득 짐을 싣고 다니면 불편할 듯하여 짐을 모두 호스텔 창고에 맡겨두고 산토리니에 다녀오기로 했다. 물론 다녀와서는 다시 이 호스텔에서 숙박하는 걸로~. 창고 안에 다른 배낭들도 가득한 것으로 보아 섬이 많은 그리스의 관광특성상 이 곳 말고도 아테네의 많은 숙박업소가 그런 식으로 편의를 봐주는 듯했다.

진짜 문제는 자전거를 가지고 갈 것인지, 아니면 몸만 가서 차를 타고 다닐 것인지를 선택해야 했다. 마지막이니만큼 편하게 다니고 싶은 마음에 차를 타고 싶기도 하지만 내가 찍고 싶을 때 마음대로 멈춰서 찍으려면 자전거가 있어야 할 것도 같고... 결국 막판에 사진욕심을 조금 부려보기로 하고 자전거를 가져가기로 최종결론을 내렸다. 대부분의 짐은 창고에 보관하고 산토리니에서 사용할 생필품과 옷가지들을 챙기는데 어째 100년 전통의 장인이 만들어준 샌들이 좀 허전한 느낌이 들었다.

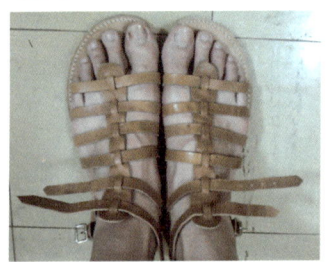

이것이 장인의 샌들! 오른쪽 발목 끈에 구멍이 없다!!

자세히 보니 왼쪽 신발에만 구멍이 있고, 오른쪽 신발에는 구멍이 없었다. 양쪽에 2개씩 끈이 있고 각 끈마다 구멍이 5개씩 뚫려 있었는데 오른쪽 끈 1개에 구멍이 하나밖에 없었다.

이런 어처구니없는!! 이래놓고 장인이라니!! 10년 전통의 장님도 이런 실수는 안 하겠네...

일요일인데 혹시... 불안한 마음으로 다시 신발가게를 찾아가보니 다행히 오늘도 영업중이었다. 심통 난 표정으로 신발을 건네주고 구멍이 모자란다고 하니 곧바로 구멍을 뺑뺑 뚫어주더니 아무렇지 않다는 듯 씩 웃으며 "OK?" 한다. 와... 멘탈 좀 보소... 내가 장인이었다면 몹시 부끄럽고 미안했을 텐데...

일단 여기까지 나온 김에 근처에 있던 구디스로 들어가 점심을 먹었다. 창가에 앉아 거리구경을 하며 잘 먹고 있는데 조깅을 하던 아저씨가 갑자기 문을 열고 들어오더니 식수대에서 컵을 꺼내 물을 벌컥벌컥 들이키고 자연스럽게 다시 나갔다. 직원들 역시 자주 있는 일인 듯 신경도 쓰지 않았다. '물은 곧 돈'이라고 생각했던 유럽이지만 그리스는 예외인 듯하다.

배가 출발하는 시간은 오후 7시. 남는 시간 동안 아크로폴리스 동쪽 자피온 공원과 그 일대를 돌아다니다가 항구로 이동했다. 이글거리는 태양을 버텨내며 열심히 페달을 밟고 있는데 동네 양아치로 보이는 녀석들이 자동차를 타고 자라웅 옆을 지나갔다. 녀석들은 물통을 꺼내 가만히 잘 달리고 있던 자라웅에게 물을 확 뿌리더니 낄낄거리며 도망갔다. 하지만 얼마 가지 못해 교통신호에 걸려 차가 멈춰 섰고 그 틈을 타 자라웅이 그 차를 향해 달려갔다. 백미러를 통해 자라웅이 쫓아오는 것을 봤는지 녀석들은 부리나케 신호위반을 하면서 반대편으로 달아나버렸다. "난 그저 더운데 시원하게 물을 뿌려줘서 고맙다고 인사를 하려던 것뿐인데..." 하며 자라웅은 못내 아쉬워했다.

호스텔에서 출발 전 K군이 이런저런 이야기를 해주었는데 우리가 이용할 피레우스 항구는 치안이 몹시 좋지 않은 위험지대라고 했다. 특히 산토리니에 갔다가 돌아올 때는 배가 한밤중에 도착하는 관계로 더 없이 위험하니 내리자마자 바로 근처 호텔을 잡아 묵기를 권했다. 오모니아도 위험하다더니 밤에 돌아다녀도 난 뭐 그다지... K군은 오모니아와는 차원이 다르다며 피레우스는 장난 아니라면서 거품을 물고 피력한다. 솔직히 나는 위험지대에 대한 회의감이 들기 시작했다. 파리에서도 오모니아에서도 위험하다 위험하다 말만 많았지 정작 위험한 사람은 만나보지도 못했을 뿐 더러 여행기 검색할 때도 위험해 '보였다.' 무서워 '보였다.' 등등 짐작으로만 쓴 내용이 대부분이고 직접적으로 어떤 일을 당했다는 사람은 별로 없었기 때문에 괜히 선량한 시민들만 오해하는 것 아닌가 싶었다.

항구 쪽으로 가니 4시가 조금 넘었다. 브린디시에서 넘어올 때 뼈아픈 경험을 했기에 이번엔 꼭 배에 타기 전에 저녁거리를 챙기자고 이야기했다. 딱히 마트같은 곳은 안 보이고 중간중간 버거류를 파는 매장들이 보이기에 저것들이라도 사 가자고 몇 번이나 말했지만 지금 사면 금방 말라서 맛이 없을 거라면서 계속 달려갔다. 결국 선착장까지 갔지만 그곳에 매점은 없었다. 있는 것이라고는 구석에 찌그러져 있는 음료 자판기 하나였다. 다시 되돌아가서 사려니 하필 우리가 타야 할 곳이 여섯 개의 선착장 가운데 가장 끝에 위치했다. 막상 여기까지 오고 나니 땡볕에 3km정도를 되돌아가기 귀찮았다. 할 수 없이 또 눈물을 머금고 주린 배를 참아야 했다. 그나마 항해시간이 6시간밖에 되지 않으니까 어떻게든 참을 수 있겠지...

늦게 오르면 지난번처럼 좋은 자리 다 뺏길까봐 미리미리 배에 올라탔다. 지난번 배보다 훨씬 시설도 좋고 깔끔했다. 여기까지 오느라 땀을 많이 흘려서 꽤나 찝찝했는데 이 배에는 공용 샤워실이 마련되어 있었다. 아직 사람이 많이 없는 지금이 기회라 생각하고 만사 제쳐두고 샤워부터 했다. 7시가 되어 배가 출발했지만 생각보다 사람이 적어 에어시트라고 하는 편안한 좌석이 많이 비어 있었다. 지정석도 아니고 계속 앉아 있어도 뭐라 하는 사람이 없어 산토리니까지 편안하게 항해를 했다.

Greece

일몰을 맞이하는 선실 내외의 풍경들
• 아빠와 아들 - •• 8시쯤 되자 모두들 밖으로 나와 좋은 자리를 맡고는 일몰감상을 시작한다.
••• 왁자지껄한 선상 바. 흡연이 가능하다 보니 혐연가인 내가 오래 있기엔 좋지 않다...

일몰시간에 맞춰 선상으로 나갔더니 벌써 사람들이 의자를 갖다 놓고 기대 앉아 일몰을 즐기고 있었다. 나도 같이 느긋하게 앉아 바다가 해를 삼키는 것을 보고 나니 슬슬 배가 고파지기 시작했다. 돌아다니고 싶어도 체력소

모를 최소화하기 위해 곱게 누워 자는 것이 좋을 것 같아 자리로 돌아왔다. 의자에 누웠지만 뱃속의 공허함 때문에 잠이 잘 오지 않아 멍하니 있는데 자라옹이 배고프다고 밥먹으러 가자고 한다.

"흥... 안 먹어!" 미리 사 놓자고 몇 번이나 이야기할 때는 들은 척도 안 하더니 이제 와서 비싼 선상음식을 사 먹으려 하다니...

"배 안에 구디스 있더라." 엥? 자라옹의 말을 듣고 가보니 정말 배 안에 구디스 매장이 있었다. 가격도 뭍에서 사먹는 것과 거의 차이가 없었다. 자라옹... 너의 죄를 사하노라...

식사를 마치고 자리로 돌아와서 도착할 때까지 남은 시간 동안 눈을 붙였다. 역시 배가 불러야 잠도 잘 오는 법이다.

배는 새벽 1시가 조금 넘어서 산토리니에 도착했다. 짐을 챙겨 배에서 내리니 소문대로 선착장 앞에는 새로 들어오는 손님들을 데려가기 위해 여러 숙박업소의 주인들이 호객을 하고 있었다. 우리는 자전거가 있어서 그런지 선뜻 다가오는 사람이 없었고 어느새 하나둘 차량들은 사라지고 있었다. 손님이 거의 남지 않았을 무렵 한 할아버지와 딜을 시작했다. 호텔인데 3명을 30유로에 해준다고 하셨다. 가격은 괜찮았지만 위치가 좋지 않았다. 애초 우리 목적은 산토리니의 중앙에 위치한 피라마을과 북쪽 끝에 있는 이아마을이었는데 이 할아버지의 호텔은 남단에 위치해 있어서 다음날 섬 중앙까지 한참을 이동해야 했다. 위치가 마음에 안 들어 고민을 좀 하다가 조심스럽게 30유로에 아침식사까지 포함을 제시해본다. 할아버지는 조금 뜸을 들이시다 할 수 없다는 듯이 콜! 하셨다. 어차피 빈차로 돌아가는 것보다는 우리라도 태워 가는 것이 낫다고 판단하셨을 것이다. 작은 봉고차에 자전거 3대를 겨우 싣고 이동했다. 호텔로 이동하는 길은 계속해서 내리막이었다. 자동차 타고 내려갔다가 자전거 타고 다시 올라와야 하다니...

Greece

라라라라라라 라라~

우리나라에서는 '산토리니'라고 하지만 실제 이곳에서는 산토리니라는 이름보다는 '티라'라는 이름으로 더 많이 불려진다. 어쩜 우리들에게는 두 이름보다 '라라라라라라 라라~ 광고찍은 거기...'로 더 유명할지도 모르겠다. 산토리니에 대한 막연한

아침식사

기대감 때문인지 5시가 조금 넘어 눈이 떠졌다. 일찍 일어나는 새는 먹이를 더 많이 잡을 수 있지만 일찍 일어나는 사람은 식사시간까지 더 많이 기다려야 한다. 혼자서 옷을 챙겨입고 약 2km 떨어진 페리사 비치로 가서 산토리니의 일출을 맞이하고 해변을 산책하다가 호텔로 돌아왔다. 두 분은 여전히 꿈나라 여행중... 과연 이분들은 여행 이후 한 번이라도 일출을 본 적이 있을까?...

방안에 붙어 있던 작년 가격표를 보니 우리가 묵었던 방의 정상가격은 70유로였다. 극심한 경기 침체 때문에 이 방을 30유로에... 게다가 식사까지 포함시켜버렸으니... 너무 욕심부린 것 같아 할아버지께 괜시리 죄송스러웠다.

체크아웃 후 어젯밤 차를 타고 내려왔던 길을 열심히 오르기 시작했다. 한 시간 정도 오르고 나서야 항구에 도착했다. 오늘의 목적지인 이아마을이 희미하게 보이는 것을 보니 섬의 규모는 생각만큼 크지 않은 것 같다. 사진 몇 장 찍고 나니 두 분은 어

어젯밤 배를 타고 도착했던 산토리니 항구. 섬의 맨 끝에 우리 목적지인 이아마을이 보인다.

디로 갔는지 보이지 않았다. 도로를 따라 죽 달려가면 편할 것 같지만 볼거리가 없을 것 같아 서쪽 해안절벽을 따라 달렸다.
오르막이었지만 길이 하나뿐이라 의심 없이 올라갔는데 막상 정상에 오르고 나니 내려가는 길이 없었다. 교회같은 건물만 하나 있을 뿐 내려가는 길은 자전거로 가기 힘든 험한 등산로 같은 길과 계단으로 된 길 뿐이었다. 2km밖에 안 되지만 다시 되돌아가기가 싫어 계단으로 된 산책로로 내려가기로 했다. 계단은 높지 않았고 지금은 무거운 짐도 없고 여행 막바지라 이제는 자전거 고장에 대한 부담이 적어졌기 때문이다. 하지만 나지막한 계단들은 금세 끝나고 어느 순간부터 길이 좁아지고 수풀이 우거지더니 나중에는 자갈길이 되어버렸다. 얇은 타이어 때문에 미끄러져 넘어진 경험이 있으므로 무리하지 않고 내려서 자전거를 끌고 내려왔다.
길을 잘못 드는 바람에 가서는 안 될 산길로 빠져 고생을 좀 했지만 2시쯤 무사히 이아마을에 도착했다. 미처 예약을 못했기 때문에 제일 먼저 호스텔을 찾아가서 체크인을 했다. 곧장 땀에 찌든 옷을 벗어던지고 샤워부터 했다. 그런데 방의 구조가 창문이 없이 출입문만 있어 통풍이 거의 되지 않는 구조라 금방 샤워를 하고 나왔어도 금세 다시 땀이 난다. 그저께 샀던 몸빼지 패션으로 변신을 한 후 뒤늦게 도착한 자라옹에게 호스텔 주의사항만 전달해주고 곧장 마을 구경하러 달려 나갔다.
문 밖으로 펼쳐진 하이얀, 그리고 파아란 풍경들을 보고 있자니 CF음악이 자동재생 되는 듯 귓가를 맴돌았다. 한 장면이라도 놓치고 싶지 않아 그림 같은 풍경들을 눈에 들어오는 족족 카메라에 담느라 정신없이 돌아다녔다. 나같은 사람들이 하나둘이 아니었다. 남자든 여자든, 나이가 많든 적든, 날씬하든 뚱뚱하든, 예쁘든 못났든 할 것 없이 모두들 이곳에서 각자의 추억을 남기기 위한 사진촬영에 여념이 없었다. 그 중 하이라이트는 돈 많아 보이는 한 중국인 커플이었다. 뭇 여성들의 부러움 속에 촬영기사와 스텝들

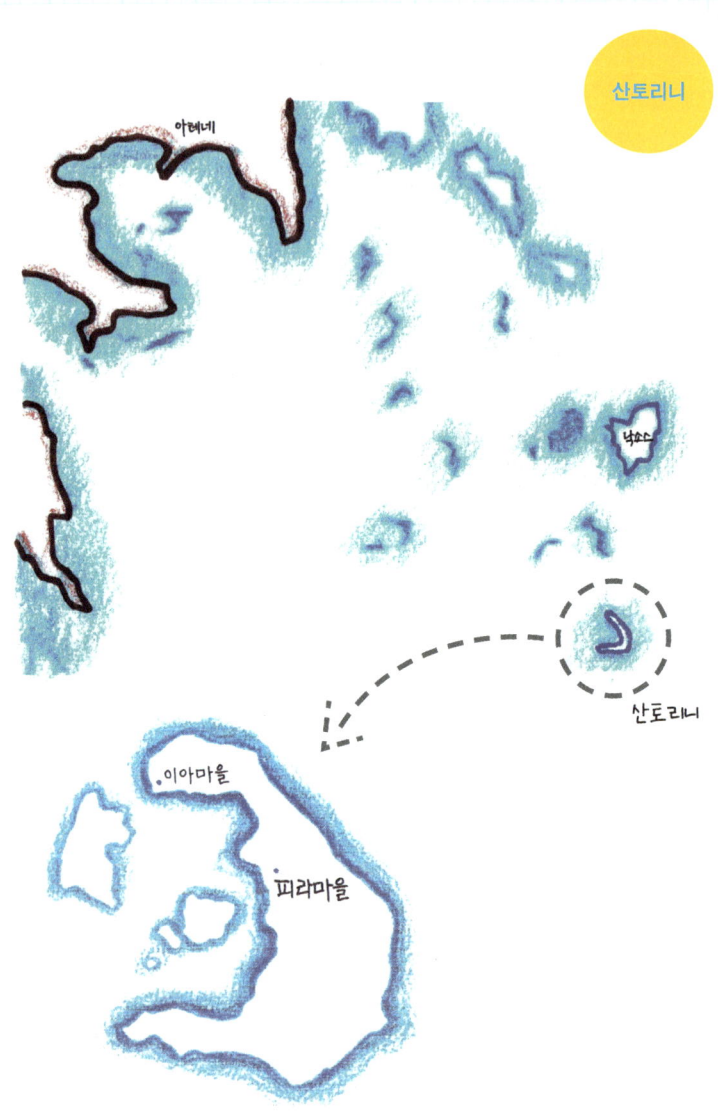

Greece

까지 대동하여 웨딩화보 촬영을 진행중이었다. 이럴 경우 당연히 산토리니 경험이 있는 작가를 고용했을 것이고 그렇다면 그 작가는 당연히 그림이 잘 나올 만한 곳을 알고 있을 것이다. 그래서 그들이 촬영을 마치고 이동하면 그 빈 자리에는 일반인들이 서로 촬영하기 위해 자리 경쟁을 펼치는 진풍경이 연출되기도 했다. 찍어줄 사람이 없는 나는 셀카로 만족하며 세계에서 가장 아름답다는 이아마을의 일몰을 촬영하기 위해 촬영포인트를 찾아 나섰다.

마을 최남단 절벽쪽에 넓은 공간을 발견했는데 딱 봐도 이곳이 포인트인 것 같았다. 사람들이 몰려들면 자리가 없기 때문에 일몰이 시작되기 한 시간 전부터 기다려야 한단다. 아직은 4시밖에 되지 않아 조금 더 마을을 돌아본 후 7시쯤 되어 다시 되돌아왔다. 자리 여유는 많이 남은 편이지만 담벼락 맨 끝 쪽에 눈여겨 봐둔 자리에는 이미 다른 관광객이 자리를 잡고 있었다. 그래서 담벼락 너머 절벽 쪽으로 어느 정도 공간이 있는 것을 보고 속으로 찜을 해두었다. 설마 위험하게 저기까지 넘어가는 사람은 없겠지? 그

이아마을의 일몰을 관람하기 위해 빽빽하게 들어선 사람들

바로 앞은 까마득한 낭떠러지

렇다면 해지기 시작할 때 나 혼자 넘어가서 자리를 잡아야겠다고 생각하며 그 옆에 앉아서 타이밍을 쟀다. 해는 점점 떨어지기 시작하고 사람들이 점점 많아지던 어느 순간 한 서양인 커플이 담벼락을 넘어가버렸다. 이런!! 거기 내자린데!! 나도 서둘러 카메라를 챙기고 따라 넘어갔다. 다행히 그 커플은 내가 찍어둔 자리와는 조금 떨어진 곳에 자리를 잡았다. 그때부터 군중심리에 불이 붙었고 너도나도 우리를 따라 담벼락을 넘어왔다. 그리고 순식간에 절벽 끝에서 사람들에 포위당해버린 나는 해가 지고 내 뒤의 사람들이 모두 빠져나갈 때까지 절벽 끝에 갇히는 신세가 되었다.

내가 최선이라 생각하고 선택했던 장소는 양날의 검이 되어 돌아왔다. 이곳의 장점은 내 앞에 아무것도 없기 때문에 걸리적거리는 것 없이 사진 촬영을 할 수 있다는 것이고 단점은 다른 다양한 사진은 포기하고 오직 그 자리에서 그 각도로만 담아야 한다는 것이다.

잠시 후 세상에서 가장 아름답다고 하는 이아마을의 일몰이 시작되었다. 붉게 물든 노을을 바라보고 있자니 감탄사가 터져 나온다. 나뿐만 아니라 주위에서 들려오는 알아들을 수 없는 전 세계의 감탄사들... 모두들 저물어가는 해를 바라보다가 수평선 아래로 사라지는 순간 일제히 박수갈채가 터져 나온다. 태양은 사람들의 박수갈채를 받으며 바다 속으로 사라졌다. 해가 지고 마을 곳곳에서 하나둘 불이 켜지기 시작하자 일몰을 구경하던 사람들도 하나둘 자리를 뜨기 시작했다. 많은 사람들이 그냥 돌아가지만 이제부터가 일몰사진의 또 다른 백미, 매직아워(해가 사라져도 촬영에 필요한 일광이 남아 있어, 인상적인 느낌을 만들어낼 수 있는 짧은 시간)의 시작이었다. 어차피 나는 등 뒤의 사람들이 다 빠져나가기 전까지는 꼼짝도 못하므로 계속해서 자리를 지키며 셔터만 눌렀다.

매직아워도 지나가고 나니 쌀쌀한 바닷바람에 체감온도가 급격히 낮아지는 듯했다. 긴팔을 입었지만 온몸이 으슬으슬해져 곧장 숙소로 돌아왔다.

세상을 다 돌아보지 못해 '가장' 인지는 모르겠지만 어쨌든 아름다운 이아마을의 노을풍경과 야경

대부분 호텔을 이용해서인지 우리가 묵고 있는 호스텔에는 의외로 손님이 적어 6인실인데도 우리 셋뿐이었다. 이곳의 와이파이 서비스는 1인당 2유로다. K군의 말에 의하면 보안시스템을 제대로 갖춘 곳이 아니다 보니 핸드폰을 건네주면 직원이 뒤돌아서서 비밀번호를 입력한 후 돌려주는 방식이라고 했다. 우리는 자라옹이 대표로 2유로를 주고 비밀번호를 입력받았다. 다른 해외 폰은 어떤지 모르겠지만 자라옹의 핸드폰은 *로 표시되는 비밀번호를 숫자로 볼 수 있는 기능이 있었기 때문에 셋이서 함께 다정하게 와이파이를 이용할 수 있었다.

다시 아테네로

어제보단 좀 늦었지만 6시 반쯤 일어나자마자 다시 카메라를 들고 정처 없이 숙소를 나섰다. 딱히 뭘 찍어야겠다는 생각은 없었지만 막연하게 지금이 아니면 다시는 기회가 없을 수도 있다는 생각에 무작정 나섰다. 산토리니에는 유독 교회같은 건물이 많은데 그 이유는 산토리니의 건축 규정상 건물 면적에 제한이 있어 함부로 건물을 지을 수 없지만 교회는 그 제한에서 자유롭기 때문에 이를 악용해 무늬만 교회인 건물들이 많다고 한다.
산토리니에 있는 대부분의 건물은 흰색으로 칠해져 있다. 나무 밑동에까지 하얗게 칠해놓은 건 단순히 깔맞춤하려고 한 게 아니라 나무의 수분이 빠지는 것을 막고 해충 및 먼지, 각종 균들을 막기 위해 석회를 발라 놓은 것이다.
아침 일찍 나오니 돌아다니는 사람이 없어 한결 사진 찍기가 수월했다. 8시부터 시작되는 식사 시간에 맞춰 호스텔로 돌아가 두 분을 깨웠다. 에어컨도 없는 찜통같은 방에서 어찌 그리 잘 자는지... 리셉션에서 배식을 받아 테라스에 자리를 잡았다. 사진 찍는 것에 너무 심취한 나머지 다른 주변 환

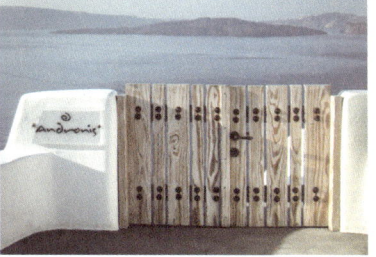

경은 생각지도 않고 있었는데 이제 보니 이 호스텔에 죄다 여자 손님 밖에 없었다. 분하지만... 영어는 꼭 배워야 할 언어다.
체크아웃을 하며 리셉션에서 여권을 돌려받았다. 리셉션 카운터 뒤쪽 벽면에는 이곳 주인아저씨가 안젤리나 졸리와 함께 찍은 사진이 붙어 있었다. 아마도 그 사진 때문인지 이곳을 졸리가 묵었던 곳으로 알고 있는 사람들이 많았다. 나도 이곳에 오기 전까지는 혹시... 싶었는데 하루 묵어보니 답이 나왔다. 졸리가 이런 곳에서 묵을 리가 없지... 게다가 졸리는 산토리니에 아예 자기 건물을 사버렸다고 하는데 뭐가 아쉬워서...
호스텔을 나와 어제 왔던 길을 그대로 되돌아 피라마을로 향했다. 두 분은 어제 피라마을에서 점심을 드시고는 깜박하고 헤어밴드를 식당에 두고 오셨다고 했다. 밴드를 찾으러 그 식당으로 다시 가보니 그대로 보관을 하고 있었다. 그리스의 양심도 아직은 살아 있네!! 감사의 뜻으로 그곳에서 점심을 먹으려고 했지만 우리가 주문하려는 메뉴는 아직 준비가 안 된다고 한다. 다른 메뉴는 마땅한 것이 없었기에 나와서 가이드북에 나온 '마마's 하우스'라는 곳을 찾아갔다. 식당 이름에서 오는 느낌은 어쩐지 그리스판 욕쟁이 할머니라도 있는 것은 아닐까 싶었는데 전혀 아니었다.
식사 후에는 피라마을의 기념품가게들을 둘러보고 배편도 알아볼 겸 좀 돌아다녀야 했는데 인파가 많아 자전거를 가지고 다니기 힘들 것 같았다. 식당 옆에 보관을 좀 부탁한 후 기념품가게들을 둘러보았다. 대부분 비슷비슷한 가격이긴 하지만 같은 제품인데도 가격 차이가 나는 것들이 꽤 보였다. 어디서나 그렇듯 저렴하게 사려면 발품을 팔아야 하고 홍정을 잘 해야 한다.
마을 중앙에서 마을 아래 항구까지 가는 길은 588개의 계단으로 된 길밖에 없다. 그래서 이곳 사람들은 예부터 당나귀를 타고 계단을 오르내렸는데 지금은 관광상품의 하나로 당나귀를 이용하고 있다. 날도 더운데 사람을 태우고 계단을 오르내리는 당나귀들이 참 불쌍하다고 생각했으나 경험자의 말

Greece

을 들어보면 당나귀도 당나귀지만 올라탄 사람도 엄청 힘들다고 한다.

한참 돌아다녀 봤지만 내 눈이 너무 높았던 것인지 마땅히 마음에 드는 물건이 없어 산토리니에서의 기념품은 포기하고 곧장 항구로 향했다. 조금 일찍 도착했더니 사람이 그리 많지 않았다. 대합실 의자에 자리를 잡고 나서 자라옹은 낚시에 대한 미련이 남았는지 바다구경을 하고 온다며 밖으로 나가버렸다.

의자에 앉아 꾸벅꾸벅 졸고 있는데 누군가 건드리며 말을 붙였다. 눈을 떠보니 화사한 원피스를 입은 어여쁜 여자가 나를 빤히 쳐다보고 있었다. 나도 따라 빤히 쳐다보니 자라옹이 앉아 있던 자리를 가리키며 앉아도 되는 자리인지 물어보았다.

'아이고 형님... 예쁜 여자 앞에만 서면 한없이 무력해지는 이 못난 동생을 용서하시구려...' 언제 올지도 모르는 자라옹의 짐을 냉큼 치워줬더니 조금 전까지만 해도 나긋나긋한 목소리로 조용하게 영어로 물어보던 이 아가씨가 갑자기 뒤를 돌아보더니 공기 반에 소리 반, 쩌렁쩌렁한 중국어로 누군가를 불러댔다. 곧이어 푸짐한 덩치의 아주머니 한 분이 나타나서 내 옆에 앉았다. 뭐 이런 시트콤같은 상황이... 게다가 언제 올지 몰랐던 자라웅이 자리를 양보한 지 몇 분 지나지 않아 돌아왔다. 자기 자리가 없어진 것을 보더니 고개를 가로저으며 "이 아무짝에도 쓸모없는 놈..." 하며 혀를 찬다. 간만에 듣는 저 소리가 제법 귀에 착착 감기는 것을 보니 이젠 내가 정말 쓸모없는 놈인가 싶다... 칭찬을 해주면 고래에게 춤이라도 가르쳐볼 텐데... 그것보다 옆에 앉은 이 아줌마... 얻어 앉은 자리면 가만히나 계시지 또 다른 아줌마를 부르더니 나와 자기 사이에 기어이 앉혀버린다... 의자는 2인용인데 가녀린 나와 육중한 두 아줌마가 앉아버렸다. 밀어내려는 자와 밀리지 않으려는 자... 다리에 기합을 잔뜩 넣고 겨우 버텨냈다.

텅텅 빈 좌석들

한산했던 대합실은 어느새 육지로 돌아가려는 사람들로 바글바글해졌다. 승선하면 또다시 자리싸움이 있을 것 같아서 배가 도착하자마자 미리 나가서 대기를 한 후 재빠르게 입장했다. 그런데 막상 올라타 보니 허무할 정도로 자리가 많았다. 올 때와 마찬가지로 이번에도 에어시트석은 텅텅 비어 있었다. 승무원들도 아무 말 하지 않았고 앞에서는 TV도 나오니 도착할 때까지 편안한 시간을 보냈다.

오늘도 낮 시간의 이동으로 땀을 많이 흘렸기 때문에 이 배에도 작게나마 샤워장이 있지 않을까 싶어서 찾아보니 화장실 안쪽에 꽤나 좋은 샤워실이 마련되어 있었다. 뜨거운 물이 펑펑 쏟아지는데다 공간도 넓은 호텔급 샤워시설이었다. 그동안 좁디좁은 샤워장에서 온몸을 오므려가며 깨작깨작 샤워를 했었는데 이곳에서 그 한을 다 풀어버렸다. 화장실 벽 한쪽에는 DAEWOO 라는 이름과 함께 2011 OKPO KOREA가 적혀 있었다. 아마도 이

Greece

잠시 들렀다 가는 낙소스 섬

배는, 혹은 이 화장실은 옥포 대우 조선소에서 만들어진 것이라는 생각에 괜스레 흐뭇해진다.

배는 7시 반쯤 낙소스 섬에 정박해 사람들을 태우고 다시 11시 반 조금 넘어 피레우스 항구에 도착했다. K군의 말에 지레 겁을 먹고서 근처 호텔을 예약했는데 피레우스의 밤은 그다지 위협적이지는 않아 보였다. 하지만 온라인 부킹사이트를 통해 하루 전날 특가로 뜬 저렴한 방(3인실 39유로)으로 잡아놓았기 때문에 크게 손해 보는 느낌은 없었다. 적어도 그 방에 들어가 보기 전까지는…

실내 창문에는 방충망이 있긴 하지만 구멍이 뻥뻥 뚫려 있어서 모기로부터 자유롭지 못한 데다 에어컨도 없이 선풍기만 하나 달랑 놓여 있었다. 게다가 건물구조가 도대체 어찌된 건지 창문을 활짝 열어놓고 있어도 전혀 바람이 들지 않는 방이었다. 찬물로 샤워를 하고 누워도 5분이면 땀이 흐를 정도로 방안은 찜통이었다. 혼자서 자는 방이라면 걸리적거리는 옷은 훌러덩 벗어던지고 자면 되지만 형수님이 계시는지라… 티셔츠에 반바지까지 숨이 막힐 듯한 갑갑함 속에서 겨우겨우 잠자리에 들었다.

형과의 이별,
Bye 유럽!

밤새 몇 번의 샤워를 해가며 겨우 아침을 맞았다. 서둘러 체크아웃을 하고 근처 시장에서 간단히 요기를 한 후 다시 아테네로 돌아갈 준비를 했다. 자전거를 타고 갈까? 하다가 생각해보니 아테네에서 여기까지 오는 길이 거의 내리막 위주의 평지였기 때문에 다시 올라가기도 그렇고 밤새 더위에 허덕인 것도 있고... 내일이면 끝인데 몸 축내기 싫어서 그냥 자전거를 싣고 지하철을 타기로 했다.

지하철을 타고 오모니아역에 내려 그동안 묵었던 아테네 인터내셔널 호스텔로 복귀했다. 밤새 시달리다가 에어컨 빵빵한 곳으로 돌아오니 살 것 같았다. 밀린 세탁과 짐정리를 마치고 휴식시간을 좀 가진 후 아테네 대학과 국립도서관 등 미처 보지 못했던 아테네 거리 구경을 했다.

대학교 건물 곳곳에서 대낮임에도 불구하고 서너 명씩 몰려다니며 엉덩이를 깐 채 마약을 주사하고 있는 젊은이들을 쉽게 볼 수 있었다. 건물 벽면들은 여기저기 흉하고 지저분한 낙서들로 뒤덮여 있었다. 그 옆에 말없이 서 있는 소크라테스와 플라톤의 조각상이 어쩐지 초라해 보였다.

자라웅은 앞으로의 여행을 대비해서 그동안 많이 헤진 가방들도 수리하고, 자전거 정비도 해야 한다며 숙소로 돌아가고 나는 배가 고파서 시장 앞 미모의 종업원이 있던 식당을 다시 찾아갔다. 기로스로 점심을 해결하는데 오늘은 쉬는 날인지 그녀의 모습을 찾아볼 수 없었다. 식사 후 커피 한잔 하기 위해 맞은편의 카페로 가보니 젊은 경찰 한 명이 커피를 마시고 있었다. 고개를 돌려 그의 얼굴을 보는 순간 귓가에 음악이 울려 퍼진다. (숨겨왔던 나의 수줍은 마음 모두...) 나는 남자든 여자든 어른이든 아이든 가리지 않고 예쁜 것은 다 좋아하는 편이다. 이 경찰은 후광이 느껴질 만큼, 로미오와 줄

Greece

• 다시 아테네로 돌아갈 준비~ 지하철로 가자~ •• 자전거를 싣고... 여행 내내 많은 사람들의 이목을 끌었던 형수님의 트럼프 자전거는... 자라웅이 직접 도색한 세상에 하나뿐인 자전거~ ••• 음... 훔친 것 같은데 훔쳐갈까 봐 묶어 놓은 쇼핑센터 카트 •••• 경제위기로 도화지 살 돈이 없나보다. ••••• 마약을 하는 젊은이들이 곳곳에 널려 있다.

리엣 시절 전성기의 레오나르도 디카프리오를 연상케 할 만큼 꽃미남이었다. 기로스 집 여종업원에게 한 번 거절당해 상처받은 마음 이 총각으로 달래보리라 생각하고 말을 걸어봤지만 또다시 보기 좋게 거절당해버렸다. 아마도 내가 여자였으면 허락해줬을까... 아니면 똑딱이 대신 DSLR에 백통 렌즈를 가지고 이야기했으면 응해줬을까... 이런저런 생각을 해봤지만 정답은 역시 소통의 부족으로 피사체에 충분히 다가가지 못했기 때문일 것이다. 어쨌거나 깔끔하게 커피 한잔 마시고 가려다 되려 꿀꿀해져 버렸다. 숙소로 돌아와 이별을 앞두고 최종점검을 시작했다. 내가 쓰던 텐트를 비롯해서 이것저것 챙겨주고, 혼자서는 필요없는 것들을 내가 챙겨받고... 아침 일찍 떠날 만반의 준비를 끝내고 침대에 누워 유럽여행의 마지막 밤을 맞이했다. 여행을 끝내고 일상으로 돌아가야 하지만 너무나 익숙해져 버린 탓인지 별다른 감정의 변화는 들지 않았다.

우리 비행기는 낮 1시 30분 아테네공항 출발이다. 아침 일찍부터 서둘러 자전거에 짐을 옮겨 싣고는 신타그마 역으로 이동한 후 지하철을 타고 아테네공항으로 이동했다. 10시 반쯤 공항에 도착하자마자 자리를 펴고 자전거 분해를 시작했다. 애초에 자라웅은 한국에서 올 때만 같이 포장해주고 돌아갈 때는 나 혼자서 처리할 예정이었다. 그러나 여행하는 내내 수차례에 걸쳐 '쓸모없음'을 각인시켜 줬으니 어쩔 수 없이 따라올 수밖에 없었다... 라기보다는 그래도 부부가 생이별을 하는 마당에 따라오지 않고는 못 배겼을 것이다. 3개월간 고생했던 왼발이 오른발이를 두 손에 고이 들고 3초간 추억에 젖은 후 공항 앞 쓰레기통에 고이 보내주었다. 그동안 고생했어... 다음 생에는 나이키로 태어나렴...
올 때는 고장이라도 날까봐 꼼꼼하게 포장했지만 갈 때는 부담 없이 대충 대충 포장을 했다. 미리 무게를 측정해볼 수 있는 곳을 찾지 못해 곧바로 티케팅에 들어갔다. 무게를 재기 위해 컨베이어 벨트 위에 올리려고 하는데 공간이 협소해 제대로 측정이 되지 않았다. 무엇인지 묻는 질문에 대충 18kg정도 되는 자전거라고 적당히 둘러댔으나 잠시 후 직원이 줄자를 들고 와서 짐의 부피를 측정하기 시작했다. 올 때는 아무 문제 없었다고 자라웅이 어필을 했지만 들은 척도 안 하고 계속 측정했다. 다행히 오버차지는 물지 않고 파손책임 부분 서류에 사인만 한 후 통과했다. 아침을 먹지 못했기 때문에 짐을 부치고 나서 바로 공항 내 음식점에서 간단하게 요기를 하러 들어갔다. 착한 동생은 부부의 마지막 시간을 보장해주기 위해 곧바로 자리를 비켜주었다. 입국심사대에서 미소를 지으며 여권을 제시하고 통과를 기다리고 있으니 심사대 여직원이 나에게 가까이 오라고 손짓을 했다. 막판에 무슨 문제라도 생겼나 싶어 떨리는 마음으로 다가가니 여권과 여권케이스 사이를 쫙 펼쳐 보여주는데 그곳에는 빳빳한 20유로짜리 지폐 5장이 들어 있었다. 아... 혹시 모를 분실 및 도난에 대비해서 돈을 이곳저곳에 보관했었는데 여권에 돈을 넣어 놓았다는 사실을 석 달 동안 망각하고 있었다... 어쩐지 공돈이 생긴 기분이다. 그리고 다시 심사대를 통과하는데 직원이 또 나를 부르더니 가방 안의 짐을 다 꺼내라고 했다. 뭐 걸릴 만한 것이 없었기에 당당히 열어보였더니 화장품 통에 있던 크림 하나를 꺼내들었다. 피부트러블 때문에 파리 몽쥬약국에서 샀던 200ml짜리 크림이었다. 액체류 100ml 이상 반입금지 규정을 까맣게 잊고 있었다. 아깝긴 했지만 쓰레기통으로 직행... 나중에 생각해보니 새 것도 아니고 그동안 사용한 양이 있어서 실제 들어있던 용량은 7,80ml밖에 되지 않았을 텐데 이런 생각은 꼭 일이 끝나고 나서야 떠오른다.

출국장 문을 통과하기 직전 뒤를 돌아 저 멀리 서서 지켜보던 자라옹과 작별인사를 했다. 그동안 '쓸모없는 동생' 뒤치다꺼리 한다고 고생 많았수다... 1년 후에 한국에서 건강하게 만나기를 기원하며 애틋한 마음을 품어 손을 흔든다.

잠시 후 비행기는 아테네 하늘 위로 힘차게 날아올랐다.

"안녕! 형아~, 안녕! 유럽~"

Epilogue

돌아오는 비행기 안... 창가에 기대어 밖을 내다보니 지난 3개월간의 일들이 창밖의 구름들처럼 하나둘 둥둥 떠오르기 시작한다.

일상에 찌들어 쳇바퀴처럼 하루하루를 굴러가던 중 "유럽 갈래?" 하던 형의 한마디에 생각 없이 OK를 했던 당시에는 별 감흥이 없었건만, 하루하루 지날 때마다 커져가는 막연한 설렘과 그곳에만 가면 뭔가 대단한 것을 얻을 수 있을 것 같은 기대감... 하지만 무엇보다 앞서는 것은 '과연 내가 무사히 여행을 잘 마칠 수 있을까?' 하는 걱정이었다.

1999년 처음 자전거여행을 떠난 것도 친구들과 함께였고 그 후의 여행들도 항상 누군가와 함께였다. 그런 나와는 달리 어릴 때부터 와일드한 생활에 익숙했고 이미 수차례 혼자서 해외 자전거여행을 다녀본 형과 함께 가는 것이었기 때문에 어떻게든 여행을 마칠 수는 있을 것이었다. 하지만 이제 코흘리개 철부지도 아니고(여행 내내 추운 날씨에 코를 많이 흘리기는 했지만...) 무작정 형의 꽁무니만 쫓아다니고 싶지는 않았다. 나 혼자서도 잘 헤쳐 나갈 수 있는지 확인해보고 싶었다. 이런 것은 보통 20대 청춘에 도전하는 일이지만 나는 온실 속 화초처럼 곱게 자란 탓에 많이 늦었다. 하지만 지금이 아니면 앞으로는 점점 더 힘들어질 것 같아 도전해보기로 했다.

여행 시작 후 약 20일간 형을 보며 눈으로, 귀로, 몸으로 보고 배웠다. 그리고 혼자... 또 같이... 혼자... 또 같이 다니다 보니 어느새 어영부영 여행은 끝이 나 있었다. 생각했던 것만큼 판타스틱하고 다이내믹한 여행은 아니었지만 스스로에 대한 불신감을 조금이나마 떨쳐내기에는 충분했던 것 같다. 될까? 될까? 하던 것들이 막상 닥치고 나면 어떻게든 해결되는 것이 신기할 정도였다.

솔직히 내가 해냈다는 것은 적어도 이 글을 보는 당신이 누구든, 어디서 뭘 하는 사람이든... '마음만 먹으면' 충분히 할 수 있다는 소리다. (물론 세상 만사 마음먹기가 제일 어렵다는 것이 함정이랄까...)

사실 처음 여행을 떠날 때는 여행기같은 것은 1g도 생각지 않았었다. 그저 사진이나 왕창 찍어야지~ 하는 마음뿐이었다. 많은 사람들이 해외에서 찍어온 멋진 사진들을 보며 '나도 저기에 있었다면 저렇게 찍을 수 있어. 저런 멋진 곳에 가면 누구나 다 찍는 것 아님?' 이라고 생각했고 유럽을 다녀오면 작품들이 쏟아질 줄 알았다. 그런데 눈 뒤집어지는 풍경들이 각막을 후벼 파는데도 왜 찍어내질 못하는지... 여행하는 내내 좌절했고 돌아와서 컴퓨터를 통해 보면서 두 번 좌절했다.

석 달간 찍은 사진이 대략 12,000장을 넘는데 마음에 드는 사진은 30여 장도 되지 않았다. 그렇게 나의 유럽여행은 그냥 추억으로만 남기기로 하고 그나마 잘 나온 사진들만 간간이 보정하여 한두 장씩 블로그에 올렸다. 그러다 보니 다른 사진도 좀 풀어보라면서 유럽 구경 좀 하자는 지인들의 민원이 이어졌다. 그냥 원본을 보여주기엔 너무나도 부끄러워 그나마 덜 지저분하고 초점 맞는 사진들 위주로 몇 장 골라 적당히 보정을 했더니 역시나 디지털의 힘은 위대했다. 작품이라 내세우진 못해도 그럭저럭 여행용 스냅사진으로 쓸 정도는 되는 듯하여 두 달이 훌쩍 지나 뒤늦게 여행기를 올리기 시작했다.

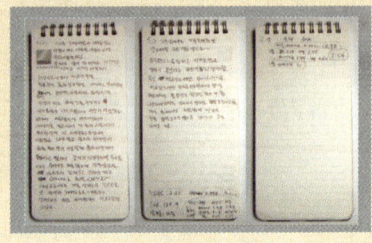
왼쪽부터 4월, 5월, 6월의 일기 번천사

여행 내내 기록했던 일기장을 다시 꺼내들었는데 뒤로 가면서 점점 빈 공간이 많아진다. 그나마 사진을 보니 그새 서서히 잊혀져가고 있던 기억들이 하나둘 살아나기 시작했다. "기록은 기억을 지배한다"는 진리를 다시 한번 깨달을 수 있었다. 역시 여행가서 남는 것은 사진뿐이다.

9월부터 시작한 여행기를 마치는 데에는 예상보다 오랜 시간이 걸렸다. 사실 여러 사람들의 추천과 댓글에 힘을 얻어 글을 쓰면서도 한편으로는 앞날이 걱정이 되기 시작했다. 긴 여행을 끝내고 돌아오면 넓어진 시야와 한층 성숙한 사고를 가지고 전보다 밝은 앞날이 기다리고 있을 것 같았는데 현실은 나이도 한 살 더 먹고 취직은 더욱 어려워진데다 모아둔 돈은 없으니 훨씬 삶이 팍팍해져 버렸다.

그럼에도 불구하고 분명히 말할 수 있는 것은 다녀오길 잘 했다는 것이다! 사람 일 어찌될지 알 수 없다더니... 여행기를 종료할 때쯤 생각지도 못한 출판 제의로 이렇게 책을 낼 수 있게 된 것은 정말이지 크나큰 행운이었다. 또한 블로그에 포스팅된 여행 사진들을 보고 (불발된 것도 많지만) 캐논코리아를 비롯해 대기업 사보, 여행사, 신문사 등에서 내 여행기와 사진을 탐내며 연락이 오는 등 뜻하지 않게 여행을 통해 새로운 가능성을 발견할 수 있었다.

많은 이들이 88일 여행기 완결 기념 축전을 보내주었다.

• 네팔 카트만두에서 만두먹고 있는 줄 알았던 자라웅도 담배곽으로 만든 축전을 보내왔다. 담배 이름이 수아인 줄 알았네... •• 얼마 전 새신랑이 된 중학 동창 육군이 미국 포틀랜드에서 보내온 축하 메시지 없는 축전~ 똑같다.. 금방이라도 턱으로 북두신권을 시전할 것 같아... ••• 코페아 애봉바리스타 윤선씨에게 오랜 갈굼 끝에 얻어낸 라떼아트 축전~!!

여행을 통해 꼭 거창한 무엇인가를 얻고 깨우쳐야 한다고 생각하지는 않는다. 여행은 그 자체만으로도 참 매력적이다. 다닐 때는 힘들고 지쳐 투덜거리기도 많이 했지만 다녀와서는 또다시 그리워하게 되는...

지금은 "죽기 전에 남미여행을 꼭 해보고 싶다..." 는 어머니와 함께 남미여행을 꿈꾸고 있다. 그 날이 언제가 될지 알 수 없지만 사람일은 또 모르니까... ㅎㅎ

여행자 보험은 LIG

안전은 LIG에 맡기시고
여러분은 즐겁고 행복한 여행을 즐기세요~!!

**여행자보험이 무조건 싸기만 해서는 안 되는 이유~
여행자보험은 물품보상과 의료실비가 아주 중요합니다.**

▶ 해외여행, 해외출장의 필수 준비물! 집 떠나서 돌아올 때까지 위험을 보장해 드립니다.

▶ 상해·질병으로 인한 의료비는 물론 휴대품 손해(분실은 ×, 도난은 ○), 배상책임 손해까지 각종 사고를 보상합니다. 환급보험료가 없어 더욱 실속 있는 보험료!

▶ 1일부터 3개월까지 여행기간에 맞춰 자유롭게 가입하세요. 3개월 초과 장기체류나 유학, 어학연수 목적의 여행은 'LIG유학생플랜'으로 가입하세요.

▶ 체류기간 동안 여러 나라를 경유하셔도 방문국 숫자와 상관없이 여행자보험료와 담보 및 보상혜택은 동일합니다. (방문국 사전고지 필수)

▶ 보상한도와 보상조건은 반드시 비교해보시고, 가입시 유의사항도 꼭 읽어보시기 바랍니다. (호텔예약 및 은행환전시 제공되는 여행자보험은 보상한도가 매우 작습니다.)

※ 자세한 상담 및 가입문의는 블루오션 대리점으로 연락주십시오.
LIG손해보험 서부지역단 블루오션 대리점 옥기종
010-5766-7474 | 02-2124-9252 | da104@lig.co.kr